新編財政與金融

（第四版）

主　編　金淑彬　崔炳瑋

崧燁文化

前言

　　財政與金融是國家進行國民經濟宏觀調控的兩大主要經濟手段，是國民經濟起飛的兩個輪子。隨著市場經濟體制的進一步完善，財政與金融在國民經濟中的地位越來越重要。為了適應 21 世紀財經人才培養及教材建設的需要，我們編寫了這本《新編財政與金融》教材。

　　在編寫本書時，我們注重了兩個方面的基本要求：一是注重「三基」，使我們培養的人才具有堅實的理論基礎；二是注重「適用」，讓學生通過本課程的學習，學會運用基礎理論分析現實中的財政與金融問題。為此，我們在設計該書的編寫提綱時，對傳統的教材體系進行了大膽的改進和突破，使其形成的框架結構在達到教學效果與教學目標的同時，還有利於強化學生應用能力的培養。

　　該書力求反應當今國內外財政金融的最新理論動態和實踐情況。其內容涵蓋了從財政金融理論到如何利用財政金融工具對國民經濟進行宏觀調控等方面的知識。全書共十二章，按照邏輯體系分為財政概論、財政收入、稅收、國債、財政支出、財政支出途徑、國家預算及預算管理體制、金融概論、金融機構、貨幣供給與需求、金融市場、財政金融的宏觀調控。此外，每章附有小結和復習思考題，便於學生復習。

　　全書由成都信息工程學院的金淑彬和崔炳瑋兩位老師負責編撰大綱和修改定稿。編寫人員為：崔炳瑋（第一章、第二章、第三章第三節、第四章、第五章、第十章）；徐少華（第九章、第十一章）；金淑彬（前言，第三章第一、二、四節，第六章，第七章，第八章，第十二章）。

　　本書可作為高校經濟管理類專業學生的通用教材，也可作為財政金融界相關部門工作人員的知識讀物或培訓教材。

　　本書在編寫過程中，參考了國內外大量的相關文獻，登錄了國家統計局、國家稅務總局、中國人民銀行等部門的網站，同時諮詢了財政、稅收、金融機構的一線優秀工作人員，讓我們獲得了許多最新和最權威的第一手資料。

儘管我們對本書的編寫體系和內容做了反覆的推敲與取捨，但由於水平有限，書中不足之處在所難免，懇請讀者不吝賜教。

編者

目錄

第一章	財政概論	1
第一節	財政學及其研究方法	1
第二節	政府介入市場的原因	4
第三節	財政的職能	8
第二章	財政收入概論	18
第一節	財政收入的形式與分類	18
第二節	財政收入的原則	21
第三節	財政收入規模的衡量	24
第三章	稅收	29
第一節	稅收基本理論	29
第二節	稅收制度	38
※第三節	稅收的經濟效應	57
第四節	國際稅收	69
第四章	財政支出概論	79
第一節	財政支出概述	79

第二節	財政支出規模及其衡量	82
第三節	財政支出途徑	87
第四節	財政支出增長的理論模型	101

第五章 國家預算與預算管理體制 109

第一節	國家預算	109
第二節	國家預算管理體制	118

第六章 金融概論 127

第一節	貨幣與貨幣流通	127
第二節	信用	136
第三節	利息及利息率	140
第四節	外匯及匯率	148

第七章 金融機構與金融市場 156

第一節	中央銀行	156
第二節	商業銀行	167
第三節	其他金融機構	179
第四節	金融市場	185
第五節	其他金融市場	198

第八章 貨幣需求與供給 209

第一節	貨幣需求	209
第二節	貨幣供給	214
第三節	通貨膨脹及其影響	219

第九章　保險概論　　　　　　　　　　　　　　　　232

第一節　保險概述　　　　　　　　　　　　　　　　232
第二節　保險合同　　　　　　　　　　　　　　　　241
第三節　保險的基本原則　　　　　　　　　　　　　249
第四節　社會保險　　　　　　　　　　　　　　　　255

第十章　財政與金融的宏觀調控　　　　　　　　　　260

第一節　宏觀調控概述　　　　　　　　　　　　　　260
第二節　財政政策與貨幣政策對國民經濟的宏觀調控　265
第三節　財政政策與貨幣政策的配合　　　　　　　　274

第一章　財政概論

● 第一節　財政學及其研究方法

一、財政的含義及由來

（一）財政的含義

經濟學從大的方面可分為微觀經濟學和宏觀經濟學。其中，微觀經濟學是研究社會的經濟細胞——企業和家庭經濟行為的科學，具體來說是研究在市場對資源配置起基礎作用的條件下，企業如何組織生產以實現利潤最大化，家庭如何決策消費以實現效用最大化。在現實生活中，宏觀經濟和微觀經濟在社會經濟的各個領域存在著廣泛的交叉和滲透，在這兩大經濟部門內部也是這樣的。

首先考察一個簡單的經濟模型，如圖1-1所示。

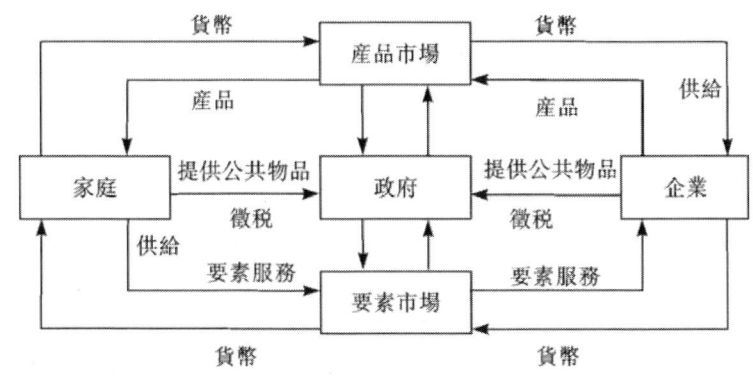

圖1-1　簡單的經濟循環模型圖

由圖1-1可知，在一個經濟體系中，個人（家庭）、企業和政府都是市場經濟的參與者，他們既是需求者亦是供給者。如果僅從生產和服務角度而言，政府主要致力於公共物品和公共服務的提供以滿足社會的公共需要；而企業則主要提供、滿足千差萬別的私人需要的產品和服務。

就個人而言，從出生、上幼兒園、接受9年制義務教育、進入大學、考研、讀博等，都可能部分或全部享受到政府（提供）的公共服務；當一個人走出校門，參加了工作，獲得了收入，就應該依法納稅；也許不久你就會失業，可能就要依靠政府提供的失業救濟金維持生活。如果你的失業是因為整個國家的宏觀經濟運行不景氣，導致企業裁員或倒閉，政府可能會立即出面干預，使得經濟復甦，就業機會增加，你又會重新獲得工作。當你到了退休年齡，從此以後的生活就可能要靠政府建立的社會保障制度支付的養老金度日。因此，每個人的一切活動與政府和財政密切相關。

企業，是國民經濟中的經濟單元。在市場經濟中，企業自主經營、獨立核算、自負盈虧。企業必須明白：為誰生產？生產什麼？生產多少？怎樣生產？在經營的過程中，企業與政府（與各個相關職能部門）有著千絲萬縷的聯繫。企業註冊登記、上市、退市、籌資融資、購買土地、生產經營、產品銷售、收益分配、破產、重組、關閉等均需要與政府打交道。這就是說企業的一切活動都與政府和財政密切相關。

在市場經濟中，政府也是參與者之一，政府必須干預經濟（凱恩斯及其學派的經濟思想）。政府提供公共物品，因為私人部門（企業）不願意提供（生產）或根本無力提供——交通、通信、供水、供電、供氣、供暖、排水、排污、環境保護、公園、公廁等公共設施與公共服務；行政、國防、治安、司法和執法、義務教育、基礎科研、公共衛生和公共設施等。政府為管理經濟，要制定「五年」規劃、財政政策、金融政策、產業政策等宏觀經濟政策。在重大和突發事件中，政府的作用是不可替代的，如：戰爭、2003年爆發的「非典」、2005年的「禽流感」、2008年「5·12」汶川大地震、2008年席捲全球的金融危機，等等。

政府的所有活動和行為，都可能涉及每個公民和企業。總之，政府為我們提供的一切都涉及花錢，這就是財政支出。政府要花錢，就得有錢的來源，這就是財政收入。政府的收支活動及其管理就是財政，而這種活動構成了政府經濟活動的基礎。

所謂財政，就是國家為了滿足社會公共需要，憑藉政治權力，強制、無償地參與一部分社會產品所形成的一種分配關係。

（二）財政的由來

從人類發展歷史來看，財政是伴隨生產力水平的提高和國家的產生而產生的，所以財政活動是一種歷史悠久的經濟現象。「財政」一詞最早起源於西歐。在13～15世紀，拉丁文finis是指「結算支付期限」的意思，后來演變為finare，則有「支付款項、裁定款項或罰款支付」的含義。到16世紀末，法國政治家波丹將法語finances 作為「財政」一詞使用，認為財政是「國家的神經」，隨後逐步泛指國家及其他公共團體的理財。綜觀中國幾千年留存下來的古籍，可以看到「國用」「國計」「度支」「理財」等一類用詞，都是關於當今的財政即政府理財之道的記載，還有「治粟內史」「大農令」「大司農」一類用詞，則是有關當今財政管理部門的記載。中國「財政」一詞正式出現在中文詞彙中至今卻只有百多年的歷史。據考證，清朝光緒二十四年，即 1898 年，在戊戌變法「明定國是」詔書中有「改革財政，實行國家預算」的條文，這是在政府文獻中最初啟用「財政」一詞。「財政」一詞的使用，是當時維新派在引進西洋文化思想指導下，間接從日本「進口」的，而日本則是來自英文「public finance」並吸收中國早已分別存在並使用的「財」和「政」二字的含義，創造了財政一詞。1903 年，清政府又設立了財政處，從此官方開始使用「財政」。自民國開始，以「財政」命名官方機構，稱「財政部」。

二、財政學的研究方法

（一）財政學研究的對象

財政學（Public Finance）就是研究政府收支活動及其對經濟運行所產生的影響的經濟學分支。由於財政活動是政府從事各種經濟、社會和政治活動的基礎，因此，財政學也稱為公共部門經濟學或公共經濟學。也有人把它叫作「政府經濟學」（Public Sector of Economics），著名經濟學家、2000 年度諾貝爾獎獲得者斯蒂格利茨（Stiglitz）就持這種觀點。但財政學又不是純粹的經濟學，實際上它是經濟與政治的結合體。所以，國內的一部分學者也認為它是政治經濟學的一個分支（改革以前），可以這麼說，財政學是在經濟學和政治經濟學所揭示的一般經濟規律的基礎上再進一步揭示財政分配關係及其分配規律。這是財政學研究的第一個層次。

由於財政是發生在經濟基礎與上層建築領域的國家為主導的一種分配，它既包含作為經濟基礎的財政關係，也包含作為上層建築的財政關係和財政制度。現實的財政活動是經濟基礎和上層建築的結合體，具有經濟基礎和上層建築的雙重內容。這是財政學研究的第二個層次。

財政分配關係（國家憑藉什麼取得收入安排支出）、財政制度（財政運行依據的法律、稅法、政府採購法）、財政政策（針對宏觀經濟形勢：刺激需求、擴張；減少需求、緊縮）等都是財政學關注的問題。

（二）財政學的方法論基礎

從馬克思主義觀點來看，科學的方法論只有一個，那就是唯物辯證法。這是自然科學和社會科學研究都必須遵循的唯一科學的方法論。

唯物辯證法體現在社會科學的研究上就是從現象到本質、從具體到抽象去研究事物，再由本質到現象、由抽象到具體去描述事物的方法論體系。這種科學的研究方法運用到財政學的教學上就是：實證分析與規範分析相統一。所謂實證分析就是

按照事物的本來面目描述事物，說明研究對象「是什麼」，就是按照財政活動的原貌，勾勒出從財政收入到財政支出全過程及其產生或可能產生的經濟影響；規範分析要回答「應當是什麼」，按照一定道德標準和價值觀確定若干準則，並據以判斷研究對象目前是否符合這些準則，如果存在偏離又應如何調整。具體來講就是看看財政制度和財政政策是否符合一定準則，如果不符合應如何進行改革，並據以探討財政改革問題。

第二節 政府介入市場的原因

市場是一種有效率的運行機制，但市場的資源配置功能不是萬能的，市場機制也有其本身固有的缺陷（當競爭性制度不能提供帕累托效率結果時），經濟學把這種缺陷稱之為「市場失靈（Market Failure）」。市場失靈為政府介入或干預經濟運行提供了必要性和合理性的依據，這也是分析和研究政府與市場關係的基礎。

可以給市場失靈下一個簡單的定義即是指市場無法有效率地配置資源的狀態。市場失靈可分為兩大類：一是技術市場失靈（Technical Market Failure），是內在於市場體系的配置無效率問題（如壟斷）。二是社會市場失靈（Social Market Failure），即雖然在技術上是有效率的市場，但還是會產生一部分人不滿意或不接受的結果（如收入不公、價格水平不穩定等）。

在資源領域的市場失靈表現為公共物品、外部性、規模收益遞增和風險等；在經濟運行領域的市場失靈表現為失業、通貨膨脹；在收入分配領域中，收入分配不公是典型的市場失靈。正是經濟社會存在和日益突出的「市場失靈」，才促使馬斯格雷夫以及后來的經濟學家把政府干預從資源配置領域擴大到其他領域，相應的財政職能也得到了豐富和發展。

一、資源配置領域

（一）公共物品

公共物品（Public Goods）具有非排他性（Nonexclusive）和非競爭性（Nonrival）的特徵。這意味著市場定價機制遇到困難，因為市場機制排斥那些不願意支付現行價格的人消費某種產品或服務。可是，倘若存在非排他性，賣方就不可能向買方索取價格，因為后者在任何情況下都可以免費消費，這就是所謂的免費搭車現象（Free-Rider Problem）。另外，利用市場機制排斥人們享用公共物品是低效率的，因為多一個人消費並不增加成本，亦即允許更多的人消費共用品的邊際成本為零。

因為公共物品具有這些性質，所有人都相信不管有沒有對社會做出貢獻，都會從公共物品中得到益處，因而不願意自動付費。正因為如此，私人企業也就沒有動

第一章　財政概論

力生產和銷售這類物品或服務。因此，市場不會供應這類物品或服務，如果供應，也是微不足道的。這一事實為政府介入提供了一個基本依據。從本質上講，生產公共物品與市場機制的作用是矛盾的，生產者是不會主動生產公共物品的。而公共物品是全社會成員所必須消費的產品，它的滿足狀況也反應了一個國家的福利水平。如此，公共物品生產的滯后與社會成員與經濟發展需要之間的矛盾就會十分尖銳。

（二）外部性

外部性也稱外部效應（Extrenality）或溢出效應（Spillover Effect）。外部性概念的定義問題至今仍然是一個難題。有的經濟學家把外部性概念看作是經濟學文獻中最難定義的概念之一。

外部性具有正外部性和負外部性。當出現正的外部效應時，生產者的成本大於收益，利益外溢，得不到應有的效益補償；當出現負的外部效應時，生產者的成本小於收益，受損者得不到效益補償，因而完全靠市場競爭不可能形成理想的效率配置。

不論是正外部效應導致的某些活動不足還是負外部效應導致的某些活動過度，都會造成資源配置低效率，就需要政府干預市場機制。政府既可以採用法律手段、行政手段，也可以利用經濟手段來矯正外部性。政府的經濟措施主要是採用稅收和財政補貼。對正的外部效應給予適當補助鼓勵，對負的外部效應加稅縮小產量。還有另外兩個辦法：合併與外部效應有關的企業，使外部效應內部化；通過重新分配產權，由私人交易自行解決。

著名的科斯定理（Coase Theorem）指出，只要交易無障礙（交易費用為零），不管最初產權歸誰，市場機制所導致的均衡最終會達到資源的優化配置即帕累托最優。

（三）規模收益遞增（Increasing Returns to Scale）

為了保證市場機制能夠發揮調節經濟的作用，就必須有充分的競爭。然而在現實生活中，一方面，產品之間總是有差別的，存在著不同程度的不可替代性；另一方面，交通費用等交易成本也往往阻礙著資源的自由轉移。這些都會增強個別廠商影響市場的能力，從而削弱市場的競爭性。

例如，像自來水、通信、供電等自然壟斷行業，大規模的生產可以降低成本，提高收益，即存在規模經濟，一旦某個公司占領了一定的市場，實現了規模經營，就會阻礙潛在的競爭者的進入。因為新進入該行業的公司，由於生產達不到一定的規模，成本會高於大公司。因此在規模經濟顯著的行業，特別容易形成（自然）壟斷。在存在壟斷的情況下，壟斷者憑藉自身的壟斷優勢，往往使產品價格和產出偏離社會資源的最優配置要求。其后果是剝奪了消費者剩餘，造成社會淨福利的損失，既不公平也不效率。為此，各國都致力於削弱壟斷的勢力，如制定反壟斷法或政府通過自己生產（公共生產）或公共定價辦法，來達到更高效率的產出。西方國家法律凡認定為壟斷就要對其制裁，其中一個辦法就是拆分。

政府干預最常見的措施有：政府可以通過規定價格或收益率來管制壟斷；政府在壟斷部門建立公共企業，並從福利或效率角度而不是盈利角度出發規定價格。

（四）風險、不確定性

競爭性市場體系效率的一個前提是存在完全確定性。即是說，無論是消費者還是生產者都假定在確定性的情況下知道所有商品和生產要素的現行價格和未來價格。在現實中，將來的事件是不確定的，未來的價格也是如此，它們依附於嗜好、人口、技術等的變化以及各種偶然事件。

風險（Risk）與不確定性（Uncertainty）現象在經濟生活中無處不在。風險和不確定性至少使市場體系產生兩個問題：①市場不充足，特別表現在資本市場上。對於低息或無息貸款（學生貸款、農業貸款等）私人不願意提供；私人保險市場亦如此。②缺乏足夠的信息。

政府干預可採取的措施：①介入風險大的市場，以彌補市場之不足；②通過有效的財政措施鼓勵非政府部門勇於承擔風險。為彌補信息不足，政府應提供一些必要的信息。

二、經濟運行領域

（一）失業

在競爭性市場條件下，企業對勞動力的需求取決於兩個因素：①雇用勞動力所能帶來的收益；②雇用勞動力應支付的工資。當增加雇用勞動力所帶來的利潤大於為此支付的工資時，企業對勞動力的需求將增加。企業最終雇用勞動力數量是實際工資與邊際勞動力物質產量相等時的勞動力數量。

失業（Unemployment）是由於需求不足和工資剛性造成的，市場機制不可能自動地使經濟趨於充分就業均衡。

當經濟運行出現大量失業、陷入經濟衰退時，政府採取適當的反失業政策，以增加就業、降低失業水平。政府可以採取以下措施：①採用擴張性財政政策，刺激總需求，從而增加對勞動力的需求；②利用各種收入政策，直接或間接地調控工資水平，消除由真實工資水平過高引起的失業；③為勞動力直接提供或支持、鼓勵非政府部門提供有關勞動力市場的信息，或通過人力投資，改善勞動力素質，以減少結構性失業。

（二）通貨膨脹

宏觀經濟學在分析通貨膨脹（Inflation）的原因時，一般分為需求拉動的通貨膨脹和成本推進的通貨膨脹。當對產品和服務的需求超過了在現行價格條件下可能的供給時，一般物價水平就會上升，就產生了需求拉動的通貨膨脹。市場機制雖然能夠對這種通貨膨脹做出反應，但單靠市場機制的作用力度是不夠的，而且存在著相當長的時滯，這就需要政府干預。

第一章 財政概論

成本推動的通貨膨脹主要有：①工會得到較高的工資；②壟斷行業的企業得到較高的價格。從而形成成本（利潤）推進型通貨膨脹。

政府為消除通貨膨脹都會採取強力措施。對於抑制需求拉動型通貨膨脹，政府財政政策的效力較大而且較為直接，因為政府購買性支出直接構成總需求的一部分，稅收也是增減可支配收入的直接因素。因此，政府可通過減少購買性支出和（或）增加稅收的方法來減輕通脹壓力。在抑制成本推進型通貨膨脹時，緊縮性財政政策的效力是有限的。因為，政府依靠緊縮性財政政策在減少總需求的同時，也可能限制投資支出率，減緩勞動生產率的增長，使總供給增長緩慢，可能會加重通脹的壓力。因此，在消除這種通脹時，可能要採取一些管制措施，如工資管制和價格管制等。

三、收入分配領域

市場經濟的自行運行，不可能達到帕累托最優狀態。即使市場經濟能夠達到帕累托最優，也需要政府干預。因為市場機制追求的是資源配置效率而沒有顧及公平。即市場機制能夠保證過程的公平，但不能保證結果的公平。

一般來說，收入分配涉及兩個層次的內容：一是功能收入分配，二是規模收入分配。

功能收入分配又稱要素收入分配，它研究勞動、資本、土地等生產要素所得的收入在國民收入分配中所占的份額，即從收入來源的角度來研究收入分配。

規模收入分配（又稱個人或家庭收入分配），它研究處於不同階層的個人和家庭得到的收入在國民收入中所占的份額，即從收入所得者的規模與所得收入規模之間的關係的角度研究收入分配。顯然人們通常所講的收入分配是指後一層意思，即規模收入分配。即處於不同階層的個人或家庭所得到的收入有多大差距。不過二者有一定的聯繫：規模收入分配受功能收入分配的制約。這在私有制國家表現得特別明顯。所以這就更需要政府在功能收入分配的差距表現得特別大時，通過調節規模收入分配以達到公平分配的目的。

所謂收入分配不公（Distributional Inequity），是指（在特定時期內）收入和財富的分配與社會公認公平標準不相符合的狀態。

收入分配差距懸殊的原因是什麼造成的呢？在理論上，把收入分配不公的形成因素分為：①受教育和訓練的機會；②天賦能力；③財產所有權；④操縱市場的能力；⑤其他偶然因素（如疾病、事故和其他不幸等）。一般來說這些因素都屬於機會不公平。機會公平（Equality of Opportunity）就是每個人都以同樣的機會開始生活、獲得收入。

收入分配差距的大小可以作為收入分配公平與否的測量尺度。但是，對「公平」的理解受人們價值判斷的左右。而價值判斷在不同的社會、不同的時期、不同

的地點，甚至在所有這些情況下的不同的人，都會有不同的價值判斷標準。為衡量不同階層的個人或家庭所得的收入差距有多大，經濟學界通常使用的技術是洛倫茲曲線（Lorenz Curve），其指標是基尼系數（Gini Coefficient）。

收入分配不公平可能會導致許多嚴重的后果。如貧富懸殊過大會對經濟可持續發展造成阻力、阻礙市場健康發展、影響社會穩定、甚至威脅到政權體制的存在。所以，政府必須適度干預收入分配，縮小貧富差距，實現收入分配的相對公平。

第三節　財政的職能

如果任憑市場失靈發展，那麼市場經濟將無法存續下去，因此必須加以克服和糾正。然而，通過企業和個人的活動來解決市場失靈問題則具有很大的局限性，因為在市場經濟中，企業和個人是市場最主要的參與者，企業和個人的經濟活動也基本上是通過市場途徑，以市場方式進行的，市場無法有效解決的問題，決定了企業和個人也難以有效地解決這些問題。因此，克服市場失靈問題需要有公共活動的介入，並且以非市場機制的方式進行干預，才能在一定程度上得以糾正。而公共活動又只能由作為社會生活組織者的政府來體現，這就決定了政府必須對市場失靈進行干預，以克服和矯正市場的不足與缺陷。而政府干預經濟的必要性，決定了財政的介入，通過財政的收支活動、服務和支持政府的這類干預活動，這就是財政的職能，它是指財政在社會經濟生活中所固有的功能。馬斯格雷夫（2003）對政府的經濟職能做出了最具權威性的分類，將其區分為資源配置職能、收入分配職能和經濟穩定職能。其中，前兩項涉及微觀經濟領域，后一項涉及宏觀經濟領域。隨著市場經濟的不斷發展，政府經濟職能中還應包括經濟發展職能。

一、資源配置職能

資源配置職能的問題是經濟學研究的邏輯起點。任何社會可用來生產的資源無論在質或者在量上都是有限的，如土地（自然資源）、勞動力和資本，而這些資源要用來滿足的人類的需求是無限的、多樣的，於是產生了如何在各種需求之間最優配置的問題。應該用何種方式做出資源配置的決策，政府應該如何促進社會資源的最優配置，這正是財政學要回答的基本問題，即如何利用這個權力配置好資源。

（一）資源配置職能的含義

財政的資源配置職能（Allocation Function）是指通過財政收支活動及相應的財稅政策的制定、調整和實施，對社會現有人力、物力、財力等社會資源結構與流向進行調整，以達到最大的社會經濟效益。

第一章 財政概論

(二) 資源配置職能的層次

財政資源配置職能表現在宏觀和微觀兩個方面。宏觀層次上的財政資源配置職能是指改變公共部門與私人部門之間的資源配置狀況；微觀層次上的財政資源配置職能是指對市場提供過度水平和服務數量進行調整，而對市場提供不足的產品和服務進行補充，以實現社會資源的有效配置。

第一，考察宏觀層次上的財政資源配置職能：在社會經濟資源既定的情況下，公共部門與私人部門對資源的配置是競爭性的。財政措施會使資源配置狀況接近或偏離部門間最優資源配置點。在圖1-2中，如果現實資源配置狀況位於B點，說明部門間的資源配置是非最優配置，「理性的」政府稅收或支出變化會使資源配置狀況向A點移動；相反，「非理性的」財政措施會使資源配置狀況偏離A點。

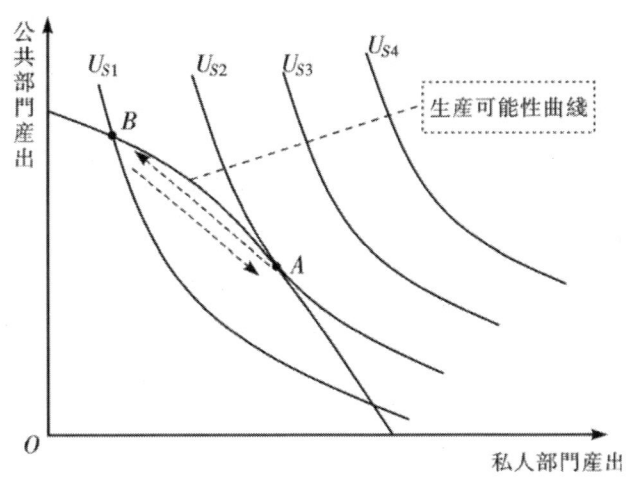

圖1-2　宏觀層次的財政資源配置圖

第二，分析微觀層次上的財政資源配置職能：從某種程度上說，也是從單個消費者或生產者的角度來分析財政的資源配置職能。換言之，財政措施會改變消費者的效用最大化行為，或改變生產者的利潤最大化行為。這個層次的財政配置職能主要是通過收入效應（Income Effect）和替代效應（Substitution Effect）來實現的。如圖1-3所示。假定某一消費者同時購買兩種商品，X和Y；這兩種商品的初始價格比率用預算線AB表示。這時，該消費者的福利水平是最大的，因為該消費者的預算線與其最高無差異曲線I_2相切於a點。在這種均衡狀態下，該消費者購買OX_1單位的X商品。現在假定對X商品徵稅，商品X的價格會提高，但由於沒有同時對Y商品徵稅這種稅，故Y商品的價格不變。於是，這兩種商品的相對價格發生了變化，預算線從AB變為AB'，該消費者的新的均衡消費點則位於無差異曲線I_1上的b點，他只能購買OX_3單位的X商品。可以看出，政府課稅後，資源配置發生了變化，表現為對應於a、b兩點的購買量的變化；OX_1-OX_3的差額就是這種稅的總效應。

9

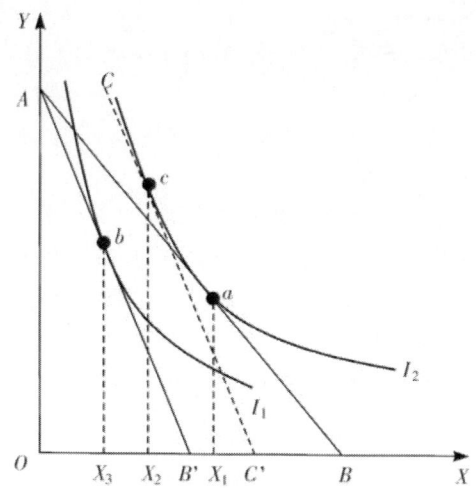

图1-3 微观层次的财政资源配置图

这种总效应（Total Effect）由替代效应和收入效应两种效应构成。由于对X商品征税，商品X的价格提高，相当于消费者在购买这种商品时的实际收入减少，消费者只能沿税后较低的无差异曲线I_1寻找最佳消费组合。现在假定给消费者足够的货币收入，补充因征税而损失的实际收入，从而使其停留在较高的无差异曲线I_2上。在图1-3中，把一条虚构的预算线预与初始（税前）无差异曲线I_2相切，其斜率与税后的预算线AB'相同。这条虚构的预算线就是CC'，它与初始无差异曲线I_2相切与c点。从初始均衡位置a点到虚构的均衡位置c点的移动，即$OX_1 - OX_2$的差额，就是这种税的替代效应。它表明商品X的需求量因其价格变化所导致的在补充消费者实际收入减少后的变化。估算出替代效应后，收入效应是一种剩余效应，即总效应减去替代效应，等于$OX_2 - OX_3$。它表明商品X的需求量只因为实际收入的变化而导致的变化。

（三）资源配置职能的手段

1. 调节资源在产业部门之间的配置

调整产业结构不外乎两条途径：一是调节投资结构（即增量调节），二是改变现有企业的生产方向，即调整资产存量结构，促使一些企业转产。在这两方面财政都可以发挥调整投资结构的作用。① 调整预算支出中的投资结构。例如，加大能源、交通、资源基础产业和基础设施的投资，减少一般加工工业投资。② 利用财政税收和投资政策引导投资方向。通过不同的税率、不同的折旧率及不同的贷款利率来实现。调整产业存量结构。根据市场经济要求，除必需的行政手段外，主要通过兼并和企业产权重组来进行，针对不同产业实行区别对待的税收政策。

2. 调节资源在不同地区之间的配置

中国幅员辽阔，但地区间经济发展极不平衡。东部集中了国家先进的工业、高

精尖技術和豐富的信息資源，全國國內生產總值（GDP）的 3/4 都出自東南沿海；西部地區生產力發展水平比較落後，但有豐富的原材料資源儲備和廉價的勞動力市場。目前，東西部地區的經濟相對增長速度差距正在縮小，但絕對差距仍在擴大。為了縮小地區差距，政府可以運用稅收、國債、提供公共產品、財政轉移支付等手段來調節資源在不同地區間的合理配置。

3. 調節資源在政府和非政府部門之間的配置

社會資源在政府和非政府部門之間的分配比例，其根據主要是社會公共需要在整個社會需要中所占的比例。這比例不是固定不變的，而是隨著經濟的發展、國家職能和活動範圍的變化而變化。應當使政府部門支配和使用的資源與承擔的責任相適應，政府支配的資源過多或過少都不符合優化資源配置的要求。例如，在計劃經濟體制下，政府大包大攬，資源配置權力過度集中，往往出現資源配置的低效率甚至無效率；在市場經濟條件下，政府逐漸退出對生產領域直接干預和對企業的直接管理，而著力糾正市場失靈，加強對社保、福利、環境優化、就業等方面的資源配置。

二、收入分配職能

（一）收入分配的含義

收入分配職能是指財政在國民收入分配中，通過對參與收入分配的各主體利益關係的調節，克服市場機制缺陷造成的收入和財富分配不公以及按勞分配不能完全保證實現的財富分配不公，從而達到公平合理分配的目標。換言之，財政的收入分配職能或者說財政的再分配職能（Redistribution Function）是指政府對市場活動產生的收入分配進行調整，通過收入轉移或減稅增加某些人的收入，通過徵稅減少其他人的收入。財政收入分配職能的目的是要實現規模收入分配的公平，實現國內各階層之間個人收入的適當分配狀態。

中國明確實行按勞分配與要素分配相結合的分配原則，各階層居民的收入分為勞動收入與非勞動收入，勞動收入包括工資、薪金、獎金、津貼等；非勞動收入包括財產收入、租金、利息、紅利和企業留利等。收入分配的目標是實現公平分配，而公平分配包括經濟公平和社會公平兩個層次。經濟公平是市場經濟的內在要求，強調的是要素投入和要素收入相對稱，它是在平等競爭的環境下由等價交換來實現的。但在市場經濟條件下，由於各經濟主體所提供的生產要素不同、資源的稀缺程度不同以及各種非競爭因素的干擾，各經濟主體獲得的收入會出現較大的差距，甚至與要素及勞動投入不對稱，而過分的懸殊將涉及社會公平問題；社會公平是指將收入差距維持在現階段社會各階層居民所能接受的合理範圍內，平均不等於公平。衡量社會公平常用的模型與指標是洛倫茲曲線和基尼系數，見圖 1-4，橫軸 OC 表示各級人口占總人口的百分比，縱軸 OA 表示各級人口收入占總收入的百分比。

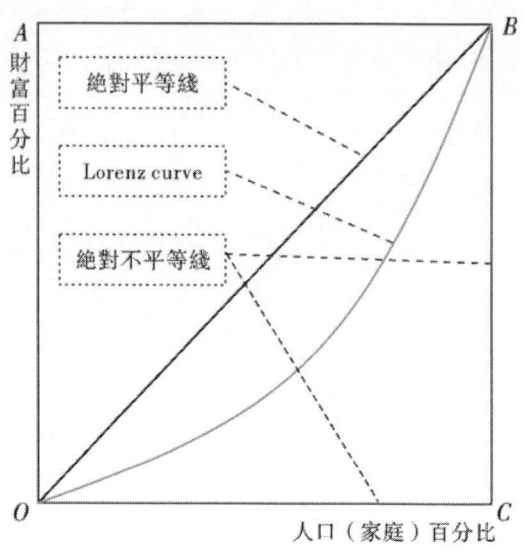

圖1-4　洛侖茲曲線圖

在圖1-4中，如果社會財富完全平均地分配給所有的家庭，則洛侖茲曲線（Lorenz curve，美國統計學家 M. O. 洛倫茲提出）則是對角線 OB，這從理論上說明了社會財富分配的絕對平等。而與此完全相反的是表現社會財富分配完全不平等的洛倫茲曲線，即圖中的 OCB 折線，它說明一個社會中只有唯一的一個家庭擁有100%的社會財富，其他家庭則一無所有。上述兩種財富的分配都是一種理論的抽象，但在這兩個極端之間的社會財富分配卻可以進行現實的描述，當曲線越靠近對角線 OB 時，社會財富分配越平等，當曲線越靠近折線 OCB 時，社會財富的分配則越不平等。在此基礎上，還可以對社會財富分配的平等程度進行測算，即用圖中的對角線 OB 和實際的洛倫茲曲線圍成的面積占三角形 OCB 面積的比例大小來評價，這一比例即稱為基尼系數（Gini Coefficient，由義大利經濟學家基尼提出）。顯然，基尼系數越接近0，社會財富的分配越趨於平等，而基尼系數越接近1，社會財富分配則越不平等。聯合國有關組織規定：若低於0.2表示收入高度平均；0.2~0.3表示比較平均；0.3~0.4表示相對合理；0.4~0.5表示收入差距較大；0.6以上表示收入差距懸殊。

（二）收入分配職能的手段

為了實現公平分配的目的，財政可以從以下方面進行收入的調節：

1. 調節企業利潤水平

在調節企業利潤水平上：① 企業的稅收負擔要適度。使政府稅收既滿足國家行使職能的財力需要，又要使企業有自我發展、自我累積和自我改造的能力。② 企業的利潤水平要能反應企業的經營管理水平和主觀能力狀況。

第一章 財政概論

2. 調節居民收入水平

現階段，中國實行的是按勞、按資、按需分配相結合，並以前者為主。個人收入既要合理拉開差距，又要防止貧富過分懸殊。要做到這一點就要通過稅收、轉移支付手段，還有國家的一些收入分配政策。具體來講：① 稅收。在取得收入超過一定數額時必須徵收「個人所得稅」；對高檔消費品徵收消費稅；在收入存量環節徵收「財產稅、遺產稅和贈與稅」。② 轉移支付。這就是對貧困階層給予補貼，建立最低生活保障和社會救濟制度，使個人收入差距縮小。③ 工資分配政策。這包括調整行政事業單位人員工資和控制企業員工工資總額及增長幅度。

三、經濟穩定職能

（一）經濟穩定的含義

經濟穩定包含充分就業、物價穩定和國際收支平衡多重含義。財政的經濟穩定職能（Stabilization Function）是指財政通過宏觀領域內的資源配置和收入分配，影響和調節社會總供給和總需求之間的關係，以達到充分就業、物價穩定、國際收支平衡的職責和功能。

財政經濟穩定職能各指標的含義包括：

（1）充分就業。充分就業指的是全社會有能力工作、願意工作且又在尋找工作的人的就業狀況。這裡「充分」就業並不意味著全部可就業人口 100% 地就業，而是指就業率達到某一社會認可的標準。西方經濟學通常以失業率高低作為衡量就業是否充分的尺度。失業率是指失業人數占勞動力人數的比例，勞動力是指一定年齡範圍內有勞動能力且願意工作的人，失業者是勞動力中那些想找工作但尚未找到工作的人。大多數西方經濟學家認為存在 4%～6% 的失業率是正常的，此時社會經濟處於充分就業狀態。

（2）物價穩定。物價穩定是指商品和勞務價格總水平的大體穩定，即一定時期內貨幣幣值不發生過度的上升或下跌。一般認為，年度通貨膨脹率在 3%～5% 內可以視為物價穩定。與通貨膨脹相反的現象是通貨緊縮，表現為一定時期內物價的持續下降。通貨緊縮對國民經濟的危害並不亞於通貨膨脹，因此防止和治理通貨緊縮也是保持物價穩定的應有之意。

（3）國際收支平衡。國際收支平衡即一國在國際經濟往來中維持經常項目與資本項目的收支合計大體平衡，不出現大的順差或逆差。隨著國際經濟交往的密切，一國國際收支平衡狀態反應著該國國內經濟的穩定程度。在開放的經濟條件下，一國國際收支不平衡就意味著該國國內收支的不平衡，或者說國內經濟處於失衡狀態。

如果進行簡單劃分，財政的資源分配職能屬於財政在微觀經濟領域裡應當發揮的作用，收入分配職能是財政在中觀領域裡應當發揮的作用，而經濟穩定職能則是財政的宏觀經濟作用。這三種職能依次越來越遠離市場機制，這說明市場機制在這

三個不同領域的作用遞減，財政職能的效力遞增。

財政的經濟穩定職能與前兩種職能不同的表現主要體現在：該職能的重點不是資源在公共（社會）需要與私人需要之間的配置，而是維持高水平的資源利用和幣值的穩定。具體來說，財政的經濟穩定職能包括兩個方面：一是使社會不存在非自願失業現象；二是使社會不發生物價的持續上漲現象（價格穩定是指平均價格水平的基本穩定，並不意味著個別物品的價格不隨著各自的供求變化而自由波動；充分就業也不表示每個人在任何時候都就業，只要沒有大量非自願性失業，只要在願意接受現行工資率的情況下可以很快找到工作，就可以說是充分就業）。

財政的經濟穩定職能的基本邏輯是：

（1）如果存在非自願性失業，政府就可以通過增加支出或減少稅收的擴張性財政政策增加總需求水平，使總支出增加到與充分就業情況下生產出來的產出相適應的程度。

（2）如果存在通貨膨脹，政府就採取減少支出或增加稅收的緊縮性財政政策減少需求水平，使總支出降低到與按現行價格計算的產出相適應的程度。

（3）如果充分就業和價格水平穩定都實現了，政府就保持原有的收支格局（或所謂的中性財政政策），保持這種貨幣支出總水平。

（二）經濟穩定職能的手段

要實現一國經濟的穩定增長，關鍵是要做到社會總供給與總需求的平衡，包括總量平衡和結構平衡。財政在這兩方面都能發揮重要作用。關於結構平衡，實質上是一個資源配置問題，前面已有闡述，這裡著重對財政在調節社會供求總量平衡方面的手段做一分析。

1. 通過財政預算政策進行調節

這主要是通過作為財政收支計劃的國家預算來進行的。

（1）當社會總需求＞社會總供給時，可以通過實行預算收入＞預算支出（結餘政策）；

（2）當社會總需求＜社會總供給時，可以實行國家預算支出＞預算收入（赤字政策）；

（3）當社會總需求＝社會總供給時，可以實行預算收入＝支出（中性政策與之配合）。

2. 通過制度性安排，發揮財政「內在穩定器」的作用

財政的「內在穩定器」是指那些在經濟中能自動地趨於部分抵消總需求變化的財政措施或手段。如累進所得稅制和轉移支付制度。這表現在財政收入和支出兩方面的制度。

（1）在收入方面，主要實行累進所得稅制。在這種稅制條件下，當經濟過熱出現通貨膨脹時，企業和居民收入增加，使稅率相應的提高，稅收的增長幅度超過國民收入增長幅度，從而可以抑制經濟過熱；反之，當經濟蕭條時，企業和居民收入

第一章　財政概論

下降，使稅率相應降低，稅收的降低幅度超過國民收入的降低幅度，從而可以刺激經濟復甦。當然，上述作用是以所得稅，特別是個人所得稅在整個稅收中佔有相當大的比重為前提的。

（2）在財政支出方面，主要體現在轉移性支出（社會保障、補貼、救濟、福利支出等）的安排上，其效應正好同稅收相配合。經濟高漲時，失業人數減少，轉移性支出下降，對經濟起抑製作用。反之，經濟蕭條時，失業人數增加，轉移性支出上升，對經濟復甦起刺激作用。

四、經濟發展職能

（一）經濟發展職能的含義

對於什麼是經濟發展，迄今為止還沒有一個明確的定義。在20世紀50年代，經濟發展被定義為經濟增長，「經濟發展問題實質上就是通過增加人均產出來提高國民收入水平，使每一個人都能消費得更多」；在經濟學家熊彼特看來，經濟的循環流轉是靜態的經濟過程，而經濟發展是指經濟本身發生的非連續的變化與移動，是動態的經濟過程；美國經濟學家錢納里對於經濟發展的定義是「經濟發展可被視為持續經濟增長所必需的經濟結構的一系列互相關聯的變化」。可見經濟發展不僅是一個量的概念而且還是一個質的概念。我們認為，經濟發展是指在高質量、高效益基礎上的經濟增長，沒有效益和質量的經濟增長不能稱為經濟發展。所以，經濟發展涉及的內容超過了單純的經濟增長。具體來說，經濟發展包含四層含義：

（1）經濟增長，指一個國家或地區一定時期內商品和勞務產出在數量上的增加，通常由國民生產總值（GNP）或者 GDP 及其人均水平來衡量，見圖1-5。社會生產可能性曲線 M 表明的是某一既定時間的社會總生產潛能。政府可以採取各種財政措施，包括直接性投資和增加社會間接資本（Social Overhead），使社會生產可

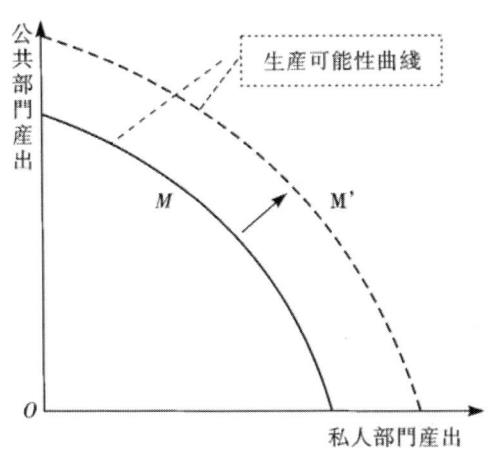

圖1-5　社會生產可能性邊界外移圖

能性曲線向外移至 M'，實現間接增長。這時，私人部門的產出和各個部門之間的產出都增加了。遭遇世界金融危機後的幾年中，中國的 GDP 增長速度均超過 8%。

（2）結構變遷，指產業結構的變化。這是廣義的產業結構變化，包括分配結構、職業結構、技術結構、產品結構以及各個層次上的經濟結構的變化。

（3）福利的改善，即社會成員福利水平的提高。發達地區與欠發達地區居民收入水平存在巨大差異，政府必須採取有力的政策措施使欠發達地區的教育、醫療、養老、公益事業等得到基本的保障。

（4）環境與經濟可持續發展，即經濟發展不能以危害環境為代價，保證生態環境和經濟社會協調發展。目前，中國經濟增長背後存在著許多影響經濟發展的隱患，如有些自然資源是不可再生的，比如土地資源、礦產資源，因而產生了耗竭問題。如稀土、焦煤、滑石礦、銻礦、溫泉等資源均存在過度開採等問題。此外，環境污染也十分嚴重，包括水污染、土壤污染、大氣污染等。目前，中國工業用水重複利用率遠低於先進國家 75% 的水平，單位 GDP 用水量是先進國家的十幾倍到幾十倍，一些重要產品單位耗水量也比國外先進水平高幾倍，甚至幾十倍；地表水、地下水長期過度開採，開採率達到 98%，遠遠超出 40% 的警戒線。據調查，目前全國有 90% 以上的城市水域，受到不同程度的污染，廢水、污水排放量以每年 18 億噸的速度增加，全國工業廢水和生活污水每天的排放量近 1.64 億噸，其中約 80% 未經處理直接排入水域。

財政的經濟發展職能（Development Function）是指政府以經濟增長為中心，以結構調整為重點，促進社會經濟的持續發展。

（二）經濟發展職能的手段

為了促進經濟發展，市場是無能為力的，必須通過政府利用一系列財政手段才能達到此目的。

（1）利用稅收、國債、補貼等財政收入和財政支出政策，促進產業結構協調發展。

（2）通過轉移支付手段改善人們的福利待遇。

（3）通過稅收遏制資源的過度開採，減輕甚至消除環境污染。為了遏制資源的過度開採和浪費，保護生態環境，中國從 2011 年 11 月 1 日起，對資源稅進行了改革，原油、天然氣由原來的從量定額徵收改為從價定率徵收，將焦煤、稀土單列，並提高了其單位稅額。

本章小結

1. 個人（家庭）、企業與政府、財政有著千絲萬縷、不可分割的聯繫。
2. 市場機制也許可以有效地進行資源配置，但它並不保證和實現社會公平。這

第一章 財政概論

就為政府干預經濟提供了一個可能的理由。市場機制存在自身難以克服的缺陷即市場失靈，這就成為政府干預的第二個理由。

3. 財政的職能有資源配置職能（宏觀與微觀兩個層次）、收入分配職能、經濟穩定職能和經濟發展職能。

 复习思考题

1. 描述你身邊的財政現象。
2. 市場失靈的表現形式有哪些？
3. 簡述財政資源配置職能的兩個層次。
4. 財政如何實現收入分配職能？
5. 財政經濟穩定職能的含義是什麼？財政通過哪些手段實現經濟穩定職能？
6. 簡述財政的經濟發展職能及實現途徑。

第二章 財政收入概論

● 第一節 財政收入的形式與分類

一、財政收入的含義

財政收入是財政活動的第一階段，即組織收入、籌集財政資金的階段。在市場經濟條件下，財政收入是以貨幣來度量的，從這個意義上理解財政收入又表現為一定數量的貨幣資金，即政府為實現其職能的需要而籌集的一切貨幣資金的總和。因此財政學給「財政收入」下的定義是，財政收入是國家為保證實現其職能的需要，通過財政分配的各個環節，將社會產品價值主要是剩余產品價值的一部分集中於國家的各種貨幣資金。

財政收入是財政理論與實踐的重要組成部分，在財政經濟活動中，生財是目的，聚財是前提，用財是手段。生財是聚財的保證，聚財是用財的制約，用財是生財的前提。也就是說，財政收入是財政支出的基礎，是調節社會各經濟主體經濟利益關係和經濟結構的重要手段。因此能否合理組織財政收入關係到國民經濟的發展和人民生活水平的提高。

二、財政收入的形式與分類

中國的財政收入體系已經歷了多次的調整與變化。根據《財政部關於印發政府收支分類改革方案的通知》，改革后的政府收支分類體系包括「收入分類」「支出功能分類」「支出經濟分類」三部分。

收入分類主要反應收入的性質和來源。新的收入分類沒有再按資金管理的要求

第二章　財政收入概論

分為一般預算收入、基金預算收入、債務預算收入等設置科目，而是將上述收入納入統一的收入分類體系，並具體採用了兩種分類方法：一是按收入形式分類，說明收入以何種方式取得，如稅收收入、非稅收入，以及稅收收入下的增值稅、消費稅、營業稅，非稅收入下的行政性收費、罰沒收入等；二是按來源分類，說明收入從哪裡取得，有的按所有制結構劃分，如增值稅下的國有企業增值稅、集體企業增值稅；有的按部門結構劃分，如行政性收費下的文化行政性收費、公安行政性收費，罰沒收入下的文化罰沒收入、公安罰沒收入。

改革后的收入分類包括：稅收收入，社會保險基金收入，非稅收入，貸款轉貸回收本金收入，債務收入和轉移性收入六個大類。

（一）稅收收入

稅收是國家依據政治權力向納稅人徵稅而取得收入的形式，是國家實現其職能，滿足社會公共需要的物質基礎。稅收具有強制性、無償性和固定性三大特徵，是國家穩定、均衡地取得財政收入的保證。

稅收收入分設為：增值稅、消費稅、營業稅、企業所得稅、企業所得稅退稅、個人所得稅、資源稅、固定資產投資方向調節稅、城市維護建設稅、房產稅、印花稅、城鎮土地使用稅、土地增值稅、車船稅、船舶噸稅、車輛購置稅、屠宰稅、筵席稅、關稅、耕地占用稅、契稅、其他稅收收入。

（二）社會保險基金收入

社會保險基金是指為了保障保險對象的社會保險待遇，按照國家法律、法規，由繳費單位和繳費個人分別按繳費基數的一定比例繳納以及通過其他合法方式籌集的專項資金。社會保險基金是國家為舉辦社會保險事業而籌集的，用於支付勞動者因暫時或永久喪失勞動能力或勞動機會時所享受的保險金和津貼的資金。社會保險基金按照保險類型確定資金來源，逐步實行社會統籌。用人單位和勞動者必須依法參加社會保險，繳納社會保險費。

社會保險基金主要包含五大類，分別是基本養老保險基金、基本醫療保險基金、工傷保險基金、失業保險基金和生育保險基金。各項社會保險基金按照社會保險險種分別建帳，分帳核算，執行國家統一的會計制度。

中國社會保險基金來源可以大致分為四個方面：①由參保人按其工資收入（無法確定工資收入的按職工平均工資）的一定百分比繳納的保險費；②由參保人所在單位按本單位職工工資總額的一定百分比繳納的保險費；③政府對社會保險基金的財政補貼；④社會保險基金的銀行利息或投資回報及社會捐贈等。

社會保險基金收入分設6款：基本養老保險基金收入、失業保險基金收入、基本醫療保險基金收入、工傷保險基金收入、生育保險基金收入、其他社會保險基金收入。

（三）非稅收入

非稅收入是指除稅收以外，由各級政府、國家機關、事業單位、代行政府職能

的社會團體及其他組織依法利用政府權力、政府信譽、國家資源、國有資產或提供特定公共服務、準公共服務取得的財政性資金,是政府財政收入的重要組成部分。

非稅收入的範圍包括:政府性基金、行政事業性收費、國有資本經營收益、罰沒收入、以政府名義接受的捐贈收入、主管部門集中收入、政府財政資金產生的利息收入,等等。

非稅收入分設8款:政府性基金收入、專項收入、彩票公益金收入、行政事業性收費收入、罰沒收入、國有資本經營收入、國有資源(資產)有償使用收入、其他收入。

(四)貸款轉貸回收本金收入

貸款轉貸回收本金收入是指國內外貸款回收本金的收入及國內外轉貸回收本金的收入。

貸款轉貸回收本金收入分設4款:國內貸款回收本金收入、國外貸款回收本金收入、國內轉貸回收本金收入、國外轉貸回收本金收入。

國內貸款回收本金收入反應收回的技改貸款及其他財政貸款本金收入等。國外貸款回收本金收入反應收回的中國政府向外國政府貸款、國際組織貸款以及其他國外貸款的本金收入。國外貸款回收本金收入分設外國政府貸款回收本金收入、國際組織貸款回收本金收入、其他國外貸款回收本金收入3項。國內轉貸回收本金收入反應收回的政府部門向外國政府、國際金融機構借款轉貸給其他地方政府、相關部門和企業的款項。國外轉貸回收本金收入反應收回的中央政府部門向外國政府、國際金融機構借款轉貸給國外有關機構和企業的款項。

(五)債務收入

債務收入是國家以信用方式從國內、國外取得的財政收入。債務收入分設2款:國內債務收入、國外債務收入。

「國債」是「國家公債」的簡稱,在國內發行的國債一般稱為「內債」(Internal Debt),內債是一國國債的主要組成部分。公債有國債和地方公債之別。在一國之內,無論中央政府還是地方政府,都有可能以發行公債作為取得財政收入的形式。凡是由中央政府發行的公債,稱為國家公債,簡稱「國債」,它是中央政府憑藉政府信譽,按照信用原則發行債券所形成的國家債務。其收入列入中央政府預算,作為中央政府調度使用的財政資金。地方政府發行的公債,稱為地方公債。它是地方政府籌措財政收入的一種形式,其收入列入地方政府預算,由地方政府支配使用。從債務人(政府)角度而言國債具有自願性、有償性和靈活性的特點,從債權人(購買者)角度而言國債具有安全性、流動性和收益性的特點。在國外發行的國債,稱國外國債,簡稱「外債」(External Debt)。國外債務收入除瞭解決本國建設資金不足之外,也用於平衡國際收支等其他方面。

中國將債務收入列作政府財政收入的一部分。而世界上多數國家的財政收入中並不包括債務收入,一般只包括經常收入(所有的稅款收入和經常性的非稅款收

第二章　財政收入概論

入）和資本收入（從銷售資本資產和非政府來源的資本轉移所得的收入）。因此，國際貨幣基金組織（IMF）在考慮政府財政統計時，只把債務收入列為政府財政的融資項，而不直接列入政府財政和預算收入。

（六）轉移性收入

轉移性收入是指政府、單位、社會團體對居民家庭的各種轉移支付和居民家庭間的收入轉移。其包括政府對個人收入轉移的離退休金、失業救濟金、賠償等；單位對個人收入轉移的辭退金、保險索賠、住房公積金、家庭間的贈送和贍養等。

轉移性收入分設10款：返還性收入、財力性轉移支付收入、專項轉移支付收入、政府性基金轉移收入、彩票公益金轉移收入、社會保險基金補助收入、預算外轉移收入、單位間轉移收入、上年結余收入、調入資金。

第二節　財政收入的原則

一、發展經濟、廣開財源

發展經濟、廣開財源，是指政府組織財政收入要有利於經濟發展和財政多渠道籌集資金。

在組織財政收入的時候，講發展經濟，就是要求財政收入的形式、規模、結構都適應社會生產力和經濟體制的性質和要求，使政府籌集財政資金的過程不僅能夠為政府實現職能籌集適量的資金，而且能夠從宏觀上促進國民經濟持續、快速、健康地發展。

在組織財政收入的時候，廣開財源就是要求政府籌集資金的各項活動要有利於國民經濟的協調發展；同時要求政府在籌集資金的過程中平等地對待每一個經濟主體，為經濟主體平等地進入市場、公平地進行競爭創造條件。通過經濟發展增加收入，從而提高經濟主體的納稅和繳費能力。

只有經濟協調持續發展，政府正常執行職能所需要的財政資金才能得到源源不斷的供給。所以在組織財政收入的時候，應以有利於經濟發展為出發點，注重源與流的關係是社會主義財政籌集財政資金必須遵循的首要原則。

堅持發展經濟、廣開財源原則，是擴大國民經濟規模和多渠道籌集財政資金的保障。其原因在於，堅持發展經濟、廣開財源原則要求政府在組織財政收入的時候，不僅要有利於國民經濟規模的擴大，而且要求國民經濟各部門、各地區以及社會各行各業的協調發展。而這些要求有利於社會剩余產品的增加和向財政繳納稅、費的社會主體的數量增加和能力增強。

同時，財政收入來源的擴大直接與財政管理體制相關。因為與社會經濟發展相適應的經濟體制，能從宏觀上調控國民經濟的發展規模和籌集財政資金的渠道。例

如，中國在計劃經濟體制下，實行中央集權型財政管理體制，既不利於調動中央和地方的積極性以促進國民經濟規模的擴大，也不利於財政收入來源的多元化。而隨著社會主義市場經濟體制的建立健全，實行分稅制，中央和地方按照職、責、事權劃分財力，中央和地方理財的積極性得到了發揮，就推動了國民經濟規模的擴大，使中國 GDP 連續多年保持 7% 以上的增長，令世界矚目。

經濟體制改革的深化，使「以公有制為主體，多種經濟形式共同發展」得以確立，帶來了財政收入來源的多元化。在新體制下，財政在組織財政收入時堅持廣開財源，要求所有處於國民經濟的不同部門、地區的應當而且有能力為政府提供財政資金的經濟主體，都通過不同的渠道上繳財政收入，不僅能增加財政收入、有利於國民經濟結構的調整，也能為社會經濟主體平等地進入市場，公平地參與市場競爭創造良好的外部環境。同時經濟體制改革，還帶動了財政收入徵管制度的變革。這些因素的共同作用，促使國民經濟規模的進一步擴大，實現了國民經濟規模和財政收入增長的良性循環。

二、利益兼顧

兼顧國家、單位、個人之間的經濟利益關係，是指在社會主義市場經濟條件下，國家在制定財政收入政策和組織財政收入的過程中，除了籌集財政資金，同時還應當注意協調國家、單位和個人之間的物質利益關係，充分調動社會各方面建設社會主義的積極性。

三、兼顧效率和公平

財政收入的效率包括行政效率和經濟效率。從行政效率來看，財政收入的效率，是指政府籌集財政資金時所耗費資源的多少。從經濟效益來看，財政收入的效率，是指通過財政收入活動對市場主體平等地進入市場、公平地進行競爭所發揮的作用。財政收入的經濟效益高，表現為它有利於經濟單位和個人在國家的宏觀調控下，按照市場信號合理配置資源並提高經濟效益，進而有利於實現國民經濟持續、快速、健康發展。

財政的經濟效益主要是指宏觀經濟效益。單位和個人的經濟效益，既受國家宏觀財政收入政策的影響，還和自身在市場經濟中能否抓住有利的商機，按市場規律經營的水平和能力相關。所以，企業經濟效益低下時，應當從多方面找原因，解決問題。

財政收入的公平可以從負擔能力和受益大小兩方面來認識。從負擔能力上看，財政收入的公平，是指政府在組織財政收入的時候，正確核定不同經濟形式、不同地區、不同產業和不同勞動者之間的收入差別，使他們公平合理地承擔政府組織財政收入所造成的經濟負擔。財政收入的公平包括縱向公平和橫向公平，橫向公平是

第二章　財政收入概論

指財政收入應當使負擔能力相同的單位和個人承擔相同的財政收入負擔，縱向公平是指財政收入應當使負擔能力不相同的單位和個人有區別地承擔財政收入負擔。從受益大小來看，財政收入的公平是指，政府應根據不同單位和個人從公共設施和公共服務中獲得的利益的大小來確定政府取得財政收入的份額。比如對公共設施的使用費就是根據不同單位和個人受益大小收取的。

政府在組織財政收入過程中的公平與效率，是相輔相成的。財政收入的效率高，單位和個人的負擔輕，可以謂之公平。經濟效率高，本身就是為不同單位和個人創造公平的競爭環境。有了財政收入的公平，財政收入的效率才能提高。

四、內部累積為主，利用外資為輔

內部累積為主，利用外資為輔，是指政府籌集財政資金的政策和措施一定要把立足點放在自力更生的基礎上，同時要輔之以適當合理利用國外資金。

首先，自力更生是中國建設社會主義現代化強國的立足點。實現現代化是中國人民世世代代的夢想，也是中國自立於世界民族之林的基本條件。中國是一個社會主義國家，不能通過掠奪國外資源發展自己，也不能通過加重本國人民的負擔增加財政收入。中國是一個大國，在沒有以自力更生作為立足點的前提下，任何國家都不可能幫助中國實現現代化。同時，在當代世界經濟中，各國之間的競爭非常激烈複雜，中國人民只能靠自力更生實現現代化。

其次，中國人民勤勞勇敢，具有無窮的創造力和艱苦奮鬥、勤儉建國的精神。通過幾十年的社會主義建設，我們已經建立起發展經濟的物質技術基礎，特別是改革開放為發展經濟開闢了廣闊的道路。我們能夠通過合理配置和有效利用本國現有的資源發展經濟，為社會主義現代化建設累積資金。

最後，對外開放是中國建設現代化的基本國策。當今世界是開放的世界，任何國家都不能脫離世界經濟而獨立存在。經濟全球化和一體化進程的加快，更加突顯了改革開放的重要性。歷史的經驗告訴我們，改革開放是實現社會主義現代化的必由之路。黨的十一屆三中全會以來，我們確立了「一個中心，兩個基本點」的正確路線，我們在利用國內外兩種資源方面已經取得了豐碩的成果。進入21世紀，中國加入了世界貿易組織，綜合國力進一步加強。國民經濟連續多年保持國民經濟高速增長，為我們引進和合理利用外資創造了更有利的條件。我們應當更好地利用外資，抓住發展經濟的機遇，加快實現現代化的步伐。

第三節　財政收入規模的衡量

一、財政收入規模衡量指標

財政收入規模是指一定時期內（通常為1年）財政收入的數量。財政收入的數量，可以從絕對量和相對量兩個方面來認識。通常衡量財政收入規模的指標有以下幾個：

（1）國民經濟的財政負擔率，是指當年財政收入總額與同年的 GDP 之比。即：

$$國民經濟的財政負擔率 = \frac{財政收入（絕對量）}{（同期）GDP} \times 100\% \qquad (2.1)$$

該指標可以衡量政府在當年國民財富中所獲取的份額，據以考察政府的收入分配意圖以及國民的負擔程度。

（2）財政收入增長率，是指財政收入的增加額（基期的財政收入減去上期的財政收入）與上期財政收入（總額）之比的百分數。即：

$$\Delta Y(\%) = \frac{\Delta Y}{Y_{n-1}} = \frac{Y_n - Y_{n-1}}{Y_{n-1}} \qquad (2.2)$$

該指標也是財政收入增長的速度。通過該指標的時間序列值，可以判斷一段時期內政府財政收入（增或減）變動的趨勢及幅度。

（3）財政收入增長的彈性，是指財政收入的增長率與 GDP 的增長率之比。即：

$$E_y = \frac{\Delta Y(\%)}{\Delta GDP(\%)} \qquad (2.3)$$

彈性是經濟學中涉及兩個關聯變量相互影響的概念。該指標反應若 GDP 變動 1% 時，財政收入相應變動的百分比。所涉及的兩個變量既可以同向變化也可以反向變化。

（4）財政收入增長邊際傾向，是指財政收入的增加額與同期 GDP 的增加額之比。即：

$$MYP = \frac{\Delta Y}{\Delta GDP} \qquad (2.4)$$

邊際傾向也是經濟學中涉及兩個關聯變量相互影響的概念。彈性是考察兩個變量變動幅度（百分比）的相互影響；而邊際傾向則考察兩個變量變動值（差額）的相互影響。該指標反應若 GDP 變動1個單位（1億元）時，財政收入相應的變動（單位）值。

二、影響財政收入規模的主要因素

（一）國民經濟發展規模和水平

社會經濟的發展規模影響著財政收入的規模，所以影響國民經濟發展規模的因

第二章　財政收入概論

素也影響著財政收入的規模。

1. 社會生產的規模和發展速度

一定時期內的社會生產規模，表現為同期的國內生產總值。國內生產總值通過初次分配和再分配，形成國家、單位和個人的收入。在企業必須的發展需要和其員工必須的生存和發展需要既定的條件下，國內生產總值規模越大，財政籌集資金規模擴大的余地才越大。在國內生產總值不夠大的條件下，國家必須首先考慮單位和個人的生存和發展問題，財政能夠籌集到的資金規模就非常有限。國內生產總值增長的速度影響著財政收入的增長速度。如果國民生產總值規模不大，而且增長緩慢，即使國家可以利用其在國民生產總值分配中的主導地位和優先權，強制擴大財政收入的規模，但由此引起的企業發展乏力和社會不穩定因素，會反過來影響下一時期社會經濟的發展財政收入規模的擴大。

2. 商品流通的狀況

在市場經濟體制下，商品流通的規模是社會生產力發展水平的反應。因為市場經濟的微觀主體，總是要最大限度地將自己的產品推向市場。商品流通的規模小，一是說明市場經濟的微觀主體的生產規模小，二是說明市場主體的產品大部分用於企業自身的生產或生活消費。而規模巨大的企業和很高的商品率是社會生產力高度發達的表現。商品流通是否通暢直接關係到企業的生存和發展，是國民經濟能否健康發展的重要指標。

3. 勞動生產率的高低

勞動生產率是反應社會或者市場主體生產能力或效率的指標。勞動生產率的高低與科技發展水平和管理水平成正相關關係。科技發展水平和管理水平高，提高的速度快，國內生產總值的增長速度快；同時，生產過程中的成本降低，剩余產品數量相對增加。對於企業來說，勞動生產率越高，其盈利水平越高，能夠獲得的超額利潤越多，在市場競爭中所處的地位越有利；全社會的勞動生產率的高低，反應社會的剩余產品數量的多寡。就是社會總產品價值中 M（剩余產品價值）所占的比重的高低。財政收入主要來自 M 部分，所以，改進技術、改善管理，有利於勞動生產率的提高和社會生產力的發展，是增加財政收入的重要途徑。

（二）國民經濟結構

國民經濟結構，是一定時期內國民經濟各個組成部分的構成及其相互之間的比例關係。如果按生產力的構成分類，可分為國民經濟的部門結構、地區結構、產業結構、企業結構等。國民經濟的不同部門、地區、產業和企業經濟發展規模、速度、勞動生產率高低和商品流通狀況，直接影響它們為社會提供剩余產品的能力，影響著財政收入的來源結構。經濟發展規模大、速度快，勞動生產率高和商品流通狀況好的部門、地區、產業和企業對財政收入的貢獻大，反之則小。那些經濟落後，發展緩慢，勞動生產率低，或商品流通不暢的部門、地區、產業和企業，不僅不能對財政收入做貢獻，甚至還需要財政的扶持。所以，國民經濟結構變化，財政收入的

來源構成就會發生變化,財政收入的規模和增長速度也會因此發生變化。

國民經濟結構的合理程度,以資源的優化配置水平為評判的依據。國民經濟合理程度高,說明社會資源得到充分合理的利用,即做到人盡其才、物盡其用。在現有資源條件下,可以高效率地擴大國民經濟的規模,為擴大財政收入的規模提供可能性。所以政府要增加財政收入,必須通過改善其財政收支活動,促進技術進步、勞動生產率提高;優化資源在國民經濟不同部門、地區、產業和企業的配置,以優化國民經濟結構。

經濟發展的不平衡規律,使優化國民經濟結構成為政府的長期任務。中國現在正在進行的西部大開發,大力促進農業和能源等基礎產業、第三產業發展以及鼓勵企業在市場競爭中去自謀發展的政策和措施都是優化國民經濟結構的重要舉措。其目的在於促使國民經濟持續、高速、協調發展,人民物質文化水平的提高。只有這樣,財政才能籌集到更多的財政資金。

(三) 分配政策和分配制度

在特定的財政年度,國民生產總值是既定的量,通過初次分配和再分配,以稅收、政府收費、股息紅利、利息、工資、企業利潤、租金、私營企業主收入、風險收入等形式,形成財政、單位和個人的收入。其中,政府在任何部分的分配政策和制度的變化,都會影響財政收入在其中所占的比重,進而影響財政收入在國民生產總值中的比重。所以在發展經濟的基礎上,進一步建立健全分配政策和分配制度,整頓分配秩序,規範分配活動,保持財政收入的適度規模是深化改革的重要方面。

(四) 價格因素

在社會主義市場經濟條件下,財政分配是以一定價格為基礎的社會產品的價值為對象的分配。商品價格的任何變化都會影響財政收支。具體表現為:

(1) 價格的變動影響企業商品銷售收入,直接影響從價計徵的流轉稅,如增值稅、營業稅、消費稅等稅種的稅收收入。其還會不同程度地影響以收益額計徵的財產、收入等稅類的稅收收入。

(2) 不同類別產品和商品價格的變化,導致財政收入絕對量的結構性增減。因為不同類別產品和商品價格的變化,引起產品價值在生產企業之間,流通企業之間以及生產和流通企業之間的轉移。由於這些企業分屬於不同的部門、產業和地區,而國家為了宏觀調控國民經濟的需要,對不同的部門、產業和地區實行有差別的財政稅收政策,結果導致財政收入的結構性增減。同時,國家為了宏觀調控國民經濟不同地區之間的平衡和協調發展,對不同地區實行有差別的財稅政策,存在於不同地區企業產品價格的變化也會導致財政收入的結構性增減。

(3) 價格體系的合理程度,影響財政收入絕對量的規模。如果價格適應社會主義市場經濟發展的要求,會促進財政收入結構的合理化和財政收入絕對量的合理變化。反之則會導致價格體系紊亂和 GDP 再分配的逆向運行,最終不利於政府組織財政收入目標的實現。因為價格體系的合理程度,影響著國民生產總值分配的合理化

第二章　財政收入概論

程度，進而影響到社會經濟利益主體發展經濟的積極性和主動性的發揮、國民經濟規模的擴大和經濟效益的提高，最終會引起財政收入絕對量的變化。例如中國的原材料、能源等上游產業的產品價格偏低，導致資源配置的逆向運行，多種原材料生產和能源產業發展滯后，成為國民經濟的瓶頸產業，最終將影響國民經濟發展規模和財政收入絕對量的增長。

（五）政府的職責範圍和社會對公共物品的需求

在不同歷史時期和不同經濟體制下，政府的職責範圍和社會對公共品的需求不相同。例如中國在計劃體制下，國家實行中央集權管理體制，財政必須為政府實現其無所不包的管理體制籌集資金，財政收入在 GDP 中所占的比重就相當高。改革開放以來，中國對中央集權型管理體制進行了改革，並不斷深入地清除該體制在分配領域的不良影響，政府的職能逐漸轉移到滿足社會公共需要的領域，財政收入在 GDP 中所占的比重也發生了變化。1952—1980 年，財政收入在 GDP 中所占比重即國民經濟的財政負擔率（均值）為 28.3%；1981—1990 年，該指標為 20.1%；1991—2000 年，該指標為 12.0%；2001—2010 年，該指標為 20.7%。隨著政府職能範圍的變化，財政收入規模也會發生相應變化的規律性得到了證明。

社會公共需要，是社會公眾在生產、生活和工作中的共同需要，包括行政管理、國防、環境保護、基礎科研與教育、公共設施、基礎產業、文教衛生、支柱產業、風險投資及各種需要政府提供的服務。社會成員的公共需要，在市場經濟條件下，由政府提供的公共物品和部分混合物品滿足。公共需要規模影響著財政收入的規模。

本章小結

1. 財政收入是財政支出的基礎，是調節社會各經濟主體經濟利益關係和經濟結構的重要手段。因此，能否合理組織財政收入關係到國民經濟的發展和人民生活水平的提高。

2. 根據中國的財政體制，目前財政收入主要由稅收收入、社會保險基金收入、非稅收入、貸款轉貸回收本金收入、債務收入和轉移性收入等多種形式構成。

3. 正確理解和把握財政收入的原則和影響財政收入的因素。

4. 衡量財政收入規模的指標有：國民經濟負擔率、財政收入增長率、財政收入彈性和財政收入邊際傾向等。

复习思考题

1. 财政收入的形式有哪些？
2. 简述财政收入的原则。
3. 解释衡量财政收入指标的经济含义。

第三章 税收

第一節 稅收基本理論

一、稅收的性質和特徵

（一）稅收的性質

稅收是國家為滿足社會公共需要，憑藉政治權力，按法定標準向社會成員強制無償地徵收而取得的一種公共收入。它是各國政府取得公共收入的最基本的形式。

根據馬克思主義原理，社會再生產是由生產、分配、交換和消費四個環節組成的，其中，分配是把社會在一定時期內新創造出來的產品和價值分成不同的份額，並決定各個份額歸誰佔有和佔有多少的一個重要環節，稅收就是這個環節上諸種分配形式中的一種特殊分配形式。徵稅過程實質上就是把一部分社會產品從納稅人手中轉變為國家所有的分配過程。徵稅的結果，必然會引起各社會成員佔有社會產品和國民收入比例的變化，一部分社會成員佔有的比例會減少，而另一部分社會成員佔有的比例則會增加。因為通過徵稅引起了社會產品在社會成員與國家之間以及不同社會成員之間的轉移以及佔有比例的變化，改變了社會產品原有的分配結構，形成了一種新的社會產品佔有、支配和使用結構，可見，稅收是一個分配範疇，這是稅收的基本屬性。

同時，我們對稅收這一分配範疇應有一個清楚的認識：首先，稅收與國家的存在本質地聯繫在一起，是政府機器賴以存在並實現其職能的物質基礎。恩格斯說：為了維持這種公共權力，就需要公民繳納費用——捐稅。捐稅是以前的氏族社會完全沒有的。其次，徵稅的依據是國家政治權力。在對社會產品的分配過程中，存在著兩種權利：一種是財產權利，即所有者的權利，它是依據對生產資料和勞動力的

所有權而取得產品的一種權利；另一種是政治權利，即國家的權力，依據這種權力把私人佔有的一部分產品變為國家所有，這就是稅收。最後，稅收收入是形成財政收入的一種主要形式。如，2007年財政總收入累計完成51,304.03億元，比上年同期增收12,543.83億元，增長32.4%。其中，稅收收入45,612.99億元，比上年增收11,487.11億元，同比增長33.7%，占財政總收入的比重為88.9%；非稅收入5,691.04億元，比上年同期增收1,056.72億元，增長22.8%，占財政總收入的比重僅為11.1%。

（二）稅收的特徵

稅收的特徵，是指稅收這種公共收入形式區別於其他公共收入形式的基本標誌，是稅收本質的外在表現。一般認為，稅收的形式特徵包括強制性、無償性和固定性，簡稱「三性」，這是稅收這種公共收入形式與其他公共收入形式進行區別的根本標誌，不同時具備「三性」的公共收入就不能稱為稅收。

1. 強制性

稅收的強制性是指國家以社會管理者身分，憑藉政治權力，以法律形式確定徵稅人和納稅人的權利和義務關係。它主要表現在以下幾個方面：

（1）稅收分配關係是國家和社會成員必須遵守的權利和義務關係。執行社會職能，滿足社會公共需要是國家應盡的職責，國家代表社會履行職責所發生的費用理應由社會成員共同分擔。

（2）國家徵稅這種分配形式憑藉的是政治權力，是凌駕於生產資料所有權之上的佔有和支配社會產品的權力，是不管生產資料的所有者是否願意都要行使的權力。

（3）稅收是一種由國家用法律加以規範、制約、保護和鞏固的關係，具有法律的約束力和強製作用。在社會物質產品還不是極其豐富，社會成員思想覺悟總體水平還不是很高的情況下，稅收可以較好地保證財政收入及時、足額入庫。

2. 無償性

稅收的無償性是指國家徵稅以后，稅款即為國家所有，不再直接歸還給納稅人，也不直接向納稅人支付任何報酬或代價。正如列寧所說：所謂賦稅，就是國家不付任何報酬而向居民取得的東西。稅收的這種無償性，可從以下兩方面去理解：

（1）這是針對國家和具體的納稅人對社會產品的佔有關係來講的，而不是對國家與全體納稅人的利益歸宿關係來說的。就全體納稅人與國家關係而言，稅收是有償的。

（2）稅收的無償性是稅收作為分配範疇來說的，不是對稅收作為歷史範疇而言的。稅收的無償性是稅收作為分配範疇的形式特徵，無論處於何種社會形態中的稅收，就徵稅者與具體納稅人對社會產品的佔有關係來說，都是社會產品所有權和支配權的無償轉移，不因社會形態的變化而變化。但稅收作為歷史範疇而言，在不同社會形態下，其性質則是不同的。例如，我們常說中國的稅收是「取之於民，用之於民」的，指的就是稅收的歷史範疇。

第三章　稅收

3. 固定性

稅收的固定性是指國家在徵稅前，稅法就預先規定了徵稅對象、納稅人、徵收比例等內容。稅法所規定的這些徵收標準，徵稅機關只能按照這個預定的標準徵稅，納稅人只要發生了稅法規定的納稅行為，就必須按預定的標準如數納稅，不得不納、少納或遲納。

稅收的固定性實際上是指稅法的確定性，但不能把稅收的固定性理解為永遠固定不變。隨著社會生產力的發展和生產關係的變化，稅收的課稅對象、徵收比例等內容也會隨之發生變化。因此，固定性是相對的，而不是絕對的。

稅收的上述三個特徵是相互聯繫、缺一不可的統一整體。其中，稅收的無償性是核心，是根本目的；稅收的強制性是前提，是實現稅收無償性的強有力保證；稅收的固定性則是無償性和強制性的客觀要求和必然結果。

二、稅收原則

稅收原則是政府在稅收制度的設計和實施方面所應遵循的基本指導思想，也是評價稅收制度優劣、考核稅務行政管理狀況的基本標準。稅收原則是財稅學界長期以來一直關注的一個重要問題。

（一）公平原則

公平原則是經濟學界公認的稅收的首要原則，因為一方面，公平稅收對於維持稅收制度的正常運轉必不可少，另一方面，公平稅收對於矯正收入分配、維護社會穩定不可或缺。因而，從古到今，公平不僅僅是作為經濟目標，更重要的是作為社會目標出現。此外，東西方國家稅收的實踐還表明，稅收公平與否往往是檢驗稅收制度和稅收政策好壞的一個重要標準。一般來講，稅收公平包括普遍徵稅和平等徵稅兩個方面。所謂普遍徵稅，通常指徵稅遍及稅收管轄權之內的所有法人和自然人，即所有具有納稅能力的人都應毫無例外地納稅。當然，徵稅的普遍性也不是絕對的，國家出於政治、經濟、國際交往等方面的考慮，給予某些特殊的納稅人以免稅照顧，並不違背這一原則，如對外交使節的稅收豁免待遇幾乎是一種國際慣例。所謂平等徵稅，通常是指國家徵稅的比例或數額與納稅人的負擔能力相稱。具體包括兩個方面的含義：一是納稅能力相同的人負擔相同的稅收，即所謂「橫向公平」；二是納稅能力不同的人負擔不同的稅收，即所謂「縱向公平」。但需指出的是，上面所提及的納稅能力，一般是針對所得而言，所以橫向公平的含義就是對所得相同的人徵收相同的稅收，縱向公平的含義就是對所得不同的人徵收不同的稅收。稅收公平不僅是一個財稅問題，而且是一個社會問題和經濟問題，因為稅收作為國家參與國民收入分配和再分配的手段，與社會經濟生活各個領域密切相關，對社會生活和經濟運行將產生巨大的影響作用，因而在任何一個國家內部，稅收政策必須及時協調稅收公平與社會經濟公平之間可能出現的矛盾。例如，當經濟間所決定的分配已經是公

31

平的了，稅收分配就應以不干擾這一分配格局為公平標準；當經濟活動決定的分配被證明是不公平的，則公平的稅收就應以矯正這一分配格局為目標。

（二）效率原則

稅收的效率原則要求以盡量小的稅收成本取得最大的經濟效益。這裡的效率包括兩層意義：一是指稅收的行政效率，即較少的徵收費用、便利的徵收方法等；二是指徵稅應有利於提高經濟效益，實現資源的最優配置。

提高稅收的行政效率主要體現在減小徵稅成本上，因此，檢驗稅務行政效率的標準在於稅收成本占稅收收入的比重。稅收成本有廣義和狹義之分。廣義稅收成本是指在稅收徵納過程中所發生的各類費用支出，包括稅收徵收費用和稅收奉行費用：①稅收徵收費用，又稱為狹義的稅收成本。專指稅務機關為徵稅而花費的行政管理費用，包括稅務機關工作人員工資、獎金、福利、辦公設備及稅務機關為徵稅而印製的宣傳資料、票據等。②稅收奉行費用。指納稅人在依法納稅時除稅款之外所支出的費用，包括辦理稅務登記的費用和時間耗費、填寫申報表的勞動耗費、聘請稅務顧問和律師的酬金以及稅務人員稽查給納稅人帶來的心理影響。不過，由於這種費用很多時候是無法用貨幣來計算的，因而有人將其稱為「稅收隱蔽費用」，所以，各國政府對其行政效率的考察，基本上是以稅收徵收費用占全部稅收收入的比重為依據來考察的。

徵稅有利於提高經濟效益是更高層次的稅收效率。稅收作為一種重要的再分配工具，可以在促進資源配置合理化、刺激經濟增長等方面發揮作用，但也可能扭曲資源配置格局，阻礙經濟發展。如果稅收起的是前一種作用，就是有效率的，如果稅收的作用屬於后一種，就是無效率的。稅收是否有效率必須結合經濟運行本身的效率來考察，假如經濟運轉本身已是高效率的，稅收活動就應以不干擾經濟運轉為有效率，假如經濟運轉是低效率乃至無效率的，稅收效率則體現在它對經濟運轉的影響和干預上。對長期的、全面的經濟運轉過程的考察結果表明，經濟運轉本身具有高效率的情況極為少見。在市場經濟國家總是存在著市場失靈的問題，因而稅收干預總是大有可為的。稅收槓桿可以調節社會供求總量，調節產業結構，促進市場機制發揮最大的效益。

（三）中性原則

近年來，西方稅收學界提倡稅收中性原則。所謂稅收中性（Neutrality），是指政府徵稅以不扭曲市場機制的正常運行，或者說，不影響私人部門原有的資源配置狀況為標準。稅收中性包含兩種含義：一是國家徵稅使社會所付出的代價以稅款為限，盡可能不給納稅人或社會帶來其他的額外損失或負擔；二是國家徵稅應避免對市場經濟正常運行的干擾，特別是不能使稅收超越市場機制而成為資源配置的決定因素。

稅收中性原則的建立基礎在於確信市場機制在資源配置方面是充分有效的，有充分的自由競爭和不存在市場失靈與盲區。但事實上，市場機制總是存在缺陷，完全的自由競爭只有在理論推導中才會出現，市場失靈與盲區的存在也是不爭的事實。

第三章 稅收

因此，稅收中性原則以及稅收保持絕對中立是難以植根現實的。不過，稅收中性原則作為稅制建設的一種規範性的理論研究，正確處理稅收與市場的關係也有一定的指導意義。目前，中國正處於發展社會主義市場經濟的過程中，在改革和建設稅制時，要從中國國情出發，適當吸收稅收中性原則的合理內容，「熨平」市場經濟波動，促進國民經濟的穩定發展。

三、稅收負擔與稅負轉嫁

（一）稅收負擔

稅收負擔（Tax Burden）是納稅人因向國家繳納稅款而承受的收入損失和經濟利益的犧牲。它反應了國家與納稅人之間的利益分配關係，在數量上體現為稅收收入和可供徵稅的稅基之間的對比關係。稅負水平是稅制的核心問題，體現稅收與政治、經濟之間的相互關係。合理確定一個國家的稅負水平，對確保政府滿足公共需要的財力，調節經濟結構，促進經濟發展，保證社會穩定，都具有十分重要的意義。

依據考察層次的不同，稅收負擔主要分為宏觀稅收負擔和微觀稅收負擔。

1. 宏觀稅收負擔

宏觀稅收負擔是從國民經濟總體來看稅收負擔水平，反應一國社會成員稅收負擔的整體狀況。衡量宏觀稅收負擔的指標主要是國內生產總值負擔率和國民生產總值負擔率，即一定時期內（通常為一年），一國稅收入總額（T）與同期國內生產總值（GDP）或國民生產總值（GNP）的比值，即T/GDP 或 T/GNP，表明一定時期內政府以稅收方式從經濟總量中分配的份額。

根據國際經濟組織和許多國家通常採用的分類標準，目前，世界各國的總體稅負水平大致可以劃分為三類：第一類是高稅國，T/GDP 的比值一般在 35% 以上；第二類是中稅國，T/GDP 的比值在 20%～35%；第三類是低稅國，T/GDP 的比值一般不超過 20%，大多在 15% 左右。從世界平均水平來看，稅負水平呈緩慢上升趨勢。

2. 微觀稅收負擔

微觀稅收負擔是從單個納稅人（包括法人和自然人）來考察稅收負擔水平。衡量微觀稅收負擔的指標，主要是企業或個人向國家繳納的稅收與其產出的對比關係。如，企業納稅總額與同期銷售收入之比、個人所納稅額與個人收入所得額之比等。由於在流轉稅下，納稅人與負稅人往往不一致，因此，在研究微觀稅負時不能不考慮稅負轉嫁的問題。

宏觀稅收負擔與微觀稅收負擔具有內在的必然聯繫，微觀稅收負擔是基礎，宏觀稅收負擔是微觀稅收負擔的綜合反應，在一定的稅制結構中，微觀稅收負擔的增加或減少，必然引起宏觀稅收負擔的相應變化。

(二) 稅負轉嫁與歸宿

1. 稅負轉嫁與歸宿的概念

所謂稅負轉嫁（Tax Shifting）是指商品交換過程中，納稅人通過提高售價或壓低購進價格等辦法，將其繳納的部分或全部稅款轉移給他人負擔的過程。所謂稅負歸宿（Tax Incidence）是指處於轉嫁過程中的稅收負擔的最終歸著點或最后結果。稅負轉嫁的必然結果必然產生納稅人和負稅人不一致的情況，即是說，只要某種稅收的納稅人與負稅人不是同一個人，即發生了稅負轉嫁。稅負轉嫁的特徵為：①稅負轉嫁與價格升降有直接聯繫，而且這種價格升降是由稅負轉嫁引起的；②稅負轉嫁是各經濟主體之間稅收負擔的再分配，它不會改變國家稅收收入量；③稅負轉嫁是納稅人在利益機制驅動下的主動行為。我們常聽人說，吸菸、喝酒的人對國家貢獻很大，這實際上就是在說明一個稅負轉嫁的問題，因為國家對生產菸酒的企業課以重稅，而生產菸酒的企業又通過提高對菸酒產品的銷售價格，將已納稅收全部或部分地轉嫁給了廣大的消費者。

稅負轉嫁是一個過程。由於商品交換呈鏈條式運動，以商品價格漲跌為載體的稅負轉嫁過程可以僅經過一次轉嫁便落腳於歸宿點，也可能隨著交換過程的延伸，經數次轉嫁才落腳於歸宿點。一旦稅收轉嫁結束，稅負即為負稅人承擔，稅負也就找到了歸宿點。稅負轉嫁可能是全部轉嫁，也可能是部分轉嫁，其餘部分由納稅人自己負擔。研究稅負轉嫁，目的在於確定稅收負擔最后歸宿點，從而將稅收繳納者和稅收負擔的承受者真正區別開來，把握稅收分配關係的實質，充分利用稅收對經濟的調節作用，制定出科學合理的稅收政策，以達到預期的調節效果。

與稅負轉嫁相近的另一個概念是逃稅。逃稅是指個人或企業以不合法的方式逃避納稅義務，包括偷稅、漏稅和抗稅等。逃稅與稅負轉嫁不同，稅負轉嫁是通過市場手段進行的，只是稅負的轉移，最終只導致納稅人與負稅人的不一致，稅收總量卻並不會因此而減少（在不考慮效率損失的情況下）；而逃稅是直接逃避政府稅收部門稅收徵管行為，其結果是無人承擔納稅義務，即無納稅人，也無負稅人，這必然造成稅收總量的直接減少或損失。因此，稅負轉嫁不違反稅法，而逃稅則是一種違法行為。

2. 稅負轉嫁的形式

稅負轉嫁的基本方式有兩種，即前轉和后轉。此外，還有一些其他的轉嫁方式。

（1）前轉。也稱為「順轉」，指納稅人通過提高商品銷售價格將所納稅款轉移給購買者，即由賣方向買方轉嫁。前轉是稅負轉嫁的最典型和最普遍的形式，一般發生在商品和勞務課稅上。例如，對商品的生產廠商徵稅，生產廠商就可以通過提高商品出廠價格，把稅負轉嫁給批發商，批發商再把稅負轉嫁給零售商，最后由零售商把稅負轉嫁給消費者。這樣，消費者必須付出包括部分稅收或全部稅收在內的價格購得商品或勞務，商品生產商只是名義上的納稅人，經過稅負轉嫁后，商品購買者成了實際的稅收負擔者。

第三章 稅收

(2) 后轉。亦稱「逆轉」，指納稅人在無法實現前轉時，將其所納稅款通過壓低商品或生產要素購進價格轉移給商品或生產要素供應者。例如，在零售環節對某商品課稅，但該商品因供大於求而難以提高市場價格，這時零售商不能通過提高商品售價把稅負轉移給消費者，只有設法壓低該商品的購進價格把稅負后轉給批發商，批發商再后轉給生產廠商，生產廠商又通過壓低原料價格、勞動力價格（工資）或延長工時等辦法，把稅負轉嫁給原料供應者或工人。這樣，名義上的納稅人是零售商，但實際上稅收的負擔者則是原料供應者或雇傭工人。

(3) 輾轉。前轉或后轉均可發生一次或數次，如果一筆稅款從納稅人到最後負稅人其轉嫁運動只發生一次，可稱為一次轉嫁；發生兩次或兩次以上的轉嫁則稱為輾轉轉嫁，其情況如下所示：

棉花商→紗商→布商→消費者（向前輾轉轉嫁）

布商→紗商→棉花商→農民（向后輾轉轉嫁）

(4) 混轉，又稱散轉。在現實經濟活動中，稅收無論是向前轉嫁還是向后轉嫁，轉嫁的程度取決於許多經濟因素。有時可以把全部稅負轉嫁出去（稱為完全轉嫁），有時則只能將部分稅負轉嫁出去（稱為部分轉嫁）；有時稅負的轉嫁表現為純粹的前轉或后轉，但更多的情況則是表現為：同一筆稅款一部分通過前轉轉嫁出去，另一部分則通過后轉轉嫁出去，這種情況我們稱之為混轉或散轉。

(5) 消轉，又稱轉化，指納稅人通過改善經營管理或改進生產技術等措施降低生產成本，使稅負從新增利潤中得到抵補。這既不是提高銷價的前轉，也不是壓低購價的后轉，而是通過提高效率降低成本、增加利潤而抵消稅負，所以稱為消轉。在「消轉」的情況下，稅收負擔實際上並未發生任何轉移，或者說納稅人和負稅人仍然相同，因此，嚴格地說，消轉並不屬於一般意義上的稅負轉嫁，它只能算作是一種特殊的稅收轉嫁形式而已。

(6) 稅收資本化，又稱為資本還原，指某些能夠增值的應稅商品（如不動產、股票等）在出售時，買主將今后若干年應納的稅額從所購商品的價格中預先作一次性扣除，然后才成交的一種方式。今后若干年買主應納的稅款在購買該商品時一次性轉嫁給賣主，所以，它實際上是稅負向后轉嫁的一種特殊形式。在實際進行操作時，買主會將以后應納的稅款折成現值，從所購資本品價值中預先扣除，從而使資本品的價格下降，稅收實際上將由資本品所有者負擔。此后名義上雖由買主按期付稅，實際上稅款是由賣主負擔的。例如，甲向乙購買一塊土地，價值1萬元，這塊土地每年需納稅50元，假設銀行利率為10%，於是，甲只願意出9,500元買這塊土地，甲少付出的500元存入銀行每年可獲得利息50元，正好用來繳納土地的稅款。顯然，這塊土地的稅負實際上是由土地出售者乙負擔的。不過，與一般意義上后轉的不同之處是，稅收資本化是將累次應納稅款作一次性轉嫁。

3. 稅負轉嫁的條件

稅負轉嫁的主觀原因在於納稅人的經濟利益，但這種稅負轉嫁的主觀願望的實

現程度却要受到一些客觀條件的制約。

制約稅負轉嫁的條件主要有：

（1）商品交換的存在是稅負轉嫁的前提。典型的稅負轉嫁是通過商品交換過程中的價格變動來實現的。因此，沒有商品交換的存在就不可能有稅收負擔的轉嫁。

（2）商品供求彈性決定稅負轉嫁實現的程度。商品經濟只是為稅負轉嫁提供了可能性，納稅人稅負轉嫁的實現程度，則要受商品價格變動情況的約束。在自由競爭的市場上，商品價格的變動主要由需求彈性和供給彈性決定。

所謂需求彈性，是指商品需求量（購買量）對於市場價格的變動所作出的反應程度。用公式表示為：

$$需求彈性 = \frac{需求變動幅度}{價格變動幅度}$$

在其他條件不變的情況下，價格下降，需求量迅速增加，稱之為需求彈性大，如奢侈品等非生活必需品就是需求彈性較大的商品。相反，有些商品的需求對價格高低反應度不大，即不論價格升降，其需求量變化均不大，稱之為需求彈性小。如糧食、食油、布匹都是需求彈性較小的商品。無論價格如何變化，商品需求都不發生任何變化，則稱為需求無彈性。在需求彈性較大的情況下，如果某種商品為了轉嫁稅負而提高價格，購買者對商品的需求就會減少，轉而購買效用相似的其他代替品，從而阻止了該商品價格的提高，致使其稅負難以轉嫁；反之，在需求無彈性或彈性較小的情況下，稅負就比較容易轉嫁出去。一般情況下，商品需求彈性與稅負轉嫁的可能性成反比。

所謂供給彈性，是指商品的供給對商品價格的反應程度。用公式表示為：

$$供給彈性 = \frac{供給量變動幅度}{價格變動幅度}$$

在其他條件不變的情況下，一般來說，如果供應量的變動幅度大於價格的變動幅度，即為供給彈性大，反之為供給彈性小。如果供給量不隨價格變化而變化，則供給無彈性。在供給彈性較大的情況下，商品價格低，生產要素就會轉向其他部門，使這種商品的供給量急遽減少，由於供給減少，價格就會回升，最終使得這種商品的稅負可隨價格的升高而轉嫁出去。反之，在供給無彈性或彈性較小的情況下，無論價格如何變化，生產都難以擴大或縮小，其稅負也難以得到轉嫁。因此，商品供給彈性大小對稅負轉嫁的一般規律是：商品的供給彈性越大，稅負轉嫁的可能性越大；商品供給彈性越小，稅負轉嫁的可能性越小。商品供給彈性與稅負轉嫁的可能性成正比。

（3）市場的競爭程度。在不同的市場競爭程度下，稅負轉嫁程度有所不同。

①完全競爭市場下的稅負轉嫁。在完全競爭市場下，由於單個廠商無力控制價格，因此，當其納稅時，是難以在短期內通過提高價格的形式將稅負向前轉嫁出去的。因為只是該廠商提高價格，而別的廠商不提價，那麼，買者將不購買它的商品，

轉而購買其他廠商的商品，因而使該廠商轉嫁的意願難以實現。但從長期看，由於納稅將增大廠商成本，減少其利潤，於是各個廠商聯合起來，一致提價，則稅負就可以完全或大部分轉嫁出去，但轉嫁的程度仍然受供需彈性的制約。

②不完全競爭市場下的稅負轉嫁。商品的差異性是不完全競爭市場的重要特徵。在不完全競爭市場下，單個廠商雖然很多，但各家可以利用其產品的差異性對價格做出適當調整，借以進行稅負轉嫁。當然，其轉嫁的程度同樣受到供需彈性的制約。

③寡頭壟斷市場或完全壟斷市場下的稅負轉嫁。這兩種市場都是以壟斷為其特徵，所不同的只是壟斷的程度，即某種商品在市場上其壟斷廠商的數量不同。一般說來，在壟斷市場條件下，稅負轉嫁的可能性更大且更為容易，各廠商之間的競爭程度要小得多。因為生產經營該種商品的廠商數量很少，因此，它們之間極容易達成某種協議或默契，對價格升降採取一致行動。如果對某產品徵收新稅或提高稅率，各寡頭廠商就會按已達成的協議或默契，通過一致提價等方式，將稅負轉嫁出去。當然，這種轉嫁意圖的實現程度，也仍然受到商品供需彈性的影響。

（4）課稅範圍的大小。一般來說，課稅範圍的大小對稅負轉嫁的影響表現為：課稅範圍越窄，其稅負轉嫁越困難；課稅範圍越廣，則其稅負轉嫁就越容易。因為課稅範圍越窄，越有替代效應，買者選擇的余地越大。如果納稅者將某種商品的稅負前轉，則價格上升，同時，由於存在著無稅或低稅的替代產品，則買者轉而購買替代產品，而對某種商品的需求大大減少，結果必然是該稅負難於達到轉嫁的目的。相反，課稅範圍越廣，由於替代效應小，結果稅負越容易轉嫁。比如，洗衣粉與肥皂同屬於洗滌用品，如果對肥皂課稅而對洗衣粉免稅，當肥皂因課稅而提價后，人們顯然會多用洗衣粉而少用肥皂，結果肥皂銷量必然減少，此時肥皂生產廠家就不敢將全部稅款加於肥皂價格之內，因而其稅負轉嫁就難以實現。

（5）行政管理範圍的大小。一般來講，行政管轄範圍越大，稅負越易轉嫁；相反，行政管轄範圍越小，轉嫁越難。這也是替代效應的大小決定的。比如，一個小城鎮對某種商品開徵一種新的地方稅或提高稅率，則人們可以通過到別的未徵新稅的附近城市購買商品，或遷居到低稅城市，而使稅負難於轉嫁。但省（州）或中央開徵一種新稅，由於其管轄範圍大，人們越過省（州）或國界去購買商品或遷居的代價太高，則仍在當地購買或居住，因此稅負轉嫁的可能性就大。

（6）課稅對象的性質。課稅對象的性質也能影響到稅負能否轉嫁以及稅負轉嫁的程度，如對個人所得或企業所得徵稅，其要進行稅負轉嫁就比較困難；但對商品徵稅，則由於商品處於流通過程之中，納稅人在對商品進行交易時，就具有轉嫁稅負的可能，因此，使得稅負轉嫁較易實現。

第二節　稅收制度

一、稅收制度及構成要素

稅收制度簡稱「稅制」，它有廣義和狹義之分。廣義的稅收制度是指國家規定的稅收法令、條令和徵收管理辦法的總稱。狹義的稅收制度則是指國家具體設置某一稅種的課徵制度，包括納稅人、徵稅對象、稅率、納稅環節、納稅期限、稅收優惠、違章處理等稅制構成要素。其中，納稅人、徵稅對象、稅率是稅制的基本構成要素。稅收制度規定了國家與納稅人之間的徵納關係，成為徵納雙方共同遵守的法律規範。本節所指的稅收制度是指狹義的稅收制度。

（一）納稅人

納稅人是納稅義務人的簡稱，是稅法規定的直接負有納稅義務的法人和自然人，法律術語稱為課稅主體，它解決的是向誰徵稅的問題。納稅人是稅收制度構成的最基本的要素之一，任何稅種都必須有納稅人。從法律角度劃分，納稅人包括法人和自然人兩種。法人是指依法成立並能以自己的名義行使權利和負擔義務的組織。作為納稅人的法人，一般是指經工商行政管理機關審查批准和登記、具備必要的生產手段和經營條件、實行獨立經濟核算並能承擔經濟責任、能夠依法行使權利和義務的單位、團體。作為納稅人的自然人，是指負有納稅義務的個人，如從事工商營利經營的個人、有應稅收入或應稅財產的個人等。

與納稅人相關的兩個概念是負稅人和扣繳義務人。

1. 負稅人

負稅人指稅款的實際負擔者，即納稅人所納稅款的實際承受者，它側重於與實際經濟發生聯繫，却不具有法律義務。納稅人不僅與實際經濟發生聯繫，而且要承擔法律責任。納稅人和負稅人可以是一致的，也可以是不一致的。如企業所得稅，國家徵稅後，必然使企業利潤減少，企業也就成為稅款的直接負擔者，因而對企業所得稅而言，納稅人和負稅人是一致的。又如消費稅，是由消費品的生產者或經營者繳納的，但納稅人却可以把稅款加在消費品價格上轉嫁給消費者，因此，生產者和經營者只是納稅人，而不是負稅人，真正的負稅人則是消費者。

2. 扣繳義務人

雖然在絕大多數情況下，都是由國家徵收機關和納稅人直接發生稅收徵納關係，但在某些特殊情況下，為控制稅源，防止偷稅、逃稅和方便徵管，需要由與納稅義務人發生經濟關係的相關單位和個人代國家徵繳稅款和代納稅人繳納稅款。因此，國家稅法在規定扣繳義務人的同時，相應地規定了扣繳義務人的責任，也就是當扣繳義務人未能正確履行扣繳稅款的責任，造成稅款流失時，扣繳義務人同樣要受到經濟或法律的制裁。

第三章 稅收

(二) 徵稅對象

徵稅對象又稱課稅對象，是稅法規定的徵稅的目的物，法律術語稱為徵稅客體，它解決的是對什麼徵稅的問題。每一種都有明確的徵稅對象，如流轉稅類的各項產品的銷售收入額、所得稅類的各項所得額等。

徵稅對象在稅制中起著重要的作用。首先，它是徵稅的前提，是徵稅與不徵稅的分界線，只有符合稅法規定的徵稅對象，才需要徵稅；其次，它是一種稅區別於另一種稅的重要標誌，在稅法中，一般是以徵稅對象來區分各種稅和設置稅種；最後，它是通過稅收實現社會政策和經濟政策的主要依據，國家運用稅收調節經濟，主要是通過徵稅對象來進行調節。

我們要注意與徵稅對象密切相關的幾個概念。

1. 稅目

稅目是徵稅對象的具體項目，它具體地規定了一個稅種的徵稅範圍，體現了徵稅的廣度。有的稅種徵稅對象簡單、明確，不必另行規定稅目；有的稅種徵稅對象複雜，需要規定稅目。設置稅目有兩種基本方法：一種是列舉法，即按照每一種徵稅的產品或經營的項目分別設置稅目，也就是稅法中具體列舉了對什麼徵稅、對什麼不徵稅。另一種是概括法，就是按商品的分類或行業設置稅目。

2. 計稅依據

計稅依據，又稱稅基，是指稅法中規定的據以計算各種應徵稅款的依據或標準，它是徵稅對象在量上的具體化。計稅依據在表現形態上一般有兩種：一種是價值形態，如銷售收入額、所得額、增值額、營業收入額等，在這種情況下，課稅對象和計稅依據一般是一致的，如所得稅的課稅對象是所得額，計稅依據也是所得額；另一種是實物形態，如徵稅對象的面積、體積、長度、重量、數量等，在這種情況下，課稅對象和計稅依據往往是不一致的，如中國的車船使用稅，它的課稅對象是各種車輛和船舶，而計稅依據是車、船的排氣量或噸位。

3. 稅源

稅源是指稅收收入的經濟來源，即稅收的最終出處。有些稅種的課稅對象與稅源一致，如所得課稅，其徵稅對象和稅源都是納稅人的所得。有些則不一致，如財產稅，徵稅對象是應稅財產，而稅源則是財產的收益或財產所有人的收入。區別稅源與課稅對象，其主要目的在於分析稅源與課稅對象的關係。課稅對象解決對什麼徵稅的問題，稅源則表明納稅人的負擔能力。

(三) 稅率

稅率（Tax Rate）是指應納稅額與徵稅對象數額之間的比例，它是計算應納稅額的尺度，體現徵稅的深度。在其他條件一定的情況下，稅率的高低，直接關係到納稅人繳納稅額的大小和稅負的輕重，關係到國家財政收入的規模，反應了國家在一定歷史時期的稅收政策，因此，稅率是稅收制度的中心環節。從世界各國的情況來看，稅率主要可分為以下三種：

1. 比例稅率

比例稅率（Proportional Tax Rate），是指對同一徵稅對象，不論數額大小，只規定一個統一的法定比例徵稅。它一般適用於對流轉額的徵稅。比例稅率的優點表現在：同一課稅對象的不同納稅人稅收負擔相同，能夠鼓勵先進、鞭策落後，有利於公平競爭；計算簡便，有利於稅收的徵收管理。但是，比例稅率不能體現量能負稅的原則。

比例稅率在具體運用上又可分為幾種類型：① 行業比例稅率，即不同行業規定不同的稅率，同一行業採用同一稅率。② 產品比例稅率，即對不同產品規定不同稅率，同一產品採用同一稅率。③ 地區差別比例稅率，即對不同地區實行不同稅率。④ 幅度比例稅率，即中央只規定一個幅度稅率，各地可在此幅度內，根據本地區實際情況，選擇、確定一個比例作為本地適用稅率。

2. 定額稅率

定額稅率（Quota Tax Rate）是稅率的一種特殊形式。它不是按照課稅對象規定徵收比例，而是按照徵稅對象的計量單位規定固定稅額，所以又稱為固定稅額，一般適用於從量計徵的稅種。定額稅率的優點是：從量計徵，不是從價計徵，有利於鼓勵納稅人提高產品質量和改進包裝，計算簡便。但是，由於稅額的規定同價格的變化情況脫離，在價格提高時，不能使國家財政收入隨國民收入的增長而同步增長，在價格下降時，則會限制納稅人的生產經營積極性。

定額稅率在具體運用上又分為幾種類型。①地區差別定額稅率，即為了照顧不同地區的自然資源、生產水平和盈利水平的差別，根據各地區經濟發展的不同情況分別制定的不同稅額。② 幅度定額稅率，即中央只規定一個稅額幅度，由各地根據本地區實際情況，在中央規定的幅度內，確定一個執行數額。③ 分類分級定額稅率，即把課稅對象劃分為若干個類別和等級，對各類各級由低到高規定相應的稅額，等級高的稅額高，等級低的稅額低。

3. 累進稅率

累進稅率（Progressive Tax Rate）是指隨著課稅對象數額的增加而不斷遞增的稅率。它一般按徵稅對象數額的大小，劃分若干等級，每個等級由低到高規定相應的稅率，徵稅對象數額越大稅率越高，數額越小稅率越低。按照稅率累進依據的不同，累進稅率可以分為「額累」和「率累」兩種。額累是按徵稅對象數量的絕對額分級累進，率累是按徵稅對象數額的相對數分級累進。按照累進方式不同，額累可以分為「全額累進稅率」和「超額累進稅率」兩種形式，率累可以分為「全率累進稅率」和「超率累進稅率」兩種形式。具體來說，累進稅率包括以下幾種：

（1）全額累進稅率。它是指按徵稅對象的絕對數額劃分徵稅級距，就納稅人的課稅對象的全部數額及與之相對應的稅率計算應納稅額的稅率，即一定課稅對象的數額只適用一個等級的稅率。

（2）全率累進稅率。它與全額累進稅率的原理相同，只是稅率累進的依據不

第三章 稅收

同。全額累進稅率的依據是徵稅對象的數額，是一個絕對數。而全率累進稅率的計稅依據是徵稅對象的某種比率，如銷售利潤率、資金利潤率等，是一個相對數。

（3）超額累進稅率。它是指將徵稅對象按數額大小劃分為若干等級，每一個等級由低到高規定相應的稅率，每個等級分別按該級的稅率計算應納稅額的稅率，即一定課稅對象的數額會同時使用幾個等級的稅率。目前，中國個人所得稅中的工薪稅、個體工商戶的生產、經營所得及對企事業單位的承包、承租經營所得稅就是採用的超額累進稅率計算應納稅額。

（4）超率累進稅率。它與超額累進稅率的原理相同，只是稅率累進的依據不是徵稅對象的數額而是徵稅對象的某種比率。如中國現行土地增值稅採用的就是超率累進稅率，其計稅依據是土地增值額與扣除項目金額的比例。

全額累進稅率與超額累進稅率都是按照量能負稅的原則設計的，但二者又有不同的特點。

例如：假設所得稅稅率如表 3-1 所示。

表 3-1　　　　　　　　　　所得稅稅率表

級數	應稅所得額（元）	稅率（%）
1	不超過 1,000	5
2	超過 1,000 不超過 5,000 的部分	10
3	超過 5,000 的部分	20

當某人應稅所得額為 8,000 元時，

A. 按全額累進稅率計算應納稅額 = 8,000 × 20% = 1,600（元）

B. 按超額累進計算應納稅額 = 1,000 × 5% + 4,000 × 10% + 3,000 × 20%
　　　　　　　　　　　　= 1,050（元）

C. 各級速算扣除數的計算。所謂「速算扣除數」，是指按全額累進稅率計算的應納稅額與按超額累進稅率計算的應納稅額之間的差額，用公式表示為：

$$速算扣除數 = 全額累進稅額 - 超額累進稅額$$

因此，一級速算扣除數 = 1,000 × 5% - 1,000 × 5% = 0

二級速算扣除數 = 5,000 × 10% - (1,000 × 5% + 4,000 × 10%) = 50(元)

三級速算扣除數 = 8,000 × 20% - (1,000 × 5% + 4,000 × 10% + 3,000 × 20%)
　　　　　　　= 550（元）

從上面假定的計算中我們可以得出全額累進稅率與超額累進稅率的區別：

A. 在計算上，全額累進計算簡便，超額累進計算複雜。但可以採用「速算扣除數」予以解決。通過預先計算出各級距的速算扣除數，則按超額累進稅率計算的應納稅額可以簡化為：

$$超額累進稅額 = 應納稅所得額 × 適用稅率 - 速算扣除數$$

B：在收入級次和稅率檔次相同的情況下，全額累進稅率的累進程度高，稅負重；超額累進稅率的累進程度低，稅負輕。

C．在所得額級距的臨界點附近，全額累進會出現稅額增長超過所得額增長的不合理現象，超額累進則不存在這個問題。按表 3－1 所規定的稅率表，若該納稅人的應稅所得額為 1,001 元，按全額累進稅率計算的應納稅額應為：$1,001 \times 10\% = 100.1$ 元；而按超額累進稅率計算的應納稅額為：$1,000 \times 5\% + 1 \times 10\% = 50.1$ 元。即，應稅所得額多 1 元，按全額累進稅率計算的稅額就多 50.1 元，而按超額累進稅率計算的稅額則只多 0.1 元。

正是因為全額累進稅率有上述缺點，因而在稅制中很少運用，一般採用的是超額累進稅率。如中國現行個人所得稅中的工薪稅採用的就是超額累進稅率。

應當指出，比例稅率、定額稅率和累進稅率都是法律上的稅率形式，即稅法中可能採用的稅率。若從經濟分析的角度考察稅率，則稅率還存在著其他的一些形式，主要包括名義稅率、實際稅率、邊際稅率、平均稅率等。名義稅率指的是稅法規定的稅率，是應納稅額與課稅對象數額的比例；實際稅率是實納稅額與實際課稅對象數額的比例，在沒有稅負轉嫁的情況下，它等於稅收負擔率。在實際徵稅過程中，由於實行減稅、免稅和超額累進徵收制度等，納稅人實際負擔的稅款與按稅率表上所列稅率計算的稅款會不一致，從而導致名義稅率與實際稅率不一致；邊際稅率是課稅對象數額增量中稅額所占的比例。以超額累進所得稅為例，邊際稅率是指在徵稅級距既定的條件下，納稅人每增加一個單位的課稅對象所引起的課稅對象級距的變化而最後適用的那個稅率。如，某應稅所得級距是不超過 500 元的為 5%，超過 500～2,000 元的部分為 10%。當某納稅人的應稅所得額從 500 元增加 1 個單位時，則最後適用的稅率 10% 即為此時的邊際稅率；平均稅率是實納稅額與課稅對象數額的比例，它往往低於邊際稅率。一般來說，平均稅率接近於實際稅率，而邊際稅率接近於名義稅率。

（四）納稅環節

納稅環節是指徵稅對象在運動過程中繳納稅款的環節。商品從生產到消費往往需要經過許多環節，主要包括生產、運輸、批發、零售等環節。對一種商品可選擇在一個環節徵稅，稱為「一次課徵制」，也可選擇在多個環節徵稅，稱為「多次課徵制」。納稅環節是稅制的一個重要內容，它關係到稅制結構和稅種的佈局，關係到稅款能否及時入庫，關係到地區間的稅收收入分配，同時還關係到企業的經濟核算是否便利其納稅等問題。

（五）納稅期限

納稅期限是指納稅人發生納稅義務後，向國家繳納稅款的期限。它是稅收固定性和強制性在時間上的體現。原則上講，納稅人在取得應稅收入或發生納稅義務後，應當立即向國家繳納稅款。但是，由於納稅人取得應稅收入或發生納稅義務具有階

第三章　稅收

段性和重複性，不可能每取得一次應稅收入或發生一次納稅義務就立即繳納一次稅。為了簡化納稅手續，便於納稅人經營管理，同時有利於稅款及時繳入國庫，有必要根據各種稅的不同特點以及納稅人的具體情況分別規定不同的納稅期限。在具體做法上，可分為按期納稅和按次納稅兩種。按期納稅，即以納稅人發生納稅義務的一定時期，如1天、3天、5天、10天、1個月、1年等作為納稅期限；按次納稅，即以納稅人發生納稅義務的次數作為納稅期限。

（六）稅收優惠

稅收優惠即稅法中所規定的對特定納稅人或徵稅對象給予鼓勵和照顧的具體方法，主要包括以下幾種：

1. 減免稅

減免稅是指稅法對同一稅種中的某一部分特定的納稅人和徵稅對象給予減輕或免除稅負的一種優待規定。減稅是指將納稅人應納的稅款減少徵收一部分，免稅就是將納稅人的應納稅款全部免予徵收。從某種意義上說，減免稅是稅率的一種輔助手段和補充手段，體現了稅法的特殊性、靈活性的要求。

2. 起徵點

起徵點即稅法中所規定的開始徵稅的數量界限。如從2011年11月1日起，每月銷售貨物或提供應稅勞務的增值稅起徵點為5,000～20,000元。對於課稅對象的數額未達到起徵點的不徵稅，達到或超過起徵點的，就課稅對象的全部數額徵稅。規定起徵點主要是為了照顧生產、經營規模小，徵稅對象數額比較低的納稅人的負擔狀況。

3. 免徵額

免徵額即稅法中規定的徵稅對象中免予徵稅的數額，它是按照一定的標準從徵稅對象總額中預先減除的數額。如從2011年9月1日起，個人所得稅中工薪稅的免徵額為3,500元。凡屬免徵額的部分均不徵稅，超過免徵額的部分要依率計徵應納稅額。規定免徵額主要是為了體現稅收負擔的合理性，照顧納稅人的一般生活需要。

（七）違章處理

違章處理即對納稅人發生違反稅法行為時所進行的處罰。納稅人的違章行為通常包括偷稅、抗稅、漏稅、欠稅、騙取退稅等不同情況。偷稅是納稅人使用欺騙、隱瞞等手段少納或不納稅款的違法行為。偷稅行為一是在帳簿、記帳憑證上做手腳，二是納稅時不如實申報；抗稅是指納稅人對抗國家稅法、拒絕納稅的違法行為；漏稅是納稅人出於無意而未交或少交稅款的違章行為；欠稅即拖欠稅款，是指納稅人不按規定期限繳納稅款的違章行為；騙取退稅是指納稅人採用欺騙手段獲取國家退稅照顧的行為。偷稅、抗稅和騙取退稅屬於違法犯罪行為；而漏稅和欠稅則屬於一般違章行為，不構成犯罪。對納稅人的違章行為，可以根據情節輕重，分別採取以下方式進行處理：限期補繳稅款、加收滯納金、罰款、追究刑事責任等。

43

二、稅收分類

稅收分類實質上是稅種的分類，即按照一定的標準把性質相同或相近的稅種劃歸為一類，使其同其他稅種加以區別。科學合理的稅收分類，既有助於分析各種稅制的結構，研究各類稅種的特點、性質、作用和它們之間的內在聯繫，發揮稅收的槓桿作用，又有助於分析稅源的分佈和稅收負擔的狀況以及稅收對經濟的影響。稅收分類的方法是多種多樣的，這裡僅介紹稅收分類的幾種主要方法。

（一）按稅收課稅對象的性質分類

按課稅對象的性質，可將稅種分為流轉稅、所得稅、資源稅、財產稅和行為稅五大類。這種分類方式始終是世界各國常用的一種最基本和最主要的分類方式。

1. 流轉稅

流轉稅又稱為商品勞務稅或商品稅，它是以商品或勞務流轉額為徵稅對象的稅種的統稱。其計稅依據是商品或勞務流轉額。商品流轉額指的是在商品交換過程中發生的交易額。勞務流轉額指的是經濟主體在向社會提供交通運輸、郵電通信、金融保險、文化體育、娛樂服務等勞務服務時所取得的各項勞務性收入額。中國現行稅制中的增值稅、消費稅、營業稅、關稅等都屬於流轉稅。流轉稅具有稅源穩定、徵收及時便利、稅負隱蔽等特點。

2. 所得稅

所得稅是指以納稅人的淨所得（純收益或純收入）為課稅對象的稅種的總稱。中國現行稅制中的個人所得稅、企業所得稅等即屬於所得稅系列。在西方國家，社會保障稅、資本利得稅等一般也劃入此類。所得稅稅負不易轉嫁，具有「內在穩定器」的特徵。

3. 資源稅

資源稅是以資源的絕對收益和級差收益為課稅對象的稅種的統稱。這裡作為課稅對象的資源指的是那些具有商品屬性的自然資源，即具有交換價值和使用價值的資源。中國現行稅制中的資源稅、城鎮土地使用稅等都屬於資源稅類。

4. 財產稅

財產稅是以財產價值為課稅對象的稅種的總稱。作為課稅對象的財產包括不動產和動產兩類。不動產指的是不能移動或移動后會損失其經濟價值的財產，如土地和地上附著物。動產指的是除不動產以外的，各種可能移動的財產，包括有形動產和無形動產。中國現行稅制中的房產稅、契稅等都屬於財產稅類。

5. 行為稅

行為稅是以某些特定的行為作為課稅對象的稅種的統稱。行為稅具有課稅對象單一、稅源分散、稅種靈活的特點。開徵行為稅，主要是為了加強對某些特定行為的監督、限制和管理，或者是對某些特定行為的認可，從而實現國家政治上或經濟

第三章 稅收

上的特定目的或管理的需要。中國現行稅制中的城市維護建設稅、印花稅等即屬於行為稅類。

(二) 按稅收的計徵標準分類

按稅收計徵標準的不同,可將稅種分為從價稅和從量稅。從價稅是指按課稅對象及其計稅依據的價格或金額為標準計徵的稅,這類稅一般實行比例稅率或累進稅率,故又稱為從價定率計徵的稅收。從量稅是指按課稅對象的重量、件數、容積、面積等數量作為計稅依據的稅,這類稅一般實行定額稅率,所以又稱為從量定額計徵的稅收。

(三) 按稅收與價格的關係分類

按稅收與價格的關係,可分為價內稅和價外稅。

凡稅金構成價格組成部分的,稱為價內稅,即商品的價格 = 成本 + 利潤 + 稅金;凡稅金作為價格之外附加的,稱為價外稅,即商品的價格 = 成本 + 利潤。與之相適應,價內稅的計稅依據稱為含稅價格,價外稅的計稅依據稱為不含稅價格。含稅價換算為不含稅價的公式為:

$$不含稅價 = \frac{含稅價}{(1 + 稅率)}$$

(四) 按稅收的管理權限分類

按稅收的管理權限可將稅收分為中央稅、地方稅、中央與地方共享稅。一般來說,屬於中央政府固定收入的稅種,稱為中央稅;屬於地方固定收入的稅種,稱為地方稅;屬於中央與地方政府共同享有,按照一定比例分成的稅種,稱為共享稅。

(五) 按稅收負擔是否容易轉嫁分類

按稅收負擔是否容易轉嫁可將稅收分為直接稅和間接稅。凡稅收負擔不能或不容易轉嫁的稅收,稱為直接稅,如所得稅;凡稅收負擔能夠或容易轉嫁的稅收,稱為間接稅,如流轉稅。

三、中國現行稅制的主要內容

中國目前現行稅制是以流轉稅和所得稅為主體的稅制結構(Structure of Tax System)。

(一) 流轉稅

中國現行流轉稅主要包括增值稅、消費稅、營業稅和關稅。

1. 增值稅

(1) 增值稅的概念。它是指對在中國境內從事銷售貨物或提供應稅勞務、轉讓無形資產或銷售不動產以及進口貨物的單位和個人所徵收的一種稅。

① 增值稅的納稅義務人。凡是在中華人民共和國境內從事銷售貨物或提供應稅勞務、轉讓無形資產或銷售不動產以及進口貨物的單位和個人,均為增值稅的納稅

義務人。中國增值稅納稅義務人按其生產規模及財務核算健全程度分為一般納稅人和小規模納稅人。

②增值稅的徵收範圍。凡在中國境內銷售貨物（包括電力、熱力、氣體）、提供應稅勞務（包括加工、修理修配、交通運輸業、建築業、金融保險業、郵電通信業、文化體育業、娛樂業和服務業）、轉讓無形資產或銷售不動產以及進口貨物，都屬於增值稅的納稅範圍。

③增值稅的計稅依據。增值稅屬於價外稅，實行多個環節徵稅。增值稅的計稅依據是增值額。增值額是指企業在生產經營活動中創造的新價值，相當於商品價值 $C+V+M$ 中扣除消耗掉的生產資料價值 C 之後的餘額，即 $V+M$ 部分。這個餘額大體相當於該企業活勞動創造的價值，即企業支付的工資、利息、租金及企業盈利之和。

(2) 增值稅的類型。根據對外購固定資產扣除方式的不同，可將增值稅分為消費型增值稅、收入型增值稅和生產型增值稅三種類型。

①消費型增值稅，是指在計算增值額時，允許其將購入的固定資產價值一次性進行扣除。這種做法，相當於納稅人當期的全部銷售額扣除外購的全部生產資料價款后的餘額。從整個國民經濟來看，這一課稅基數，僅限於消費資料價值部分，故稱為消費型增值稅。消費型增值稅避免了對生產資料重複徵稅，有利於鼓勵投資。這種方法最適宜規範憑發票扣稅的計算方法，因此，消費型增值稅是增值稅三種類型中最能體現增值稅優越性的一種類型。

②收入型增值稅，是指在計算增值額時，對外購固定資產價款只允許扣除當期計入產品價值的折舊部分，即只允許扣除固定資產的折舊部分。從整個國民經濟來看，這一課稅基數相當於國民收入部分，故稱為收入型增值稅。這種方法從理論上講是一種標準的增值額計算方法，但由於外購固定資產價款是以計提折舊的方式分期轉入產品價值的，且轉入部分沒有合法的外購憑證，故給憑發票扣稅的計算方法帶來了不小的困難，從而影響了該方法的廣泛採用。

③生產型增值稅，是指在計算增值額時，不允許扣除任何購買固定資產的價款。從整個國民經濟來說，這一課稅基數相當於國民生產總值，故稱為生產型增值稅。該方法對固定資產存在著重複徵稅的問題，越是固定資產有機構成高的行業或企業，重複徵稅就越嚴重，因此不利於鼓勵投資。

目前，世界上已有170多個國家和地區開徵了增值稅，其中絕大多數國家和地區採用的是消費型增值稅。從2009年1月1日起，中國已在全國範圍內實施增值稅轉型改革，將機器設備納入抵扣範圍。

(3) 增值稅的稅率和徵收率。

①一般納稅人增值稅稅率。自2016年5月1日起，在中國全面推開「營改增」試點以來，在中國境內銷售貨物或進口貨物，提供有形動產租賃服務以及加工、修理修配勞務，適用17%的增值稅稅率，但在中國境內銷售或者進口以下貨物時，則

第三章 稅收

適用13%的增值稅稅率：糧食和食用植物油、暖氣、冷氣、熱氣、熱水、煤氣、石油液化氣、天然氣、沼氣、居民用煤炭製品、圖書、報紙、雜誌（不包括郵政部門發行的報刊）、飼料、化肥、農藥、農機（不包括農用零部件）、農膜。另外，根據國務院規定，對農業產品、金屬礦採選產品、非金屬礦採選產品也採用13%的增值稅稅率；據營業稅改徵增值稅（財稅〔2016〕36號）第十五條規定，提供交通運輸、郵政、基礎電信、建築、不動產租賃服務，銷售不動產，轉讓土地使用權，增值稅稅率為11%；其余增值稅應稅勞務為6%；中國境內單位和個人發生的跨境應稅行為，稅率為零，具體範圍由財政部和國家稅務總局另行規定。

② 小規模納稅人增值稅稅率。小規模納稅人，包括原增值稅小規模納稅人和營改增後的小規模納稅人，從事貨物銷售、提供增值稅加工、修理修配勞務、以及營改增各項應稅服務，徵收率統一為3%。

（4）增值稅應納稅額的計算。

① 一般納稅人應納稅額的計算。一般納稅人採用購進扣稅法計算增值稅。

$$應納稅額 = 當期銷項稅額 - 當期進項稅額$$

A. 當期銷項稅額是指納稅人銷售貨物或者提供應稅勞務，按照銷售額或應稅勞務收入和規定的稅率計算並向購買方收取的增值稅。即：

$$當期銷項稅額 = 當期不含增值稅的銷售額 \times 適用稅率$$

$$當期不含增值稅的銷售額 = \frac{當期含增值稅的銷售額}{(1 + 增值稅稅率)}$$

B. 當期進項稅額是指納稅人購進貨物或者接受應稅勞務所支付的增值稅稅額。在實際操作過程中，可抵扣的進項稅額有兩類：一類是以票抵扣，即取得法定扣稅憑證，並符合稅法抵扣規定的進項稅額；另一類是計算抵扣，即沒有取得法定扣稅憑證，但符合稅法抵扣政策，準予計算抵扣的進項稅額。

準予從銷項稅額中抵扣的進項稅額包括：從銷售方取得的增值稅專用發票上註明的增值稅稅額；從海關取得的完稅憑證上註明的增值稅稅額；增值稅一般納稅人購進農業生產者銷售的農產品，或從小規模納稅人購進的農產品，按買價和13%的扣除率計算抵扣進項稅額；生產企業增值稅一般納稅人購入廢舊物資回收經營單位銷售的廢舊物資，可根據廢舊物資回收經營單位開具的由稅務機關監制的普通發票上註明的金額，按10%的扣除率計算抵扣進項稅額；增值稅一般納稅人外購或銷售貨物所支付的運輸費用（代墊運費除外），根據運費結算單據（普通發票）所列運費金額（包括運費、建設基金，但不包括運通運費支付的裝卸費、保險費和其他雜費），按7%的扣除率計算抵扣進項稅額。

不得從銷項稅額中抵扣的進項稅額包括：一般納稅人如會計制度不健全，或不能提供準確稅務資料的，不得抵扣進項稅額，也不得使用增值稅專用發票。用於非應稅項目的購進貨物或應稅勞務；用於免稅項目的購進貨物或應稅勞務；用於集體福利或個人消費的購進貨物或應稅勞務；非正常損失的購進貨物；非正常損失的在

產品、產成品所耗用的購進貨物或應稅勞務；納稅人購進貨物或應稅勞務，未按規定取得並保存增值稅扣稅憑證，或者增值稅扣稅憑證上未按規定註明增值稅額和其他有關事項的。

② 小規模納稅人應納稅額的計算。小規模納稅人銷售貨物或應稅勞務取得的銷售額，按銷售額和規定的徵收率計算應納增值稅稅額，不得抵扣任何進項稅額。

$$應納稅額 = 不含增值稅的銷售額 \times 徵收率$$

$$不含增值稅的銷售額 = \frac{含增值稅的銷售額}{(1 + 徵收率)}$$

(4) 增值稅制度的改革

從 1979 年開始，中國引入了增值稅，最初在上海、柳州兩個城市對於機器和機械等 5 類貨物進行試點，在 1984 年推廣至全國，範圍也擴大至 12 類貨物。從 1994 年開始，增值稅擴大到所有貨物及加工、修理修配勞務，但是對於其他的勞務、無形資產和不動產仍然徵收營業稅。這對於那些徵收營業稅的項目來說就存在了一個重複徵稅的問題，只要有流通環節就要徵稅，流通環節越多，重複徵稅現象就越嚴重。如果用增值稅來替代和置換原來對於建築、安裝、交通、運輸和服務業實施的營業稅，將減少重複徵稅因素，客觀上起到減輕企業負擔的作用。1954 年，法國率先開徵增值稅，並成功取代了營業稅，這一稅種通過銷項稅與進項稅抵扣機制，讓納稅人只需為產品的增值部分納稅，從而成功解決了營業稅中重複徵稅的問題。中國從 2012 年 1 月 1 日起，在上海交通運輸業和部分現代服務業開展營業稅改徵增值稅試點，至此，貨物勞務稅收制度的改革拉開序幕。截至 2013 年 8 月 1 日，「營改增」範圍已推廣到全國試行。從 2014 年 1 月 1 日起，將鐵路運輸和郵政服務業納入「營改增」試點，至此交通運輸業已全部納入「營改增」範圍。增值稅稅率也在原來 17% 和 13% 的基礎上新增了 11% 和 6% 兩檔稅率。自 2016 年 5 月 1 日起，全面推開「營改增」試點，將建築業、房地產業、金融業、生活服務業納入試點範圍，並將所有企業新增不動產所含增值稅納入抵扣範圍。其中，建築業和房地產業稅率確定為 11%，金融業和生活服務業則確定為 6%。這意味著目前中國實行的 17%、13%、11%、6% 四檔稅率並未改變。

2. 消費稅

消費稅是 1994 年稅制改革中新開設的一個稅種，它是在對貨物普遍徵收增值稅的基礎上，選擇特殊消費品、奢侈品、高能耗消費品、不可再生資源消費品和稅基寬廣、消費普遍、不影響人們生活水平，又具有一定財政意義的消費品，再徵一道流轉稅的一種稅。

(1) 消費稅的概念。消費稅是對在中國境內從事生產、委託加工和進口消費稅應稅產品的單位和個人所徵收的一種稅。

① 消費稅的納稅義務人。凡在中華人民共和國境內生產、委託加工和進口消費稅應稅產品的單位和個人，都是消費稅的納稅義務人。

第三章 稅收

② 消費稅的徵收範圍。調整后的消費稅稅目有 14 個，包括菸、酒及酒精、化妝品、貴重首飾及珠寶玉石、鞭炮焰火、成品油、摩托車、小汽車、高爾夫球及球具、高檔手錶、遊艇、木制一次性木筷子和實木地板、鉛蓄電池（無汞原電池、金屬氫化物鎳蓄電池、鋰原電池、鋰離子蓄電池、太陽能電池、燃料電池和全釩液流電池免徵消費稅）（2016 年 1 月 1 日起實施）、塗料。

③ 消費稅的計稅依據。消費稅屬於價内稅，並實行單一環節徵稅，一般選擇在應稅消費品的生產、委託加工和進口環節納稅，但金銀首飾、鑽石及鑽石飾品在零售環節徵稅。實行從量計徵的消費稅的稅基是應稅消費品的銷售數量。實行從價計徵的消費稅的稅基與增值稅的稅基是一樣的，即，含消費稅而不含增值稅的銷售金額。其中，自產自用且在沒有同類應稅消費品銷售價格的情況下，組成計稅價格 = $\dfrac{成本 + 利潤}{1 - 消費稅率}$；委託加工的，在無同類消費品價格時，組成計稅價格 = $\dfrac{材料成本 + 加工費}{1 - 消費稅稅率}$。

（2）消費稅的稅率。消費稅採用比例稅率或定額稅率兩種形式。

（3）消費稅應納稅額的計算。

目前，中國消費稅的計稅方法主要有以下三種：

①從價定率徵收的計稅方法：

$$應納稅額 = 應稅消費品的銷售額 \times 適用稅率$$

②從量定額徵收的計稅方法：

$$應納稅額 = 應稅消費品數量 \times 消費稅單位稅額$$

③從量定額與從價定率相結合的複合計稅方法：目前在中國消費稅稅目中，只在卷菸和白酒兩類產品中實行。

$$應納稅額 = 銷售數量 \times 定額稅率 + 銷售額 \times 比例稅率$$

（二）所得稅

中國現行所得稅主要包括企業所得稅和個人所得稅。

1. 企業所得稅

為了建立統一、規範、公平的市場環境，進一步完善社會主義市場經濟體制，2007 年 3 月 16 日，中華人民共和國第十屆全國人民代表大會第五次會議通過了《中華人民共和國企業所得稅法》，該法自 2008 年 1 月 1 日起正式實施。

（1）企業所得稅的概念。企業所得稅是指國家對境内企業的生產、經營所得和其他所得依法徵收的一種稅。

① 企業所得稅的納稅義務人。根據《中華人民共和國企業所得稅法》規定，凡在中華人民共和國境内實行獨立核算的企業或組織（個人獨資企業和合夥企業除外），均為企業所得稅的納稅義務人。其包括内資和外資企業，並將企業分為居民企業和非居民企業。居民企業，是指依法在中國境内成立，或者依照外國（地區）法律成立但實際管理機構在中國境内的企業。非居民企業，是指依照外國（地區）

法律成立且實際管理機構不在中國境內，但在中國境內設立機構、場所的，或者在中國境內未設立機構、場所，但有來源於中國境內所得的企業。

② 企業所得稅的徵稅範圍。居民企業應當就其來源於中國境內、境外的所得繳納企業所得稅。非居民企業在中國境內設立機構、場所的，應當就其所設機構、場所取得的來源於中國境內的所得以及發生在中國境外但與其所設機構、場所有實際聯繫的所得，繳納企業所得稅。非居民企業在中國境內未設立機構、場所的，或者雖設立機構、場所但取得的所得與其所設機構、場所沒有實際聯繫的，應當就其來源於中國境內的所得繳納企業所得稅。

③ 企業所得稅的計稅依據。企業所得稅的計稅依據為應納稅所得額，即企業每一納稅年度的應納稅收入減去準予扣除項目後的餘額。其計算公式為：

應納稅所得額＝應納稅收入總額－準予扣除的項目金額

其中，收入總額包括生產經營收入、財產轉讓收入、利息收入、租賃收入、特許權使用費收入、股息收入及其他收入；準予扣除的項目包括成本、費用、稅金及損失。

(2) 企業所得稅的稅率。自2008年1月1日起，企業所得稅稅率為25%。但對於符合條件的小型微利企業，減按20%的稅率徵收企業所得稅；對於國家需要重點扶持的高新技術企業，減按15%的稅率徵收企業所得稅；對於在中國境內未設立機構、場所的，或者雖設立機構、場所但取得的所得與其所設機構、場所沒有實際聯繫的非居民企業的適用稅率為20%。對稅法公布前已經批准設立，享受低稅率和定期減免稅優惠的老企業，給予過渡型照顧；按現行稅法的規定享受15%和24%等低稅率優惠的老企業，按照國務院規定，可以在新稅法實施後5年內享受低稅率過渡照顧，並在5年內逐步過渡到新的稅率。

(3) 企業所得稅應納稅額的計算。

應納稅額＝應納稅所得額×適用稅率

在實際工作當中，企業所得稅是按月或季預繳，年終匯算清繳的辦法進行的。具體來說，企業應當自月份或者季度終了之日起十五日內，向稅務機關報送預繳企業所得稅納稅申報表，預繳稅款；自年度終了之日起五個月內，向稅務機關報送年度企業所得稅納稅申報表，並匯算清繳，結清應繳應退稅款。用公式表示為：

① 月(季)預繳所得稅稅款＝上年應納稅所得額×1/12(或1/4)×稅率

② 年終匯算清繳稅款：

A. 全年應納所得稅＝全年應稅所得額×稅率

B. 多退少補所得稅額＝全年應納所得稅－月(季)預繳所得稅稅款

2. 個人所得稅

(1) 個人所得稅的概念。個人所得稅是對個人（自然人）取得的各項所得徵收的一種稅。

第三章　稅收

① 個人所得稅的納稅義務人。中國公民、個體工商戶以及在中國有所得的外籍人員（包括無國籍人員，下同）和港澳臺同胞，為個人所得稅的納稅義務人。自 2000 年 1 月 1 日起，個人獨資企業和合夥企業也是個人所得稅的納稅義務人。

② 個人所得稅的徵稅範圍。凡在中國境內有住所，或者無住所而在中國境內居住滿一年的個人，就其境內外所得徵稅；凡在中國境內無住所又不居住，或者無住所而在境內居住不滿一年的個人，僅就其境內所得徵稅。

在中國境內有住所的個人，是指因戶籍、家庭、經濟利益關係而在中國境內習慣性居住的個人；在境內居住滿一年，是指在一個納稅年度中在中國境內居住 365 日，臨時離境的，不扣減日數。所謂臨時離境，是指在一個納稅年度中一次不超過 30 日或者多次累計不超過 90 日的離境。

③ 個人所得稅的計稅依據。個人所得稅的計稅依據是應稅所得額，但由於個人所得稅的應稅項目不同，其取得某項所得所需費用也不同，因此，個人應稅所得額，需按不同的應稅項目分別計算。

A. 工資、薪金所得，以每月收入額扣除四金（包括養老保險、醫療保險、失業保險及住房公積金）和 3,500 元費用，為應納稅所得額。

B. 個體工商戶的生產、經營所得，以每一納稅年度的收入總額，減去成本、費用及損失后的餘額，為應納稅所得額。

C. 對企事業單位的承包、承租經營所得，以每一納稅年度的收入總額，減去必要的費用（指按月減去 3,500 元）后的餘額，為應納稅所得額。

D. 財產轉讓所得，以轉讓財產的收入額減去財產原值和合理費用后的余額，為應納稅所得額。

E. 勞務報酬所得、特許權使用費所得、財產租賃所得、稿酬所得，每次收入不超過 4,000 元的，減除費用 800 元；每次收入超過 4,000 元的，減除 20% 的費用，其余額為應納稅所得額。其中，在確定財產租賃所得時，納稅人在出租財產過程中繳納的稅金和教育附加，可持完稅憑證，從其財產租賃收入中扣除。此外，還準予扣除能提供有效、準確憑證，證明由納稅人負擔的該出租財產實際開支的修繕費用（每次以 800 元為限，一次扣不完的，準予在下一次繼續扣除，直到扣完為止）。

F. 利息、股息、紅利所得，偶然所得和其他所得，以每次收入為應納稅所得額。

此外，對外籍人員和在境外工作的中國公民的工資、薪金所得增加了附加減除費用的照顧，即在減除 3,500 元費用的基礎上，享受再減除 1,300 元的照顧。

（2）個人所得稅的稅率。根據個人收入來源的不同，分別採用超額累進稅率和比例稅率。

① 七級超額累進稅率。工資、薪金所得，適用 3%～45% 的七級超額累進稅率，如表 3-2 所示。

② 五級超額累進稅率。個體工商戶的生產、經營所得和對企事業單位的承包、

承租經營所得，適用 5% ~ 35% 的五級超額累進稅率，如表 3-3 所示。

③ 三級超額累進稅率。勞務報酬所得，適用 20% 的比例稅率，但對勞務報酬所得一次收入畸高的，實行加成徵收。所謂勞務報酬所得一次收入畸高是指其應稅所得額超過 20,000 元。對應稅所得額一次超過 20,000 至 50,000 元的，按應納稅額加徵五成；超過 50,000 元的，按應納稅額加徵十成。因而，勞務報酬所得適用稅率即為三級超額累進稅率，如表 3-4 所示。

表 3-2　　　　　　　　　工資、薪金所得適用稅率表

級數	全月應納稅所得額（元）	稅率（%）	速算扣除數（元）
1	不超過 1,500 的部分	3	0
2	超過 1,500 至 4,500 的部分	10	105
3	超過 4,500 至 9,000 的部分	20	555
4	超過 9,000 至 35,000 的部分	25	1,005
5	超過 35,000 至 55,000 的部分	30	2,755
6	超過 55,000 至 80,000 的部分	35	5,505
7	超過 80,000 的部分	45	13,505

表 3-3　　　　　　　生產經營、承包承租經營所得適用稅率表

級數	全年應納稅所得額（元）	稅率（%）	速算扣除數（元）
1	不超過 15,000 的部分	5	0
2	超過 15,000 至 30,000 的部分	10	750
3	超過 30,000 至 60,000 的部分	20	3,750
4	超過 60,000 至 100,000 的部分	30	9,750
5	超過 100,000 的部分	35	14,750

表 3-4　　　　　　　　　勞務報酬所得適用稅率表

級數	每次應納稅所得額（元）	稅率（%）	速算扣除數（元）
1	不超過 20,000 的部分	20	0
2	超過 20,000 至 50,000 的部分	30	2,000
3	超過 50,000 的部分	40	7,000

④ 比例稅率。財產轉讓所得，勞務報酬所得，特許權使用費所得，財產租賃所得，稿酬所得，利息、股息、紅利所得，偶然所得和其他所得，適用 20% 的比例稅率。

(3) 個人所得稅應納稅額的計算

① 工資、薪金所得，個體工商戶的生產、經營所得，對企事業單位的承包、承

第三章 稅收

租經營所得應納稅額的計算：

$$應納稅額 = 應稅所得額 \times 適用稅率 - 速算扣除數$$

② 財產轉讓所得，勞務報酬所得，特許權使用費所得，財產租賃所得，利息，股息，紅利所得，偶然所得和其他所得應納稅額的計算：

$$應納稅額 = 應稅所得額 \times 20\%$$

③ 稿酬所得應納稅額的計算：

因為稿酬所得按應納稅額減徵30%，故

$$應納稅額 = 應稅所得額 \times 20\% \times (1 - 30\%)$$

（三）資源、財產及行為稅

1. 資源稅

（1）資源稅的概念。資源稅是為了調節資源開發過程中的級差收入，以各種自然資源為課稅對象所徵收的一種稅。

（2）資源稅的納稅義務人。是指在中華人民共和國境內開採應稅資源的礦產品或生產鹽的單位和個人。

（3）資源稅的徵稅範圍。包括七大類，具體包括原油、天然氣、煤炭、其他非金屬礦原礦、黑色金屬礦原礦、有色金屬礦原礦、鹽。在七大類下還設若干個子目。

（4）資源稅的稅率。資源稅採用比例稅率和定額稅率兩種形式（從2016年7月1日起，原油和天然氣採用5%~10%稅率從價計徵；焦煤按每噸8~20元計徵）。

（5）資源稅應納稅額的計算。應納稅額 = 銷售額或銷售數量 × 適用稅率

2. 城鎮土地使用稅

（1）城鎮土地使用稅的概念。它是以城鎮土地為徵稅對象，以實際占用的土地面積為計稅依據，對擁有土地使用權的單位和個人所徵收的一種稅。

（2）城鎮土地使用稅的納稅義務人。城鎮土地使用稅的納稅義務人為擁有土地使用權的單位和個人，包括外商投資企業和外國企業。

（3）城鎮土地使用稅的徵稅範圍，包括在城市、縣城、建制鎮和工礦區內的國家所有和集體所有的土地。

（4）城鎮土地使用稅的稅率。城鎮土地使用稅實行定額稅率，從量徵收。每平方米土地年應納稅額規定如下：大城市1.5~30元；中等城市1.2~24元；小城市0.9~18元；縣城、建制鎮和工礦區0.6~12元。

（5）城鎮土地使用稅應納稅額的計算。應納稅額 = 實際占用應稅土地面積(平方米) × 適用稅率

3. 房產稅

（1）房產稅的概念。它是指以房屋為徵稅對象，按房屋的計稅餘值或租金收入為計稅依據，向產權所有人所徵收的一種財產稅。

（2）房產稅的納稅義務人，是以徵稅範圍內的房屋產權所有人為房產稅的納稅

義務人。外商投資企業和國外企業暫不繳納房產稅。

（3）房產稅的徵稅範圍，包括城市、縣城、建制鎮和工礦區。坐落在農村的房屋暫不徵收房產稅。

（4）房產稅的稅率。中國現行房產稅採用的比例稅率，其中從價計徵的稅率為1.2%，從租計徵的稅率為12%。

（5）房產稅應納稅額的計算：

① 從價計徵的應納稅額。從價計徵是按房產的原值減除10%～30%后的余值計徵。其計算公式為：

$$全年應納稅額 = 應稅房產原值 \times (1 - 原值減除比例) \times 1.2\%$$

其中，工業用途房產，以房屋原價的50%～60%作為應稅房產原值；商業和其他用途房產，以房屋原價的70%～80%作為應稅房產原值。

② 從租計徵的應納稅額。從租計徵是按房產的租金收入的12%（個人為4%）計徵。其計算公式為：

$$全年應納稅額 = 全年租金收入 \times 12\%（或4\%）$$

4. 契稅

（1）契稅的概念。它是以所有權發生轉移變動的不動產為徵稅對象，向產權承受人所徵收的一種財產稅。

（2）契稅的納稅義務人。凡在中華人民共和國境內轉移土地使用權、房屋所有權，承受權屬的單位和個人，均為契稅的納稅義務人。

（3）契稅的徵收範圍，包括在中華人民共和國境內轉移土地、房屋權屬的行為。具體包括國有土地使用權出讓、土地適用權轉讓、房屋買賣、房屋贈與、房屋交換五項內容。

（4）契稅的稅率。契稅採用3%～5%的幅度比例稅率。個人首次購買90平方米以下住房，從2008年11月1日起按1%的稅率徵收契稅。

（5）契稅應納稅額的計算：應納稅額 = 土地或房屋轉讓價格 × 適用稅率

5. 土地增值稅

（1）土地增值稅的概念。它是指對轉讓國有土地使用權、地上建築物和其他附著物的單位和個人，就其轉讓房地產所取得的增值額所徵收的一種稅。

（2）土地增值稅的納稅義務人。土地增值稅的納稅義務人為轉讓國有土地使用權、地上建築物和其他附著物並取得收入的單位和個人。

（3）土地增值稅的增稅範圍。其包括轉讓國有土地使用權，地上的建築物及其附著物連同國有土地使用權一併轉讓。

（4）土地增值稅的稅率。現行土地增值稅實行四級超率累進稅率，其稅率如表3-5所示。

第三章　稅收

表 3-5　　　　　　　　　　土地增值稅稅率表　　　　　　　　單位:%

級別	增值額與扣除項目金額的比例	稅率	速算扣除率
1	不超過 50 的部分	30	0
2	超過 50~100 的部分	40	5
3	超過 100~200 的部分	50	15
4	超過 200 的部分	60	35

（5）土地增值稅應納稅額的計算：應納稅額＝土地增值額×適用稅率－扣除項目金額×速算扣除率，其中，土地增值額＝收入額－扣除項目金額。

6. 城市維護建設稅

（1）城市維護建設稅的概念。這是對從事工商經營，繳納增值稅、消費稅和營業稅（簡稱「三稅」）的單位和個人所徵收的一種稅。

（2）城市維護建設稅的納稅義務人。凡繳納增值稅、消費稅和營業稅的單位和個人，都是城市維護建設稅的納稅義務人。目前暫不對外商投資企業和外國企業繳納的「三稅」徵收城市維護建設稅。

（3）城市維護建設稅的徵收範圍和稅率。根據城市維護建設稅納稅人所在地的不同，設置了三檔地區差別比例稅率：納稅人所在地在市區的，稅率為 7%；納稅人所在地在縣城、鎮的，稅率為 5%；納稅人所在地不在市區、縣城或鎮的，稅率為 1%。

（4）城市維護建設稅應納稅額的計算。應納稅額＝（實繳增值稅＋實繳消費稅＋實繳營業稅）×適用稅率

這裡實繳「三稅」的應納稅額，不包括加收的滯納金和罰款。

7. 印花稅

（1）印花稅是對在經濟活動和經濟交往中書立、使用、領受具有法律效力的憑證的單位和個人所徵收的一種稅。

（2）印花稅的納稅義務人，是指在中國境內書立、使用、領受《印花稅法》所列舉的憑證的單位和個人。

（3）印花稅的稅率和徵稅範圍。印花稅採用比例稅率和定額稅率，印花稅的徵稅範圍不同，其適用稅率也是不相同的。

按比例稅率計算的有：財產租賃合同、倉儲保管合同、財產保險合同，稅率為 1‰；加工承攬合同、建設工程勘察設計合同、貨物運輸合同、財產轉移書據、營業帳簿中記載資金的帳簿，稅率為 0.5‰；購銷合同、建築安裝工程承包合同、技術合同，稅率為 0.3‰；借款合同稅率為 0.05‰；股權轉讓合同適用稅率為 1‰ 等。

按定額稅率計算的有：政府部門發給的房屋產權證、工商營業執照、專利證、土地使用證等，適用 5 元/件的定額稅率。

(4) 印花稅應納稅額的計算。

① 實行從價定率計徵的應稅憑證，其計算公式為：

應納稅額＝應稅憑證所載金額×適用稅率

② 實行從量定額計徵的應稅憑證，其計算公式為：

應納稅額＝應稅憑證件數×單位稅額

四、中國稅收制度的改革方向

（一）增值稅改革

營業稅改徵增值稅是當前稅制改革的重頭戲。「營改增」試點被稱為「牽一髮而動全身的改革」，因為這不是簡單的稅種替換，而是一項涉及如何完善增值稅制度乃至財稅體制的改革，與中國經濟發展方式轉變、創新驅動的重大戰略相呼應。在全面實行「營改增」後存在的主要問題是，稅率檔次過多，地方將失去營業稅這一「地方第一大稅種」，因此隨著「營改增」改革的基本到位，增值稅的改革主要表現在：盡快簡並現行較為繁瑣的稅率檔次；清理目前過多過濫的稅收優惠政策；調整增值稅中央、地方分享體制，加快地方稅收體系建設。

（二）消費稅改革

徵收消費稅對環境資源、收入分配等具有特殊的調節作用。近年來，中國一直在對消費稅進行局部、動態調整，今後將對消費稅從以下幾個方面進行較為全面和徹底的改革：第一，調整消費稅徵收範圍，把高耗能、高污染產品及部分高檔消費品和服務納入徵收範圍，把日常必需消費品剔除出現有消費稅徵收範圍。第二，調整消費稅率，對於高耗能、高污染產品及部分高檔消費品和服務提高稅率，對於有利於節能減排的消費品降低稅率。預計提高消費稅率的產品主要是：菸、酒、高檔化妝品、貴重首飾及珠寶玉石、鞭炮、焰火、成品油、大排量汽車、高爾夫球及球具、高檔手錶、名牌皮包、遊艇、實木地板等。預計降低或者取消消費稅稅率的產品主要是：日常化妝品、小排量汽車和新能源汽車等。第三，調整徵稅環節，由目前主要在生產（進口）環節徵收改為主要在零售或批發環節徵收，由價內稅改為價外稅。第四，調整稅收歸屬，由中央稅按照屬地劃為地方稅。以體現消費稅的消費地納稅原則，充實地方稅收入。

（三）個人所得稅改革

從科學、公平的稅制設計角度來看，徵收個人所得稅的目標應該是建立綜合與分類相結合的稅制，建立差別化的費用扣除制度，可考慮對工資、薪金所得，勞務報酬所得等個人經常性收入實行綜合徵收，對資本利得以及臨時性、偶然性收入實行分類徵收。實行差別化費用扣除制度，將家庭中是否有老人、小孩、殘疾人以及相關的醫療、教育和住房等費用支出作為確定扣除標準的依據，同時與居民消費價格指數掛鉤，做定期調整。

第三章　稅收

(四) 房地產稅改革

房地產稅與百姓財產直接相關，黨的十八屆三中全會首次提出了房地產稅立法的問題，與落實稅收法定原則相呼應，也更有利於體現房地產稅的公平性，凝聚共識，減少阻力。在房地產稅的改革上，需要統籌房地產稅費制度，逐步整合目前房地產開發、流轉和保有環節涉及的諸多收費和稅收，改變目前重流轉環節稅收、輕保有環節稅收的做法，將住房開發流轉環節的稅負轉移到保有環節，推進個人住房房產稅改革。

(五) 資源稅改革

目前，原油、天然氣、煤炭三個稅目已陸續實施從價計徵資源稅，其他非金屬礦原礦、黑色金屬礦原礦等稅目仍是從量計徵資源稅，應逐漸將這些稅目和其他具備條件的資源性產品也納入從價計徵的範圍；適當提高稅率水平，同時擴大資源稅的徵稅範圍，對水、土地、草原、森林等資源待時機成熟後，逐步將其納入徵稅範圍。在資源稅改革過程中尤其要注意堅持清費立稅的原則，在改革計徵方式、提高稅負的同時，清理各類政府性基金和行政事業性收費項目，減輕企業的繳費負擔。對合理的基金收費項目，測算其收費規模，可按比例折算並入資源稅中。

(六) 環境保護費改稅

與發達國家相比，中國在環境保護方面採取的措施比較零散和分散，突出表現在中國沒有開徵獨立的環境保護稅，環境保護政策手段缺失。目前中國環境不斷惡化，應盡快研究開徵環境保護稅；完善車輛購置稅、車船稅等非主體稅種。通過提高稅率限制大排量車輛的使用，對以新能源為動力的車船，則應加大稅收優惠力度；實施費改稅，將排污收費改為排污稅。在改革初期，可考慮對現行徵收的排污費實行「費改稅」，待時機成熟時，對全部排放物全面適用環境保護稅；在排污費改為排污稅後，應針對交通工具排放的廢氣開徵新的稅種，從控制大氣污染和環保的角度，對燃料和燃油開徵能源稅、燃油稅、硫稅、氮氧化物稅和氯氟碳稅等。

※第三節　稅收的經濟效應

一、稅收與經濟發展

(一) 稅收與經濟發展的理論觀點

稅收與經濟發展之間存在著密切的關係。關於稅收對經濟發展的作用，不同的學派有不同的看法。

18世紀的自由資本主義時代，以亞當‧斯密為代表的古典經濟學派認為社會的中心問題是增加社會財富，但不需要政府干預，稅收不過是為了維持「廉價政府」而取得收入的手段。斯密甚至認為，一切稅收都是減少社會各階層的收入，影響資本累積，

或直接減少投資資本,是障礙資本主義經濟發展的因素,因此主張「稅不重徵」。

19世紀下半葉和20世紀初,自由資本主義向壟斷資本主義轉變,出現資本的累積和集中,貧富的兩極分化加劇,階級矛盾激化。以阿道夫·瓦格納為代表的社會政策學派,一方面反對自由主義經濟政策,承認國家具有干預經濟的作用;另一方面謀求矯正收入分配不公的社會問題。瓦格納明確指出,從社會政策的意義上看,賦稅不僅是滿足財政的需要,同時,也出於糾正和調整國民所得的分配和國民財產的分配的目的。也就是說,瓦格納突破了稅收僅僅是財政收入的傳統觀點,認為稅收也是一種經濟調節手段,同時對勞動所得實行累進稅制,以縮小正在擴大的收入分配差距。

20世紀30年代資本主義經濟遭到空前的大危機,熨平經濟的週期波動並促進經濟增長成為經濟學界最關注的問題,於是爆發了「凱恩斯革命」。凱恩斯學派認為,資本主義經濟危機的根源在於有效需求不足,主張政府干預,實施需求管理政策,而且以財政政策為主要手段。美國經濟學家漢森認為,稅收是調節經濟,避免經濟危機,保持經濟發展的有效手段,並預言「稅收的變動是調節經濟短期波動的很有效的武器,在將來,反商業循環措施的稅率的調節,也許將取代利率變動過去所占的地位」。薩繆爾森強調稅收既是經濟本身的「自動穩定器」,又是政府可運用的穩定經濟的「人為穩定器」。

20世紀70年代,美國經濟出現前所未有的經濟停滯和通貨膨脹並存的「滯脹」現象,而凱恩斯主義在「滯脹」面前束手無策,於是凱恩斯主義威信掃地,反對凱恩斯主義的供給學派應運而生。供給學派認為,需求管理政策不能解脫經濟的「滯脹」,只有從資本和勞動力的數量及其使用效率著手,才能恢復經濟的活力,因此主張實行「供給管理政策」,而主要載體則是減稅政策。

(二)供給學派的稅收觀點

(1)高邊際稅率會降低人們的工作積極性,而低邊際稅率會提高人們的工作積極性。邊際稅率是指增加的收入中(要向政府)納稅的數額所占的比例。從勞動供給角度來看,如果邊際稅率過高,就會降低勞動者的稅後工資率,人們就會選擇不工作、少工作或不努力工作,即減少勞動供給;如果實行低邊際稅率,就可以增強人們的工作積極性,從而增加勞動供給。從勞動需求的角度來看,如果邊際稅率過高,企業會因為納稅後從勞動賺得的收益減少,就會減少勞動需求;反之,企業就會增加勞動需求。因此,供給學派認為,降低邊際稅率可以增加勞動的供給和需求,從而增加稅後總供給。

(2)高邊際稅率會阻礙投資,減少資本存量,而低邊際稅率會鼓勵投資,增加資本存量(投資包括物質投資和人力投資)。因為過高的邊際稅率會降低稅後的投資收益,自然會影響人們的投資積極性,會根據邊際稅率的情況酌情減少投資;反之,降低邊際稅率則會增強人們的投資積極性。因此,供給學派認為,降低邊際稅率可以刺激投資增加,從而增加稅後總供給。

(3)邊際稅率的高低和稅收收入的多少不一定按同一方向變化,甚至可能按反

方向變化。供給學派認為，高邊際稅率助長地下的「黑色經濟」泛濫，助長納稅人逃稅的動機，反而會減少稅收收入；降低邊際稅率會使納稅人心安理得地納稅，從而增加稅收收入。

(三) 拉弗曲線

供給學派的三個基本命題可以從供給學派的代表人物拉弗設計的「拉弗曲線」得到說明，拉弗曲線是說明稅率與稅收收入和經濟增長之間的函數關係的曲線。如圖 3-1 所示。在曲線 OA 段，當稅率為零時，稅收收入為零；隨著稅率提高，稅收收入也相應增加，當稅率提高到 C 點時，稅收收入最大；在曲線 AB 段，隨著稅率進一步上升，稅收收入則逐步下降，當稅率達到 100%（B 點）時，稅收收入為零。

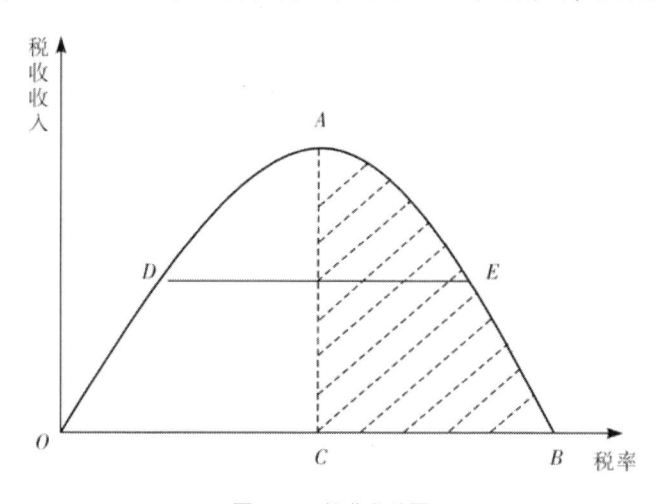

圖 3-1　拉弗曲線圖

拉弗曲線表面上看反應的是稅率與稅收收入之間的函數關係，實際上體現的是稅收負擔與經濟增長或發展的關係，因為稅率過高導致稅收收入下降，是源於稅收負擔過重抑制了經濟活動，損害了稅基。因此，圖中陰影部分被視為稅收的「禁區」。

當然，輕稅並不意味著稅負越低越好，因為由稅收收入支持的公共支出，尤其是基礎設施建設、教育、社會管理等，有的直接構成經濟增長的要素，有的為經濟正常發展創造外部條件，對促進經濟發展的作用是巨大的。若一國稅負水平過低，必然降低政府的投資和管理能力，從而妨礙經濟長期、穩定增長。

拉弗曲線闡明的經濟含義有：①高稅率不一定取得高收入，而高收入也不一定要實行高稅率。因為高稅率會挫傷生產者和經營者的積極性，削弱經濟行為主體的活力，導致生產停滯或下降。②取得相同的稅收收入，可以採取不同的稅率。如圖 3-1 中的 D 點和 E 點，稅收收入相等，但稅收負擔不同。③稅率、稅收收入和經濟增長之間存在著相互依存、互相制約的關係，從理論上說應當存在一種兼顧稅收收入與經濟增長的最優稅率。因此，保持適度的宏觀稅負水平是促進經濟增長的一個重要條件。

二、稅收的收入效應和替代效應

國家課稅是一種收入再分配，會引起納稅人的收入水平及商品價格體系的變化，從而對經濟活動產生一系列影響，包括引起消費者行為和生產者行為的改變等。所謂稅收效應，是指國家課稅對納稅人行為選擇的影響。稅收效應有多種表現形態，其中最基本的是收入效應和替代效應，其他效應都與這兩種效應存在直接或間接的關係。

（一）稅收的收入效應

稅收的收入效應是指由於徵稅使納稅人的收入水平下降，而對其商品購買和消費行為的影響。如圖 3－2 所示。

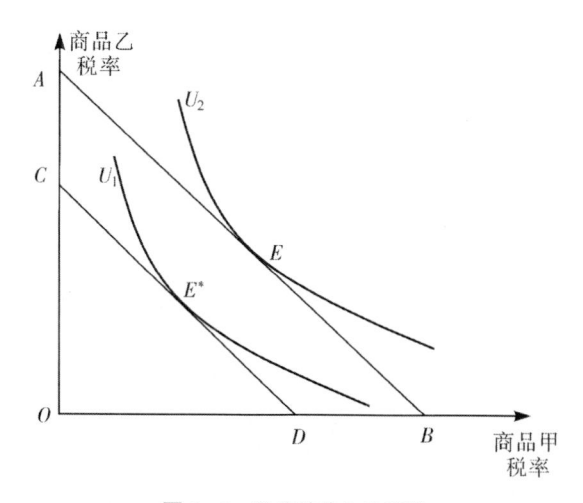

圖 3－2　稅收的收入效應圖

在圖 3－2 中，橫軸表示食品（商品甲）的購買量，縱軸表示衣物（商品乙）的購買量。假定納稅人的全部收入均用於購買食品和衣物，在納稅人的稅前收入一定時，其全部收入用於購買食品和衣物的可能組合落在直線 AB 上，即直線 AB 為納稅人的稅前支出預算線，無差異曲線 U_2 與該線相切於 E 點，該點表明在既定的收入水平上對食品和衣物的這一購買組合給納稅人帶來的效用或滿足程度最大。當政府對納稅人的收入課徵一次性稅收，稅款相當於 AC 乘以衣物價格或 BD 乘以食品價格時，意味著納稅人的收入減少，支付能力也相應降低，其支出預算線由 AB 向原點平移到 CD，新的預算線與無差異曲線 U_1 相切於 E^* 點，形成在該預算線上的最佳購買組合。這一過程反應國家徵稅影響納稅人的收入水平、購買能力和福利收益，但不改變其商品購買組合比例的情況。

（二）稅收的替代效應

稅收的替代效應是指國家實行選擇性徵稅政策而對納稅人的經濟行為的影響，具體表現為：當政府對一部分商品課稅，而對另一部分商品不課稅，或對一部分商品課重稅，對另一部分商品課輕稅時，會造成商品比價關係的變化，從而使納稅人

第三章 稅收

相對增加無稅或輕稅商品的購買量,減少含稅或重稅商品的購買量,即發生以無稅或輕稅商品對含稅或重稅商品的「替代」行為。

如圖 3-3 所示,假定政府只對食品徵稅,稅款為 BB' 乘以食品價格,對衣物不徵稅。在這種情況下,食品的價格水平因徵稅而提高,納稅人對該類商品的購買能力下降,支出預算線由稅前的 AB 改變為稅後的 AB',AB' 與無差異曲線 U_1 相切於 E^* 點,形成在該預算線上的最佳組合。

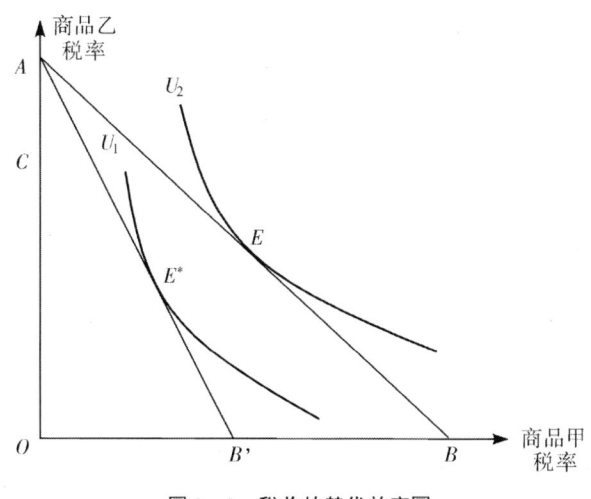

圖 3-3 稅收的替代效應圖

由此可見,政府對食品徵稅而對衣物不徵稅,改變了納稅人購買商品的選擇,其最佳點由 E 移至 E^*,這意味著納稅人減少了食品的購買量,相對增加衣物的購買量,從而改變了購買兩種商品的數量組合,也使消費者的滿意程度降低。

三、稅收與個人行為

(一) 勞動供給

每個人(勞動者)在一天之中總是在工作或閒暇中度過。但收入水平不同,勞動者所願意提供的勞動和享受的閒暇(時間)是不同的。稅收要影響收入,也即是說稅收要影響勞動的供給。

由圖 3-4 可知:①用於工作和非工作(閒暇)的小時數稱為時間稟賦(如 $OT = OB + BT$)。若沒有用於閒暇的所有時間全都用於工作,橫軸上的任一點同時表示閒暇時數(OB)和工作時數(BT)。②預算約束線(RT,斜率 $= w$)表示,在工資率(w)既定的情況下,一個人獲得的閒暇和收入的組合。③選擇預算線上(點的)選擇,取決於個人的偏好。顯示個人偏好的無差異曲線如 U_1、U_2、U_3。如圖 3-4 所示,RT 與 U_2 相切於 E 點,此點(E)效用最大化,即 OB 小時用於閒暇,BT 小時用於工作,其所得為 OA。

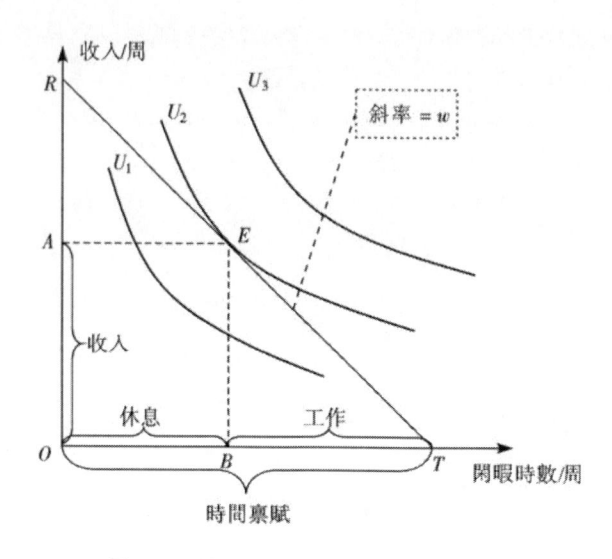

图 3-4 闲暇和所得的效用最大化选择图

以对劳动所得征收比例所得税（Proportional Income Tax）为例来说明税收对劳动力供给的影响。

税收对劳动者工作努力程度的影响，取决于因税收而引起的劳动者获得的工资额减少的收入效应和替代效应。假定对收入所得课征的税率是 t，税收使得劳动者的（小时）工资（率）由 w 减少为 $(1-t)w$。即是说，税收减少了闲暇的机会成本。如图 3-5 所示。

图 3-5 比例所得税的劳动供给效应图

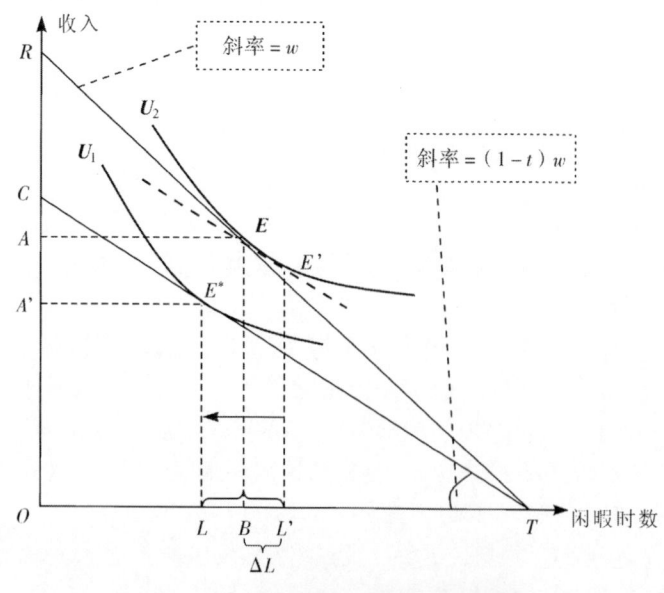

第三章 稅收

所得稅會產生一種不利於努力工作的替代效應,即替代效應抑制納稅人的工作積極性。稅收減少了工作的報酬,因而使得工作更加無利可圖,使得閒暇更具有吸引力。徵稅的結果降低了每小時閒暇的機會成本(即每小時的淨收入),所以這種用閒暇替代工作的傾向就顯著增強。由所得稅引起的替代效應將會增加人們對閒暇的消費。這種替代效應代表了因工作動機減弱而形成的潛在的商品和服務的產出損失。

所得稅同樣會產生一種收入效應。課稅會使得各個工作水平上的勞動者的收入(淨工資)下降,只要閒暇是一種正常商品(Normal Goods),收入效應就有利於人們努力去工作。收入的實際下降會導致對各種正常商品消費的減少,對閒暇的消費也如此。如果一個勞動者減少了對閒暇的消費,則他每天投入到工作上的時間就會增加。所以,在閒暇被看成是正常商品的時候,稅收的收入效應就為勞動者努力工作提供了動力,他會努力工作以保持他(納稅)以前的收入水平。因此,收入效應激勵納稅人為增加收入而努力工作。

如圖 3-5 所示。課稅前的預算線為 RT,斜率為 w 即工資率。徵稅后,預算線向內轉動到 CT,其斜率為 $(1-t)w$。新的預算線 CT 與無差異曲線 U_1 相切於 E^* 點,該點所決定的工作時間為 LT,閒暇的時間為 OL。與 E 點相比,E^* 點的勞動供給增加了,增加的數量為 LB($=LT-BT$),這是徵收比例所得稅的總效應。現在把從 E 點到 E^* 點的移動,分解成稅收對勞動的替代效應和收入效應。

對收入課稅使得閒暇與勞動的相對價格發生變化,閒暇相對於勞動的價格降低,引起個人以閒暇替代勞動。它表明的是純粹的價格變化效應。稅收對勞動供給的替代效應可以由 E' 點來說明,該點是平行於預算線 CT 的新預算線(圖中的虛線)與原無差異曲線 RT 相切的點。由於閒暇的價格下降了,個人就會消費更多的閒暇時間(勞動供給減少)。從圖中可以看出,E' 點(與原 E 點相比) 所決定的閒暇時間更多,工作時間減少了(勞動供給減少),其減少量為 ΔL(即 BL')。這就是稅收對勞動供給的替代效應。

對收入課稅會直接減少勞動者個人的可支配收入,從而促使其為維持既定的滿足程度而減少閒暇增加工作時間。它表明只減少個人收入而不改變閒暇與勞動的相對價格。個人可支配收入減少,使其個人效用減低即無差異曲線 U_2 向下移動到了 U_1,均衡點從 E' 點移動到了 E^* 點。從圖 3-5 可以看出,收入效應是閒暇減少,勞動供給增加,其增加的數量為 LL'。

稅收對勞動力(供給)的兩種效應的影響方向是相反的,收入效應激勵納稅人為增加收入而努力工作,替代效應則抑制納稅人的工作積極性。如果替代效應大於收入效應,則勞動者傾向於更多的閒暇消費和更短的工作時間。如果收入效應的偏好大於替代效應的偏好,因稅收引起的工資下降則會使勞動者減少每天對閒暇的消費,而相應延長工作時間。在圖 3-5 的分析中,收入效應大於替代效應,其總效應

促使人們增加勞動供給。也許，這兩種效應相互抵消，或許替代效應大於收入效應。假定對個人收入徵收累進所得稅。累進稅是隨著所得的增加而提高。累進所得稅最簡單的形式是線性所得稅（Linear Income Tax），即在某一固定免稅額之上的應稅所得課徵比例稅率。若政府為了照顧低收入納稅人而規定一個固定免稅額 E'，可以用圖 3-6 來分析會對勞動供給產生什麼影響。

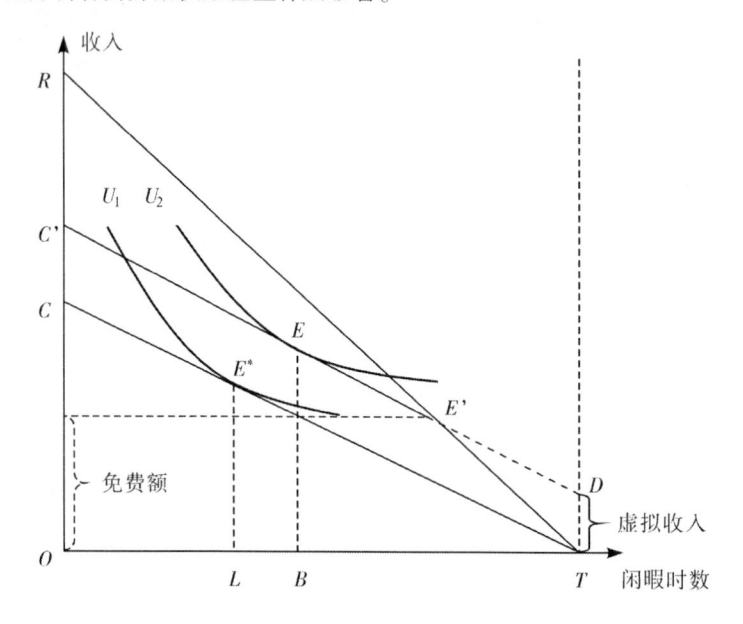

圖 3-6 比例稅與累進稅的效應比較圖

如圖 3-6 所示，在比例稅制下，預算線 CT 與無差異曲線 U_1 的切點是 E^* 點，即是勞動者閒暇和工作組合的最佳均衡點。免稅額的規定可以使納稅人的勞動所得中有 E' 元不納稅，因而預算線變成了 C'E'T。當納稅人的勞動所得高於免稅額后的最佳均衡點 E，在比例稅制下，E^* 點決定的勞動供給數量是 LT；在線性稅制下，E 點所決定的勞動供給量是 BT。顯然，LT > BT。所以，同比例稅制相比，線性稅制使得納稅人減少了勞動的供給。

計量經濟學家在分析稅制對勞動供給的影響時，把免稅額看作是納稅人的虛擬收入（Virtual Income）。免稅額產生的虛擬收入等於免稅額乘以稅率，即圖 3-6 中 DT 的截距。也即是，免稅額相當於使納稅人增加了 tE' 數量的收入。由於閒暇是正常品，納稅人因獲得這種虛擬收入而使實際收入增加，因此，會消費更多的閒暇而減少工作時間。

總之，就稅制而言，一般來說，徵收定額稅（人頭稅）不影響勞動者的邊際收入，從而也不影響其對勞動和閒暇的經濟評價，因此只具有收入效應而不產生替代效應；徵收比例所得稅對勞動者的邊際收入有一定影響，會產生一定的替代效應，

第三章 稅收

在某種程度上減少勞動力供給；累進所得稅對勞動者的邊際收入影響較大，其替代效應較為明顯，會在較大程度上減少勞動力供給。就納稅人的經濟狀況而言，收入水平較低的人為了在納稅後能達到起碼的或所期望的生活水平，只能更勤奮地工作；而收入水平較高的人對實際收入減少的承受能力較強，在面臨課稅時更有可能以更多的閒暇來代替工作。

（二）稅收與儲蓄

關於稅收對儲蓄的影響，主要建立在（儲蓄）生命週期模型（Life - Cycle Model）基礎之上。生命週期模型預期人的生命為兩個時期：「現在」（第一時期：工作、消費和儲蓄）和「未來」（第二時期：退休了；消耗其在第一時期的儲蓄）。為了簡化分析，假定：①「現在」的儲蓄在「未來」完全消費掉；②「未來」的收入來源只有利息所得，沒有其他任何收入；③政府課徵所得稅，稅率是比例稅率。

個人的目標函數是效用最大化，即：

$$U = U(C_1, C_2) \tag{3.1}$$

式中，C_1 為「現在」時期的消費；C_2 為「未來」時期的消費。C_1 和 C_2 的增加都能夠提高消費者個人的效用，但要受到「現在」時期收入的限制。

個人的預算約束條件式是：

$$Y_1 = C_1 + S_1 \tag{3.2}$$

式中，S_1 為「現在」時期的儲蓄。

根據假設條件，可知「未來」時期的收入為：

$$C_2 = S_1(1 + i) \tag{3.3}$$

由此可得，預算約束條件式可改為：

$$Y_1 = C_1 + S_1 = C_1 + \frac{C_2}{(1 + i)} \tag{3.4}$$

(3.1) 式和 (3.4) 式，決定了圖 3-7 中的無差異曲線和預算線。

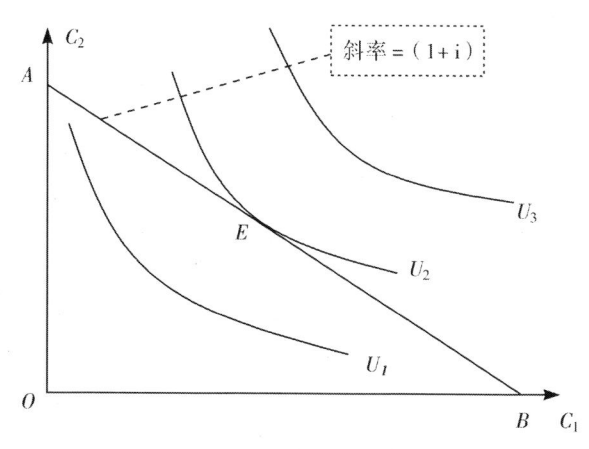

圖 3-7 「現在」消費和「未來」消費的效用最大化選擇圖

儲蓄是經濟主體為滿足未來消費而放棄即期消費的一種資金安排，即儲蓄把人們的收入分為兩個部分：一部分用於滿足當前消費需要，另一部分用於滿足未來消費需要。由於儲蓄是投資的資金來源，因而儲蓄規模對投資數量有很大的制約作用，對經濟增長也有重要影響。稅收的儲蓄效應即稅收對納稅人儲蓄行為的影響，在此，同樣可以利用收入效應和替代效應分析方法，來分析所得稅對個人儲蓄行為的影響。

在對個人的儲蓄利息所得不徵稅的情況下，個人所得稅對個人儲蓄的影響只有收入效應，即徵收個人所得稅會減少納稅人的可支配收入，迫使納稅人降低「現在」時期的消費和儲蓄水平。

在對儲蓄利息所得不徵稅的情況下，對其他所有收入徵稅將直接減少個人可支配收入，但利率水平不受影響即個人預算線的斜率不變。如圖3-8中，預算線從AB平移到$A'B'$，與較低的無差異曲線U_1相切於E_2。比較E_1與E_2兩點，可以發現「現在」時期的消費從C_{11}下降到C_{12}，「未來」時期的消費從C_{21}下降到C_{22}。這是因為政府課徵所得稅，個人的消費與儲蓄水平同時下降了，即是所得稅對儲蓄的收入效應。所以，對一般性收入徵收所得稅，在儲蓄上只產生收入效應。

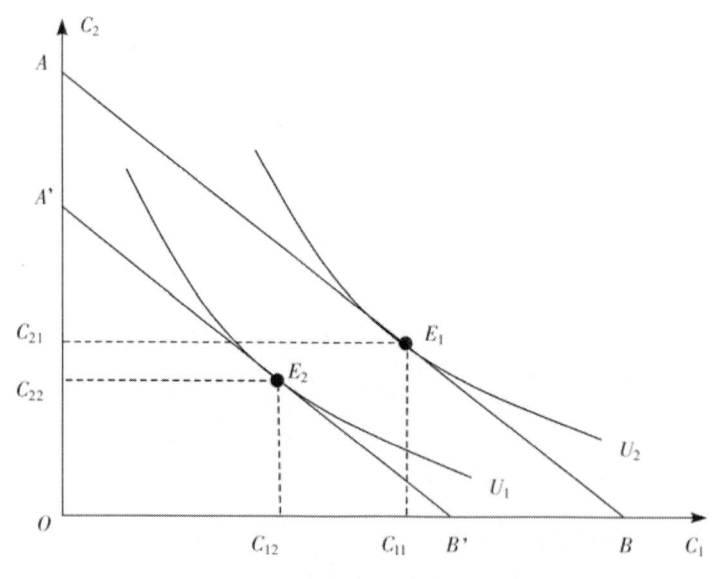

圖3-8 稅收對儲蓄的收入效應圖

若對利息所得徵稅，稅收對儲蓄會產生什麼影響呢？對儲蓄利息徵稅，既可以採用利息所得稅的方式，也可以採用利息所得稅與其他收入合併徵稅的方式。對儲蓄利息所得徵稅，使得「現在」時期的消費與「未來」時期的消費的相對價格發生了變化：「未來」時期消費的價格變得昂貴了，而「現在」時期消費的價格相對下降了，個人將在「現在」時期增加消費，於是產生了收入效應和替代效應。我們用圖3-9來分析利息所得稅的收入效應和替代效應。

第三章 稅收

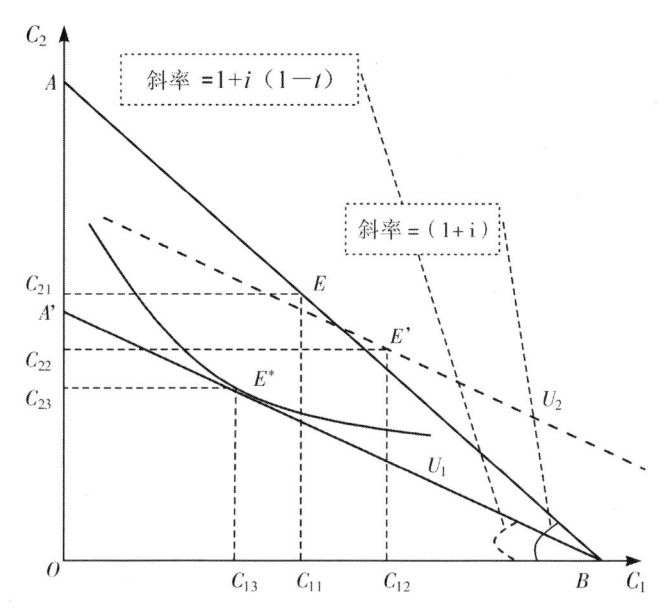

圖3-9 利息所得稅的收入效應和替代效應圖

利息所得稅（對儲蓄）的收入效應是指政府課稅一方面使納稅人的收入水平（或購買力）下降。「現在」消費和「未來」消費減少，而「現在」消費的減少，則意味著「現在」儲蓄的相對增加；另一方面，在對儲蓄利息所得徵稅的情況下，會減少納稅人的實際利息收入，而利息收入構成納稅人「未來」消費的來源，為了實現既定的儲蓄目標，納稅人將減少「現在」消費而增加「現在」儲蓄。利息所得稅（對儲蓄）的替代效應是指政府課稅一方面使納稅人實際可支配收入（或購買力）下降，為了保持「現在」消費的必要水平，納稅人會減少「現在」儲蓄而相對增加「現在」消費支出；另一方面，在對儲蓄利息所得課稅的情況下，會降低儲蓄的實際收益（率）水平，即提高「未來」消費相對於「現在」消費的「價格」，從而使納稅人以增加「現在」消費來替代儲蓄。

圖3-9中，預算線 AB 是未徵稅的狀態，它與無差異曲線 U_2 相切於 E 點。該點所決定的「現在」時期的消費是 C_{11}，「未來」時期的消費是 C_{21}。在對利息所得徵稅後，消費與儲蓄之間的相對價格發生了變化，即是說，「未來」時期的消費（儲蓄）的價格上升了（i下降了），個人更偏好增加「現在」時期的消費。因而，個人預算線的斜率發生了變化，使其向內旋轉形成新的預算線 $A'B$。預算線 $A'B$ 與無差異曲線 U_1 相切於 E^* 點，該點所決定的「現在」時期的消費是 C_{13}，「未來」時期的消費是 C_{23}。E 點與 E^* 點之間的垂直距離 $C_{21}C_{23}$ 就是「未來」時期消費（儲蓄）的下降程度。$C_{21}C_{23}$ 的數額是對利息所得徵稅而對儲蓄產生的總效應，其中，替代效應是 $C_{21}C_{22}$，收入效應是 $C_{22}C_{23}$。

67

如圖3-9所示，截距C_{21}、C_{22}代表的是替代效應。替代效應的特點有：①個人的效用水平不變。在圖3-9中，即是仍然保持在無差異曲線U_2上；②預算線的斜率發生變化。在圖3-9中，預算線斜率由$(1+i)$，變為了$1+i(1-t)$。作預算線$A'B$的平行線（圖中的虛線）與原無差異曲線相切於E'點，該點即是徵稅后的均衡點。E'點所決定的消費組合（C_{12}和C_{22}）為最優。由此可知，對利息所得徵稅后，「未來」時期的消費（儲蓄）由C_{21}下降到了C_{22}，而「現在」時期的消費由C_{11}增加到了C_{12}，消費替代了儲蓄，這就是利息所得稅對儲蓄產生的替代效應。

如圖3-9所示，收入效應是C_{22}、C_{23}。這是因為對利息所得徵稅后，個人的實際收入（或購買力）下降了，預算線AB向內旋轉到了$A'B$，並與無差異曲線相切於E^*點。「現在」的消費（儲蓄）由C_{12}降低到了C_{13}；「未來」的消費則由C_{22}下降到了C_{23}，這表明，「未來」時期的實際收入（或購買力）下降了。所以，從E'點到E^*點的移動是收入效應的結果。

這兩種效應對納稅人儲蓄行為選擇的影響方向是不同的，實際作用的結果究竟是增加還是減少儲蓄，受多種主客觀因素的制約，其中納稅人對消費的時間偏好、稅制以及納稅人的經濟狀況等是重要的影響因素。一般來說，對當期消費偏好較強的納稅人，稅收對儲蓄的替代效應起主導作用，反之，則收入效應起主導作用；稅負具有累進性或累進程度較高的稅收與不具有累進性或累進程度較低的稅收相比，前者替代效應較強，后者可能會產生一定的收入效應；在對所有社會成員均按同一標準課稅（如定額稅或比例稅）的情況下，收入水平低的納稅人與收入水平高的納稅人相比，前者的替代效應較明顯，而后者的替代效應較弱。

四、稅收與收入分配

收入分配的不公平已經是公認的且不可迴避的社會問題，收入分配是否公平已成為現代社會普遍關注的一個社會問題。中國在發展社會主義市場經濟的過程中，收入差距顯著、貧富懸殊加劇的問題日益嚴重，對經濟的可持續發展構成了嚴重的威脅和挑戰。

調查顯示，近幾年是中國農民收入增長最快的幾年。2007年，農村居民人均純收入實際增長9.5%，為1985年以來增幅最高的一年；而城鄉居民收入比却擴大到3.33∶1，絕對差距達到9,646元，是改革開放以來差距最大的一年。城鎮高中、中專、大專、本科、研究生學歷人口的比例分別是鄉村的3.4倍、6.1倍、13.3倍、43.8倍、68.1倍。目前，全國農村合作醫療的覆蓋率只有10%左右，90%以上的農民屬於自費醫療群體，而城市合作醫療的覆蓋率則為42%。2004年，占城鎮居民20%的高收入群體獲得了城鎮全部可支配收入的40%強，而占城鎮居民80%的廣大中低收入群體只獲得了城鎮全部可支配收入的60%，收入分配嚴重地向高收入群體集中。

第三章 稅收

2007年，新華網曾以「縮小收入差距，走向共同富裕」為題並設計了11個問題進行網路投票。結果「加大稅收調節力度，強化高收入人群稅收監管，改變工薪階層成為納稅主體的現狀」（69.0%）、「建立健全社會保障體系，逐步提高最低生活保障和最低工資標準」（68.0%）、「建立公平、公正的市場競爭環境，嚴堵非法收入渠道」（64.0%）成為網民最為關心的三個問題。由此可見，人們對利用稅收這種政策工具進行收入分配的調節寄予了極高的期望。

稅收作為一種調整收入分配的有力工具，越來越受到關注和重視。政府可以用稅收的方式參與國民收入的分配，將部分資源集中並合理分配，通過預算程序用於幫助貧困者的支出，明顯改善收入分配狀況是可能的。當然，對於收入分配這一複雜的問題，稅收只是政府解決或緩解收入分配不公的一個政策工具。

第四節 國際稅收

一、國際稅收概述

（一）國際稅收的含義

國際稅收是稅收學科的一個分支，是在國家稅收的基礎上發展起來的，它是在開放的經濟條件下，隨著國際經濟交往的發展、跨國納稅人的出現或納稅人收入國際化的出現而產生的一個稅收領域。所謂國際稅收，就是指兩個或兩個以上國家政府行使各自的徵稅權力，對跨國納稅人進行課稅所形成的國與國之間的稅收分配關係。理解國際稅收的含義應把握以下幾點：

1. 國際稅收涉及的納稅人必須是跨國納稅人

國際稅收是由兩個或兩個以上國家，憑藉其政治權力所進行的一種稅收分配，但如果兩個或兩個以上國家均在其政治權力管轄的範圍內平行而不是有交叉的徵稅，即，無跨國納稅人的出現，則這種分配最多也只是延伸放大了的國家稅收，不可能成為國際稅收。

2. 國際稅收的本質是國家之間的稅收分配關係

國與國之間的稅收分配關係必然涉及對同一納稅人或同一徵收對象由哪一國徵稅，或徵多少稅的稅收權益劃分問題。例如，甲國人張三在乙國從事生產經營且獲得所得100萬美元，甲、乙兩國共同對張三的100萬美元提出徵稅要求，形成雙重徵稅關係，但在所得額一定的情況下，雙重徵稅互相制約，反應出來的是甲、乙兩國誰徵誰不徵或誰多徵誰少徵的分配關係，即，當甲國或乙國對張三的100萬美元徵稅，則可能導致乙國或甲國不能徵稅，或者當甲國或乙國多徵稅則可能導致乙國或甲國少徵稅。這是國際稅收中必須要解決的主要問題，從而形成了國際稅收分配關係的主要內容。

3. 國際稅收反應國家之間的徵稅權和稅制協調關係

徵稅是一個國家的主權，一個主權國家有權決定對什麼徵稅、對什麼不徵稅，也有權決定徵多徵少的問題。然而，在開放的國際經濟環境中，國與國之間在經濟上是相互依存的。這種相互依存的經濟關係的存在使各國實際上並不能隨意行使自己的徵稅權，在許多問題上還要考慮本國與其他國家的經濟交往，要協調好國家之間的徵稅權和稅制關係。因此，為了避免所得的國際重複徵稅，有關國家應當通過與他國締結國際稅收協定的方式相互協調各自的徵稅權。例如，統一執行實行居民管轄權的國家承認所得來源國的優先徵稅地位。相反，如果各國自行其是，則必然造成國際重複徵稅，從而不利於國際經濟活動的正常開展。

國際稅收包括廣義和狹義兩個範疇。廣義的國際稅收是指各國相互間基於徵稅權力對從事國際經濟活動、具有納稅義務的自然人和法人徵收所得稅、財產稅、關稅以及商品稅等所帶來的有關國家之間的稅收分配關係；狹義的國際稅收主要是指由於對跨國所得徵收所得稅所帶來的有關國家之間的稅收分配關係。本節主要討論狹義的國際稅收的基本問題。

(二) 國際稅收與國家稅收的關係

從國際稅收的含義我們可以看出，國際稅收與國家稅收之間既有聯繫，又有區別。

1. 國際稅收與國家稅收的聯繫

(1) 國際稅收以國家稅收為基礎，它不能脫離國家稅收而獨立存在，沒有國家稅收就不可能有國際稅收。

(2) 國家稅收中有關本國跨國經營納稅人和外國納稅人的徵稅制度必須遵循國際稅收的協定和規範。在國與國之間的經濟聯繫日益緊密的情況下，國家稅收要遵循本國與他國達成的國際稅收協定以及國際社會公認的一些國際稅收規範和慣例。

2. 國際稅收與國家稅收的區別

(1) 國家稅收具有強制性特徵，國際稅收不具有強制性特徵。國家稅收只與某一國的政治權力相關，因此，可以採用以國家政治權利為依託的強制性課徵形式，具有強制性特徵；而國際稅收則涉及多國的政治權力，世界上不存在凌駕於各國政府之上的法律機構，即使是聯合國也只不過是維護世界和平的國際組織，因此，國際稅收不能憑藉某種政治權力進行強制課徵，不具有強制性特徵。

(2) 國家稅收反應國家與納稅人之間的徵納關係，國際稅收反應國家之間的稅收分配關係和稅收協調關係。由於國際稅收的納稅人是跨國納稅人，而不屬於哪一個國家的獨立納稅人，負有兩個或兩個以上國家的納稅義務，因此，其交稅必然引起國家之間的稅收分配關係和稅收協調關係。

(3) 國家稅收有獨立的稅種，國際稅收沒有獨立的稅種。國家稅收按徵稅對象性質的不同可以分為不同的稅種，因而有獨立的稅種、徵稅對象和納稅人；而國際稅收反應的是國家之間的稅收分配關係，它不是一個獨立的稅種，因而只有涉及的

第三章 稅收

稅種、徵稅對象和納稅人。

二、國際重複徵稅及其減除方法

(一) 稅收管轄權的種類

稅收管轄權並不是在國際稅收形成之後才出現的，而是在稅收產生的同時就存在了。稅收管轄權是指一國政府在徵稅方面所行使的管理權力，即依法確立向誰徵稅，對什麼徵稅，徵多少稅，怎樣徵稅的權力，它是一個國家主權在稅收方面的具體體現。

由於稅收管轄權是一個國家主權的重要組成部分，而國家主權的行使範圍一般要遵從屬人原則和屬地原則。根據屬人原則和屬地原則，稅收管轄權劃分為居民（公民）稅收管轄權和收入來源地稅收管轄權。居民（公民）稅收管轄權是指納稅人的所得不論其來源於境內或境外，只要他是本國居民（公民），他的所在國都有權對其徵稅；收入來源地稅收管轄權又稱為地域稅收管轄權，是指不論納稅人是哪個國家的居民或公民，收入來源國都有權對其發生在該國疆界範圍內的所得徵稅。目前，實行公民管轄權的國家已為數不多。這是因為隨著生產力的發展，各國的經濟生活呈現出日益國際化的勢頭，若完全按公民身分來行使全面的稅收管轄權，將會越來越脫離現實，並加劇各國稅收管轄權之間的摩擦和衝突。因而，大多數國家都放棄了公民管轄權，將居民管轄權和地域管轄權並行採用，這也是為了維護國家經濟利益的需要，中國所得稅的管轄權也是採取居民管轄權和地域管轄權並行的類型。

一個國家要能準確地行使居民管轄權和地域管轄權，就必須首先要確定判定居民身分和所得來源地的標準。

1. 判定居民身分的標準

(1) 在判定自然人居民身分方面，目前各國都同時採用住所標準和居住時間標準。納稅人只要符合其中之一，即可將其判定為本國的稅收居民，從而對其行使居民管轄權。國際稅收中所指的住所，一般是指法律上規定的一個人固定和永久的居住地，但它的具體驗定標準各國則不盡相同。中國稅法以戶籍、家庭和經濟利益關係作為住所的驗定標準。國際稅收中所指的居住時間標準，是指以納稅人在本國居住時間是否達到規定的天數為依據來判定其居民身分。各國對構成居民身分所規定的居住期限所採取的標準也不盡一致。在大多數國家，一般以連續居住183日（即半年）為限。但也有一些國家以連續居住365日（一年）為限。中國稅法規定的居住時間標準為一年，即在一個納稅年度內居住滿一年（365日，臨時離境的，不扣減日數）的個人即為中國的稅收居民。

(2) 在判定法人居民身分方面，主要有公司註冊地標準、管理機構所在地標準、總機構所在地標準。目前，大多數國家都同時採用公司註冊地標準和總機構所

在地標準。但也有的國家只採用公司註冊地標準或管理機構所在地標準。中國判定法人居民身分採用的是公司註冊地標準或實際管理機構標準。

2. 判定所得來源地的標準

一般來說，非居民在收入來源國獲得的所得主要有營業利潤、勞務報酬所得和投資所得等，對這些所得的來源地的判定標準各國是不完全相同的。例如，經營所得來源地的判定，有按常設機構為標準，也有按交易地點為標準來進行判定。常設機構是指一個企業進行全部或部分經營活動的固定營業場所，其範圍包括管理機構、營業機構、辦事機構、工廠、開採自然資源的場所、建築、安裝、勘探等工程作業的場所，提供勞務的場所以及營業代理人。中國是採用常設機構標準判定經營所得來源地的，凡在中國境內設有上述常設機構的企業（包括外國企業），通過該常設機構取得的經營所得都屬於來源於中國境內的所得。對於個人勞務報酬所得的來源地判定，有按勞務提供地標準，也有按勞務所得支付地標準。中國採用的是勞務提供地標準。中國稅法規定，因任職、受雇、履約等而在中國境內提供勞務取得的所得，無論支付地點是否在中國境內，均為來源於中國境內的所得。

（二）國際重複徵稅及減除方法

1. 國際重複徵稅的含義

國際雙重徵稅是指兩個或兩個以上的國家在同一時期內，對同一納稅人或不同納稅人的同一徵稅對象或稅源，徵收相同或類似的稅收所造成的雙重或多重徵稅。

2. 國際重複徵稅產生的原因

之所以產生國際重複徵稅，主要有以下幾個方面的原因：

（1）各國採用稅收管轄權的相互交叉。稅收管轄權的相互交叉又主要表現為兩種情況，即不同種稅收管轄權的交叉和同種稅收管轄權的交叉。前者表現為，世界上大多數國家都同時行使居民管轄權和收入來源地管轄權兩種稅收管轄權，個別國家甚至同時行使居民管轄權、收入來源地管轄權和公民管轄權三種稅收管轄權，這必然造成稅收管轄權的相互交叉；后者則表現為，即使世界上大多數國家都採用同一種稅收管轄權，但由於不同的國家對居民或所得來源地的判定標準不同，因而存在稅收管轄權的相互交叉現象。

（2）所得稅在各國的普及。當世界上還沒有產生所得稅制度時，是不會存在所得稅的重複徵稅問題的。例如，在20世紀初，世界上實行所得稅的國家還不多，因而當時國際重複徵稅還只是偶然的、個別的現象。到第一次世界大戰後，實行所得稅制度的國家才開始增加，特別是第二次世界大戰後，所得稅制度在世界範圍普及開來，從而增大了國際重複徵稅的可能性。

（3）跨國納稅人的出現和所得的國際化。隨著國際經濟活動的逐漸增強，所得的國際化越來越普遍，在各國普遍設立所得稅制度的情況下，納稅人將對有關的兩個或兩個以上的國家負有納稅義務，成為跨國納稅人，使得有關國家行使稅收管轄權，對同一納稅人或不同納稅人的同一徵稅對象或稅源徵收所得稅，從而使國際重

第三章 稅收

複徵稅產生的可能性成為現實。由此可見，跨國納稅人的出現和所得的國際化，是國際重複徵稅產生的決定性因素。

3. 國際重複徵稅的減除方法

國際重複徵稅的減除，世界各國普遍接受地域管轄權優先徵稅，其他稅收管轄權從屬行使的徵稅原則，借以減除國際重複徵稅。從世界各國的實踐來看，減除國際重複徵稅主要有以下幾種方法：

(1) 免稅法。也稱豁免法，是指一國政府對本國居民的國外所得不予徵稅。這種方法實質上是居住國政府單方面放棄了居民管轄權，不僅承認地域稅收管轄權的優先地位，而且承認了其獨佔地位。在所得稅普遍採用累進稅率的條件下，由於實行免稅法採用的稅率不同，免稅法又分為全額免稅法和累進免稅法。

全額免稅法是指居住國完全不考慮本國居民在國外的所得，僅按國內所得額確定適用稅率徵稅的方法。其計算公式為：

$$居住國應徵所得稅稅額 = 居民的國內所得 \times 適用稅率$$

累進免稅法是指居住國對本國居民來源於國外的所得不予徵稅，但國內所得額計徵的適用稅率，由國內所得和國外所得匯總為依據來確定的一種方法。其計算公式為：

$$居住國應徵所得稅稅額 = 居民的總所得 \times 適用稅率 \times \frac{國內所得}{總所得}$$

(2) 扣除法。是指一國政府在對本國居民的國外所得徵稅時，允許其將該所得負擔的外國稅款作為費用從應稅國外所得中扣除，只對扣除後的餘額計徵所得稅。其計算公式為：

$$居住國應徵所得稅稅額 = (居民的總所得 - 國外已納所得稅) \times 適用稅率$$

(3) 低稅法。也稱減免法，是指一國政府在對本國居民的國外所得徵稅時，按單獨制定的低稅率徵稅。例如，比利時對其居民來源於國外的所得，只按本國正常稅率的 1/5 徵稅。

(4) 抵免法。它是指居住國在本國稅法規定的限度內，允許本國居民用在國外已交納的所得稅稅額，來沖抵在本國應繳納的所得稅稅額。它是目前世界各國普遍採用和較為徹底地消除國際重複徵稅的一種方法。其基本公式為：

$$居住國應徵所得稅稅額 = 居民的總所得 \times 適用稅率 \\ - 允許抵免的已繳國外稅款$$

(5) 國際稅收協定。國際重複徵稅的減除，除了各個國家在本國稅法中單方面規定減除國際重複徵稅以外，在當今國際經濟關係十分複雜的情況下，最有效、最規範的國際重複徵稅減除方法，當推國與國之間締結國際稅收協定。國際稅收協定是指兩個或兩個以上國家為協調跨國納稅人的稅收分配關係、消除或減輕國際重複徵稅，經對等協商和談判而簽訂的一種具有法律效力的書面協議。

國際稅收協定按參加國家的多少可分為雙邊和多邊兩類。由兩個國家參加締結

的稱為雙邊國際稅收協定，由兩個以上國家參加締結的稱為多邊國際稅收協定。國際稅收協定按其涉及的內容和範圍的大小，又分為一般的和特殊的兩種。協定內容一般適用於締結國之間的各種國際稅收問題的稱為一般國際稅收協定。協定內容僅僅適用於某項特定業務的稱為特定國際稅收協定。如中、美兩國 1984 年 4 月 30 日締結的國際稅收協定屬於一般國際稅收協定，1982 年締結的空運、海運免稅協定屬於特定國際稅收協定。

一般情況下，國際稅收協定與在各國稅法中做出的單方面解除國際重複徵稅的規定相比，有著更大的優越性，因為它能協調相關國家的稅收管轄權，規定相關國家都能接受的、減除國際重複徵稅的方法，更有效的減除國際重複徵稅，並使各國在國際經濟交往中獲得相互對等的稅收待遇。

4. 稅收饒讓

稅收饒讓也叫饒讓抵免，是指居住國政府對於本國居民在國外得到減免的那部分所得稅，視同已經繳納，並允許其用這部分被減免的外國稅款抵免在本國應繳納的稅款，這是一種特殊的所得稅抵免措施。例如，甲國的某居民 A 公司有一分公司 B，B 公司在乙國投資，獲利 100 萬元。甲國所得稅率 40%，乙國所得稅率 30%，乙國給予外國投資者稅收優惠，把所得稅率降到 10%。若甲國採用稅收饒讓，就把 B 公司在乙國被減徵的 20 萬元稅款視同已在乙國繳納，即 B 公司雖然在乙國只繳納了 10 萬元所得稅，但甲國視其按乙國正常稅率繳納了 30 萬元，則只要求 A 公司按 10 萬元補繳甲國稅額。

居住國政府給予稅收饒讓，一般都要通過雙邊簽訂稅收協定予以明確。稅收饒讓一般是發達國家單方面對發展中國家的減免稅所承擔的協定義務，只有在實行稅收饒讓的條件下，發展中國家的稅收優惠政策才能實際發揮吸引外資的作用。由於稅收饒讓並不會引起居住國的額外損失，因而，現在大多數發達國家都能讚同稅收饒讓方式，如德國、法國、日本、英國等；但也有少數國家仍然不讚同，如美國。

三、國際避稅與反避稅

(一) 國際避稅的概念

國際避稅是指跨國納稅人利用各國稅法規定的差異，通過變更經營地點或經營方式等合法手段，跨越國境來減輕稅負的經濟行為。國際避稅與逃稅是國際稅收領域中的一個普遍性問題，但兩個概念卻有著本質的不同。國際逃稅是指跨國納稅人利用國際稅收管理的困難和漏洞，違反稅法規定，用拒絕申報所得、少報或瞞報所得、偽造帳冊等欺騙手段不繳或少繳稅款的非法行為。儘管從各國政府角度看，避稅行為和逃稅行為都以逃避稅收為目的，都減少了國家的財政收入，但對避稅和逃稅，政府的防範措施是不同的：對於避稅，主要通過對稅法和稅收協定做出相應的修訂和補充，以杜絕漏洞；對於國際逃稅，則是根據有關稅法和稅收協定進行制裁。

第三章 稅收

所以,納稅人要研究的是如何合法避稅,而不是非法逃稅。
(二) 國際避稅的方式
1. 自然人的國際避稅方式
(1)避免成為稅收居民。這種方式主要是採取改變居民身分和避免成為居民的做法,規避居民的無限納稅義務。包括:避免在原居住國有永久性住所,或者把住所從高稅國遷往低稅國;利用有關國家之間確定居民居住時間的不同規定,選擇居住期,或縮短在一國的居住時間,迴避在居住國的納稅義務。
(2)轉移財產的所在地點。跨國納稅人可以在不改變自己所在國居民身分的前提下,採用各種方式將其財產轉移到低稅國或無稅國,以逃避原居住國的所得稅。
2. 法人的國際避稅方式
(1)避免成為稅收上的居民。在實行居民管轄權的國家裡,法人居民地點的選擇,對於跨國公司納稅義務的大小至關重要,因為作為一個國家的法人居民,就必須將世界範圍的分、子公司所得匯總在該國納稅,高稅國的法人居民承擔著比較高的納稅義務。為減輕稅負,跨國公司可以利用各國對法人居民的判斷標準的不同,避免成為高稅國的法人居民。
(2)通過轉讓定價的手段避稅。這種方式在跨國公司國際避稅活動中採用最為廣泛也最為引人注目。轉讓價格也稱轉移價格,是跨國公司根據全球的經營戰略目標,在關聯公司之間通過銷售商品、提供勞務和專門技術、資金借貸等活動所確定的企業集團內部價格。關聯公司,是指具有直接或間接控制和被控制的法律關係的兩個或兩個以上的公司。根據中國稅法的規定,關聯企業的判定方法主要有兩種:一種是股權判定法,即如果兩個企業相互之間直接或間接持有其中一方的股份總和達到25%或以上,或者兩個企業直接或間接同為第三者擁有或控制股份達到25%或以上,則這兩個企業屬於關聯企業;另一種是實際管理控制判定法,即兩個企業相互之間控股或同被第三者控股雖然未達到規定的比例,但如果它們在資金借貸、原材料供應、產品銷售等方面一方控制另一方,則這兩個企業也屬於關聯企業。少數國家對境內企業與設在避稅港的企業進行交易也按關聯企業對待。關聯企業之間的交易價格一般是根據集團的整體利益通過內部的轉讓定價來確定。轉讓定價是指跨國關聯企業根據集團的整體利益確定的內部交易價格,它一般會低於市場價格。跨國關聯企業集團內部這種作價制度的特殊性,使其有可能在有關國家稅率存在差異的情況下,利用轉讓定價通過不同國家的關聯企業之間收入的分配,盡可能地將所得從高稅國企業轉移到低稅國企業,從而達到減輕總稅負的目的。
(3)選擇有利的公司組織形式。當跨國公司對外投資時,在國外建立子公司、分公司和其他分支機構。建立子公司或分公司對跨國公司的稅負有著不同的影響,因為子公司是一個獨立的法人實體,獨立承擔法律責任,它的收益作為股息分配給母公司時,應繳納預扣稅,它的虧損不能計入母公司帳上,衝減母公司收益;而分公司與母公司是一個法人實體,不獨立承擔法律責任,它的虧損可以計入母公司帳

75

上，衝減母公司收益，從而減少母公司應納稅額，它的收益要與母公司收益合併繳納所得稅。一般來說，由於國外公司在經營活動初期往往虧損較大，所以跨國公司可以在國外先設立一個分公司，以其虧損沖抵母公司收益，減少母公司的稅收負擔；當國外的經營轉向正常盈利時，再把分公司或分支機構改為子公司，母公司、子公司分別納稅，可以避免匯總納稅。

（4）通過建立各種公司轉移資金、財產進行避稅。跨國公司可以通過在國外建立各種公司，如控股公司、信託公司、貿易公司、投資公司等，以達到避稅目的。控股公司的收入主要是從子公司獲得的股息和出售股份的資本利得，由於某些低稅國（避稅港）對股息和資本利得不徵稅或只徵很少的稅，那麼在這個國家建立控股公司就起到了避稅作用。另外，控股公司在跨國公司的兼併、合營和解散中處理有關股份時，還可以獲得免徵資本利得稅的好處。跨國公司通過在避稅港建立信託公司，從而虛設信託財產，把在高稅國的財產歸為信託公司的財產，那麼信託資產的經營所得就可以名正言順地掛在該公司的名下，得到在避稅港免稅的好處。

（三）國際反避稅的一般方式

鑒於國際避稅活動的普遍性，各國政府為了保護本國的財權，採取了種種有力的反避稅措施。

1. 加強和完善稅收立法

（1）在稅法中增加反避稅條款。例如，在稅法中規定對關聯企業的轉讓價格進行調整。

（2）以法律形式規定納稅人的特殊義務責任。例如，明確納稅人的報告義務，規定納稅人活動必須獲政府同意的義務等。

2. 加強稅收徵管工作

（1）建立稅務申報制度，按期向稅務機關申報有關稅務事項和各類報表。

（2）建立會計審計制度，所申報的稅務報表一律要經過註冊會計師的審核。

（3）建立所得稅評估制度，對不能提供完整準確的成本、費用憑證，不能正確計算應稅所得的公司企業，實行所得稅評估制度。

（4）建立稅務情報交換制度，如，交換為實施稅收協定的規定所需要的情報，交換與稅收協定有關的稅種的國內法律情報，交換防止稅收詐欺、偷漏稅情報。

本章小結

1. 稅收是一個分配範疇，這是稅收的基本屬性。稅收具有強制性、無償性和固定性等特徵。三個特徵是相互聯繫、缺一不可的統一整體。其中，稅收的無償性是核心，是根本目的；稅收的強制性是前提，是實現稅收無償性的強有力保證；稅收的固定性則是無償性和強制性的客觀要求和必然結果。

第三章 稅收

2. 稅負轉嫁是一個過程。稅負轉嫁的主觀原因在於納稅人的經濟利益，但實現程度却要受到一些客觀條件的制約。稅負轉嫁不違反稅法，而逃稅則是一種違法行為。

3. 稅收制度簡稱「稅制」，它有廣義和狹義之分。狹義的稅收制度則是指國家具體設置某一稅種的課徵制度，包括納稅人、徵稅對象、稅率、納稅環節、納稅期限、稅收優惠、違章處理等稅制構成要素，其中，納稅人、徵稅對象、稅率是稅制的基本構成要素。

4. 稅收可以按不同的標誌進行分類。按課稅對象的性質，可將稅種分為流轉稅、所得稅、資源稅、財產稅和行為稅五大類。這種分類方式是世界各國常用的一種最基本和最主要的分類方式；按稅收計徵標準的不同，可將稅種分為從價稅和從量稅；按稅收與價格的關係，可分為價內稅和價外稅等。中國現行稅制是以流轉稅和所得稅為主體的稅制結構。流轉稅主要包括增值稅、消費稅、營業稅和關稅；所得稅主要包括企業所得稅和個人所得稅。

5. 稅收與經濟發展之間存在著密切的關係。關於稅收對經濟發展的作用，不同的學派却有不同的看法。供給學派的代表人物拉弗設計的「拉弗曲線」說明了稅率與稅收收入和經濟增長之間的函數關係。

6. 稅收效應是指國家課稅對納稅人行為選擇的影響。稅收效應有多種表現形態，其中最基本的是收入效應和替代效應，其他效應都與這兩種效應存在直接或間接的關係。

7. 國際稅收，就是指兩個或兩個以上國家政府行使各自的徵稅權力，對跨國納稅人進行課稅所形成的國與國之間的稅收分配關係。國際稅收與國家稅收既相互聯繫又相互區別。

8. 國際雙重徵稅指兩個或兩個以上的國家在同一時期內，對同一納稅人或不同納稅人的同一徵稅對象或稅源，徵收相同或類似的稅收所造成的雙重或多重徵稅。國際重複徵稅的減除方法主要包括免稅法、扣除法、低稅法、抵免法和國際稅收協定，其中抵免法是目前世界各國普遍採用和較為徹底地消除國際重複徵稅的一種方法。

9. 國際避稅是指跨國納稅人利用各國稅法規定的差異，通過變更經營地點或經營方式等合法手段，跨越國境來減輕稅負的經濟行為。為了不讓國家財政收入受到損失，國家應嚴格稅收制度，減少直至杜絕國際避稅的存在。

复习思考题

1. 簡述稅收的「三性」。
2. 稅負轉嫁將受到哪些客觀條件的制約？

3. 狹義的稅收制度由哪些稅制構成要素構成？
4. 簡述國際稅收與國家稅收的聯繫與區別。
5. 什麼是稅收饒讓？請舉例說明。
6. 簡述減除國際重複徵稅的幾種主要方法。
7. 簡述拉弗曲線的經濟含義。
8. 簡述稅收的兩大基本效應。

第四章　財政支出概論

第一節　財政支出概述

一、財政支出的含義

（一）財政支出的概念

財政支出（通常也稱作政府支出或公共支出）是以國家為主體，以財政的事權為依據進行的一種財政資金（財政收入）（再）分配活動。或是政府為提供公共產品和服務，滿足社會共同需要而進行的財政資金的支付。

通常，財政部門以國庫實際撥款數為依據來計算財政支出；行政事業單位，以實際支出數額來計算財政支出，這也是世界各國通行的核算財政支出的方式。

（二）財政支出的重要性

財政支出與財政收入相對應，它們相互聯繫、相互制約，共同構成財政分配的完整體系。財政支出是財政分配活動的第二階段，直接體現政府活動的範圍及政府的政策取向。財政支出的安排是否科學、合理，財政資金的使用是否有效，直接關係到財政職能的實現，從而影響國家政治、經濟和社會職能的實現。

1. 財政支出是國家從宏觀上調控國民經濟的重要槓桿

在市場經濟體制下，市場主體根據市場信號，在獲取最大經濟利益的驅動下，安排企業的生產經營活動，資源必然向經濟收益高的部門和產業流動，市場失靈和市場缺陷的存在，使以盈利為目的的企業經營行為，可能導致全社會經濟結構失調。政府正確安排財政支出，既可以彌補市場失靈和市場缺陷，也可以引導市場主體的投資方向，同時經濟發展的週期性也要求政府通過正確安排財政支出調節經濟的過冷或過熱等。

2. 財政支出是保證國家機器正常運行和國家在政治上的鞏固和安全的重要工具

政府可以自覺主動地安排財政支出，使財政支出成為政府的長遠利益和近期的政策取向最重要的物質條件。因此，財政支出從根本上保證著國家政治經濟職能的實現，這是任何國家制度下財政支出的一般屬性。所不同的是，在不同性質的國家制度下，財政支出實現的政策原則必須反應不同的國家利益，從而體現出不同的財政支出的本質特徵。

3. 社會主義財政支出是以實現社會主義的基本經濟規律為目標

通過國家集中性財力的分配，不斷發展社會主義生產力，滿足人們日益增長的物質文化需要服務，為保證社會主義基本經濟規律的實現，是社會主義財政支持的根本目標。在新中國成立後的幾十年中，財政以大量的財力支持，為社會主義工業化和現代化建設，為社會主義公有制特別是國有企業的建立和鞏固提供了最主要的物質條件。在財政支出中，經濟建設支出歷來佔有最大比重，與這一基本目標相一致，財政支出還是鞏固人民民主專政，保衛國家安全，滿足全社會共同需要的主要財力保障。因此，中國社會主義財政支出在鞏固社會主義國家制度，實現經濟的穩定增長和保障全體人民的共同利益等方面發揮著極為重要的作用。

二、財政支出的分類

政府支出分類是將政府支出的內容進行合理的歸納，以便準確反應和科學分析支出活動的性質、結構、規模以及支出的效益。

（一）按支出功能分類

自2007年1月1日正式實施政府收支分類改革後，中國現行支出分類採用了國際通行做法，即同時使用支出功能分類和支出經濟分類兩種方法對財政支出進行分類。

按支出功能分類，就是按政府主要職能活動分類。中國政府支出功能分類設置一般公共服務、外交、國防等大類，類下設款、項兩級。主要支出功能科目包括：一般公共服務、外交、國防、公共安全、教育、科學技術、文化體育與傳媒、社會保障和就業、社會保險基金支出、醫療衛生、環境保護、城鄉社區事務、農林水事務、交通運輸、資源勘探電力信息等事務、商業服務業等事務、金融監管等事務支出、地震災后恢復重建支出、國土資源氣象等事務、住房保障支出、糧油物資管理事務、預備費、國債還本付息支出、其他支出和轉移性支出等類。

按政府職能對財政支出分類，能夠明顯地揭示出國家職能的執行及其側重。

（二）按支出經濟分類

按支出經濟分類，是按支出的經濟性質和具體用途所做的一種分類。在支出功能分類明確反應政府職能活動的基礎上，支出經濟分類明確反應政府的錢究竟是怎麼花出去的。中國政府支出經濟分類設置工資福利支出、商品和服務支出等大類，

第四章　財政支出概論

類下設款級科目。支出經濟分類類級科目包括：工資福利支出、商品和服務支出、對個人和家庭的補助、對企事業單位的補貼、轉移性支出、贈與、債務利息支出、債務還本支出、基本建設支出、其他資本性支出、貸款轉貸及產權參股和其他支出等類。

將財政支出按經濟性質劃分為購買性支出和轉移支出，就可以看出不同類型的支出對經濟影響的領域差異。

購買性支出（Purchase Expenditure），也稱消耗性支出（Exhaustive Expenditure）。是指政府購買商品和服務的活動，包括購買進行日常政務活動所需的或用於國家投資所需的商品和服務支出。其特點是財政付出資金，並相應地獲得了商品和服務並運用這些商品和服務實現政府的職能。在這些支出安排中，政府同其他經濟主體一樣，在從事等價交換的活動。它體現的是政府的市場性再分配活動。

轉移性支出（Transfer Expenditure）是指政府在公民之間再分配購買力的支出。這種支出表現為資金無償、單方面的轉移（如社會保障支出、撫恤和社會救濟支出、財政補貼支出、捐贈支出、債務利息支出等）。其特點是財政付出了資金，卻無任何所得。不存在交換問題。它體現的是政府的非市場性再分配活動，能使接受者自由地做出他們將消費什麼或將如何組織生產的決策。

（三）其他分類

1. 按政府級次分類

中國政府政權級次有中央、省（自治區、直轄市）、市（自治州、地區行署）、縣（不設區的縣級市、自治縣）和鄉（鎮）五級構成。中國財政支出因此也由五個級次的財政支出構成。其中，省以下的財政支出統稱為地方財政支出。

2. 按產生的效益分類

這是現代公共經濟學研究財政支出分類的一種方法。可分為經常性支出和資本性支出。

經常性支出是指維持公共部門正常運轉或保障人們基本生活所必需的支出。主要包括人員經費、公用經費和社會保障支出。其特點是，它的消耗會使社會直接受益或當期受益。比如，行政管理費包含公務員的工資、辦公費、差旅費、修繕費等，這些費用的消耗就會形成當期服務的公共物品——行政管理、社會秩序、社會治安、經濟信息等。在理論上說，經常性支出的補償方式應為稅收。

資本性支出是用於購買或生產使用年限在一年以上的耐久品所需的支出，其中有用於建築廠房、購買機械設備、修建鐵路和公路等生產性支出，也有用於建築辦公樓和購買汽車、複印機等辦公用品等非生產性支出。特點是，其耗費的結果將形成供一年以上的長期使用的固定資產。資本性支出的補償方式有兩種：一是稅收；二是國債。

第二節 財政支出規模及其衡量

一、財政規模衡量指標

（一）絕對指標和相對指標

財政支出的規模可以用財政支出的絕對數（額）和相對數來衡量。

財政支出的絕對數（額）為財政支出規模通常表現為財政支出的總量。而表現財政支出總量的，可以是一定時期內（通常為一年）財政支出數額的絕對量（說明某一個財政年度財政支出的大小，可以作縱向比較，但受價格等因素影響比較大）。

財政支出的相對數是指財政支出總量占 GDP 的比例。

（二）財政支出增長率

財政支出增長率是指當年財政支出比上年同期財政支出增長的百分比（％），即所謂同比增長率。用 $\triangle G$ 表示。

$$\Delta G(\%) = \frac{\Delta G}{G_{n-1}} = \frac{G_n - G_{n-1}}{G_{n-1}} \qquad (4.1)$$

式中：$\triangle G$ 代表當年財政支出比上年增（減）額；G_n 表示當年財政支出（額）；G_{n-1} 表示上年財政支出（額）。

（三）財政支出彈性系數

財政支出彈性系數是指財政支出增長率與 GDP 增長率之比。用 E_g 表示。

$$E_g = \frac{\Delta G(\%)}{\Delta GDP(\%)} \qquad (4.2)$$

（四）財政支出邊際傾向

財政支出邊際傾向是指財政支出增長額與 GDP 增長額之間的關係，即 GDP 每增加一個單位的同時財政支出增加多少，或財政支出增長額占 GDP 增長額的比例。用 MGP 表示。

$$MGP = \frac{\Delta G}{\Delta GDP} \qquad (4.3)$$

二、財政支出增長趨勢

（一）發達國家財政支出增長及其特點

第二次世界大戰以後，發達國家財政支出的增長可分為兩個階段：①從 20 世紀 50 年代至 80 年代，發達國家的財政支出占國民生產總值的比重上升得很快，主要工業化國家的上升比例都超過了 20％。②從 80 年代開始至今，財政支出的絕對額依然在繼續增長，但在 GDP 中的比重變化不大（有的國家甚至出現了下降）。

第四章　財政支出概論

出現這種變化的主要原因在於戰后，西方國家推崇凱恩斯主義，強調國家對經濟的干預作用，承擔更多的社會責任，為了實現這一目標，財政支出的絕對數和相對數開始大幅度上升。但從 20 世紀 70 年代末開始，西方國家出現了滯脹現象，社會普遍認為財政支出過快增長是導致這一局面的重要原因之一，各國政府都在盡量減緩財政支出的增長，採取了各種節支措施，因而大大減緩了財政支出的增長速度。儘管這一時期財政支出的絕對規模依然在增長，但在 GDP 中的比重却保持了相對穩定，甚至出現了略有下降的局面。

發達國家財政支出增長過程中的結構變化特點：在財政支出增長的同時，用於社會福利性等方面的轉移性開支增長得較快，而在國防、交通等購買性支出方面增長得較慢。

（二）發展中國家財政支出增長及其特點

發展中國家自第二次世界大戰后，紛紛發展自己獨立的經濟。為了能夠早日趕上發達國家，解決本國的貧窮問題，政府大量介入和參與經濟方面的建設，從而使政府的財政支出規模迅速擴張，特別是 20 世紀 80 年代以來，這種財政支出的態勢更趨明顯。

發展中國家財政支出增長過程中的結構變化特點：在財政支出增長的同時，用於社會福利性等方面的轉移性開支增長得較慢，相比較而言，在國防、交通等購買性支出方面增長得較快。

三、中國財政支出增長及其特點

中國財政支出增長可以分為兩個時期，一個是 20 世紀 1980 年以前的計劃經濟時期；另一個是 1980 年以后的經濟改革時期。

（一）計劃經濟時期（1980 年以前）

經濟體制改革以前（1950—1978 年），財政支出總額和財政支出占 GDP 的比重均是增加的趨勢。如圖 4-1 所示，1950—1978 年，財政支出總額呈逐年增加，其中 1960—1968 年期間出現了較大的波動。但逐年增加是總趨勢。1978 年，中國財政支出的總額已超過千億元人民幣。

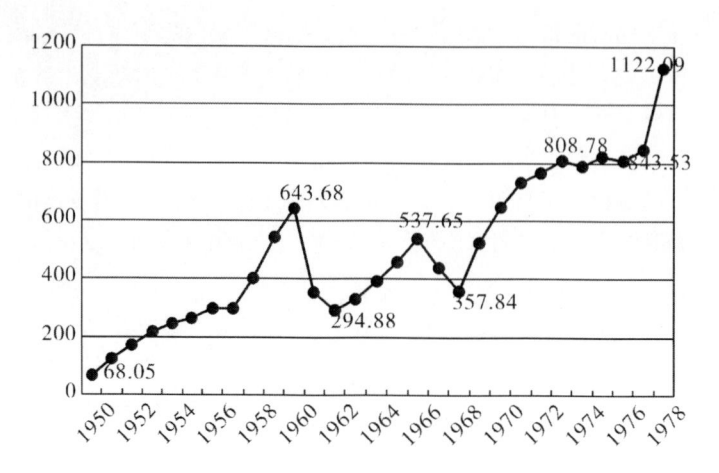

图 4-1　1950—1978 年中國財政支出總額

資料來源：根據《中國統計年鑒（2007）》的數據繪製。

如圖 4-2 所示，1952—1978 年，財政支出占 GDP 比重雖然波動較大，但基本上呈（微弱）上升趨勢，該階段財政支出的趨勢基本符合「瓦格納法則」。

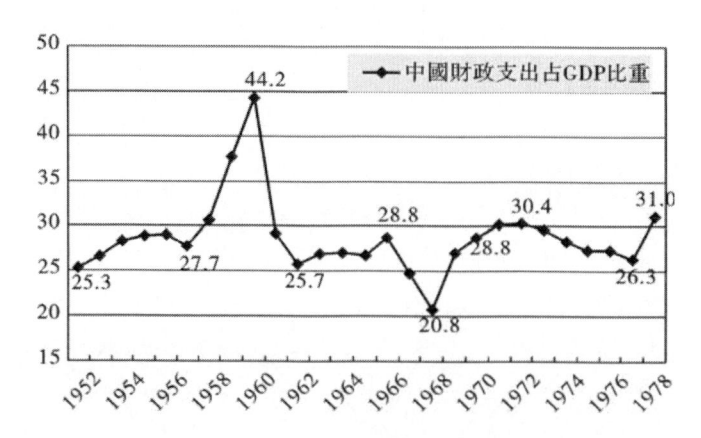

圖 4-2　1952—1977 年中國財政支出占 GDP 比重

資料來源：根據《中國統計年鑒（2007）》的數據計算繪製。

（二）經濟改革時期（1980 年以后）

從 1978 年起，中國財政支出的總額不斷上升。如圖 4-3 所示。

第四章 財政支出概論

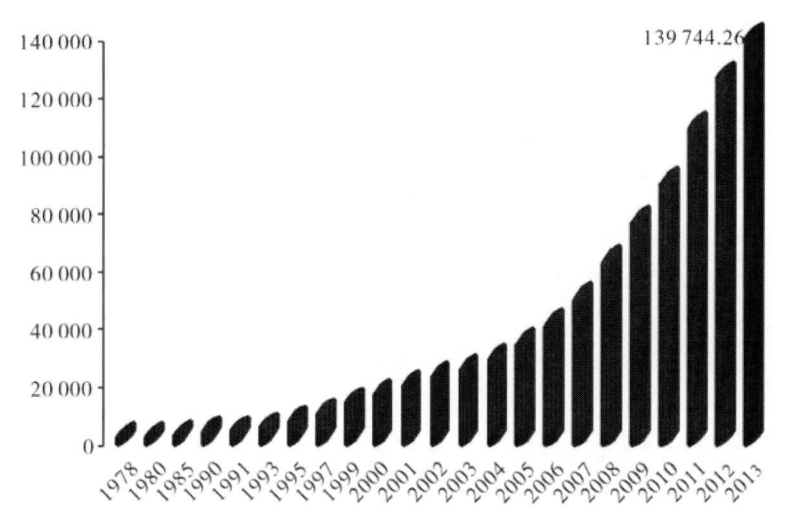

圖 4-3 1978—2013 年中國財政支出總額（億元）

資料來源：根據國家統計局官網「年度數據」整理繪製。

但從 1978 年起，中國財政總額支出占 GDP 的比重開始逐年下降。如圖 4-4 所示。從圖 4-4 中可以看出，1978 年這一比重為 31.0%，除 1979 年（31.7%）微弱上升外，以後一路下滑，至 1995 年和 1996 年均為 11.7%（谷底），在 1997 年以後又開始逐漸上升。

從 1978 年開始，中國財政支出比率（占 GDP 比重）的逐年下滑，這並不符合經濟發展的一般規律（瓦格納法則的解釋）。

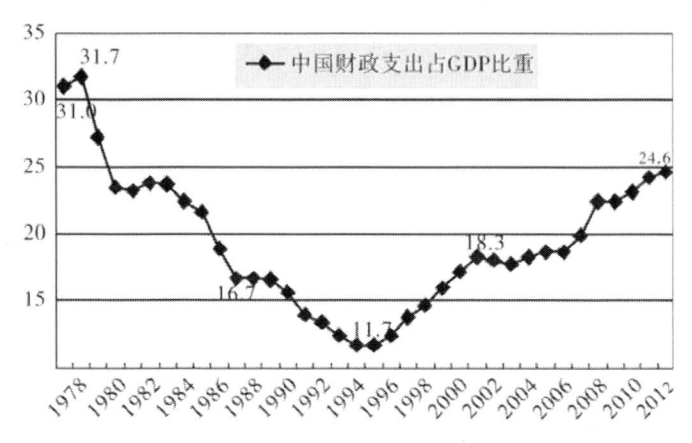

圖 4-4 1978—2013 年中國財政支出占 GDP 比重

資料來源：根據國家統計局官網「年度數據」計算繪製。

1978 年（31.0%）至 1996 年（11.7%）這 18 年間下降了近 20 個百分點，平均每年下降 1 個百分點；自 1996 年后開始逐年回升，平均每年上升近 1 個多百

分點。

2007年以前中國政府的財政支出主要按照「功能性質」和「支出用途」分類。在國家統計局發布的統計年鑒上按「功能性質」分類的財政支出共有「經濟建設費」「社會文教費」「國防費」「行政管理費」和「其他支出」五大項目。表4-1反應了部分年度國家財政按「功能性質」分類的統計情況。

表4-1　　　　　1978—2006年部分年度財政支出分類情況　　　　單位：億元

年份	支出合計	經濟建設費	社會文教費	國防費	行政管理費	其他支出
1978	1,122.09	718.98	146.96	167.84	52.90	35.41
1985	2,004.25	1,127.55	408.43	191.53	171.06	105.68
1990	3,083.59	1,368.01	737.61	290.31	414.56	273.10
2000	15,886.5	5,748.36	4,384.51	1,207.54	2,768.22	1,777.87
2006	40,422.73	10,734.63	10,846.20	2,979.38	7,571.05	8,291.47

資料來源：《中國統計年鑒（2007）》。

自2007年1月1日正式實施政府收支分類改革後，中國現行支出分類採用了國際通行做法，即同時使用支出功能分類和支出經濟分類兩種方法對財政支出進行分類。

表4-2反應的是按現行公共財政支出科目統計的情況。

表4-2　　　　　　　全國公共財政支出基本情況表　　　　　單位：億元

項　　目	2007年	比重（%）	2010年	比重（%）
總計	49,781.35		89,874.16	
一般公共服務	8,514.24	17.1	9,337.16	10.4
外交	215.28	0.4	269.22	0.3
國防	3,554.91	7.1	5,333.37	5.9
公共安全	3,486.16	7.0	5,517.7	6.1
教育	7,122.32	14.3	12,550.02	14.0
科學技術	1,783.04	3.6	3,250.18	3.6
文化體育與傳媒	898.64	1.8	1,542.70	1.7
社會保障和就業	5,447.16	10.9	9,130.62	10.2
保障性住房支出			2,376.88	2.6
醫療衛生	1,989.96	4.0	4,804.18	5.3
環境保護	995.82	2.0	2,441.98	2.7
城鄉社區事務	3,244.69	6.5	5,987.38	6.7
農林水事務	3,404.70	6.8	8,129.58	9.0
交通運輸	1,915.38	3.8	5,488.47	6.1

第四章　財政支出概論

表4－2(續)

項　目	2007年	比重（%）	2010年	比重（%）
採掘電力信息等事務			3,485.03	3.9
糧油物資儲備等事務			1,171.96	1.3
商業服務業等事務支出	4,257.49	8.6	1,413.14	1.6
金融事務			637.04	0.7
地震災后恢復重建支出			1,132.54	1.3
國土氣象等事務支出			1,330.39	1.5
國債付息支出			1,844.24	2.1
其他支出	2,951.56	5.9	2,700.39	3
預備費支出	按照中國《預算法》規定，各級政府在年初預算安排時按照本級支出的一定比例安排預備費，用於應對自然災害及其他難以預見的支出，執行中預備費按具體用途在上述二十二類功能支出科目中列支。			

資料來源：①《中國統計年鑒（2008）》；②財政部「2010年全國公共財政支出基本情況」。

第三節　財政支出途徑

一、財政投資支出

（一）財政投資支出的含義

在任何一個國家或地區，社會總投資都可以分為政府投資和非政府投資兩大部分，一般來說，財政投資即為政府投資。所謂政府投資是指政府為了實現其職能，滿足社會公共需要，將籌集起來的財政資金用於社會經濟活動的行為和過程。財政投資支出屬於購買性支出的範疇。財政投資包括預算內投資和預算外投資，由於預算外投資一般都是分散和零星的，因而本節所說的財政投資是指預算內投資。財政投資主要包括基礎設施投資支出、農業投資支出和國家物資儲備支出等內容。

（二）財政投資的特點

財政投資與非政府部門投資相比，主要有以下幾個特點：

1. 投資的目標不同

非政府投資者作為市場經濟的微觀主體，根據市場信號計算投資的微觀成本，追求投資的微觀經濟效益，其考慮更多的是自身的成本和收益；財政投資是政府從社會效益和社會成本的角度安排的投資。就某個具體項目來說，財政投資可以不盈利或低盈利，但一定要保證有較高的社會效益，促進整個國民經濟效益的提高。當然，這並不等於說財政投資不需要考慮經濟效益，在充分考慮財政投資的社會效益的基礎上確立的投資項目，在具體使用投資資金時，就要進行成本—收益分析，考

慮其經濟效益。

2. 投資的領域不同

由於投資目標的差別，兩者在投資領域或範圍上自然有所不同。經濟利益目標使得非政府部門傾向於投資市場化程度較高，投資期短，收益快的項目；按照市場經濟要求，財政投資的基本政策取向必須是有所為和有所不為，也就是要科學界定財政投資的範圍，改變財政投資包攬過多的弊端，逐步減少直至最終退出競爭性領域的投資，以集中財力確保國家重點投資領域。財政重點投資主要是涉及市場失靈的領域，投資於基礎性項目和公益性項目，如，基礎設施投資支出、農業投資支出、高科技產業支出、國家物資儲備支出等。

3. 投資的資金來源不同

非政府部門的投資資金主要來自於自有資金及各種社會籌資，由於籌資時會受到一系列因素的制約，從而使得投資規模十分有限；而財政投資則一般可以根據投資項目所需資金額度的多少，通過國家預算撥款進行投資，必要時還可以通過發行國債等多種渠道籌資。

(三) 財政投資支出的內容

1. 基礎設施投資支出

對什麼是基礎設施至今仍然沒有一個統一的看法。1994 年世界銀行發展報告對基礎設施的定義是：基礎設施是指永久性的成套工程建築、設備、設施和它們所提供的為所有企業和居民生活共同需要的服務。我們則認為，基礎設施就是指社會經濟活動的公共設施，它有廣義和狹義之分，狹義的基礎設施主要包括交通、通信、水、電、氣、廢物處理、大壩、排灌渠道等。而廣義的基礎設施還包括向社會提供的科學、教育、文化、衛生、社會保障等產品或服務。

基礎設施投資的提供方式：

(1) 政府籌資建設提供方式

因為基礎設施具有明顯的「外部效應」和「社會效益」，即基礎設施生產經營部門難以實現部門的內部效應，更難取得社會平均利潤。而且屬於投資規模大、週期長、滿足「公共需要」的項目，因此，基礎設施投資主要由政府採取多種渠道籌資來提供。

(2) 私人出資或地方主管部門集資提供方式

典型的例子是地方性公路和橋樑等公共設施的建設，如「貸款修路，收費還貸」就是這種提供方式。

(3) 政府與民間共同投資的提供方式

對於具有一定的外部效應、盈利率較低或風險較大的項目，政府可以採用投資參股、提供借款擔保、低價提供土地使用權、部分補貼或減免稅收等方式，與民間共同投資。如高速公路或高新技術產業等基礎設施，即可採取這種籌資方式。

第四章　財政支出概論

(4) 項目融資提供方式

一個國家基礎設施投資供求矛盾的解決與國家的經濟體制有關。在計劃經濟體制下，財政是基礎設施唯一的投資主體；而在市場經濟體制下，則可運用各種激勵政策和措施，通過市場吸引民間投資，實現基礎設施投資主體的多元化，緩解基礎設施投資的供求矛盾。中國在建立健全社會主義市場經濟體制的過程中，正是這樣做的，對改善中國基礎設施狀況起到了很好的促進作用。

項目融資是利用本身的資產價值和現金流量安排有限追索貸款，這就為超過項目投資者自身投資能力的大型項目提供了融資便利。此外，由於在項目融資過程中，政府還可以通過特許經營等優惠條件來組織融資，從而保證了項目相對穩定的收益水平，降低了項目的投資風險，更有利於吸引民間資本的參與。其具體做法主要有：

① 建設—經營—轉讓融資方式即 BOT（Build - Operate - Transfer）。它是指政府把基礎設施建設項目，通過合同轉讓給企業，經政府授權該企業在特許期內對該項目擁有所有權和經營權，並可以和國際性財團或跨國公司合資成立項目公司，在特許期內按合同規定具體負責項目的建設、經營、維修和管理等，所得收益用於償還該項目債務和作為投資回報。當特許期滿，所建基礎設施項目的所有權和經營權將無償移交給政府。

② 移交—經營—移交融資方式 TOT（Transfer - Operate - Transfer）。即通過出售現有投資項目在一定期限內的產權，以此獲得資金來建設新項目的一種融資方式。具體來說，就是政府把已經投產營運的項目在一定期限內的特許經營權移交給外資或民間企業經營，以項目在該期限內的產權或現金流量為標的，一次性地從外商或民營企業那裡融得資金，用於建設新的項目，待特許經營期滿時，政府再將其項目的所有權收回的一種融資方式。

③ 資產證券化融資方式，即 ABS（Asset - Backed - Securitization）。它是指以基礎設施目標項目所擁有的資產為基礎，以該項目資產未來的收益為保證，在國際資本市場上發行債券來籌集資金的一種證券融資方式。ABS 在證券市場發行債券，必須對債券發行人進行信用評級，信用等級越高，表明債券安全性越好，債券利率越低。

2. 農業投資支出

由於農業是一個具有自然風險和市場風險的弱質產業，且是國民經濟發展的基礎產業。因此，國家無論從國民經濟協調發展和國民經濟可持續發展的角度，還是從改善農民弱勢群體地位、構建和諧社會的角度，都應對農業實施傾斜性的支持保護政策，採取積極的財政投資政策促進農業的發展。

中國發展農業的資金來源主要有以下幾個方面：

(1) 農業內部累積。農業內部用於發展農業的資金，一是農民的投入，主要是用於種子、農藥、化肥和小型農業機械設備等方面的投資；二是農村集體經濟、國有農場等單位對農業的投入，這裡既包括流動資金投資又包括固定資產投資，但其

投資方向一般只限於集體與國有單位之內，因此只是本單位進行農業經營活動的資金來源。

（2）政府的投入，包括預算內資金投入和預算外資金投入兩部分。前者是指列入國家預算內直接撥付的扶持和發展農業的資金，後者是指不列入國家預算內而由地方財政部門和農業有關主管單位用於扶持和發展農業的投入。

列入國家預算支出的支農資金，主要包括以下內容：①農林、水利等方面的基本建設投資支出。②農林企業挖潛改造資金支出。③農林部門科技三項費用。④農林、水利等部門的事業費支出。⑤支援農業生產支出。

（3）財政政策性支持。一是利用政策性的金融政策，通過國家政策性銀行向農業發展項目提供低息、微息甚至貼息貸款來實現。二是國家通過稅收支援和價格支援來增加對農業的投入。例如，2006年在全國取消了農業稅；通過提高農副產品的收購價格，降低農藥、薄膜等工業支農工業品的銷售價格，從而間接地對農業進行資金支持。

（4）吸引外資投入。利用外資一方面可以引進外國的先進技術和先進設備，另一方面還可以啟動集體、農戶自籌的配套資金對農業的投入。農業利用外資的途徑，一是爭取國際金融組織對農業的優惠貸款。二是大力籌措國際商業資本。尤其是要吸引港、澳、臺同胞的投資，如成立農業股份有限公司，通過股票在海外上市來吸引外資對農業的投資。

從發展農業的資金來源來看，加大政府對農業的資金投入應從增加政府的投入和財政政策性支持兩個方面入手。

3. 國家物資儲備支出

國家物資儲備支出，是指國家為了應對自然災害和意外情況，保證國民經濟的順利發展，在國家預算支出中用於建立國家物資儲備的財政支出。

國家物資儲備是一個國家的戰略儲備，是國家最主要的物資后備，是社會再生產得以正常進行的必要條件。

（1）國家物資儲備支出的內容

國家物資儲備支出，包括儲備物資所需要的資金和管理費用。在中國，國家物資儲備主要包括糧食、主要經濟作物、重要原材料和設備等，主要是由國家儲備部門負責儲備，其中一部分物資是消費資料，由商業部門儲備，不屬於國家物資儲備支出，但政府要給予支持，如進行專項撥款等。

國家物資儲備支出按管理權限劃分，可以分為中央物資儲備支出和地方物資儲備支出兩種。前者是由中央預算專門的物資儲備撥款建立的，是國家物資儲備的重要部分，由國家物資儲備局歸口管理。其中委託地方代管的物資，其資金也由中央預算撥款，物資動用權屬於中央主管部門，地方只有儲備的職責，而無動用的權利。中央儲備物資一般為長期的物資后備，平時只能以新換舊，不能隨意動用；后者是由省、自治區、直轄市等地方預算專門撥款建立的，它的建立和支配權都屬於地方。

第四章 財政支出概論

(2) 國家物資儲備支出的規模

在確定國家物資儲備支出規模時，既要考慮可能發生的意外事故、自然災害對國家物資儲備的需要，又要考慮國家財力的可能，分清主次和輕重緩急，對重要的戰略物資和稀缺物資應適當多儲備一些。同時，還應與當前生產的需要結合起來考慮，對短缺物資應優先安排。

二、社會消費支出

社會消費是指滿足全社會共同需要的那部分社會產品。社會消費不構成社會再生產的直接物質條件，但它足以影響社會再生產的進行，它屬於純社會公共需要，其中絕大部分產品是由國家承擔。因此，國家為滿足社會共同的消費需要而進行的財政資金支出，就構成社會消費性的財政支出。社會消費支出亦屬於購買性支出的範疇，其內容主要包括行政管理支出（行政管理支出的內容，現分別列入「一般公共服務」等類中）、科學支出、文教支出、衛生支出、國防支出等。

社會消費性支出與投資支出雖同屬於購買支出，但二者卻存在著明顯的差異，最大的區別是社會消費性支出屬於非生產性的消耗支出，它的支出並不形成任何資產。因此，應考慮在最大化的滿足社會消費的前提下，將該支出降低到最低限度，就此而論，政府社會消費支出與政府採購制度將有著緊密的聯繫。

（一）行政管理支出

行政管理支出是財政用於國家各級權力機關、行政管理機關和外事機構行使其職能所需的費用支出。

行政管理支出並不直接用於任何實際的生產經營活動，也不會產生直接的經濟效益，因此，行政管理支出就其本身而言，屬於社會財富的一種淨消耗。

1. 行政管理支出的內容

行政管理支出的內容主要包括：行政支出、公安支出、國家安全支出、司法檢察支出和外交支出。其中，行政支出包括黨政機關經費、行政業務費、幹部訓練費及其他行政費等；公安支出包括各級公安機關經費、公安業務費、警察學校和公安幹部訓練學校經費及其他公安經費等；國家安全支出包括安全機關經費、安全業務經費等；司法檢察支出包括司法檢察機關經費、司法檢察業務費、司法學校與司法檢查幹部訓練經費及其他司法檢查費等；外交支出包括駐外機構經費、出國費、外賓招待費和國際組織會議等。從 1997 年開始，外交支出從原行政管理費中獨立，單獨列支。

自 2007 年實施政府收支分類改革后，行政管理支出的內容分別列入「一般公共服務」等類中。其中，「武裝警察、公安、國家安全、檢察、法院、司法、監獄、勞教、國家保密、其他公共安全支出」等列入「國家安全支出」類；外交管理事務、駐外機構、對外援助、國際組織、對外合作與交流、對外宣傳、邊界勘界聯檢、

91

其他外交支出等列入「外交支出」類。

2. 行政管理支出的規模與管理

行政管理支出是一種社會財富的淨消耗性質的公共管理支出，必須保持適當的規模，否則，不是擠占了財政滿足其他公共需要的資金，影響國民經濟協調發展，就是因行政管理資金不足，導致社會經濟秩序混亂。

在市場經濟條件下，國民經濟發展水平越高，對行政管理的要求越高，行政管理所需要的技術平臺也應當隨之提高。因此，相應的費用支出也不斷增加，但支出應當保持適當的增長速度。

一般情況下，全國行政管理支出的增長幅度，不能超過財政收入的增長幅度。因為財政收入是行政管理支出的直接來源。如果行政管理支出的增速長期超過財政收入的增速，就會妨礙預算平衡目標的實現，同時也會影響財政收入在政府各項支出中的正常分配。

如表4-3所示。自改革開放以后，行政管理支出占財政支出的比重呈增長態勢。

表4-3　　　　　　　　　　1980—2006年行政管理費用支出情況

年份	財政收入（億元）	財政收入增速(%)	財政支出（億元）	財政支出增速(%)	行政管理支出（億元）	行政管理支出增速(%)	行政管理支出占財政支出的比重(%)
1980	1,159.93	1.2	1,228.83	-4.1	75.53	19.8	6.2
1995	6,242.20	19.6	6,823.72	17.8	996.54	17.6	14.6
2000	13,395.23	17.0	15,886.50	20.5	2,768.22	37.0	17.4
2001	16,386.04	22.3	18,902.58	19.0	3,512.49	26.9	18.6
2002	18,903.64	15.4	22,053.15	16.7	4,101.32	16.8	18.6
2003	21,715.25	14.9	24,649.95	11.8	4,691.26	14.4	19.0
2004	26,396.47	21.6	28,486.89	15.6	5,521.98	17.7	19.4
2005	31,649.29	19.9	33,930.28	19.1	6,512.34	17.9	19.2
2006	38,760.20	22.5	40,422.73	19.1	7,571.05	16.3	18.7

資料來源：根據《中國統計年鑒（2007）》的數據整理計算。

對於行政管理支出「不合理」的狀況，應通過各種方法和途徑加以改變和抑制，使其迴歸到一個適度的水平。如壓縮公務購車用車、公務接待費、公務出國（境）經費等所謂「三公」支出；控制會議經費支出，努力降低行政成本；嚴格控制黨政機關樓堂館所建設，嚴禁超面積、超標準建設和裝修；強化公務支出管理，深化公務卡管理改革等。

第四章　財政支出概論

(二) 國防支出

1. 國防支出的主要內容

國防支出，是指國家對所籌集的財政資金有計劃地用於國防建設、國防科技事業、軍隊（包括海、陸、空）的正規化建設及民兵建設方面的費用支出。

中國國防費主要由人員生活費、訓練維持費和裝備費三部分組成，各部分大體各占 1/3。人員生活費用於軍官、文職幹部、士兵和聘用人員的工資津貼、住房保險、伙食被裝等。訓練維持費用於部隊訓練、院校教育、工程設施建設維護以及其他日常消耗性支出。裝備費用於武器裝備的研究、試驗、採購、維修、運輸和儲存等。國防費的保障範圍包括現役部隊、預備役部隊和民兵，同時也負擔部分退役軍人、軍人配偶生活及子女教育、支援國家和地方經濟建設等社會性支出。

2. 國防支出的作用

(1) 國防支出是國家維護領土的完整和政治、經濟、社會穩定的基本前提。「國無防不立，民無軍不安」，強大的國防，對抵禦外敵入侵，保衛國家獨立、完整，保證社會安定，民族團結，促進國家政治、經濟、社會的穩定發展具有不可低估的作用。

(2) 促進科學技術的發展。一般說來，國防支出在軍事需求的推動下，會產生兩個結果：一是提高軍隊武器裝備水平和軍隊戰鬥力；二是促進一國科技的發展，因為軍事領域總是最多地把新的科學技術吸引進來，又是最多地向科學技術研究提出新課題，許多高、精、尖技術就是在這種力量的推動下研發出來的。

3. 決定國防支出規模的因素

國防的純公共產品性質，決定了它無法通過市場和企業提供，而只能由政府無償提供，而國防的特殊性決定了這一支出只能由中央政府來承擔。國防支出的非生產性，決定了國防支出在一般情況下，只能在財政支出中保持適當的比例。如果國防支出規模過小，難以保衛國家的獨立和完整；過大又不利於國民經濟的發展。必須正確確定國防支出的規模。

國防支出水平的高低，主要取決於以下幾個因素：

(1) 經濟發展水平的高低。這是在國家對加強國防建設需求一定的條件下，從國家增加國防支出的可能性的角度提出的。一國的經濟實力越強，能用於國防方面的支出就大，經濟實力越弱，國防開支就會受到很大限制。

(2) 國家管轄的範圍大小。一國管轄範圍越大，邊境線越長、領空防禦範圍越寬，用於保衛領土、領空、領海和保衛國民安全的防護性開支就越大。

(3) 國際政治形勢的變化情況。在爆發軍事戰爭或處於冷戰期間，國防開支會大幅上升。而在和平時期，國防開支會相應減少。

(4) 軍事現代化的要求。現代戰爭隨著科學技術的進步也相應提出了更高的要求，因此，國防支出中的相當部分被用於軍事科學的研究和現代化武器的裝備投入。

(5) 國家在世界政治經濟中的政治取向。力圖在世界上擴大軍事影響的國家，

其國防開支更大。

4. 中國的國防支出及其變化

國防支出往往根據國際國內形勢的變化而變化，和平時期趨減，戰爭時期驟增，中國也不例外。

中國堅持國防建設與經濟建設協調發展的方針，根據國防需求和國民經濟發展水平，合理確定國防經費的規模，隨著國家經濟社會發展，國防費保持適度合理增長。近年來，中國年度國防費佔國內生產總值的比重相對穩定，佔國家財政支出的比重略有下降。見表4-4。

表4-4　　　　　　　　1980—2013年國防支出費用表

年份	財政支出(億元)	國防支出(億元)	佔財政支出比重(%)	佔GDP比重(%)
1980	1,228.83	193.84	15.8	4.3
1990	3,083.59	290.31	9.4	1.6
1995	6,823.72	636.72	9.3	1.1
2000	15,886.50	1,207.54	7.6	1.2
2001	18,902.58	1,442.04	7.6	1.3
2002	22,053.15	1,707.78	7.4	1.4
2003	24,649.95	1,907.87	7.7	1.4
2004	28,486.89	2,200.01	7.7	1.4
2005	33,930.28	2,474.96	7.3	1.3
2006	40,422.73	2,979.38	7.4	1.4
2007	49,781.35	3,554.91	7.1	1.3
2008	62,592.66	4,178.76	6.7	1.3
2009	76,299.93	4,951.10	6.5	1.5
2010	89,874.16	5,333.37	5.9	1.3
2011	109,247.79	6,027.91	5.5	1.3
2012	125,952.9	6,691.92	5.3	1.3
2013	139,744.26	7,409.06	5.3	1.3

資料來源：根據國家統計局官網「年度數據」整理計算。

從世界範圍來看，中國的國防支出是比較低的。見本章附表1。

(三) 科學技術支出

中國在科學技術方面的支出包括科學技術管理事務、基礎研究、應用研究、技術研究與開發、科技條件與服務、社會科學、科學技術普及、科技交流與合作等。

中國財政用於科學技術的支出從絕對量來看，是一直處於逐年的增長態勢中。其支出佔財政支出基本維持在3%~5%之間，佔GDP的比重基本維持在0.5%~1.5%之間。見表4-5。

第四章　財政支出概論

表 4-5　　　　　　　　　　國家財政科學研究支出情況

年份	科學研究支出（億元）	占財政支出比重（%）	占 GDP 比重（%）
1980	64.59	5.26	1.43
1990	139.12	4.51	0.75
1995	302.36	4.43	0.52
2000	575.62	3.62	0.58
2001	703.26	3.72	0.64
2002	816.22	3.70	0.68
2003	975.54	3.96	0.72
2004	1,095.34	3.85	0.69
2005	1,334.91	3.93	0.72
2006	1,688.50	4.18	0.78
2007	2,135.70	4.29	0.80
2008	2,611.00	4.17	0.83
2009	3,276.80	4.29	0.96
2010	4,196.70	4.67	1.05
2011	4,797.00	4.39	1.01
2012	4,452.63	3.54	0.86
2013	5,063.35	3.62	0.89

資料來源：根據國家統計局官網「年度數據」整理計算。2007 年財政收支科目實施了較大改革，財政支出採用了新的分類指標。

部分國家研發支出占 GDP 的比例，見本章附錄，附表 2。

（四）教育支出

「百年大計，教育為本」，一個國家的教育投入水平，教育發達程度常常是衡量該國人民文化素質的主要指標。首先，教育是科學技術進步的基礎；其次，教育是提高勞動者素質的重要條件；最後，教育是解決國家經濟發展過程結構性業問題的最佳手段。因此，教育支出在各國公共支出中都起著十分重要的作用。

教育支出包括教育行政管理、學前教育、小學教育、初中教育、普通高中教育、普通高等教育、初等職業教育、中專教育、技校教育、職業高中教育、高等職業教育、廣播電視教育、留學生教育、特殊教育、幹部繼續教育、教育機關服務等。

在教育經費方面，實行以國家財政撥款為主，多渠道籌措教育經費的體制。屬中央直接管理的學校，所需經費在中央財政撥款中安排解決；屬地方管理的學校，所需經費從地方財政中安排解決；農村鄉、村和企事業單位舉辦的學校，所需經費主要由主辦單位安排解決，國家給予適當補助；社會團體和賢達人士舉辦的學校，所需經費由主辦者自行籌措（包括向學生收費，向社會募捐等）。除上述經費來源外，國家提倡各級各類學校開展勤工儉學，通過向社會提供服務增加一些經費收入，以改善辦學條件。

國家財政性教育經費包括政府財政預算內教育經費、各級政府徵收用於教育的稅費、企業辦學校中的企業撥款、校辦產業和社會服務收入用於教育的經費。教育事業費是中央、地方各級財政或上級主管部門在預算年度內安排，並劃撥到學校或單位，列入《政府收支分類支出科目》「教育支出」科目中的教育經費撥款，不含「教育附加及基金支出」。

中國財政公共支出用於教育支出的情況見表 4－6。

表 4－6　　　　　　　2000—2013 年中國財政教育投入情況

年份/項目	國家財政性教育經費		
	金額（億元）	占財政支出比重（％）	占 GDP 比重（％）
2000	2,562.60	16.13	2.58
2001	3,057.00	16.17	2.79
2002	3,491.40	15.83	2.90
2003	3,850.60	15.62	2.84
2004	4,465.90	15.68	2.79
2005	5,161.10	15.21	2.79
2006	5,464.00	13.52	2.53
2007	7,122.32	14.31	2.68
2008	9,010.21	14.39	2.87
2009	9,010.21	11.81	2.64
2010	12,550.02	13.96	3.13
2011	16,497.33	15.10	3.49
2012	21,242.10	16.87	4.09
2013	21,876.54	15.65	3.85

資料來源：根據國家統計局官網「年度數據」整理計算。2007 年財政收支科目實施了較大改革，財政支出採用了新的分類指標。

近年來，按照《中華人民共和國教育法》的規定，結合實施科教興國戰略以及《國家中長期教育改革和發展規劃綱要（2010—2020 年）》的要求，中央和各級地方政府把教育作為財政支出重點，積極採取有效措施，大幅增加教育投入，切實保障國民受教育的權利。

中國的教育經費與世界上其他國家相比仍然較低。見本章附表 3。

（五）衛生支出

人們的健康水平是影響一個國家經濟發展和社會進步的重要因素。在現代社會中，由於工作與生活節奏的加快，這就要求勞動者必須具有強健的體魄、充沛的精力及良好的心理素質，而這一切都需要有相應的醫療設施與服務。

1. 醫療衛生產品的特點

醫療衛生產品投資，既具有內部效應，又具有外部效應。內部效應是指通過接

第四章 財政支出概論

受醫療衛生機構的治療，能解除病人的身體疾患、延長生命、提高個體生活質量。外部效應是指通過醫療衛生的宣傳、預防和治療，提高整個社會人們的健康水平，從而有利於促進社會進步和經濟的發展。

醫療衛生產品投資的內部效應是社會資金介入醫療衛生市場的理由，其外部效應則是政府參與醫療保健市場的理由。如果醫療衛生產品投資完全按照市場原則來提供，就會出現市場失靈，產生負的外部效應。

2. 中國醫療衛生的支出情況

近年來，中國醫療衛生總費用在持續增加，見表4-7。從醫療衛生結構來看，中國政府預算衛生支出占衛生總費用的比重並不高。

表4-7　　　　　　　　1990—2012年醫療衛生費用

年份/項目	衛生總費用（億元）	政府衛生支出（億元）	社會衛生支出（億元）	個人衛生支出（億元）	衛生總費用占GDP%
1990	747.39	187.28	293.10	267.01	4.00
1995	2,155.13	387.34	767.81	999.98	3.54
2000	4,586.63	709.52	1,171.94	2,705.17	4.62
2005	5,025.93	800.61	1,211.43	3,013.89	4.58
2006	5,790.03	908.51	1,539.38	3,342.14	4.81
2007	6,584.1	1,116.94	1,788.5	3,678.66	4.85
2008	7,590.28	1,293.58	2,225.35	4,071.35	4.75
2009	8,659.92	1,552.53	2,586.41	4,520.98	4.68
2010	9,843.34	1,778.86	3,210.92	4,853.56	4.55
2011	11,573.96	2,581.58	3,893.72	5,098.66	4.35
2012	14,535.4	3,593.94	5,065.6	5,875.86	4.63

註：①本表系核算數，2012年為初步測算數；②按當年價格計算；③2001年起衛生總費用不含高等醫學教育經費，2006年起包括城鄉醫療救助經費。

資料來源：《中國衛生統計年鑒（2013）》。

人均衛生費用與發達國家和「金磚四國」的比較，見本章附表4。

近年來，各級財政積極調整財政支出結構，努力增加醫療衛生投入，並注重向需方傾斜、向公共衛生傾斜、向基層傾斜，推動深化醫藥衛生體制改革，著力支持醫療保障體系、公共衛生服務體系、醫療服務體系和藥品供應保障體系建設，促進逐步解決群眾看病難、看病貴問題。

三、轉移支出

轉移支出，是指政府通過一定的渠道或方式，把一部分財政資金單方面無償轉移給居民、企業或其他受益者的支出。它主要包括社會保障支出、財政補貼支出、

捐贈及債務支出。主要探討的內容是社會保障支出和財政補貼支出。

(一) 社會保障支出

1. 社會保障的概念

社會保障有廣義和狹義之分，廣義的社會保障包括個人、家庭、單位、商業及政府通過不同方式，向社會成員提供的多層次保障體系。狹義的社會保障僅指由政府向全體社會成員提供的基本生存和發展保障。本書本節所指的社會保障均指的是狹義的社會保障。

因為社會保障是一個發展的、動態的概念，它要受到一個國家或同一國家在不同歷史階段的政治、經濟、文化以及社會等諸多因素的影響，因此，不同國家或同一國家在不同歷史階段對社會保障將會有不同的界定。

根據國內外一些專家、學者對社會保障的定義，結合中國現階段的具體情況，可以將社會保障定義為：社會保障是國家為了保持社會的穩定和經濟的可持續發展，通過立法對國民收入進行再分配，並以社會消費基金的形式，向遇到年老、疾病、傷殘、死亡、失業及其他不幸遭遇而發生困難時給予社會成員一定物質上的幫助，以保證其基本生活得以正常進行的一系列措施的總稱。由於社會保障是依法進行的，所以從這個意義上講，社會保障就是社會保障制度，本書本節的提法均是如此。

2. 世界各國社會保障制度的類型

目前，全世界已有160多個國家和地區實行了不同程度和不同形式的社會保障制度。主要有以下幾種類型：

(1) 社會保險型：起源於德國，后為西歐各國及美國和日本仿效。其特點為資金來源渠道多元化，個人、雇主、政府以不同標準撥款資助。

(2) 國家保險型：由蘇聯初創，東歐國家均仿效。其特點：社會保障支出全部由政府和企業承擔，個人不交費，但保障範圍僅限於公有制的工薪者，對其他社會成員則實行社會救濟。

(3) 國家福利型：起源於英國，北歐國家迅速採用。其中以號稱「福利國家櫥窗」的瑞典為代表。其特點：個人不繳納或低標準繳納社保費，服務對象是社會全體成員。保障項目「從搖籃到墳墓」。

以上保障制度各有優缺點。如國家福利型雖然極大地滿足了社會成員的福利需求，但對經濟運行可能產生嚴重的消極影響：高福利使過多的資源用於消費，必將延緩經濟建設的進程；引發通脹，影響經濟平穩運行；個人工作積極性不大，不願就業、厭倦工作在少數高福利國家已成為一種普遍的現象。

中國在20世紀50年代參照國家保險型這一模式建造了一個「覆蓋面小，保障範圍窄」的社會保障制度。改革開放后，自20世紀80年代起，中國開始重新構建社會保障體系。

3. 社會保障制度的特徵

社會保障是一項特殊的社會安全制度，具有以下特徵：

第四章　財政支出概論

（1）社會性。社會保障是由政府在社會範圍內組織實施的，因此其保障對象包括社會的每一個成員，當他們在生活發生困難時，都有權利獲得社會保障。

（2）強制性。這種強制性，是國家以立法和執法的形式體現的。《中華人民共和國憲法》（以下簡稱《憲法》）就明確規定：中華人民共和國公民在年老、疾病或喪失勞動能力的情況下，有從國家獲得物質幫助的權利；法律規定範圍內享受這些權利的單位及職工，都必須參加社會保障，按規定繳納保險費，違反者須負法律責任。

（3）互濟性。社會保障的受益人只能是社會成員中那些因老、病、傷、殘、失業等原因，而急需獲得物質幫助的人，而不是繳納社會保障費的每一個成員。或者說對具體的社會成員而言，他為社會保障進行的繳納，同他可能享受的保障並不完全對稱。社會保障制度在一定程度上具有社會成員之間互濟的性質。

（4）福利性。社會保障的目的，是讓每一個社會成員的基本生活權利得到保證。從性質上說，它屬於社會公益事業，其最終目的是造福於社會，而不是為了盈利，這是社會保障與商業保險相互區別的一個重要特徵。

4. 社會保障的內容

由政府統一舉辦的社會保障，其主要內容包括：社會保險、社會救濟、社會福利和軍人優撫等四部分。

（1）社會保險，是國家通過立法，多渠道籌集資金，對勞動者在因年老、失業、患病、工傷、生育而減少勞動收入時給予經濟補償，使他們能夠享有基本生活保障的一項社會保障制度。社會保險是社會保障制度的核心內容，主要包括養老保險、失業保險、醫療保險、工傷保險和生育保險等子項目。

（2）社會救濟，又稱社會救助，是指國家和社會對因各種原因無法維持最低生活水平的公民給予無償救助的一項社會保障制度。社會救濟屬於最基本、最低層次的保障，是社會保障的最後一道防線。社會救濟的對象主要有三類：無依無靠、沒有勞動能力、又沒有生活來源的人，主要包括孤兒、殘疾人以及沒有參加社會保險且無子女的老人；有收入來源，但生活水平低於法定最低標準的人；有勞動能力、有收入來源，但由於意外的自然災害或社會災害，而使生活一時無法維持的人。

（3）社會福利，屬於層次最高的社會保障。社會福利的概念有廣義和狹義之分。廣義的社會福利是政府為全體社會成員創建有助於提高生活質量的物質和文化環境，提供各種社會性津貼、公共基礎設施和社會服務，以不斷增進國民整體福利水平，主要包括各種文化教育、公共衛生、公共娛樂、市政建設、家庭補充津貼、教育津貼、住宅津貼等等。狹義的社會福利是指政府和社會向老人、兒童、殘疾人等生活中特別需要關懷的人群提供必要的社會援助，以提高他們的生活水準和自立能力，主要包括老人福利、婦女福利、兒童福利、青少年福利、殘疾人福利等。

（4）軍人優撫，是國家對現役和退役軍人、為國為公犧牲的烈士和他們的親屬，以優待、撫恤和妥善安置的方式，為他們提供的以滿足基本生活需求為目的的

物質幫助和服務,並帶有褒揚性的一種制度。主要包括軍人社會保險、軍人(死亡、傷殘)撫恤、軍人退役安置、軍人退休安置、軍人及其家屬的社會優待、軍人社會福利等內容。軍人優撫按其特點來說,既有社會保險的性質,又有社會福利的性質,還包含社會救助的成分,是一種綜合性的特殊的社會保障,其目的是安定軍心、維護社會穩定。

5. 中國社會保障的支出情況

中國財政用於社會保障的經費支出基本處於增長態勢中,見表 4-8。

表 4-8　　　2000—2013 年國家財政社會保障和就業支出情況

年份/項目	社會保障支出（億元）	社會保障支出增速（%）	占財政支出的比重（%）	占 GDP 的比重（%）
2000	1,517.57	26.73	9.55	1.53
2005	3,698.86	18.70	10.90	2.00
2006	4,361.78	17.92	10.79	2.02
2007	5,447.16	24.88	10.94	2.05
2008	6,804.29	24.91	10.87	2.17
2009	7,606.68	11.79	9.97	2.23
2010	9,130.62	20.03	10.16	2.27
2011	11,109.40	21.67	10.17	2.35
2012	12,585.52	13.29	9.99	2.42
2013	14,417.23	14.55	10.32	2.53

資料來源:《中國統計年鑒 2008》;2007 年及其以後的數據來自「國家統計局」官網。2007 年財政收支科目實施了較大改革,財政支出採用了新的分類指標。自 2007 年後以「社會保障和就業」類列支。

從表 4-8 可見,自 2000 年以來,中國社會保障支出的增長速度並不穩定,社會保障支出占財政支出的比重基本保持在 10% 左右,占 GDP 的比重則在 3% 以下,屬於較低水平。

近年來,按照中央有關決策部署,各級財政部門加大社會保障和就業方面的投入力度,支持建立和完善符合中國國情的社會保障安全網。

(二) 財政補貼

財政補貼是國家為了某種特定的需要而向企業或居民個人提供的無償補助。

財政補貼的起因直接或間接與價格有關,不是補貼引起價格變動,就是價格變動導致財政補貼。因為財政補貼的內容和數量一般變動性都較大,它隨著物價的變化而變化,因此不需要建立相對規範的基金。

財政補貼的特徵:①政策性。財政補貼是國家為實現一定的政策目標的手段。財政補貼的對象、補貼的標準、補貼的期限等都是按照國家在一定時期內的政策需

第四章 財政支出概論

要而制定的,因而,財政補貼具有很強的政策性。②靈活性。國家在進行財政補貼時,一般都會根據政治經濟形勢的變化和政策的需要,及時地修正或調整財政補貼。③時效性。財政政策是為實現國家政策服務的,當某項政策改變時,財政補貼也應作回應的調整;當某項政策實施完成或失去效力時,與之相應的財政補貼也應隨之而終止。

自 2007 年實施政府收支分類改革后,原單獨列支統計的「財政補貼」,分別歸入各類支出中。

第四節 財政支出增長的理論模型

財政支出的不斷擴張引起了政治家和經濟學家的關注。經濟學家們從各種角度尋找這種變化趨勢的原因,形成了許多富有見地的實證理論解釋。

一、政府活動擴張論(瓦格納法則)

19 世紀 80 年代,德國經濟學家阿道夫·瓦格納(Adolf Wagner)最先提出財政支出擴張論。瓦格納的結論是建立在經驗分析基礎上的,他對 19 世紀的許多歐洲國家加上日本和美國的各個部門的增長情況做了考察。他認為,一國工業化經濟的發展與本國財政支出之間存在著一種函數關係,即現代工業的發展會引起社會進步的要求,社會進步必然導致國家活動的擴張。后人稱之為「瓦格納法則」(Wagner's Law):隨著人均國民生產總值的提高,財政支出占 GDP 的比率相應提高。圖 4－5 中的曲線闡述了財政支出與 GDP 之間的函數關係。

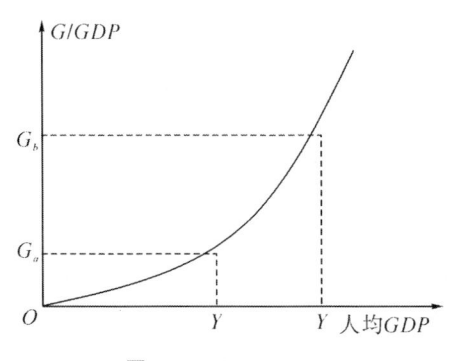

圖 4－5 Wagner's Law

瓦格納認為,財政支出比率上升趨勢最基本的原因是工業化,工業化→人均收入增加→政府活動擴張→財政支出比率提高。①市場失靈的存在需要政府活動增加。隨著經濟的工業化,不斷擴張的市場與市場中的行為主體之間的關係更加複雜化。

這些需要建立司法體系和管理制度，以規範行為主體的社會經濟活動。②政府對經濟活動的干預以及從事的生產性活動也會隨著經濟的工業化而不斷擴大。因為隨著工業化經濟的發展，不完全競爭市場結構更加突出，市場機制不可能完全有效地配置整個社會資源，需要政府對資源進行再分配，實現資源配置的高效率。③城市化以及高居住密度會導致外部性和擁擠現象，這些都需要政府出面干預和管制。④教育、娛樂、文化、保健以及福利服務的需求收入彈性較大。也就是說，隨著人均收入的提高，人們對上述服務的需求增加的更快，要求政府為此增加支出。

瓦格納法則雖然沒能從根本上回答財政支出的增長速度為何會快於 GDP 的增長速度，但確實正確地預測了財政支出不斷增長的百年趨勢，而且為后人研究財政支出增長規律奠定了理論基礎。

瓦格納的理論也存在許多明顯的不足：①瓦格納的模型是在特定的歷史背景下建立的，這一背景就是工業化。工業化既是經濟增長的動力，也是財政支出擴張的源泉。可是，一旦經濟發展到成熟階段或處於滯脹時期，又該如何解釋財政支出的膨脹趨勢？②該理論在解釋財政支出的增長時，沒有考慮政治制度、文化背景，特別是公共選擇理論等因素。如果公共選擇的結果是充分私有化，那麼財政支出不論是在絕對規模上還是在相對比率上都有可能隨著人均收入的提高而下降。③瓦格納法則主要站在需求角度來解釋財政支出的增長。也就是說，該法則只解釋了公共物品需求的擴張壓力，而沒有從供給方面考察財政支出的增長。

二、梯度漸進增長論

梯度漸進增長論，又稱內外因素論、非均衡增長理論、時間形態理論或替代—規模效應。

英國經濟學家皮科克（Peacock）和懷斯曼（Wiseman）在 20 世紀 60 年代初對英國 1890 年以後的財政支出歷史數據進行了經驗分析後提出的理論解釋。該理論認為：財政支出的增長並不是均衡的、同一速度向前發展的，而是在不斷穩定增長的過程中不時出現一種跳躍式的發展過程。因其理論實質上揭示了財政支出增長的兩類原因，即內在因素和外在因素，故也稱為內外因素論。

他們提出了導致財政支出增長的內因和外因，並認為外因是說明財政支出增長超過 GDP 增長速度的主要原因。

財政支出的內在因素是指公民可以忍受的稅收水平的提高。他們對內因的分析是建立在這樣一種假設上：政府喜歡多支出，這樣可以使政府的權力不斷擴大；而公民不願意多繳稅（希望稅收負擔越低越好），因此，當政府在決定預算支出規模時，應該密切關注公民關於賦稅承受能力的反應，公民所容忍的稅收水平是財政支出規模的約束條件。在正常條件下，經濟發展，收入水平提高，以不變的稅率所徵得的稅收也會上升，於是，政府支出上升會與 GDP 上升呈線性關係。因此，GDP↑

第四章 財政支出概論

→人均收入↑→稅收收入↑→財政支出↑這種邏輯過程，揭示出在正常情況下財政支出呈漸進增長趨勢的內在原因。

財政支出增長的外在因素是指社會動盪對財政支出造成的壓力。在發生了突發事件如戰爭、重大自然災害等，政府被迫提高稅率，而公眾在危急時期也會接受即「租稅容忍水平」將會提高。這就是所謂的「替代效應」，即在危急時期，公共支出會替代私人支出，財政支出的比重增加。但在危急時期過去以後，公共支出並不會退回到以前的水平。

他們認為，由於社會突發事件的影響，會造成三個方面的影響，這三個方面影響導致了財政支出的增長按照第二中情形的方式進行。

（1）替代效應：或稱置換效應是指對以前財政支出的替換和對私人部門支出的替換。在危機時期，財政支出（公共支出）代替私人支出的現象稱為替代效應。

（2）檢查效應：也稱審視效應。社會突發事件的出現，往往會暴露社會存在的許多問題，這些問題使人們認識到解決這些問題的重要性，此時，社會成員就會同意增加稅收，以滿足為解決這些問題所需要的財政資金。財政支出規模的增長趨勢就不可避免。

（3）集中效應：在正常時期，中央政府和地方政府的職責分工相對固定，中央政府想提高自己在財政權力方面的控制，從而削弱地方政府自主權，集中更多的財政資金，會受到人們的普遍反對。但在社會動盪時期，中央政府的這種做法却易受到社會的認同，中央政府職能的擴大增大了財政收支的規模。這時，集中效應就會出現，是的政府的財政支出規模趨向於進一步增長。

如圖4-6以戰爭為例闡述該理論。

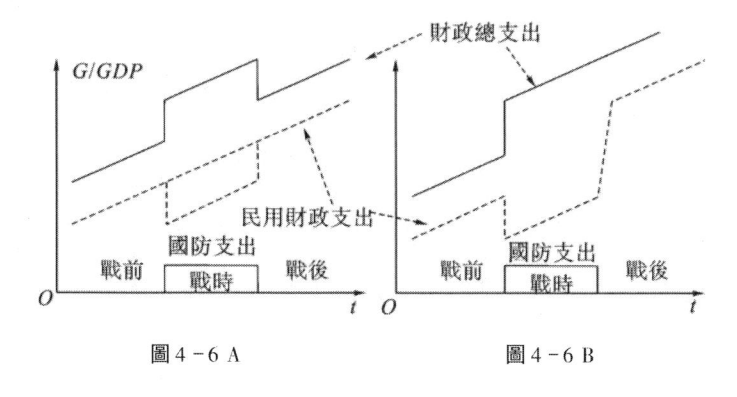

圖4-6 A　　　　　　　圖4-6 B

圖4-6A，描述了民用財政支出在戰後又恢復到它原來的增長趨勢的情況；圖4-6B，說明了戰時財政總支出的增長趨勢延續至戰后，因為民用財政支出水平提高了。圖4-6C，表示民用財政支出在戰後暫時增加，以後又逐漸恢復到其原來的增長路徑。

图 4-6 C

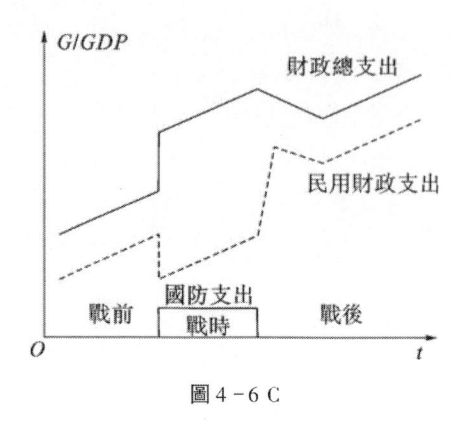

三、經濟發展階段論

經濟發展的財政支出增長理論主要是由 R. A. 馬斯格雷夫（R. A. Musgrave）和 W. W. 羅斯托（W. W. Rostow）兩人提出。他們倆利用經濟發展階段論來解釋公共支出增長的原因。

他們把經濟發展階段分為三個部分：經濟發展的早期階段；經濟發展的中期階段；經濟發展的成熟階段。他們認為：

（1）在經濟發展的早期階段：政府投資在社會總投資中佔有較高的比重，公共部門為經濟發展提供社會基礎設施，如道路、運輸系統、環境衛生系統、法律與秩序、健康與教育以及其他用於人力資本的投資等。這些投資，對處於經濟發展早期階段的國家「起飛」，乃至進入發展的中期階段是必不可少的。該階段，財政支出中用於公共投資部分比重較大，增長的速度也很快。

（2）在經濟發展中期階段：政府投資還應繼續進行，但這時政府投資將逐步轉換為對私人投資的補充。隨著生活水平的不斷提高，人們在滿足基本生存需要的同時，開始關注其他方面的需要，對公共消費支出的需求增加了，相應政府用於教育、衛生、環保和安全等方面的消費支出的比重相應上升。同時，貧富差距加大，因而用於解決收入分配問題的轉移性支出開始增加。

（3）在經濟發展成熟階段：公共支出將從基礎設施支出轉向不斷增加的教育、保健與福利服務的支出，而且這方面的支出增長將大大超過其他方面的增長，也會快於 GDP 的增長速度。即公共性投資占 GDP 的比重是呈不斷下降趨勢；轉移性支出將會大幅度增加。（見附表1～附表5）

第四章 財政支出概論

附表1　　　　　部分國家軍費支出占 GDP 百分比（%）

項目	美國	英國	德國	法國	日本	俄羅斯	印度
1990	5.12	3.88	2.47	3.42	0.82	19.09	3.21
1995	3.64	2.87	1.63	3.04	0.92	4.07	2.67
2000	2.93	2.39	1.49	2.55	0.97	3.56	2.97
2001	2.94	2.41	1.46	2.49	0.97	3.81	2.98
2002	3.25	2.50	1.46	2.51	0.98	4.04	2.85
2003	3.61	2.55	1.45	2.56	1.00	3.94	2.72
2004	3.78	2.43	1.39	2.58	0.98	3.55	2.83
2005	3.84	2.38	1.38	2.48	0.98	3.58	2.75
2006	3.81	2.32	1.31	2.42	0.97	3.49	2.53
2007	3.85	2.31	1.28	2.35	0.95	3.35	2.34
2008	4.22	2.44	1.33	2.33	0.96	3.38	2.55
2009	4.64	2.62	1.44	2.55	1.02	4.22	2.89
2010	4.67	2.53	1.40	2.41	0.98	3.85	2.71
2011	4.58	2.45	1.33	2.32	1.02	3.69	2.57
2012	4.22	2.38	1.36	2.30	1.00	4.02	2.49
2013	3.81	2.30	1.34	2.24	0.99	4.19	2.45

資料來源：世界銀行（http://data.worldbank.org.cn）。

附表2　　　　　部分國家研發支出占 GDP 的比例（%）

項目	美國	英國	德國	法國	日本	俄羅斯	巴西	印度	南非	OED
2000	2.62	1.79	2.47	2.15	3.00	1.05	1.02	0.74	/	2.33
2001	2.64	1.77	2.47	2.20	3.07	1.18	1.04	0.72	0.73	2.36
2002	2.55	1.78	2.50	2.24	3.12	1.25	0.98	0.71	/	2.30
2003	2.55	1.73	2.54	2.18	3.14	1.29	0.96	0.71	0.79	2.29
2004	2.49	1.67	2.50	2.16	3.13	1.15	0.90	0.74	0.85	2.24
2005	2.51	1.70	2.51	2.11	3.31	1.07	0.97	0.81	0.90	2.26
2006	2.55	1.72	2.54	2.11	3.41	1.07	1.01	0.80	0.93	2.29
2007	2.63	1.75	2.53	2.08	3.46	1.12	1.10	0.79	0.92	2.29
2008	2.77	1.75	2.69	2.12	3.47	1.04	1.11	0.84	0.93	2.39
2009	2.82	1.82	2.82	2.27	3.36	1.25	1.17	0.82	0.87	2.48
2010	2.74	1.77	2.80	2.24	3.25	1.13	1.16	0.80	0.76	2.43
2011	2.76	1.78	2.89	2.25	3.39	1.09	1.21	0.81	/	2.47
2012	2.79	1.72	2.92	2.26	/	1.12	/	/	/	2.40

資料來源：世界銀行（http://data.worldbank.org.cn）。

附表3　　　　部分國家教育公共開支總額占 GDP 的比例（％）

項目	美國	英國	法國	日本	俄羅斯	巴西	印度	南非	中低收入國家	OED
2000	/	4.47	5.69	3.62	2.94	4.01	4.25	5.58	3.72	4.96
2001	5.46	4.57	5.59	3.57	3.11	3.88	/	5.29	3.71	5.24
2002	5.40	5.12	5.59	3.59	3.84	3.78	/	5.20	3.50	5.30
2003	5.56	5.29	5.90	3.64	3.68	/	3.55	5.06	3.75	5.38
2004	5.31	5.19	5.82	3.60	3.55	4.01	3.29	5.28	3.78	5.31
2005	5.07	5.38	5.67	3.48	3.77	4.53	3.13	5.28	4.00	5.30
2006	5.39	5.45	5.61	3.46	3.87	4.95	3.09	5.29	3.92	5.28
2007	5.25	5.37	5.62	3.46	/	5.08	/	5.18	3.77	5.05
2008	5.30	5.31	5.62	3.44	4.10	5.40	/	5.09	3.93	5.17
2009	5.25	5.52	5.90	/	/	5.62	3.21	5.51	4.55	5.52
2010	5.42	6.23	5.86	3.78	/	5.82	3.32	5.96	4.31	5.59
2011	/	/	5.68	3.78	/	/	3.43	6.16	/	5.28
2012	/	/	/	3.86	/	/	3.35	6.60	/	/

資料來源：世界銀行（http://data.worldbank.org.cn）。

附表4　　　　部分國家人均醫療衛生支出（現價美元）

項目	美國	英國	法國	德國	日本	巴西	印度	俄羅斯	南非
1995	3,788.38	1,364.11	2,744.52	3,129.03	2,891.41	315.97	15.88	113.07	270.78
2000	4,790.01	1,761.38	2,209.24	2,386.64	2,834.21	264.69	19.79	95.95	245.65
2001	5,137.76	1,819.12	2,241.04	2,401.81	2,554.19	227.63	21.16	119.03	223.43
2002	5,578.35	2,064.96	2,496.52	2,610.41	2,455.17	202.95	21.29	142.05	204.51
2003	5,992.73	2,444.39	3,137.38	3,206.44	2,693.02	213.51	23.92	166.60	309.77
2004	6,354.51	2,954.89	3,619.99	3,524.34	2,914.01	257.20	29.02	212.40	410.35
2005	6,732.24	3,161.17	3,749.89	3,624.24	2,928.00	387.12	31.57	276.66	450.48
2006	7,110.19	3,422.57	3,906.96	3,745.57	2,794.09	491.12	33.38	365.40	455.26
2007	7,486.34	3,953.24	4,412.70	4,230.56	2,801.25	609.35	40.40	486.76	449.47
2008	7,769.35	3,875.28	4,876.86	4,717.78	3,258.80	714.25	43.29	594.35	436.84
2009	8,008.67	3,512.06	4,775.85	4,727.20	3,746.15	732.97	44.24	524.94	484.23
2010	8,254.16	3,489.16	4,633.60	4,667.72	4,115.43	988.93	52.18	668.89	614.75
2011	8,467.04	3,658.94	4,968.25	4,995.90	4,640.68	1,118.96	61.78	802.51	669.52
2012	8,895.12	3,647.47	4,689.99	4,683.18	4,751.61	1,056.47	61.36	886.88	644.62

資料來源：世界銀行（http://data.worldbank.org.cn）。

第四章 財政支出概論

附表 5　　　　　　部分國家衛生費用占 GDP 比重（%）

項目	國際平均水平	美國	OED	日本	巴西	印度	俄羅斯	南非
1995	8.81	13.60	9.57	6.81	6.65	4.01	5.36	7.42
2000	9.28	13.58	10.12	7.60	7.16	4.27	5.42	8.29
2001	9.70	14.24	10.64	7.81	7.27	4.50	5.67	8.58
2002	10.05	15.09	11.06	7.86	7.19	4.40	5.98	8.50
2003	10.22	15.62	11.27	7.99	7.03	4.29	5.61	8.63
2004	10.10	15.72	11.23	7.99	7.13	4.50	5.19	8.91
2005	10.09	15.77	11.35	8.18	8.17	4.25	5.21	8.80
2006	9.99	15.86	11.38	8.20	8.48	4.03	5.30	8.53
2007	9.81	16.08	11.35	8.23	8.47	3.88	5.38	7.79
2008	9.84	16.54	11.61	8.61	8.28	3.93	5.14	8.04
2009	10.68	17.71	12.66	9.53	8.75	3.93	6.17	8.68
2010	10.32	17.66	12.51	9.59	9.01	3.69	6.30	8.71
2011	10.09	17.68	12.39	9.95	8.90	3.92	6.06	8.66
2012	10.19	17.91	12.61	10.07	9.31	4.05	6.26	8.79

資料來源：世界銀行官網（http://data.worldbank.org.cn）。

本章小結

1. 無論是發達國家還是發展中國家，從長期和整體看，政府財政支出的不斷增長是基本的發展趨勢。

2. 在財政支出規模不斷變化的過程中，財政支出的結構也發生了相應的變動，且發達國家和發展中國家在財政支出的結構上存在明顯的差異。中國財政支出有自身的顯著特點。

3. 自 2007 年 1 月 1 日正式實施政府收支分類改革後，中國現行支出分類採用了國際通行做法，即同時使用支出功能分類和支出經濟分類兩種方法對財政支出進行分類。

4. 社會總投資包括政府投資和非政府投資兩大部分，一般來說，財政投資即為政府投資。政府投資具有投資的目標不同、投資的領域不同和投資的資金來源不同三個特點。政府投資主要包括基礎設施投資支出、農業投資支出和國家物資儲備支出等內容。

5. 國家為滿足社會共同的消費需要而進行的財政資金支出，從而構成社會消費

性的財政支出。其内容主要包括一般公共服務支出、科學支出、文教支出、衛生支出、國防支出，等等。

6. 轉移支出，是指政府通過一定的渠道或方式，把一部分財政資金單方面無償轉移給居民、企業或其他受益者的支出。它主要包括社會保障支出、財政補貼支出、捐贈及債務支出等。

7. 解釋財政支出增長的經濟模型有：瓦格納法則、時間形態理論、經濟發展階段論。

复习思考题

1. 試述各國財政支出的增長及其結構變化。
2. 財政投資與非政府部門投資相比具有哪些特點？
3. 簡述財政進行基礎設施投資的重要性。
4. 中國社會保障有哪些主要内容？
5. 論述財政支出增長的幾種理論解釋。
6. 談談中國財政支出的變動趨勢。
7. 如何對財政支出的規模進行控制？

第五章　國家預算與預算管理體制

● 第一節　國家預算

一、國家預算的含義及原則

（一）國家預算的含義

國家預算，又稱財政預算，是指經過法定程序編製、審查、批准的，以收支一覽表形式表現的國家年度財政收支計劃。從形式看，國家預算就是按一定標準將財政收入和支出分門別類地列入特定的表格，從而使人們清楚地瞭解政府的財政活動；從內容上看，政府預算的編製是政府對財政收支的計劃安排，預算的執行是財政收支的籌措和使用過程；從本質上看，國家預算要經過國家權力機構的審查和批准才能生效，是國家的重要立法文件（屬於年度立法）。在預算批准后所必須進行的預算調整也要按照法定程序，經由立法機關審查批准。在預算執行過程中，政府必須接受國家權力機構對其做出的授權和委託，整個活動過程要體現國家權力機構和全體公民對政府活動的制約和監督。

任何一個國家的國家預算，一般都包括三個方面的內容：①收入和支出的種類和數量以及這些種類和數量所表現出來的收支的性質和作用；②各類國家機關和部門在處理這些收支問題上的關係及其所處的地位和所承擔的責任；③在收入和支出的實現上所必須經過的編製、批准、執行、管理、監督等財政過程。

（二）國家預算的原則

國家預算的原則是指國家確定預算形式和編製預算的指導思想和準則。目前，為世界大多數國家所接受的基本原則主要包括：

1. 公開性

國家預算反應政府的活動範圍、方向和政策，政府只是代表人民來履行相應的職能，因此，國家預算及其執行情況必須採取一定的形式向社會公布，使之置於人民的監督之下。

2. 完整性

國家預算必須是完整的，包括全部法定收支項目，不準少列收支，或造假帳、預算外另列預算，使收支計劃能完整地反應實際收支內容，國家允許的預算外收支也應該在預算中有所反應。

3. 統一性

國家預算的統一性是指由中央預算和地方預算組成，各級政府的收支都要列入各級預算中，下級預算都要包括在上級預算中，各級地方預算都要統一在國家預算中。

4. 可靠性

國家預算的每一個收支項目的數字指標必須準確可靠，按照科學的方法進行計算，不可估定和任意編造，使之脫離現實。

5. 年度性

年度性是指國家預算的編製是按年度進行的，要列清全年的財政收支，不允許將不屬於本年度財政收支的內容列入本年度的國家預算之中。

預算年度也稱為財政年度，即國家預算收支起止的有效期限，通常為一年。預算年度分為歷年制和跨年制兩種。歷年制是指預算年度從每年的1月1日起至12月31日止。世界上大多數國家的預算年度採用歷年制，例如，中國、法國、德國、西班牙等；跨年制是指預算年度的起止時間是跨年度的，目前，世界上也有一些國家採用跨年制，如英國、日本等國家的預算年度是從當年的4月1日起至次年的3月31日止；美國、泰國等國家的預算年度是從當年的10月1日起至次年的9月30日止。

6. 法律性

法律性指編製的國家預算一旦經過一個國家的最高權力機關批准之後，就具有法律效力，必須嚴格貫徹執行。

二、國家預算的組成

國家預算的組成，即國家預算的分級管理問題。一般來說，有一級政府就有一級財政收支活動的主體，也就有一級預算，以使各級政府在履行其職能時，有相應的財權、財力作保證。目前，世界上大多數國家都實行多級預算。

中國國家預算的級次是按照一級政權設立一級預算的原則建立的。中國《憲法》規定，國家政權機構有全國人民代表大會、國務院、地方各級人民代表大會和

第五章　國家預算與預算管理體制

地方各級人民政府組成。與此相適應，中國的國家預算由中央預算和地方預算組成，預算管理實行分級分稅制，結合中國行政區域的劃分，《（新）預算法》規定，國家實行一級政府一級預算，設立中央、省、自治區、直轄市，設區的市、自治州、縣、自治縣、不設區的市、市轄區、鄉、民族鄉、鎮五級預算。政府的全部收入和支出都應當納入預算。中國國家預算的組成如表 5-1 所示。

表 5-1　　　　　　　　　　國家預算組成表

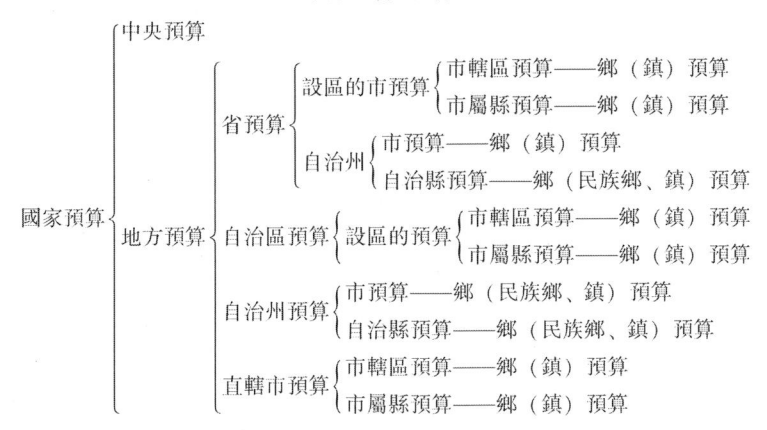

```
                ┌ 中央預算
                │         ┌ 省預算 ┌ 設區的市預算 ┌ 市轄區預算——鄉（鎮）預算
                │         │        │              └ 市屬縣預算——鄉（鎮）預算
                │         │        ┌ 市預算——鄉（鎮）預算
                │         │        └ 自治州 ┌ 自治縣預算——鄉（民族鄉、鎮）預算
國家預算 ┤               │
                │         ├ 自治區預算 ┌ 設區的預算 ┌ 市轄區預算——鄉（鎮）預算
                │ 地方預算 │            │            └ 市屬縣預算——鄉（鎮）預算
                │         │
                │         ├ 自治州預算 ┌ 市預算——鄉（民族鄉、鎮）預算
                │         │            └ 自治縣預算——鄉（民族鄉、鎮）預算
                │         │
                │         └ 直轄市預算 ┌ 市轄區預算——鄉（鎮）預算
                                       └ 市屬縣預算——鄉（鎮）預算
```

中央預算是中央政府的預算，是經法定程序批准的中央政府的財政收支計劃，它由中央各部門（含直屬單位）的預算組成，包括地方向中央上繳的收入數額和中央對地方返還或者給予補助的數額。中央各部門預算由本部門所屬各單位預算組成。單位預算是指列入部門預算的國家機關、社會團體和其他單位的收支預算。

地方預算是經法定程序批准的地方各級政府的財政收支計劃的統稱。它由各省、自治區、直轄市總預算組成。地方各級總預算由本級政府預算和匯總的下一級總預算組成。地方各級政府預算由本級各部門（含直屬單位，下同）的預算組成。地方政府各部門預算，由地方政府各部門所屬單位預算組成。

三、國家預算的分類

最初的國家預算是十分簡單的，政府把財政收支數字按一定程序填入特定的表格，就形成了國家預算，因此，將國家預算稱為政府收支一覽表。隨著社會經濟生活和財政活動的發展，各國預算也由最初簡單的政府收支一覽表，逐步發展為包括多種預算結構和形式的複雜系統。為了正確認識和深入研究國家預算，有必要對國家預算進行科學、合理地分類。

（一）單式預算和復式預算

按編製的形式分類，國家預算可以分為單式預算和復式預算。

1. 單式預算

單式預算是將國家的全部財政收支匯集編入一個總預算之內，形成一個收支項

111

目安排對照表。因此，單式預算可以統一反應政府未來年度可以籌集和使用的社會產品數量，便於政府統籌安排財政資金。同時，它簡單明瞭，能夠清晰地反應國家財政的全貌，便於公眾監督預算收支的實施狀況。但是，單式預算沒有區分各項財政收支的經濟性質，不利於政府對複雜的財政活動進行深入的分析和管理。

2. 復式預算

國家預算自產生以來，世界各國在很長時間內都實行單式預算，直到20世紀30年代，北歐的丹麥和瑞典才率先將預算收支按經濟性質分編為兩個收支表格，從而產生了復式預算。

復式預算是將國家的全部財政收支按其經濟性質匯集編入兩個或兩個以上的預算，從而形成兩個或兩個以上的收支對照表。即按經濟性質把財政收支分別編入經常預算和資本預算。經常預算包括政府進行日常政務活動所需的財政支出，其收入來源包括各項稅收、專項收入、教育附加和其他收入，其中主要為各項稅收；資本預算主要包括對國有企業和公共基礎設施的投資，其收入來源主要為經常預算的結餘及債務收入等。復式預算與單式預算相比，由於它將財政收支分別按其性質編入不同的預算之中，各項收支之間建立起了明確的對應關係，可以清晰地反應預算平衡狀況和預算赤字的原因，以便採取有效手段進行調節，但復式預算編製比較複雜，因而工作量較大。

新中國成立以來，中國的國家預算一直採用單式預算，從1994年起，中國《預算法》規定，各級政府預算均採取復式預算形式進行編製。

(二) 基數預算和零基預算

按預算的編製方法分類，可以將國家預算分為基數預算和零基預算。

1. 基數預算

基數預算是指以上年財政收支執行數為基數，再根據新的財政年度國家經濟發展情況，對基數加以調整，確定預算年度的財政收支計劃指標而編製的國家預算。因此，基數預算與以前財政年度財政收支的執行情況及新的財政年度國家經濟發展趨勢密切相關。從其總的收支走勢來看，是逐年上升的。

2. 零基預算

零基預算是指在確定新的預算年度財政收支計劃指標時，不考慮以前年度的收支執行情況，而是以「零」為基礎，結合經濟發展情況及財力可能，從根本上重新評估各項收支的必要性及其所需金額的一種預算形式。零基預算不受現行財政收支執行情況的約束，使政府可以根據需要，確定優先安排的項目，有利於提高支出的經濟效益，減輕國家為滿足不斷增加的財政支出而增稅和擴大債務所帶來的壓力。

(三) 中央預算和地方預算

按預算分級管理的要求劃分，可以將預算分為中央預算和地方預算。

1. 中央預算

中央預算是中央政府預算，由中央各部門（含直屬單位）的預算及地方向中央

第五章　國家預算與預算管理體制

的上解收入、中央對地方的返還或補助組成。

2. 地方預算

地方預算是由地方各級政府預算組成，包括本級各部門（含直屬單位）的預算、下級政府向上級政府上交的收入、上級對下級政府的返還或給予補助。

（四）總預算和分預算

按收支管理範圍和編製程序劃分，可以將預算分為總預算和分預算。

1. 總預算

總預算是指政府的財政匯總預算。按照國家行政區域劃分和政權結構，可相應劃分為各級次的總預算，如中國的中央總預算、省（自治區、直轄市）總預算、市總預算、縣總預算等。各級總預算由本級政府預算和所屬下級政府的總預算匯編而成，它一般由財政部門負責編製。

2. 分預算

分預算是指部門、單位或項目的收支預算。各部門預算由本部門所屬單位預算組成，單位預算是指列入部門預算的國家機關、社會團體和其他單位的收支預算。分預算是總預算的基礎，其預算收支項目比較詳細和具體，它由各部門、各單位編製。

（五）平衡預算和差額預算

按預算收支的平衡狀況劃分，可以將預算分為平衡預算和差額預算。

（1）平衡預算。它是預算收入等於預算支出的預算形式。

（2）差額預算。它是預算收入大於或小於預算支出的預算形式。

預算收支之間的對比關係，不外乎有三種情況，即：收支相等、收大於支、支大於收。人們習慣上將收支相等，稱為平衡；收大於支，稱為結餘；支大於收，稱為赤字。這三種情況在編製國家預算計劃時均有可能出現，但在預算執行及決算中，可能出現的只能是兩種情況：或者是結餘，或者是赤字。因此，在實際工作中，略有結餘或略有赤字的預算也被視為平衡預算。這裡所說的差額預算，是指收支差額較大，並且這種差額被作為編製國家預算的一種政策加以執行的預算形式。

差額預算按其收支對比的具體情況可以分為兩種：①盈餘預算，即收入大於支出的預算；②赤字預算，即支出大於收入的預算。

（六）普通預算和特別預算

按列支的財政收支項目的不同，國家預算可以分為普通預算和特別預算。

普通預算又稱為經費預算，是政府編製的一般財政經常性收支項目（科目）的預算。

特別預算又稱為投資預算，是指政府對某些具有特別意義的項目（特別事業、特殊用途的收支）另行安排的預算，如，國有企業投資預算、公共工程投資預算、社會保障預算及各類特種基金預算。

（七）正式預算、臨時預算和追加預算

按預算的編製程序分類，可將國家預算分為正式預算、臨時預算和追加預算。

正式預算是指政府依法就各預算年度的預算收支編成預算草案，並經立法機關審核通過宣告正式成立，取得法律地位的預算。

臨時預算是指預算年度開始時，由於某種特殊原因使得政府編製的預算草案未能完成法律程序，因而不能依法成立。在這種情況下，為了保證正式預算成立前政府活動的正常進行，必須編製臨時性的預算。這種臨時性的預算不具備法律效力，只是作為政府在正式預算出抬前進行必要的財政收支活動的依據。

追加預算或修正預算，是指在正式預算實行過程中，由於情況的變化需要增減正式預算收支時，必須再編製一種作為正式預算補充的預算。把出抬后的追加預算或修正預算與正式預算匯總執行，稱之為追加（修正）后的預算。

（八）收入預算和支出預算

預算由預算收入和預算支出組成。包括一般公共預算、政府性基金預算、國有資本經營預算、社會保險基金預算。

一般公共預算收入包括各項稅收收入、行政事業性收費收入、國有資源（資產）有償使用收入、轉移性收入和其他收入。

一般公共預算支出按照其功能分類，包括一般公共服務支出、外交、公共安全、國防支出，農業、環境保護支出，教育、科技、文化、衛生、體育支出，社會保障及就業支出和其他支出。

一般公共預算支出按照其經濟性質分類，包括工資福利支出、商品和服務支出、資本性支出和其他支出。

一般公共預算是對以稅收為主體的財政收入，安排用於保障和改善民生、推動經濟社會發展、維護國家安全、維持國家機構正常運轉等方面的收支預算。

中央一般公共預算包括中央各部門（含直屬單位，下同）的預算和中央對地方的稅收返還、轉移支付預算。中央一般公共預算收入包括中央本級收入和地方向中央的上解收入。中央一般公共預算支出包括中央本級支出、中央對地方的稅收返還和轉移支付。

地方各級一般公共預算包括本級各部門的預算和稅收返還、轉移支付預算。地方各級一般公共預算收入包括地方本級收入、上級政府對本級政府的稅收返還和轉移支付、下級政府的上解收入。地方各級一般公共預算支出包括地方本級支出、對上級政府的上解支出、對下級政府的稅收返還和轉移支付。

政府性基金預算是對依照法律、行政法規的規定在一定期限內向特定對象徵收、收取或者以其他方式籌集的資金，專項用於特定公共事業發展的收支預算。應當根據基金項目收入情況和實際支出需要，按基金項目編製，做到以收定支。

國有資本經營預算是對國有資本收益做出支出安排的收支預算。應當按照收支平衡的原則編製，不列赤字，並安排資金調入一般公共預算。

第五章　國家預算與預算管理體制

社會保險基金預算是對社會保險繳款、一般公共預算安排和其他方式籌集的資金，專項用於社會保險的收支預算。應當按照統籌層次和社會保險項目分別編製，做到收支平衡。

四、國家預算的編製、審批、執行和監督

(一) 國家預算的編製

國家預算的編製是整個預算工作程序的開始。在這一階段的主要任務有兩個，即預算草案的編製和概算的核定。

預算的編製一般是由政府機關負責的，因而預算的編製與政府行政機構體制有著十分密切的關係。根據世界各國主持具體編製工作機構的不同，可以將預算草案的編製分為兩種類型：一是由財政部主持預算編製工作，而后將預算草案交給有法定預算提案權或國會審議權的個人或機構核定。屬於這種類型的國家主要有英國、德國、義大利、日本和中國等；二是由政府特設的專門預算機關主持預算編製工作，而財政只負責編製收入預算。屬於這種類型的國家有美國和法國等。

在沒有經過國家最高權力機關審批之前的預算草案，通常稱為概算，概算首先要交給具有法定預算提案權或國會審議權的個人或機構核定。概算的核定與國家政體的聯繫十分緊密，一般可以分為三種類型：一是由總統核定預算草案，如美國；二是由內閣或國務院核定預算草案，如英國、法國、中國；三是由委員會核定預算草案，如瑞士。

中國國家預算草案的具體編製程序如下：

首先，由有關公共部門和地方政府提供預算建議數，以確保各級編製的預算計劃的協調性。其中包括：中央政府各個部門，即主管預算單位(或部門)和地方省級總預算兩個方面的預算計劃建議數。時間一般是在每年的11月份進行。提供預算收支建議數指標的依據主要來自三個方面：一是當年預算計劃執行情況的估算；二是預算年度的社會和經濟發展目標、財政稅收政策以及基礎性核算指標；三是按預算計劃年度的經濟狀況和變動進行的收支數字調整。

其次，財政部對上報的預算建議數進行概算，概算平衡后經國務院批准再下達預算編製的控制指標。概算是在建議數匯總的基礎上，對國家預算進行的綜合，它形成初步的預算計劃框架。在概算過程中，需要協調不同部門之間，中央、地方之間的職責和各種預算關係，進行收支指標的調整和平衡。

概算結果作為國家預算計劃編製的控制指標，由財政部下達給中央各個主管預算單位和各個省財政部門，作為編製預算計劃的依據。中央各個主管部門將對其二級預算單位和基層預算單位逐級下達預算控制指標。各個省政府總預算在接到控制指標后，一方面向省直屬主管預算單位下達預算控制指標；另一方面向所屬下一級政府總預算下達控制指標，直至各級基層預算單位。

最后，各級政府自下而上地編製國家預算計劃（草案）。在所下達的預算控制指標的基礎上，各級預算單位按照控制指標編製單位預算，然後逐級上報和匯總，由各級財政部門匯集成各級政府預算計劃草案，最後匯總到財政部，財政部將匯編的中央預算和地方預算計劃草案報送國務院審核。

（二）國家預算的審批

國家預算的審批是國家預算程序的第二個階段。國家預算草案形成后，必須經過法律程序審核批准後，才能成為正式的國家預算。國家預算的審批權限屬於各級權力機構。在西方國家，預算的審批權力屬於議會，大部分國家的議會實行兩院制，在實行一院制的國家中，國家預算直接由其審批，如瑞典、荷蘭、西班牙等就是這種類型。在實行兩院制的國家中，大部分國家議會的兩院都有審批國家預算的權力。一般來說，兩院中的下院在預算審批上擁有比上院更大的權力，往往擁有預算先議權和最后審批權，美國、法國、德國、日本等就屬於這種類型。中國國家預算的審批權力機構是各級人民代表大會。經過審批后的國家預算才具有法律效力。

（三）國家預算的執行

國家預算的執行是國家預算程序的第三個階段，是整個預算工作程序中最重要的環節。經審批后的國家預算，由財政部門按照級次逐級下達，由各級政府機構和預算執行的義務機構遵照執行。各級預算由本級政府組織執行，具體工作則由本級財政部門負責。中國人民銀行的職責是代理國家金庫業務，國家金庫簡稱國庫，是政府財政資金的出納和保管機構，國家預算執行中，一切收入都必須集中繳入國庫，一切支出都由國庫劃撥。

預算調整是預算執行中的一項重要程序。預算調整是指經批准的各級預算，在執行中因特殊情況需要增加支出或者減少收入，使原批准的收支平衡預算的總支出超過總收入，或者使原批准預算中舉借債務的數額變更等。預算調整，應當編製預算調整方案，並提交各級人民代表大會常務委員會審查和批准，未經批准不得調整預算。

在預算調整過程中，經常採用的方式主要有兩種：

（1）全面調整。政府預算在執行過程中，如遇特大自然災害、戰爭等特殊情況，或遇國民經濟發展過於高漲或過於低落以及對原有國民經濟和社會發展計劃進行較大調整時，就有必要對政府預算進行全面調整。但這種情況並非是經常發生的，只有在出現上述情況時才會進行全面調整。

（2）局部調整，具體包括：①動用預備費。各級政府的預備費是為了解決某些臨時性急需和事先難以預料到的開支而設置的后備資金。在預算執行過程中，如果發生較大的自然災害和經濟上的重大變革以及政府預算沒有列入而當前又必須解決的臨時性開支等情況，可以動用預備費。一般情況下，各級財政可以按照本級預算支出額的1%～3%設置預備費，其中，民族地區的預備費可按5%設置，用於當年預算執行中的自然災害開支及其他臨時急需的資金開支，預備費的動用應控制在下半年。②預算的追加追減。它是指在原核定預算的基礎上增加收入或增加支出數額

第五章　國家預算與預算管理體制

的過程。減少收入或減少支出數額的過程稱為追減預算。由於追加預算和追減預算會引起預算收支總額的調整和平衡，因此，在正常情況下，追加支出，必須有相應的資金來源。追減收入，必須相應地追減支出。③經費流用，也稱「科目流用」。它是指在不變動預算支出總額的條件下，局部地改變資金的用途，通過預算支出科目之間經費的相互調劑來進行。在預算執行過程中，各預算支出科目之間往往發生有的資金多余，有的資金不足的情況。為充分發揮資金的使用效果，在不超過原定預算支出總額的前提下，可按規定在一些預算收支科目之間進行必要的調整，但必須遵守國家規定的流用範圍，並經過一定的批准程序。④預算劃轉。它是指由於行政區劃或企業、事業單位隸屬關係的改變，必須相應改變其預算的隸屬關係，及時地將其全部預算劃歸新的主管部門或接管單位。

(四) 國家預算的監督

全國人民代表大會及其常務委員會對中央和地方預算、決算進行監督。縣級以上地方各級人民代表大會及其常務委員會對本級和下級預算、決算進行監督。鄉、民族鄉、鎮人民代表大會對本級預算、決算進行監督。

國務院和縣級以上地方各級政府應當在每年六月至九月期間向本級人民代表大會常務委員會報告預算執行情況。各級政府監督下級政府的預算執行；下級政府應當定期向上一級政府報告預算執行情況。各級政府財政部門負責監督檢查本級各部門及其所屬各單位預算的編製、執行，並向本級政府和上一級政府財政部門報告預算執行情況。縣級以上政府審計部門依法對預算執行、決算實行審計監督。對預算執行和其他財政收支的審計工作報告應當向社會公開。

各級政府財政部門應當按年度編製以權責發生制為基礎的政府綜合財務報告，報告政府整體財務狀況、運行情況和財政中長期可持續性，報本級人民代表大會常務委員會備案。

五、國家決算

國家決算是整個預算工作程序的終結。國家決算是國家預算執行的總結，它反應了年度國家預算收支的最終結果。國家決算草案由各級政府、各部門、各單位在每一預算年度終了后按照國務院規定的時間編製，具體事項由國務院財政部門部署。決算草案的上報和審批與預算草案的上報和審批程序相同。各級地方決算草案逐級審批上報后，由財政部匯編形成國家決算。

第二節　國家預算管理體制

一、國家預算管理體制的含義

國家預算管理體制是在中央與地方政府以及地方各級政府之間規定預算收支範圍和預算管理職權的一項根本制度，它是國家財政管理體制的重要組成部分。由於財政管理體制有廣義和狹義之分。廣義的財政管理體制是規定各級政府之間以及國家同企業、事業單位之間在財政資金分配和管理職權方面的制度。它包括國家預算管理體制、稅收管理體制、國有企業財務管理體制、文教行政事業財務管理體制等，其中，國家預算管理體制是財政管理體制的核心。狹義的財政管理體制即國家預算管理體制。

國家預算管理體制的實質，是正確處理中央與地方、地方各級政府之間在國家預算管理和資金分配上的集權與分權、集中與分散的關係問題。

二、國家預算管理體制的內容

國家預算管理體制的內容主要包括：

（一）預算管理主體和級次的規定

國家預算管理級次的規定與一國的政權結構和行政區劃存在著密切的聯繫。為實現財權與事權的統一，國家預算級次的設立要與政權體系的層次基本相對應，一般是一級政權構成一級預算管理主體。由於各國的政權結構和行政區劃的特點不同，預算管理主體和級次的劃分也不盡相同。中國的政權機構分為五級，因而預算管理主體也相應地劃分為五級。

（二）國家預算管理權限的劃分

國家預算管理權限的劃分是指國家預算方針政策、預算管理法律法規的制定權、解釋權和修訂權、預算執行、調整和監督權等權限的劃分。

（三）預算收支範圍的劃分

預算收支範圍的劃分實際上是確定中央與地方、地方各級政府以及國家與企事業單位之間各自的事權和財權，收支範圍劃分是否合理關係到國家預算管理體制的運行是否有效率，各層次的公共需要能否有效滿足的問題，因而是預算管理體制的核心內容。

（四）預算調節制度和方法

在預算執行中，當社會經濟情況發生變化，特別是不可預料的情況發生時，往往需要對已批准的預算或是對已經確定的各級政府的收支範圍進行必要的調整。為避免這些調整的隨意性或主觀性，需要規定相應的制度或調整、批准程序。一般由財政部門提出並編製預算調整方案，經同級人大常委會審查批准後方可執行，並報

第五章　國家預算與預算管理體制

上一級政府備案。

三、國家預算體制的改革路徑

新中國成立以來，中國一直實行統收統支、高度集中的國家預算體制。改革開放後，國家預算體製作為分配領域的關鍵環節，率先成為改革的突破口，到目前為止，共歷經了以下幾次大的改革。

（一）1980—1984年：「劃分收支，分級包干」體制

這一體制也稱為「分竈吃飯」體制，主要內容是：

（1）按照經濟體制規定的隸屬關係，明確劃分中央和地方的收支範圍。在收入方面，分為固定收入、固定比例分成收入和調劑收入。屬於中央的固定收入包括：中央所屬企事業單位的收入、關稅收入和中央的其他收入。屬於地方的固定收入包括：地方所屬企事業單位的收入、鹽稅、農業稅、工商所得稅、地方稅和地方的其他收入。工商稅作為中央和地方的調劑收入。在支出方面，屬於中央的支出包括：中央級的基本建設投資撥款、中央企業的流動資金，挖潛改造資金和新產品試製費，地質勘探、國防戰備費、對外援助支出、國家物資儲備支出、中央級的文教科學衛生事業費、農林、水利、氣象等事業費，行政管理費，國外借款和國庫券的還本付息支出以及中央級的其他支出。屬於地方的支出包括：地方的基本建設投資撥款、地方企業的流動資金，挖潛改造資金和新產品試製費，支援農村人民公社支出，農林、水利、氣象等部門的事業費，工業、交通、商業部門的事業費，城市維護費，文教科學衛生事業費，撫恤和社會救濟費，行政管理費以及地方的其他支出。少數專項支出，如特大自然災害救濟費，特大抗旱防汛補助費，支援經濟不發達地區的發展資金等，由中央專案撥款，不列入地方包干範圍。

（2）地方預算收支的包干基數，按照上述劃分收支的範圍，以1979年預算收支執行數為基礎，經過適當調整後計算確定。基數確定以後，地方的預算支出，首先用地方的固定收入和固定比例分成收入抵補，如有多餘，上交中央，如有不足，則用調劑收入彌補。如果固定收入、固定比例分成收入、調劑收入全部留給地方，仍不足彌補地方支出的，則由中央按差額給予定額補助。

（3）地方的上繳比例、調劑收入分成比例和定額補助數核定以後，原則上五年不變。地方在劃定的收支範圍內，多收多支，少收少支，自求收支平衡。

（4）地方預算支出的安排，均由地方根據國民經濟計劃的要求和自己的財力情況統籌安排，中央各部門不再下達支出指標。

（二）1985—1987年：「劃分稅種，核定收支，分級包干」體制

該體制是在總結「劃分收支，分級包干」體制經驗的基礎上，適應經濟發展和經濟體制改革的需要以及第二步「利改稅」的新變化而制定的。其主要內容是：

（1）收入劃分，原則上按稅種劃分各級預算收入。收入分為三大類：中央預算

固定收入，地方預算固定收入，中央和地方預算共享收入。在固定收入中，石油部、電力部、石化總公司、有色金屬總公司所屬企業的產品稅、營業稅、增值稅，以其70%作為中央預算固定收入，30%作為地方預算的固定收入。

（2）支出劃分，仍按企事業單位隸屬關係劃分中央與地方的預算支出，包括的範圍和「劃分收支，分級包干」體制的範圍基本相同，只作個別調整。

（3）各省、自治區、直轄市在按照規定劃分收支範圍以後，凡地方固定收入大於地方支出的，定額上解中央；地方固定收入小於地方支出的，從中央地方共享收入中確定一個分成比例，留給地方；地方固定收入和中央地方共享收入全部留給地方，還不足以抵補其支出的，由中央定額補助。收入的分成比例或上解、補助的數額確定以后，一定「五年不變」。地方多收入可以多支出，少收入就要少支出，自求收支平衡。

（4）考慮到經濟體制改革中變化因素較多，為了更好地處理中央與地方之間的財政分配關係，在1985年和1986年期間，暫時實行「總額分成」的過渡辦法，即除了中央的固定收入不參加分成之外，把地方的固定收入和中央地方共享收入加在一起，同地方預算支出掛鉤，確定一個分成比例，實行總額分成。

（5）廣東、福建兩省繼續實行大包干辦法，民族自治區和視同民族自治區待遇的省，仍實行原體制。

（三）1988—1993年：實行包干財政體制

為調動地方組織收入特別是收入上解地區的積極性，解決部分地區收入下滑的問題，更好地處理中央與地方之間的關係，1988年對地方實行財政包干的辦法進行了改進，規定全國39個省、自治區、直轄市和計劃單列市，除廣州、西安兩市財政關係仍分別與廣東、陝西兩省聯繫外，對其余37個地區分別實行不同形式的包干辦法，包括收入遞增包干、總額分成、總額分成加增長分成、上解遞增包干、定額上解、定額補助等。

（四）1994年至今：實行分稅制預算管理體制

1980—1993年，政府間預算管理體制實際上實行的就是包干體制。雖然改變了財權高度集中的狀況，逐步擴大了地方財政的自主權，但由於體制形式不統一，如「分竈吃飯」體制下有「固定收入比例分成」「調劑收入比例分成」「民族地區財政體制」「大包干體制」「定額補助體制」等體制形式；包干體制下對不同的地區分別實行「收入遞增包干」「總額分成」「總額分成加增長分成」「上解遞增包干」「定額上解」和「定額補助」的體制形式。體制形式的多樣化，本身就意味著政府間財政分配關係的不規範，從而難免會出現財力分配不合理的現象。此外，由於包干體制大多是包死上交中央數或低彈性增長，因此，中央財政在新增長率收入中的份額逐步下降，導致中央財力拮据，宏觀調控能力弱化。因此，國務院於1993年12月15日決定，從1994年1月1日起，改革當時的地方財政包干制，對各省、自治區、直轄市和計劃單列市實行分稅制預算管理體制。

第五章　國家預算與預算管理體制

四、分稅制預算管理體制

(一) 分稅制預算管理體制的含義

分稅制預算管理體制是分級分稅預算管理體制的簡稱，它是指在合理劃分中央與地方事權的基礎上，通過劃分稅種的方式來確立中央和地方財權的一種財政管理體制。分稅制是西方國家實行分級財政體制中所普遍採用的預算管理體制。分稅制包括「分事、分稅、分管」三層含義。分事，就是確定中央和地方各級政府的預算支出範圍。分稅，就是確定中央與地方之間的收入範圍。具體做法是將稅種分為中央稅、地方稅、共享稅三類，以此確定各自的收入範圍。分管，就是實行分級財政管理，建立中央與地方各自的徵收管理體系和金庫體系。

(二) 分稅制預算管理體制改革的主要內容

1. 中央與地方事權的劃分

根據現行中央政府與地方政府事權的劃分，中央財政只要承擔國家安全、外交和中央國家機關運轉所需經費，調整國民經濟結構、協調地區發展、實施宏觀調控所必需的支出以及由中央直接管理的事業發展支出。中央主要承擔國防、武警、重點建設、中央單位事業經費和中央單位職工工資五大類支出。包括國防費、武警經費、外交及援外支出、中央直屬企業的技術改造和新產品研製費、地質勘探費、由中央財政安排的支農支出、由中央負擔的國內外債務的還本付息支出，以及中央本級負擔的公檢法支出和文化、教育、衛生、科學等各項事業費支出等；地方財政主要承擔本地區政權機關運轉所需支出以及本地區經濟、事業發展所需支出。包括地方行政管理費、公檢法支出、部分武警經費、民兵事業費、地方統籌的基本建設投資、地方企業的技術改造和新產品研製經費、支農支出、城市維護和建設經費、地方文化、教育、衛生等各項事業費、價格補貼支出等。

2. 中央與地方收入的劃分

根據事權與財權相結合的原則，按稅種劃分中央與地方的收入。

(1) 中央固定收入。1994年原方案包括：關稅及海關代徵消費稅和增值稅、消費稅、中央企業所得稅、地方銀行和外資銀行及非銀行金融企業所得稅、鐵道部門、各銀行總行、各保險總公司等集中繳納的收入（包括營業稅、所得稅、利潤和城市維護建設稅）、中央企業上繳利潤等。

(2) 地方固定收入。1994年原方案包括：營業稅（不含各銀行總行、鐵道部門、各保險總公司集中繳納的營業稅）、地方企業所得稅（不含上述地方銀行和外資銀行及非銀行金融企業所得稅）、個人所得稅、城鎮土地使用稅、城市維護建設稅（不含各銀行總行、鐵道部門、各保險總公司集中繳納的部分）、房產稅、車船使用稅、印花稅、耕地占用稅、契稅、土地增值稅等。

從2002年開始，改革原來按企業的行政隸屬關係劃分所得稅收入的辦法，對企

業所得稅和個人所得稅收入實行中央和地方按比例分享。改革內容主要是：①分享範圍。除鐵路運輸、國家郵政、中國工商銀行、中國農業銀行、中國銀行、中國建設銀行、國家開發銀行、中國農業發展銀行、中國進出口銀行以及海洋石油天然氣企業繳納的所得稅作為中央收入外，其他企業所得稅和個人所得稅收入由中央與地方按比例分享。②分享比例。2002 年分享 50%，地方分享 50%；2003 年中央分享 60%，地方分享 40%；2003 年以后年份的分享比例根據實際收入情況再行考慮，但直到目前為止，這個分享比例仍然維持原狀。③基數計算。以 2001 年為基期，按改革方案確定的分享範圍和比例計算，地方分享的所得稅收入，如果小於地方實際所得稅收入，差額部分由中央作為基數返還地方；如果大於地方實際所得稅收入，差額部分由地方作為基數上繳中央。④中央因改革所得稅收入分享辦法增加的收入全部用於對地方（主要是中西部地區）的一般性轉移支付。

（3）中央與地方共享稅種和共享收入。1994 年方案原定的共享稅種和分享比例是：增值稅，地方分享 25%；資源稅，按不同的資源品種劃分，大部分資源稅作為地方收入，海洋石油資源稅作為中央收入；證券交易印花稅，原定中央與地方（上海和深圳兩市）各分享 50%；自 1997 年 1 月 1 日起調整為中央分享 80%，地方 20%，4 個月后又調整為中央分享 88%，地方分享 12%；2002 年進一步調整為中央分享 97%，地方分享 3%。

3. 中央財政對地方稅收返還數額的確定

為了保持現有地方既得利益格局，逐步達到改革的目標，中央財政對地方稅收返還數額以 1993 年為基期年核定。按照 1993 年地方實際收入以及稅制改革和中央與地方收入劃分情況，核定 1993 年中央從地方淨上劃的收入數額（即消費稅＋75% 的增值稅－中央下劃收入）。1993 年中央淨上劃收入全額返還地方，保證現有地方既得財力，並以此作為以后中央對地方稅收返還基數。1994 年以后，稅收返還額在 1993 年基數上逐年遞增，遞增率按全國增值稅和消費稅的平均增長率的 1：0.3 系數確定，即全國增值稅和消費稅每增長 1%，中央財政對地方的稅收返還增長 0.3%。1994 年上劃中央收入達不到 1993 年基數的，相應扣減稅收返還基數。

4. 原體制中央補助、地方上解以及有關結算事項的處理

為順利推進分稅制改革，實行分稅制以后，原體制的分配格局暫時不變，過渡一段時間以后，再逐步規範化。原體制中央對地方的補助繼續按規定補助。原體制地方上解仍按不同體制類型執行：實行遞增上解的地區，按原規定繼續遞增上解；實行定額上解的地區，按原確定的上解額，繼續定額上解；實行總額分成的地區和原分稅制試點地區，暫按遞增上解辦法，即按 1993 年實際上解數及核定遞增率，每年遞增上解。

原來中央撥給地方的各項專款，該下撥的繼續下撥。地方 1993 年承擔的 20% 部分出口退稅以及其他年度結算的上解和補助項目相抵后，確定一個數額，作為一般上解或一般補助處理，以后年度按此定額結算。

第五章　國家預算與預算管理體制

(三) 轉移支付制度

中國自 1994 年 1 月 1 日實行分稅制改革以來，中央和地方的事權與財權的分配便出現了事權重心的下移和財權重心的上移。縱觀實行分稅制體系的市場經濟國家，中央政府和地方政府間收入與支出結構的安排一般是不對稱的，在中央與地方政府的財政收入結構安排上，中央財政收入占全國財政收入的比重大都在 55%～65% 之間，地方政府的財政收入占全國財政收入的比重大都在 35%～45% 之間。而中央政府與地方政府在財政支出結構上的安排却正好相反，這與上級政府所處的宏觀調控地位分不開，下級政府的支出缺口需上級政府的轉移支付來彌補，地方政府財政支出的資金中約 1/4～1/3 來自中央財政的轉移支付。可見，轉移支付制度是分稅制財政管理體制的一個重要組成部分。所謂轉移支付制度，是指為中央政府與地方政府、地方政府或地方各級政府之間進行無償的財政資金轉移所制定的制度。

中央政府向地方政府進行轉移支付的方式有許多種。按照是否指定該項支付轉移資金的用途，分為無條件轉移支付（或稱一般性轉移支付）和有條件轉移支付。無條件轉移支付是指中央對地方進行轉移支付時，不規定該項資金的用途，地方政府可以自主決定如何使用這些資金；有條件轉移支付是指中央向地方進行轉移支付時，附加一定的限制條件，或者要求地方政府提供配套資金，或者指定了這筆資金的用途，或者二者同時指定，地方政府只有滿足這些條件，才能夠獲得這筆轉移支付資金。因此有條件的轉移支付又分為有條件配套性轉移支付和有條件非配套性轉移支付。有條件配套性轉移支付是指中央向地方進行轉移支付時，不但指定資金用途，還要求地方必須提供相應比例或數額的配套資金；有條件非配套性的轉移支付是指中央向地方進行轉移支付時，只指定資金用途，不需要地方政府出資。另外根據中央向地方進行配套轉移支付時，是否具有最高限額又分為有限額配套性轉移支付和無限額配套性轉移支付。有限額配套性轉移支付指中央對配套性轉移支付資金規定一個最高限額，該項目開支超出該限額，中央將不再撥付資金；無限額配套性轉移支付是指中央對配套性轉移支付資金沒有規定一個最高限額，該項目實際開支多少，中央將按照實際比例或規定撥款。中央對地方轉移支付類型不同，對地方財政的約束力不一樣，所產生的效應也不相同。

為適應分稅制改革的需要，1995 年財政部開始制定和實施過渡期轉移支付辦法，該辦法是在借鑑國外經驗的基礎上，充分考慮中國國情制定的。過渡期轉移支付制度包括一般性轉移支付和民族優惠政策轉移支付兩部分。一般性轉移支付是根據各地區標準支出、財力以及一般性轉移支付系數計算確定；民族政策優惠轉移支付是對民族地區在享受一般性轉移支付後額外實施的照顧性轉移支付。1996 年以後，每年財政部都要對這個過渡期轉移支付制度做一些修改和補充，使其不斷完善。2002 年過渡期轉移支付辦法改為一般性轉移支付；此外，為了配合工資政策調整、農村稅費制度改革、西部大開發戰略以及生態保護，中央財政安排了對部分地方政府的轉移支付，這些轉移支付與一般性轉移支付一起被稱為中央財政對地方財政的

財力轉移支付，國際上通常稱為均衡性轉移支付；為配合中央宏觀政策的實施，設立了專項轉移支付，用於對地方基礎設施建設、天然林保護工程、貧困地區義務教育工程等專項撥款。

《（新）預算法》規定，國家實行財政轉移支付制度。財政轉移支付應當規範、公平、公開，以推進地區間基本公共服務均等化為主要目標。

財政轉移支付包括中央對地方的轉移支付和地方上級政府對下級政府的轉移支付，以為均衡地區間基本財力、由下級政府統籌安排使用的一般性轉移支付為主體。按照法律、行政法規和國務院的規定可以設立專項轉移支付，用於辦理特定事項。建立健全專項轉移支付定期評估和退出機制。市場競爭機制能夠有效調節的事項不得設立專項轉移支付。上級政府在安排專項轉移支付時，不得要求下級政府承擔配套資金。但是，按照國務院的規定應當由上下級政府共同承擔的事項除外。

五、中國國家預算管理體制的改革

（一）國家預算管理體制漸進改革

1994年1月1日中國實行分稅制預算管理體制，進一步規範了中央和地方政府之間的分配關係。

1994年3月，第八屆全國人大常務委員會（簡稱「全國人大常委會」）第二次會議制定了預算法，形成了預算制度的基本框架。預算法的頒布實施，對規範政府預算管理、加強國家宏觀調控、促進經濟社會發展發揮了積極作用。隨著分稅制財政管理體制的逐步確立，財稅體制改革的重點在2000年前後轉向預算管理制度，預算管理機制的不斷改革完善明顯強化了預算在政府管理中的作用。

1996年，國務院制定《關於加強預算外資金管理的決定》，開始逐步將各類預算外資金納入預算進行管理。2002年財政部等部門發布了《關於將部分行政事業型收費納入預算管理的通知》，逐步將有關部門收取的行政事業性收費納入預算管理。2004年，財政部發布《關於加強政府非稅收入管理的通知》，逐步將政府非稅收入納入預算管理，2006年，國務院制定了《關於規範國有土地使用權出讓收支管理的通知》，逐步將土地出讓收入納入地方預算管理。到2011年，中國實現了將預算外收入全部納入預算管理的目標。在預算執行領域，2001年啟動了財政國庫集中收付制度改革，通過國庫單一帳戶進行集中的資金收繳和支付。

在支出管理上，1999年啟動了政府採購改革，將分散式的政府採購模式改為政府採購機構集中採購。

在績效評價上，2005年在試點基礎上啟動了中央部門績效評價工作，由財政部統一領導，部門負責組織實施。

在預算管理科目上，2007年起啟動政府收支分類改革，建立了收入分類和支出分別按功能分類、經濟分類的收支分類科目。隨著各類預算外資金納入預算管理，

第五章　國家預算與預算管理體制

各級政府財政部門開始編製公共預算、政府性基金預算、國有資本經營預算、社會保險基金預算等「四本預算」。其中，政府性基金預算從 2010 年起正式報送全國人民代表大會；國有資本經營預算於 2007 年開始試點，從 2010 年起開始正式報送全國人民代表大會；社會保險基金預算從 2010 年起開始試編，2014 年起首次編入預算草案並報全國人民代表大會。

1999 年全國人大常委會制定了《關於加強中央預算審查監督的決定》，對加強中央預算的初步審查、預算調整等作了明確規定。2006 年全國人大常委會制定的監督法對各級人大常委會審查預算執行情況和決算的審查重點等作了具體規定。

(二) 國家預算管理體制改革的新標誌

2014 年十二屆全國人大常委會第十次會議通過了《全國人民代表大會常務委員會關於修改〈中華人民共和國預算法〉的決定》，重新頒布修訂後的預算法，自 2015 年 1 月 1 日起施行。《中華人民共和國預算法》的修改和實施，是國家預算管理體制改革的新標誌。

新預算法的實施是財政制度建設具有里程碑意義的一件大事，標誌著中國加快建立全面規範、公開透明的現代預算制度邁出了堅實的一步。新預算法反應了現代預算管理的基本要素，是現代財政制度的重要組成部分，在五個方面有重大突破：

(1) 完善政府預算體系，健全透明預算制度。新預算法刪除了有關預算外資金的有關內容，並明確規定：政府的全部收入和支出都應當納入預算。預算包括一般公共預算、政府性基金預算、國有資本經營預算、社會保險基金預算。

(2) 改進預算控制方式，建立跨年度預算平衡機制。

(3) 規範地方政府債務管理，嚴控債務風險。新預算法增加了經國務院批准的省級政府可以舉借債務的規定，同時從限制主體、限制用途、限制規模、限制方式、控制風險五個方面做了限制性規定。

(4) 完善轉移支付制度，推進基本公共服務均等化。新預算法增加規定：財政轉移支付應當規範、公平、公開，以均衡地區間基本財力、由下級政府統籌安排使用的一般性轉移支付為主體。

(5) 堅持厲行節約，硬化預算支出約束。新預算法確定了統籌兼顧、勤儉節約、量力而行、講求績效和收支平衡的原則。其同時強調，各級預算支出的編製，應當貫徹勤儉節約的原則，嚴格控制各部門、各單位的機關運行經費和樓堂館所等基本建設支出。

本章小結

1. 國家預算，又稱財政預算，是指經過法定程序編製、審查、批准的，以收支一覽表形式表現的國家年度財政收支計劃。國家預算具有公開性、完整性、統一性、

可靠性和年度性原則。按照一級政權設立一級預算的原則，中國的國家預算由中央預算和地方預算組成。

2. 國家預算的編製是整個預算工作程序的開始；國家預算的審批是國家預算程序的第二個階段，中國國家預算的審批權力機構是各級人民代表大會。經過審批後的國家預算才具有法律效力；國家預算的執行是國家預算程序的第三個階段，是整個預算工作程序中最重要的環節，各級預算由本級政府組織執行，具體工作則由本級財政部門負責。

3. 國家決算是整個預算工作程序的終結，它是國家預算執行情況的總結，反應了年度國家預算收支的最終結果。

4. 國家預算管理體制是在中央與地方政府以及地方各級政府之間規定預算收支範圍和預算管理職權的一項根本制度，是財政管理體制的核心內容，狹義的財政管理體制即國家預算管理體制。中國現行的國家預算管理體制是分稅制預算管理體制。

5. 轉移支付制度，是指為中央政府與地方政府、地方政府或地方各級政府之間進行無償的財政資金轉移所制定的制度。轉移支付制度是分稅制預算管理體制的一個重要組成部分。目前中國的轉移支付制度還存在著一些問題，需要進行進一步的改進和完善。

复习思考题

1. 簡述國家預算的原則。
2. 簡述國家預算的構成。
3. 改革開放后，中國國家預算體制經歷了哪幾次較大的改革？
4. 試述分稅制預算管理體制改革的主要內容。
5. 目前中國財政轉移支付制度存在著哪些問題？你認為應如何進一步完善財政轉移支付制度？

第六章　金融概論

● 第一節　貨幣與貨幣流通

一、貨幣

（一）貨幣的起源

現代經濟實質上就是貨幣經濟，人們的經濟活動和日常生活都離不開貨幣，然而，貨幣卻並非開天闢地就已存在。貨幣是商品經濟發展的產物，是商品生產和商品交換發展的結果，可見，貨幣的根源在於商品。商品是為了交換而生產的產品，商品交換必須以等價交換為前提，那麼，商品的價值又如何進行衡量呢？通常是用一種商品的價值來表現另一種商品的價值，這就是價值的表現形式，簡稱價值形式。貨幣就是價值形式的演變結果，具體來說，它經歷了以下四個階段：

1. 簡單或偶然的價值形式

人類最初的商品交換是在原始部落之間進行的，那時還未出現社會分工，生產力低下，剩余產品很少，交換具有偶然性。然而，正是在這種偶然的交換中，商品的價值已有了外在的表現形式，即一種商品的價值簡單地、偶然地以另一種商品反應出來，如 1 只綿羊 = 2 把石斧。在這個等式中，綿羊主動要求表現自己的價值，通過與石斧的交換，綿羊讓自己的價值獲得了相對的表現。這種在交換中一種商品的價值通過另一種商品的使用價值偶然地表現出來的形式，稱為簡單或偶然的價值形式。

2. 擴大或總和的價值形式

第一次社會大分工后，參加交換的商品逐漸增多。這時，交換已不再是偶然發生，而是逐步經常化。綿羊不僅與石斧交換，還與糧、布、茶、酒等進行交換，形

成了擴大或總和的價值形式，即一種商品的價值能夠經常地表現在一系列其他商品上的形式。在這一階段，雖然仍是一種物物交換行為，但等價物則可以由一系列的商品來充當。當然，在擴大或總和的價值形式中，商品價值並未獲得統一的表現形式。

3. 一般價值形式

當商品交換更為廣泛和頻繁時，必然會有某種商品交換的次數較多，也最容易被交換者接受，因而，人們即用它來作為商品交換的媒介。在這種交換中，所有商品的價值都由該種商品來表現，該商品即成了一般等價物。當然，這種一般等價物在不同地區，或同一地區的不同歷史時期是不一樣的。在這一階段，直接的物物交換就讓位於以一般等價物為媒介的間接交換，它是價值形式的飛躍，為貨幣的誕生奠定了基礎。

4. 貨幣價值形式

在貨幣真正出現之前，一般等價物雖然已成了商品交換的媒介，但它却是不固定的。一般等價物在不同時期、不同地區是不相同的，例如，歐洲最早的一般等價物是綿羊，而中國最早的一般等價物是貝殼。同時，許多充當一般等價物的商品本身又存在著難以克服的缺點，如難以分割、不便攜帶、難以保存等，這些缺點都是和作為社會財富象徵的一般等價物的要求不相符的。人們要選擇一種價值含量高、便於分割、便於攜帶和便於保存的商品用來固定地充當一般等價物。在第二次社會大分工後，人們終於找到了這種最適宜充當一般等價物的商品——金銀。當金銀這種商品用來固定地充當一般等價物的形式時，貨幣也就產生了，這就是貨幣價值形式。

自從貨幣產生以後，整個商品世界即被分成了兩極：一極是商品，它們都具有特殊的使用價值；另一極是貨幣，它是一切商品價值的代表。這樣，商品的使用價值和價值的矛盾，就發展為商品與貨幣的外部對立。一切商品只有換成貨幣，商品生產者的私人勞動才能實現為社會勞動，使用價值與價值的矛盾才能獲得解決。

(二) 貨幣的本質

從貨幣的起源和發展歷程可以看出，貨幣是起一般等價物作用的特殊商品。

貨幣是商品可從兩個方面體現出來：一方面貨幣是從商品演化而來的，在歷史上，許多商品充當過交換媒介，只是最后才固定在金銀上而已；一方面貨幣仍然保持著商品的屬性，具有價值和使用價值。正是由於貨幣具有商品的這些普遍共性，從而才具有與其他商品相交換的基礎，因而才能在商品交換的發展過程中被分離出來成為貨幣。

貨幣是商品，但它却不是普通商品，而是一種特殊商品。這種特殊性集中體現在貨幣是一般等價物上。貨幣作為一般等價物，包含兩層含義：一是貨幣充當一切商品價值的表現材料，是固定的、唯一的一般等價物；二是貨幣具有同其他一切商品直接進行交換的能力，成為一切使用價值的代表。一切商品只有與貨幣相交換，

第六章　金融概論

其價值才能表現出來，才能為社會所承認。因此，貨幣是從商品中分離出來的，固定地充當一般等價物的特殊商品。

（三）貨幣的形式

貨幣的形式又稱為貨幣的類型，主要是指貨幣所呈現在人們面前的形態。隨著商品經濟的發展和人們認識的不斷深化，貨幣形式也經歷了種種變化，從牲畜、鹽、茶葉、皮革、酒、銅、鐵、貝殼、銀、金、紙幣、輔幣和存款帳戶上的數字符號。因此，我們可將貨幣劃分為四種不同的類型，即實物貨幣、代用貨幣、信用貨幣和電子貨幣。

1. 實物貨幣

實物貨幣是以自然界存在的某種物品或人們生產的某種物品來充當貨幣。在人類經濟史上，許多商品都充當過貨幣，如穀物、農具、貝殼、布帛、牛羊等，但由於許多實物貨幣都有缺點，例如，許多實物笨重不易攜帶，不能或不容易分割為較小的單位，易腐爛、不易儲存等，因而，人們逐漸將實物貨幣固定在金銀身上。以貴金屬作為實物貨幣，最初是以條塊形狀流通的，稱為稱量貨幣，這給交易帶來很多不便，因為每次交易都要稱量貨幣的重量和鑒定成色。為了克服這些缺陷，國家將金屬條塊鑄成一定形狀並烙上印記，這就是鑄幣。歷史上曾先後出現過青銅鑄幣、鐵鑄幣和金銀鑄幣。但鑄幣在流通中必定會磨損，而磨損了的不足值的鑄幣却可以和足值的鑄幣一樣流通，因而政府就有意識地用賤金屬鑄幣代替貴金屬鑄幣或用不足值的鑄幣代替足值的鑄幣，進而發行本身沒有價值的銀行券來代替金屬鑄幣充當流通手段。

2. 代用貨幣

代用貨幣通常是政府或銀行發行的代替金屬貨幣流通的紙幣或銀行券。代用貨幣是貴金屬貨幣流通階段，為了降低貴金屬貨幣的流通成本而產生的一種貨幣代用品。代用貨幣自身基本上沒有價值，它能夠作為交易媒介流通是因為有充足的金銀貨幣或等值的金銀條塊作保證。代用貨幣的持有人有權隨時向發行人按規定的兌換比率兌換成金銀鑄幣或在一定條件下兌換成金銀條塊。因此，代用貨幣本身的價值雖然大大低於其面值，但公眾持有代用貨幣等於擁有對金屬貨幣的要求權。代用貨幣具有發行成本低、易於攜帶和運輸等優點，但由於需要等量的金銀作保證，所以代用貨幣並不能從根本上節約金銀。

3. 信用貨幣

信用貨幣是在政府或中央銀行的信用基礎上發行的，並在流通中發揮貨幣職能的信用憑證。信用貨幣同代用貨幣一樣都是以紙作為幣材，但信用貨幣又和代用貨幣不同，它不再代表任何貴金屬，不能兌換貴金屬。信用貨幣是貨幣進一步發展的產物，但同時還必須具備一定的條件。一般說來，信用貨幣作為一般的交換媒介必須具備兩個條件：一是人們對此貨幣的信心；二是貨幣發行的立法保障，兩條缺一不可。如在一國的惡性通貨膨脹時期，人們往往拒絕接受紙幣。但如果只有信心，

沒有立法作保障，這種貨幣也會由於缺乏有效的監督管理，造成流通中的混亂。

信用貨幣是目前世界各國廣泛採用的貨幣形態，其具體形態有以下幾種：

（1）輔幣。多用賤金屬製造，如銅、鎳、鋁等，一般由政府獨占發行，由專門的鑄幣廠鑄造，其主要功能是充當小額或零星交易中的媒介。

（2）紙幣。多數是由一國中央銀行發行，其主要功能是為人們日常生活用品充當交易媒介。

（3）銀行存款。銀行制度產生了多種多樣的存款，但作為貨幣執行一般媒介手段的，主要是以銀行活期存款形式存在。這些銀行活期存款實質上是存款人提出要求即可支付的銀行債券，是存款人對銀行的債權，所以，這種貨幣又可稱為債務貨幣，存款人可借助支票等方式，將本人的存款支付給他人作為商品交換的媒介。在整個交易中，用銀行存款作為支付手段的比重幾乎占絕大部分，目前在小額交易中也開始廣泛使用這種貨幣，比如，顧客對零售商的支付以及工人的工資或薪水等。

4. 電子貨幣

隨著科學技術的不斷進步，電子計算機得到了廣泛的應用。電子貨幣通常是指利用計算機系統和貯值卡進行儲存和處理的貨幣。持有這種貯值卡就像持有現金一樣，每次消費支出可以從卡片的存儲金額裡予以扣除。金融機構發行的金融卡，不僅可以在自動提款機上提取現金、完成轉帳，而且還能從銀行帳戶內的存款金額中撥出部分金額轉入隨身攜帶的卡片上儲存。當金融卡中的現金余額全部用完時，可以隨時從上網的電腦、自動櫃員機或用電話操作來對貨幣存儲額進行補充。

（四）貨幣的職能

在商品交換中，貨幣作為一般等價物的作用是通過貨幣的職能表現出來的。貨幣的職能是貨幣作為一種商品的一般等價物所固有的功能。中西方學者對於貨幣職能有不同的描述，包括：五職能說（馬克思：價值尺度、流通手段、支付手段、貨幣貯藏、世界貨幣）、三職能說（西方學者：交易媒介、計算單位、價值貯藏；黃達教授：價格形態、購買和支付手段、累積和保存價值）和二職能說（李健教授：交易媒介、價值貯藏）等。我們認為，二職能說具有較高的概括性。

1. 交易媒介職能

貨幣的交易媒介職能，是指當貨幣作為商品交換的媒介物時所發揮出的職能。

貨幣在商品交換中充當交易媒介，需要貨幣將商品的價格表現出來，此時貨幣是計價單位；商品有了價格，貨幣便可以充當交易媒介，實現商品交換；在商品交換中若出現了延遲付款即商品買賣與貨款支付相分離，貨幣便不再是交易媒介，此時貨幣發揮的是支付手段的功能。隨著商品經濟的發展，貨幣作為支付手段的功能也擴展到了商品流通之外。貨幣的交易媒介職能實際上包含著貨幣三個相輔相成的功能，即計價單位、交易媒介和支付手段。

（1）計價單位。其指的是用貨幣去計量商品和勞務的價值，賦予商品、勞務以價格形態。馬克思將其稱為價值尺度。貨幣要發揮計價單位功能，為商品和勞務標

第六章 金融概論

價,其自身也需要一個可以比較不同貨幣數量的單位。以貨幣作為計價單位使得商品和勞務的價值表現簡單明瞭,容易進行不同商品和勞務間的價值比較。

(2) 交易媒介。在商品流通中,起媒介作用的貨幣,方便商品的交換。馬克思稱為流通手段。

(3) 支付手段。貨幣作為價值單方面轉移時,執行支付手段的職能。商品買賣與貨款支付相分離,貨幣不再是交易媒介,是補足交換的一個獨立環節,其特點是沒有商品在同時、同地與之相向運動。支付手段可以擴展到商品流通之外,如借貸、債券發行與償還、財政收支、工資發放、租金收取等。

2. 價值貯藏職能

貨幣的價值貯藏職能是指貨幣退出流通領域被人們當作社會財富的一般代表貯藏起來的職能。貨幣之所以具有財富貯藏職能是因為貨幣具有累積財富、保存財富的功能。

貨幣是充當一般等價物的特殊商品。當貨幣成為能夠與其他一切商品相交換的媒介時,它便成了社會財富的一般代表,人們願意將貨幣作為貯藏財富的一種形式。

貯藏金銀是累積和儲存價值的古典形態。雖然現代貨幣制度已經割斷了貨幣與黃金的任何直接的法定聯繫,但私人和政府仍然將黃金作為貯藏的對象。隨著信用貨幣逐漸代替金屬貨幣,人們更多地以持有現金、銀行存款的形式貯藏財富。雖然信用貨幣(各種形式)本身不是實在的財富,但是它表明了持有者具有從社會中取得相應數量的商品和服務的權利,持有者僅僅是推遲了他們對這種權利的利用。貯藏貨幣的最大優勢在於它的高安全性,但其最大不足就是收益較低。人們是以貨幣形式貯藏財富,還是以其他形式貯藏財富,取決於人們對不同財富貯藏形式的風險和收益的態度。

(五) 貨幣制度

自從產生了貨幣,貨幣便在人類經濟生活中起著十分重要的作用,為了更好地發揮貨幣的作用,就需要對貨幣流通進行規範,於是便產生了貨幣制度。

1. 貨幣制度的概念

貨幣制度是指一國以法律確定的貨幣流通的組織形式與流通結構,簡稱「幣制」。貨幣制度最早是伴隨著國家統一鑄造貨幣而產生的,根據貨幣制度存在的具體形式,可分為金屬貨幣制度和不兌現的信用貨幣制度兩大類。貨幣制度的確定使本國貨幣的製造與正常流通得到了相應的保證。

2. 貨幣制度的主要內容

從資本主義國家建立統一的貨幣制度以來已有幾百年時間。儘管貨幣制度幾經變遷,各國貨幣制度也各有不同,但其構成的基本內容是一致的。一般來說,貨幣制度主要包括以下四個方面的內容:

(1) 規定本位幣的貨幣材料。貨幣制度的核心內容是確定本位幣的幣材。本位幣又稱為主幣,它是一國貨幣制度法定作為價格標準的基本貨幣,具有無限法償

效力。無限法償是指由國家法律賦予的無限償付能力，任何人不得拒絕接受。當然，使用哪種材料製作本位幣不是任意規定的，而是由客觀經濟條件所決定的。在資本主義初期，商品經濟還不發達，商品交易規模也不大，用白銀作為貨幣材料已能滿足流通的需要；而當商品經濟發展到一定階段，商品交易規模也隨之擴大，此時白銀因其價值含量較低並且價值不夠穩定而不能適應流通需要了，黃金開始成為本位幣材料；到20世紀初，由於商品經濟的進一步發展，商品交易的規模已遠遠超過了黃金存量規模，如果再堅持用黃金作為貨幣材料，必然會阻礙商品經濟的發展，取而代之的必然是以紙作為本位幣材料。

我們可以根據不同的本位貨幣材料來區分不同的貨幣制度。與各個歷史階段商品經濟發展相適應，先後出現過銀本位制、金銀復本位制、金本位制和紙幣本位制。

① 銀本位制。銀本位制是以白銀作為本位幣幣材的貨幣制度。銀幣自由鑄造、無限法償，並且可以自由輸出、輸入，它是歷史上最早出現的，也是實施時間最長的一種貨幣制度。由於白銀儲藏量相對豐富，隨著白銀開採技術的提高，白銀的產量逐漸增多，導致白銀價值不斷下降，因此，一些國家開始採用黃金作為貨幣材料。到20世紀初，除了中國、印度、墨西哥等少數經濟落後的國家仍實行銀本位制外，主要的資本主義國家都放棄了銀本位制。

② 金銀復本位制。金銀復本位制是指金和銀同為一國本位貨幣幣材的制度。金和銀這兩種鑄幣可同時流通，都可以自由鑄造和熔化，具有無限法償能力，均可以自由輸出、輸入。金銀復本位制前後經歷過三種形態：

第一種形態：平行本位制。平行本位制就是金銀兩種本位幣均按其所含金屬的實際價值流通。國家對兩種貨幣的交換比率不加規定，而是由市場上金和銀的實際比價自由確定金幣和銀幣的比價。這種貨幣制度的缺點是顯而易見的，因為在金銀復本位制下，商品具有金幣和銀幣表示的雙重價格。金銀市場比價波動必然引起商品雙重價格比例波動，給商品交易帶來許多麻煩。

第二種形態：雙本位制。雙本位制就是國家用法律形式規定金銀之間的比價，金銀按法定比價流通的本位制。在這種制度下，如果市場金銀比價大幅度波動，就會出現金幣或銀幣的實際價值與名義價值相背離的現象。這時實際價值高於名義價值的鑄幣即良幣就會被人熔化，退出流通領域，而實際價值低於名義價值的貨幣即劣幣則會充斥市場，這就是「劣幣驅逐良幣」規律，又稱為「格雷欣法則」。

第三種形態：跛行本位制。在由金銀復本位制向金本位制過渡時期，還出現過一種跛行本位制。跛行本位制與雙本位制的區別僅僅在於金幣可以自由鑄造而銀幣不能自由鑄造，已發行的銀幣照樣流通，但停止自由鑄造。這樣經過一段時間后，流通中的金幣逐漸增多，而銀幣則逐漸減少，直至最后銀幣完全停止流通，成為金本位制。

③ 金本位制。金本位制是以黃金作為本位貨幣幣材的制度，分別有三種形式：

第一種形式：金幣本位制。金幣本位制是典型的金本位制，在這種制度下，金

第六章 金融概論

幣可以自由鑄造,具有無限法償能力,黃金可以自由輸出輸入。輔幣和銀行券可以自由兌換成金幣。

第二種形式:金塊本位制。金塊本位制又稱生金本位制,是沒有金幣流通的金本位制。它廢除了金幣可以自由鑄造,自由流通的規定。在這種本位制下,銀行券代替金幣流通,規定銀行券的含金量,用銀行券可以兌換為金塊,但這種兌換的起點很高。如英國在1925年實行金塊本位制時規定,居民用銀行券兌換黃金的最低起點是1,700英鎊以上;法國1928年規定在215,000法郎以上方可兌換。

第三種形式:金匯兌本位制。金匯兌本位制又稱虛金本位制。它是指國家規定金為本位幣,但國家並不鑄造和使用,只發行具有含金量的銀行券,並且銀行券在國內不能兌換黃金,只能兌換成外匯,然后用外匯到國外才能兌換黃金的制度。

④紙幣本位制。紙幣本位制是以不兌現的紙幣為主幣的貨幣制度。曾在世界廣泛實行的金本位制崩潰后,世界各國轉而實行這種貨幣制度。這種制度的主要特徵是:貨幣不再與黃金掛鈎,既不規定含金量,也不能兌換黃金;貨幣發行不再需要黃金準備;貨幣的成本費用微不足道,並且受政府不同程度的控制。

(2)規定貨幣單位。貨幣單位包括兩個方面的內容:一是規定貨幣單位的名稱。貨幣單位的名稱最早與貨幣商品的自然單位和重量單位相一致,后來由於種種原因,有的保持原名,有的重新取名。一國貨幣單位名稱往往就是該國貨幣的名稱,如幾個國家同用一個單位名稱,則在前面加上國家名。中國則較為特殊,貨幣名稱是「人民幣」,貨幣單位是「元」;二是規定貨幣單位的「值」。在1973年之前是通過規定單位貨幣含金量來表示該貨幣的價值,如美國1934年1月法令規定,1美元等於純金0.888,671克。1973年美元與黃金脫鈎,以后各國都相繼取消了貨幣含金量規定。

(3)規定通貨的鑄造、發行和流通。通貨包括金屬貨幣、銀行券或紙幣。貨幣制度要對這些通貨的鑄造、發行和流通做出具體的規定。

在金屬貨幣流通條件下,本位幣是足值貨幣,即本位幣的名義價值與實際價值是一致的,有法定的重量和成色,具有無限法償能力,即法律規定不論每次支付數額多少,商品出售者和債權人都不得拒絕接受;輔幣是本位幣以下的小額貨幣,供日常交易與找零用。輔幣通常用銅、鎳、鋁等賤金屬鑄造,因而輔幣是不足值的鑄幣,限制鑄造,有限法償。

在紙幣流通條件下,本位貨幣都是不兌現的信用貨幣或是作為價值符號的紙幣,通常情況下由一國的中央銀行壟斷發行,中央銀行發行的銀行券或紙幣是以國家信用作擔保的法定支付手段。

(4)確定準備金制度。這一制度就是國家規定把貴金屬集中到中央銀行或國庫。在金本位制度條件下,黃金準備的主要作用表現為:充當國際支付的準備金,充當國內金屬貨幣流通的準備金,充當支付存款和兌換銀行券的準備金。在紙幣流通條件下,后兩項作用已失去存在的意義,只有第一項作用得以保留下來,但黃金

準備對穩定貨幣流通、平衡國際收支的意義仍然十分重要。

二、貨幣流通

(一) 貨幣流通的概念和形式

1. 貨幣流通的概念

在物物交換階段，商品交換不改變自身的形態，只改變所有者所掌握的使用價值，其形式是 $W-W$；當貨幣出現並加入到商品交換過程後，商品流通的形式變為 $W-G-W$。因此，貨幣流通是指以貨幣作為流通手段和支付手段在商品交換過程中所形成的連續不斷的運動。要全面地理解貨幣流通的概念，還應把握商品流通與貨幣流通的關係。從貨幣的產生可見，貨幣流通是由商品流通引起並為商品流通服務，是商品流通借以實現的形式或商品流通的外在表現形式。但貨幣流通不是完全被動地反應商品流通，而是具有一定的獨立性，其特點是：① 貨幣流通以貨幣形態出現，且不論媒介於多少次商品流通，其形態都始終不變；而商品流通反應的是不同使用價值間的商品交換，商品形態在流通中不斷變化；② 貨幣流通與商品流通的流通方向不同，而且恰好相反；③ 貨幣流通與商品流通的流通次數不同，商品流通一般是一次性的，而貨幣流通是多次的；④ 貨幣流通與商品流通的流通範圍不同，因為貨幣作為支付手段可以超越商品流通範圍。

2. 貨幣流通的形式

目前，貨幣流通主要包括現金流通和非現金流通即現金和存款貨幣流通兩種形式。

現金流通的特點是涉及面廣，支付次數多，每次支付額較小。中國現金流通主要服務於與居民生活相關的貨幣收支。現金投放的渠道主要有：向個人發放的工資、獎金和救濟金等，收購農副產品，企事業單位的日常辦公經費，個人消費貸款等。現金回籠的渠道主要有：居民購買生活資料的商品回籠、居民享受各種服務的服務回籠、以現金形式繳納稅費和購買國債的財政回籠、儲蓄存款的信用回籠等。

非現金流通主要服務於國家機關、企事業單位之間發生的貨幣收支。非現金流通可以節省大量的現金流通費用，減少現金流通風險，加速資金週轉，也能為金融機構對國民經濟的反應、監督和調節提供條件。非現金流通的形式主要有：商品交易結算、服務結算、財政收支和信貸收支等。

隨著市場經濟的深入發展和信用制度的不斷完善，非現金流通在國民經濟活動中將占據更重要的位置。

(二) 貨幣流通規律

貨幣流通規律，是指流通中貨幣必要量（又稱貨幣需要量）的規律。它表明流通中貨幣必要量的決定因素以及它們之間量的變化關係。

在貨幣流通領域存在著貨幣流通量和貨幣必要量兩個概念。貨幣總是在不停地

第六章　金融概論

運動，因此，流通領域始終保持著一定數量的貨幣，這種流通領域實際存在的貨幣數量就是貨幣流通量；而貨幣必要量或貨幣需要量是指在一定時期內、一定規模的商品生產和流通情況下，國民經濟發展所需要的貨幣數量，它是流通中貨幣數量的客觀界限。貨幣流通量與貨幣必要量往往不一致，貨幣必要量是由貨幣流通規律決定的。

1. 金屬貨幣流通規律

金屬貨幣流通規律，是指在金屬貨幣流通條件下，商品流通決定貨幣必要量的規律。馬克思分析金屬貨幣的流通規律是在勞動價值論的基礎上進行的。如果貨幣價值不變，流通中的貨幣需要量就由流通中的商品價格總額來決定，但由於同一貨幣可在一定時間內流通多次，貨幣流通速度可以補充它的數量。因此，決定貨幣必要量的因素有：①商品數量；②商品價格總額；③貨幣流通速度。則貨幣流通規律的基本公式為：

$$貨幣需要量 = \frac{商品價格總額}{貨幣流通速度}$$

從公式可見，流通中的貨幣必要量與商品價格總額成正比，與貨幣流通速度成反比，這就是金屬貨幣流通規律的實質內容。

2. 紙幣流通規律

紙幣流通規律是指在紙幣流通條件下，金屬貨幣必要量決定紙幣發行量的規律。由於紙幣取代金屬貨幣成為流通中的貨幣形式，使得商品流通對貨幣的需要量變得複雜了。因為紙幣是價值符號，本身沒有價值，不具有自動調節貨幣流通的功能。因此，流通中無論發行了多少紙幣量，它都只能代表流通中的金屬貨幣必要量。用公式表示為：流通中全部紙幣所代表的價值量＝流通中貨幣必要量。則紙幣流通規律的基本公式為：

$$單位紙幣所代表的價值量 = \frac{流通中貨幣必要量}{紙幣發行總量}$$

上述公式表明，紙幣數量越多，單位紙幣所代表的金屬貨幣量就越少；紙幣量越少，單位紙幣所代表的金屬貨幣量就越多。過多地發行紙幣，就會引起單位紙幣實際代表的貨幣金屬量低於它名義上所代表的量，這就是所謂的「紙幣貶值」。由此可見，紙幣流通規律是在金屬貨幣流通規律基礎上產生的，並受金屬貨幣流通規律的制約。

第二節　信用

在商品經濟不斷發展的過程中，貨幣及商品在各經濟主體之間的分佈是不均衡的，需要通過資金融通的方式調劑余缺，以便最充分地配置資源，信用關係便是最早形成的一種資金融通方式。

一、信用的產生

（一）信用的概念

「信用」（Credit）一詞是我們在學習西方文明的過程中引進的。在非經濟學的應用中，信用表示恪守諾言，具有「信譽」和「信任」等含義。在經濟學的應用中，通常表示為因使用現在的財產或貨幣，承諾將來償付的一種行為。在金融學中，簡單講，信用就是一種借貸行為，它是以償還和付息為條件的一種特殊的價值運動形式。

信用關係是由借貸雙方構成的債權債務關係。在商品經濟中，商品和貨幣在各個所有者之間的分佈是不均衡的：商品所有者急於出售商品換回貨幣，商品需求者則可能因缺少貨幣而無法購買商品，與此同時可能還有一些人持有閒置貨幣。在這種情況下要使買賣成交，或者由需要購買商品者向持有閒置貨幣者借入貨幣，或者由商品所有者用延期付款的方式出售商品。這就產生了借者和貸者之間的債權債務關係，即信用關係。

信用是一種特殊的價值運動形式。一般的價值運動形式是所有權的對等轉移，在時間上緊密結合。如買賣行為是商品與貨幣的對等轉移，即錢出去，貨回來；或貨出去，錢回來。而借貸引起的價值運動却是價值單方面的轉移：或者是先讓渡商品，一段時間后收回商品或貨幣；或者是先貸出貨幣，一段時間后再收回貨幣。這種時間上的分離實質上是貨幣或商品的所有權和使用權的分離。貸者讓渡的是貨幣或商品的使用權，保留所有權，即債權；借者得到的只是使用權，即債務，日後要按期歸還。債權債務關係要用書面憑證或契約方式確認並受法律保護。

信用以償還和付息為條件，償還是信用活動的基本條件。因為貸者保留了所有權，讓渡的只是使用權，這就要求借者在一定時期內要歸還所借的本金；付息是信用活動的重要條件，是與讓渡使用權相伴隨的必要回報，體現著等價交換的原則。貸者之所以貸出，是因為有權取得利息；借者之所以可能借入，是因為承擔了付息的義務。

（二）信用的構成要素

1. 債權債務關係

信用關係一經確立，必然存在授信者和受信者雙方。授信者是信用的提供者，

第六章　金融概論

即債權人，擁有到期要求債務人歸還本金和獲得利息的權利；而受信者是信用的接受者，即債務人，應承擔到期履約還款和付息的義務。債權債務關係構成信用的基本要素。

2. 信用工具

信用工具是債權債務關係的載體。早期信用多用口頭約定確定債權債務關係，但往往會因為口說無憑而引起爭執，因此后來發展為帳簿信用，由雙方當事人記帳為憑據，該種方式簡便易行，而且比口頭約定可靠，但由於沒有任何證件往來，一旦出現錯記、漏記或債務人賴帳，便無從查證。因此，現代信用以授受信用的雙方通過書面文件來確定債權債務關係。這種用於證明債權債務關係並具有法律效力的書面文件，我們稱之為信用工具。信用工具是證明信用關係存在的載體，在未到期前還可轉讓，適用性強，是信用的必備要素。

信用工具一般具有償還性、流動性、風險性和收益性等特點。償還性是指信用工具按不同償還期償還的要求；流動性是指信用工具在不受或少受損失的情況下隨時或迅速變為現金的能力；風險性是指購買信用工具的本金和預期收益遭受損失的可能性；收益性是指信用工具能給持有者帶來一定的收益。信用工具這幾個特徵之間存在著密切的關係，如風險性越低，則收益性越差；償還期越短，則流動越好；流動性越差，則收益性越好。

3. 時間間隔

時間間隔也即借貸期限。無論何種信用形式都有一定的時間間隔，其期限長短主要取決於借貸雙方的需要與可能。在現代信用中，借者要利用這段時間運用所借資本實現保值增值，以保證還本付息，並實現自身經濟目的。對貸者來說，期限越長，機會成本越大，風險也越大，因此所要求得到的回報（即利息）也越多。

4. 利率

利率是一定時期的利息與本金之比，是信用回報高低的表現，也是信用的必備要素之一。

（三）信用的產生

信用是人類社會發展到一定歷史階段的產物。

首先，商品經濟的發展是信用產生的基礎。最早的商品交換是純粹的物物交換，當貨幣產生之後，又借助貨幣進行「一手交錢，一手交貨」，這種錢貨兩清的交換並不是一種信用行為。隨著商品交易的不斷擴大，在商品交換過程中存在著商品或貨幣在時間和空間上分佈的不均衡現象，即商品或貨幣時多時少，時余時缺，此多彼少，此余彼缺，於是商品買賣採取了延期支付的形式，賣者因賒銷商品成為債權人，而買者因賒購商品成為債務人，這種債權債務關係的存在即是信用關係的產生。

其次，私有制是信用產生的前提。如果沒有私有制，付出不必考慮收回，取得也無須顧慮將來能否歸還，更不可能提出利息的問題，即是說，沒有私有制，就不存在讓渡使用權的問題，因此就不可能存在信用問題。在原始社會末期，隨著原始

公社開始解體,產生了私有制,出現了貧富差距。貧困者為了生存,必須向富有者借債,這就是最初的信用。

信用產生以後,經歷了一個長期的發展變化過程。早期的信用是實物借貸,貨幣出現以後,逐漸發展為貨幣借貸。人類歷史上最早的信用形式是高利貸,其產生於原始公社瓦解時期,在奴隸社會和封建社會得到了廣泛的發展。

二、現代信用形式

現代信用形式是現代信用活動的具體表現形式。現代信用形式多種多樣,從研究的角度和研究的目的的不同,可以對現代信用進行不同的分類。如按借貸時間的不同,可分為短期信用、中期信用和長期信用;按信用發展的不同階段,可分為高利貸信用、資本主義信用和社會主義信用;按信用的不同參與者,可分為直接信用和間接信用。下面就以信用主體為標準來介紹現代經濟活動中的信用形式。

(一) 商業信用

1. 商業信用的概念

商業信用是指企業之間相互提供的、與商品交易直接聯繫的信用,其主要形式有賒購賒銷,即預付貨款和延期付款。

2. 商業信用的特點

(1) 商業信用是以商品形態提供的信用,是買賣和借貸兩種不同經濟行為的統一。當一個企業把商品賒銷給另一個企業時,商品的所有權發生了轉移,即由賣者手中轉移到買者手中。雖然從這個意義上說,此時商品買賣行為已經完成了,但由於商品的貨款並沒有立即支付,買者成了債務人,而賣者成了債權人,買賣雙方即形成了一種債權債務關係。可見,商業信用本身就包含著兩種不同的經濟行為——買賣和借貸,在借貸的同時實現了商品的買賣。

(2) 商業信用是一種直接信用,有利於加強企業之間的聯繫。商業信用的債權人和債務人都是企業,只要企業雙方同意即可簽訂延期付款或預付貨款的合同或協議。其方式靈活,手續簡便,無須信用仲介機構的介入,就可以自發地實現商品形態向貨幣形態的轉化。

3. 商業信用的局限性

商業信用本身的特點,決定了它的存在和發展有一定的局限性,主要表現在:

(1) 規模和數量上的限制。由於商業信用屬於直接信用,其授信的規模要受提供信用的企業所擁有的資金數額的限制,企業能賒銷的商品只能是商品資金的一部分。

(2) 方向和使用範圍上的限制。商業信用具有嚴格的方向性,企業只能向需要該種商品的企業提供信用,而不能向任何企業提供;此外,由於商業信用是直接信用,借貸雙方只有在相互瞭解對方的信譽和償債能力的基礎上才可能建立商業信用

第六章　金融概論

關係，因而商業信用在使用範圍上將受到限制。

(二) 銀行信用

(1) 銀行信用的概念。銀行信用是指銀行等金融機構通過吸收存款、發放貸款的方式提供的信用。

(2) 銀行信用的特點。銀行信用具有以下兩大特點：① 銀行信用是一種間接信用。在銀行信用中，銀行一方面以債務人的身分從社會上廣泛吸收暫時閒置的貨幣資金，另一方面又以債權人的身分向企業或個人提供貨幣資金，成為社會的信用仲介。② 銀行信用可以不受企業資金規模、使用方向及使用範圍的限制。銀行信用是以貨幣形態集中社會暫時閒置的貨幣資金，因為其資金來源廣，不受個別企業資金規模的限制，也不受商品流向的限制，能向任何生產部門提供。

由於銀行信用克服了商業信用的局限性，大大擴充了信用的範圍、數量和期限，可以在更大程度上滿足社會經濟發展的需要，所以銀行信用成了現代信用的主要形式。

(三) 國家信用

國家信用又稱為國家財政信用或財政信用，它是以國家或政府為債務人的一種信用形式。廣義的國家信用還應包括國家以債權人身分發放的財政貸款或政府貸款，這裡主要指狹義的國家信用，也即國債。

國家信用既屬於信用體系範疇，也屬於財政體系範疇，其基本形式是國家公債。按發行範圍劃分，國債分為國內國債和國外國債。國內國債（內債）是國家向國內的居民、企業、社會團體等發行債券籌集資金的信用形式；國外國債（外債）是國家以債務人身分向國外的居民、企業、社會團體、國際金融機構、外國政府等發行債券或取得借款的信用形式。

國家信用與商業信用及銀行信用不同，它與生產和流通過程沒有直接關係。用這種信用籌集的資金，由國家統一掌握和使用，在經濟生活中是不可忽視的重要因素，發揮著特殊的作用，如調節財政收支的不平衡、調節貨幣流通等。

利用國家信用必須注意防止以下兩個問題：一是防止出現赤字貨幣化。所謂赤字貨幣化是指政府發行國債彌補赤字，如果向中央銀行推銷國債，而中央銀行又無足夠的資金承購，中央銀行就有可能通過發行貨幣來認購國債，從而導致貨幣投放過度，從而引發通貨膨脹；二是防止國債發行規模不當，造成財政更加困難，陷入發新債還舊債的不利局面。

(四) 消費信用

消費信用是工商部門或金融機構對消費者個人所提供的信用。主要是為消費者購買房屋、汽車等耐用消費品服務。在前資本主義社會，商人向消費者個人採用賒銷方式出售商品時，已產生了消費信用。但一直到 20 世紀 40 年代后半期，消費信用才開始得到發展，20 世紀 60 年代是消費信用快速發展的時期，其原因有兩個：一是凱恩斯需求理論得到認同，各國大力鼓勵消費信用，以消費帶動生產；二是戰

后經濟增長快而穩定，人們收入有較大幅度的提高，對消費信用的需求有了大幅度的提高。廠商和金融機構也因人們收入水平的提高而減少了對消費信用風險的顧慮，敢於積極提供消費信用，從而使消費信用得到了快速發展。

消費信用主要有賒銷、分期付款、消費貸款三種方式。前兩種做法類似於商業信用，后一種做法類似於銀行信用。與上述信用不同的是，在消費信用中，受信者是消費者個人。

（五）租賃信用

租賃信用一般由專業租賃公司或各類信託公司辦理。租賃信用是出租者將物品使用權出租給承租人，在租賃期間收取租金的信用形式，主要有經營性租賃和融資性租賃兩種形式。

經營性租賃以設備的使用為目的，指出租人將自己經營的設備和用品出租的租賃形式，租賃期滿后，出租人收回租賃物；融資性租賃是以融通資金為主要目的，指出租人應承租人的要求購買租賃物，然後出租給承租人使用的租賃形式。這種業務的主要做法是：先由客戶自行向製造廠或供貨商選好所需設備，並談妥規格、價格和交貨條件等，然後由租賃公司用自己的資金買下設備，並同時與客戶簽訂租賃合約，使其取得設備使用權，客戶則按期繳納租金。這種融資性租賃的合約期限應基本上與設備的預計使用壽命相同，因為它是以承租人對設備的長期使用為前提的。在合約有效期內，任何一方均不得單方面撕毀合約。只有當設備毀壞或被證明已喪失使用效能的情況下才能終止合約的執行。租賃合約到期后，客戶可以按優惠利率繼續租用，也可以按市價購買該設備，或者將設備退還給租賃公司。在承租期間，租賃公司由客戶收取的租金包括購買設備的成本、貸款資金利息和公司應獲得的利潤三部分。

（六）民間信用

民間信用是指居民個人之間以貨幣或實物形式所提供的信用，主要是適應居民之間為解決生活和生產等方面的費用需要而產生的一種信用形式。

在中國農村，民間信用由來已久，新中國成立前，它普遍帶有高利貸性質。新中國成立后，中國的民間信用規模和範圍都很小，主要是用於解決生活方面的困難。改革開放以來，隨著經濟的發展尤其是個體經濟和私營經濟的發展，民間信用得到了長足的發展。民間信用是銀行信用和國家信用的重要補充，但國家必須給予正確引導，並加強管理。

第三節　利息及利息率

一、利息

利息（Interest）究竟來自於何處，其本質是什麼？這是一個爭論已久的問題，

第六章 金融概論

如利息報酬說、流動性偏好說、節欲論等。

那麼，到底什麼是利息呢？我們認為，利息是資金所有者出借資金而取得的報酬。或者說，利息是借款人因使用資金而支付給貸款人的代價。實際上，利息就是借貸資金的「價格」，它是資金借款人適當地運用該筆資金而形成的利潤中的一部分。

二、利息率

（一）利息率的概念及一般表示方法

利息率即利率（Interest Rate），它是指一定時期內所形成的利息額與本金額的比率。利率通常分為年利率（用百分數表示）、月利率（用千分數表示）和日利率（用萬分數表示）。年利率是以年為單位計算利息；月利率是以月為單位計算利息；日利率，又叫「拆息」或「日拆」，是以日為單位計算利息。月利率＝年利率/12；日利率＝年利率/360；日利率＝月利率/30。利率單位包括「分」「厘」「毫」。在中國，不論年息、月息和拆息都習慣採用「厘」作單位，但它們之間的實際差別卻很大。

（二）利率的種類

按照不同的標準，利率可以劃分為各種不同的類別。

1. 基準利率和非基準利率

按利率在利率體系中的地位和作用，可以將利率分為基準利率和非基準利率。

基準利率，是指在整個利率體系中處於關鍵地位、起決定作用的利率。它是帶動和影響其他利率的利率，即基準利率發生變動，其他利率相應也會發生變動，基準利率的變動預示著利率體系的變動趨勢，甚至在某種程度上影響著人們的預期，具有所謂的告示效應。

西方國家傳統上把中央銀行的再貼現率作為基準利率，現已有所變化，各國不盡相同。如，美國主要是聯邦儲備系統確定「聯邦基金利率」，該系統也同時發布貼現率；歐洲中央銀行則發布三個指導利率：有價證券回購利率、中央銀行對商業銀行的隔夜貸款利率以及商業銀行在中央銀行的隔夜存款利率；中國則把中國人民銀行對商業銀行等金融機構的存、貸利率當作基準利率，隨著貨幣政策工具的轉換，中央銀行的再貼現率將逐步成為中國利率體系中的基準利率。

非基準利率，是指基準利率以外的所有其他利率，它在利率體系中處於次要地位，起非決定性作用。不過，在所有的非基準利率中，它們各自的地位和作用也是有一定區別的。

2. 名義利率和實際利率

按是否考慮通貨膨脹的影響，利率可分為名義利率和實際利率。

名義利率是指以現實貨幣為標準計算的利率，即金融市場上的利率，它包含了

物價變動率等通貨膨脹因素；實際利率是指名義利率扣除了物價變動率等因素後的真實利率，即相當於物價水平不變、貨幣購買力不變條件下的名義利率。兩者之間的關係是：

$$名義利率 = 實際利率 + 通貨膨脹率$$

3. 市場利率和官定利率

按利率管理體制，可以將利率分為市場利率和官定利率。

市場利率是由市場資金的供求關係所決定的，通過市場自由競爭所形成的利率。官定利率是由政府金融管理部門或中央銀行確定的利率，也稱為法定利率，它是國家實現宏觀調控目標的一種政策手段。市場利率和官定利率會相互影響、相互制約。官定利率在一定程度上對市場利率起導向作用，但官定利率的制定也要參照當時的市場利率。一般來說，市場經濟越發達的國家，市場利率所占的比重就越大。中國目前的利率市場化程度很低，基本上屬於官定利率。因而官定利率在中國的利率體系占絕大部分。

還有一種介於市場利率與官定利率之間的利率，叫公定利率，是指由非政府部門的金融民間組織所確定的利率，如銀行公會確定的利率，它在一定程度上反應了非市場的強制力量對利率形成的干預。

4. 固定利率和浮動利率

按借貸期內利率是否調整，可分為固定利率和浮動利率。

固定利率是指在整個借貸期內利率固定不變，不隨市場利率的變化進行調整的利率。實行固定利率，有利於借貸雙方準確計算成本與收益，但在通貨膨脹條件下，對債權人尤其是對長期放款的債權人會帶來較大的損失。

浮動利率是指在借貸期內可隨市場利率的變化而定期調整的利率。根據借貸協議，在規定時間內依據市場利率進行調整，一般調整期為半年。浮動利率雖可減少債權人的損失，但因手續繁雜，因而多用於三年以上的借貸及國際金融市場。

此外，還可按期限長短的不同，將利率分為長期利率和短期利率；按是否具有優惠性質，將利率分為一般利率和優惠利率；按銀行存貸款業務的不同，分為存款利率和貸款利率等。

(三) 決定和影響利率的主要因素

利率水平的高低是由許多因素共同作用形成的。一般來說，決定和影響利率水平主要有以下因素：

1. 社會平均利潤率

按照馬克思的利率決定論，利率與平均利潤率是同方向運動的。即是說，利率是隨著平均利潤率的提高而提高、隨著平均利潤率的降低而降低。但利率的波動要受上下限制約，利率的上限必須低於平均利潤率，否則工商企業借款經營將無利可圖而不願意取得貸款；利率的下限則必須大於零，否則銀行及其他金融機構也會因無利可圖而不願意發放貸款，因而利率只能在平均利潤率和零之間進行變動。

第六章 金融概論

2. 借貸資金供求狀況

這是影響市場利率最直接最明顯的因素。在市場經濟條件下，市場上借貸資金的供求狀況決定著利率水平的高低。市場上借貸資金供不應求時，利率就會上升；反之，利率下降。這一規律與市場經濟條件下價格的形成與決定理論相似。

3. 通貨膨脹率

利率與通貨膨脹率緊密相關，當流通領域出現通貨膨脹率時，利率水平也要相應提高。因為在通貨膨脹條件下，如果名義利率不提高，實際利率必然下降，這會影響信貸資金的來源和貸款人的經濟利益。若實際利率出現負數，則會對經濟生活產生消極和負面影響。

4. 國家經濟政策

在市場經濟條件下，利率是國家進行宏觀調控的重要經濟手段之一，如國家實行擴張性的貨幣政策，利率總水平就要下降；相反，國家實行緊縮性的貨幣政策，利率總水平就會提高。

5. 國際利率水平

在世界經濟逐漸走向一體化的今天，國際金融市場的利率水平及其變動趨勢必然對某國的利率水平具有很強的引導作用。如2008年，受國際金融局勢的影響，中國及時改變金融政策，多次調低存貸款利率和法定存款準備金率。

當然，影響利率變動的因素還很多，如借貸風險、借貸期限、利率管制等。任何一個時期的利率，都是由多種因素綜合決定的。

(四) 中國利率市場化改革進程

1. 利率市場化的提出

1993年黨的十四大《關於金融體制改革的決定》提出，中國利率改革的長遠目標是：建立以市場資金供求為基礎，以中央銀行基準利率為調控核心，由市場資金供求決定各種利率水平的市場利率體系的市場利率管理體系。黨的十四屆三中全會《中共中央關於建立社會主義市場經濟體制若干問題的決定》中提出，中央銀行按照資金供求狀況及時調整基準利率，並允許商業銀行存貸款利率在規定幅度內自由浮動；2003年，黨的十六大報告提出：穩步推進利率市場化改革，優化金融資源配置。黨的第十六屆三中全會《中共中央關於完善社會主義市場經濟體制若干問題的決定》中進一步明確「穩步推進利率市場化，建立健全由市場供求決定的利率形成機制，中央銀行通過運用貨幣政策工具引導市場利率。」

2. 利率市場化改革的基本思路

根據十六屆三中全會精神，結合中國經濟金融發展和加入世貿組織後開放金融市場的需要，人民銀行將按照先外幣、後本幣，先貸款、後存款，存款先大額長期、後小額短期的基本步驟，逐步建立由市場供求決定金融機構存、貸款利率水平的利率形成機制，中央銀行調控和引導市場利率，使市場機制在金融資源配置中發揮主導作用。

3. 利率市場化改革的詳細進程

(1) 1986年1月7日，國務院《中華人民共和國銀行管理暫行條例》規定：專業銀行資金可以相互拆借，資金拆借期限和利率由借貸雙方協商議定。

(2) 1987年1月，《關於下放貸款利率浮動權的通知》規定：商業銀行可根據國家的經濟政策，以國家規定的流動資金貸款利率為基準上浮貸款利率，浮動幅度最高不超過20%。

(3) 1990年3月，人民銀行《同業拆借管理試行辦法》規定：同業拆借市場運行規則，拆借利率實行上限管理的原則。

(4) 1991年，國債發行採用承購包銷，是國債發行轉向市場化的一種形式。

(5) 1996年1月1日，同業拆借業務全部通過全國統一的同業拆借市場網路辦理，生成了中國銀行間拆借市場利率（CHIBOR）。

(6) 1996年5月，貸款利率的上浮幅度由20%縮小為10%，下浮10%不變，浮動範圍僅限於流動資金貸款。

(7) 1996年6月1日，人民銀行《關於取消同業拆借利率上限管理的通知》明確了銀行間同業拆借市場利率由拆借雙方根據市場資金供求自主確定，實現了銀行間同業拆借市場利率市場化。這標誌著中國利率市場化已邁出了具有開創意義的一步，為此後的利率市場化改革奠定了基礎。

(8) 1996年6月，人民銀行頒布《貸款通則》，1996年8月1日起施行，《貸款通則》對規範金融機構信貸行為，防範和化解金融風險，依法保障金融債權，起到了重要作用。但隨著中國經濟體制改革的深入和金融市場的發展，《貸款通則》中的部分內容和條款已不適應當前客觀經濟發展和信貸管理的需要，並對金融機構信貸投放，特別是對小微企業、「三農」的信貸投放產生了制約影響。對此，建議對《貸款通則》進行必要的修改、補充，以更好地發揮其對小微企業、「三農」的融資支持作用。

(9) 1996年，通過證券交易所市場平臺實現了國債的市場化發行。

(10) 1997年6月，銀行間債券市場正式啟動，同時放開了債券市場債券回購和現券交易利率。人民銀行《關於銀行間債券回購業務有關問題的通知》中明確規定：利用全國統一的同業拆借市場開辦銀行間債券回購業務；銀行間債券回購利率和現券交易價格同步放開。

(11) 1998年3月，改革再貼現利率及貼現利率的生成機制，放開了貼現和轉貼現利率。貼現利率和轉貼現利率在再貼現利率的基礎上加點生成，在不超過同期貸款利率（含浮動）的前提下由商業銀行自定。再貼現利率成為中央銀行一項獨立的貨幣政策工具，服務於貨幣政策需要。

(12) 1998年9月，放開了政策性銀行金融債券市場化發行利率，國家開發銀行通過人民銀行債券發行系統公開招標發行了金融債券。中國進出口銀行以市場化方式發行金融債券。

第六章　金融概論

（13）1998年10月，金融機構（不含農村信用社）對小企業的貸款利率最高上浮幅度由10%擴大到20%；農村信用社貸款利率最高上浮幅度由40%擴大到50%。

（14）1999年4月1日，縣以下金融機構發放貸款的利率最高可上浮30%。

（15）1999年9月1日，商業銀行對中小企業的貸款利率最高上浮幅度擴大為30%，對大型企業的貸款利率最高上浮幅度為10%，貸款利率下浮幅度為10%。農村信用社浮動利率政策保持不變。

（16）1999年10月，成功實現了國債在銀行間債券市場利率招標發行，國債發行也開始採用市場招標形式，從而實現了銀行間市場利率、國債和政策性金融債發行利率的市場化。

（17）1999年，人民銀行轉發了建設銀行、上海銀行的貸款浮動利率管理辦法，要求商業銀行以此為模板，制定各行的貸款浮動利率管理辦法、編製有關模型和測算軟件、建立利率定價授權制度。人民幣貸款利率浮動範圍逐漸擴大。

（18）1999年10月，人民銀行批准中資商業銀行法人對中資保險公司法人試辦由雙方協商確定利率的大額定期存款（最低起存金額3,000萬元，期限在5年以上不含5年），進行了存款利率改革的初步嘗試。人民幣存款利率市場化從大額存款入手，過渡到利率上限管理。

（19）2000年9月21日，實行外匯利率管理體制改革，放開了外幣貸款利率；300萬美元以上的大額外幣存款利率由金融機構與客戶協商確定；300萬美元以下的小額外幣存款利率仍由人民銀行統一管理。

（20）2002年1月：擴大農村信用社利率改革試點範圍，進一步擴大農信社利率浮動幅度；統一中外資外幣利率管理政策。逐步擴大金融機構貸款利率浮動權，簡化貸款利率種類，取消了大部分優惠貸款利率，完善了個人住房貸款的利率體系。

（21）2002年2月，全國社會保障基金理事會試點協議存款。

（22）2002年3月，人民銀行統一了中、外資金融機構外幣利率管理政策，將境內外資金融機構對中國居民的小額外幣存款，納入人民銀行現行小額外幣存款利率管理範圍，實現中外資金融機構在外幣利率政策上的公平待遇。

（23）央行於2002年頒布的《中國人民銀行關於取締地下錢莊及打擊高利貸行為的通知》中規定：民間個人借貸利率由借貸雙方協商確定，但雙方協商的利率不得超過中國人民銀行公布的金融機構同期、同檔次貸款利率（不含浮動）的4倍。超過上述標準的，應界定為高利借貸行為。

（24）2002年12月，已完成養老保險個人帳戶基金改革試點的省級社會保險經辦機構試點協議存款。

（25）2003年7月，放開了英鎊、瑞士法郎和加拿大元的外幣小額存款利率管理，由商業銀行自主確定。小額外幣存款利率由國家制定並公布，幣種由7種減少到境內美元、歐元、港幣和日元4種。

（26）2003年8月，允許試點地區農村信用社的貸款利率上浮不超過貸款基準

利率的 2 倍。

（27）2003 年 11 月，小額外幣存款利率下限放開，對美元、日元、港幣、歐元小額存款利率實行上限管理，商業銀行可根據國際金融市場利率變化，在不超過上限的前提下自主確定。

（28）2003 年 11 月，國家郵政局郵政儲匯局獲準與商業銀行和農村信用社開辦郵政儲蓄協議存款（最低起存金額 3,000 萬元，期限降為 3 年以上不含 3 年）。

（29）2003 年，再次強調各商業銀行和城鄉信用社應進一步制定完善的貸款利率定價管理制度和貸款利率浮動的管理辦法。

（30）2004 年 1 月 1 日，人民銀行再次擴大金融機構貸款利率浮動區間。商業銀行、城市信用社貸款利率浮動區間擴大到 [0.9, 1.7]，農村信用社貸款利率浮動區間擴大到 [0.9, 2]，貸款利率浮動區間不再根據企業所有制性質、規模大小分別制定。擴大商業銀行自主定價權，提高貸款利率市場化程度，企業貸款利率最高上浮幅度擴大到 70%，下浮幅度保持 10% 不變。在擴大金融機構人民幣貸款利率浮動區間的同時，推出放開人民幣各項貸款的計、結息方式和 5 年期以上貸款利率的上限等其他配套措施。

（31）2004 年 3 月 25 日，實行再貸款浮息制度，在再貸款基準利率基礎上適時加點。

（32）2004 年 10 月 28 日，中國人民銀行對利率進行調整，金融機構一年期存款基準利率上調了 0.27 個百分點，一年期的基準貸款利率由 5.31% 提高到 5.58%，同時取消除城鄉信用社之外的貸款利率上限；2004 年 10 月 29 日起，放開商業銀行貸款利率上限，城鄉信用社貸款利率浮動上限擴大到基準利率的 2.3 倍，建立人民幣存款利率下浮制度，同時中國人民銀行決定放開人民幣存款利率的下限。

（33）2004 年 11 月，放開 1 年期以上小額外幣存款利率。2004 年 11 月 18 日，放開小額外幣存款 2 年期的利率檔次，由商業銀行自行確定並公布。

（34）2005 年 3 月 17 日，放開金融機構同業存款利率，修改和完善人民幣存、貸款計息和結息規則，允許金融機構自行確定除活期和定期整存整取存款外的其他存款種類的計息和結息規則。

（35）2005 年 5 月，人民銀行宣布全國銀行間債券市場債券遠期交易管理規定。

（36）2005 年 5 月 16 日，債券遠期交易正式登陸全國銀行間債券市場。

（37）2005 年 7 月 21 日，國家實行以「市場供求為基礎的、參考一籃子貨幣進行調節、有管理浮動匯率制度」以後，中國利率市場化改革又注入了新的內容。

（38）2006 年 9 月 6 日，人民銀行決定建立報價制的中國貨幣市場基準利率 Shibor。

（39）2006 年 2 月，中國人民銀行發布了《中國人民銀行關於開展人民幣利率互換交易試點有關事宜的通知》，明確了開展人民幣利率互換交易試點的有關事項。

（40）2006 年 2 月 9 日，國家開發銀行與中國光大銀行完成首筆人民幣利率互

換交易。人民幣利率衍生工具在中國金融市場正式登場。

(41) 2007年1月4日，中國貨幣市場基準利率Shibor開始正式投入運行。

(42) 2008年5月8日，銀監會、人民銀行發布關於小額貸款公司試點的指導意見，意見規定，小額貸款公司按照市場化原則進行經營，貸款利率上限放開，但不得超過司法部門規定的上限，下限為人民銀行公布的貸款基準利率的0.9倍，具體浮動幅度按照市場原則自主確定。

(43) 2008年10月，商業性個人住房貸款利率下限擴大到基準利率的0.7倍。

(44) 2012年6月8日，人民銀行宣布，從8日起，將金融機構存款利率浮動區間的上限調整為基準利率的1.1倍，將金融機構貸款利率浮動區間的下限調整為基準利率的0.8倍。此前，按照人民銀行有關規定，中國一般金融機構存款利率不允許有浮動區間，而貸款利率浮動區間的下限為基準利率的0.9倍。

(45) 自2012年7月6日，人民銀行發布通知稱，即日起下調金融機構人民幣存貸款基準利率，同時將金融機構貸款利率浮動區間的下限調整為基準利率的0.7倍。

(46) 2013年7月19日，央行宣布，經國務院批准，中國人民銀行決定自7月20日起全面放開金融機構貸款利率管制，取消金融機構貸款利率0.7倍的下限，由金融機構根據商業原則自主確定貸款利率水平；取消票據貼現利率管制，改變貼現利率在再貼現利率基礎上加點確定的方式，由金融機構自主確定；對農村信用社貸款利率不再設立上限；為繼續嚴格執行差別化的住房信貸政策，促進房地產市場健康發展，個人住房貸款利率浮動區間暫不作調整。

(47) 2014年11月22日，中國人民銀行決定，自2014年11月22日起下調金融機構人民幣貸款和存款基準利率，並允許商業銀行將存款利率上限由存款基準利率的1.1倍調整為1.2倍，從而開啟了存款利率市場化的大門。2015年3月1日起，下調金融機構一年期存貸款基準利率各0.25個百分點，同時將存款利率浮動區間上限擴大至1.3倍。5月10日起，下調金融機構一年期存貸款基準利率各0.25個百分點，將存款利率浮動區間上限擴大至1.5倍。2015年10月23日中國人民銀行宣布，對商業銀行和農村合作金融機構等不再設置存款利率浮動上限。至此，在中國已基本取消利率管制，實現利率市場化了。

中國利率市場化改革的進程主要分為三個階段：銀行間同業拆借利率和債券利率的市場化，貸款利率、貼現利率的市場化，存款利率的市場化。存款利率市場化的放開標誌著利率市場化改革終於基本完成。當然，這並不意味著利率市場化改革的終結。

三、單利和複利

單利和複利是計算利息的兩種基本方法。

(一) 單利

單利（Simple Interest）是指在計算利息時，不論期限長短，僅按本金計算利息，所生利息不再加入本金重複計算利息，其計算公式為：

$$I = P \times r \times n$$
$$S = P + I = P \times (1 + r \times n)$$

式中，I 代表利息額，P 代表本金，r 代表利率，n 代表期限，S 代表本利和。

例 8-1：甲借款 10,000 元，月利率 6‰，借款期限 1 年，到期本利和應為：
$$S = P + I = P \times (1 + r \times n) = 10,000 \times (1 + 6‰ \times 12) = 10,720(元)$$

(二) 複利

複利（Compound Interest）是指計算利息時，要按一定期限（如一年）將所得利息加入本金再計算利息，俗稱「利滾利」。其計算公式為：

$$S = P(1 + r)^n$$

例 8-2：甲存款 10,000 元，年利率 4%，期限 2 年，每年計算利息一次，按複利計算的本利和為：
$$S = P(1 + r)^n = 10,000 \times (1 + 4\%)^2 = 10,816(元)$$

由於貸出貨幣可以獲得利息收益，因此，現在獲得一定量的貨幣比未來獲得的等量貨幣具有更高的價值，這就是貨幣的時間價值（Time Value of Money）。貨幣的時間價值可以通過現值（Present Value）或終值（Future Value）來反應。任何一筆貨幣資金，都可以根據利率計算出未來在某一時點的值，即「終值」，也就是我們前面所提到的本利和；反之，把這個過程倒轉過來，只要我們知道在未來某一時點上有一定金額的貨幣，我們將其看成是那時的本利和，即可按現行利率計算出要能取得這一金額所必需的本金額，即「現值」。

「現值」是一個較「終值」應用更為廣泛的概念，它不僅用於銀行票據貼現業務，在選擇投資方案時也是一項重要的參考依據，運用「現值」這一概念，可以把不同時間、不同金額的投資額換算成統一時點的值，使之具有可比性，從而便於我們從中選擇最佳方案。

第四節　外匯及匯率

一、外匯

(一) 外匯的含義

外匯（Foreign Exchange）有動態和靜態之分。動態的外匯概念是指把一國貨幣兌換成另一國的貨幣，借以清償國際債權債務關係的行為活動。從這一意義上說，外匯的概念等同於國際結算；靜態的外匯概念還有狹義和廣義之分。

第六章 金融概論

1. 狹義的靜態外匯概念

它是指以外幣表示的用於國際結算的支付手段。人們通常使用的就是這個狹義的外匯概念。但在現實經濟生活中,並不是所有的外幣資產都屬於外匯,外匯必須是以外幣表示的,能在國際上得到償付並為各國普遍接受和自由兌換的資產或支付手段。即是說,一種外幣資產要成為外匯必須具備三個前提條件:①償付性。即這種外幣資產是可以保證得到償付的。②普遍性。即這種外幣資產在國際經濟往來中能被各國普遍地接受。③自由兌換性。即這種外幣資產能自由地兌換成本幣資產。具體來說,外匯主要包括以外幣表示的銀行匯票、支票和銀行存款等,銀行存款是狹義靜態外匯概念的主體。

2. 廣義的靜態外匯概念

它是泛指一切以外國貨幣表示的作為國際清償的支付手段和資產。中國2008年8月1日國務院第20次常務會議修訂通過的《中華人民共和國外匯管理條例》中第三條中,外匯是指下列以外幣表示的可以用作國際清償的支付手段和資產,包括:①外幣現鈔,包括紙幣、鑄幣;②外幣支付憑證或支付工具,包括票據、銀行存款憑證、銀行卡等;③外幣有價證券,包括債券、股票等;④特別提款權;⑤其他外匯資產。從這一意義上說,外匯的概念等同於外幣資產。

(二) 外匯的種類

根據不同的標準,可以將外匯進行不同的分類。

1. 自由兌換外匯和記帳外匯

按外匯可否自由兌換,外匯分為自由外匯和記帳外匯。①自由外匯,又稱自由兌換外匯,是指不經貨幣當局批准就可以自由兌換成他國貨幣,或可以向第三國辦理支付的外國貨幣、支付憑證和有價證券。自由外匯的一個根本特徵是可兌換貨幣。自由外匯主要是以美元、英鎊、瑞士法郎、日元、法國法郎等國家貨幣表示的外匯,並且也是世界各國普遍接受的主要支付手段。②記帳外匯,又稱雙邊外匯或清算外匯,是指未經貨幣發行國批准,不能自由地兌換成他國貨幣或對第三國進行支付的外國貨幣和支付憑證。這種外匯的產生以兩國政府間簽訂的清算協定為前提。根據清算協定,兩國間所有的進出口的貨款,都只在雙方銀行開立的專門帳戶記帳,不需支付自由外匯,計價貨幣由雙方決定。記帳外匯只能衝銷兩國間的債權債務,不能轉給第三國使用。

2. 貿易外匯和非貿易外匯

按外匯的來源和用途,外匯可分為貿易外匯和非貿易外匯。①貿易外匯,是指由一國對外貿易中進出口及其從屬費用所收付的外匯。如商品出口,可以賺取外匯,商品進口則支付外匯以及由此引起的運輸費、保險費等。②非貿易外匯,是指由非貿易往來而引起收付的外匯。非貿易外匯主要是由勞務外匯、旅遊外匯和僑匯等組成。這種外匯,隨著國際經濟貿易及其他事務往來的發展,對某些國家已日顯其重要性。

3. 即期外匯和遠期外匯

按外匯買賣交割期限，外匯可分為即期外匯和遠期外匯。①即期外匯，又稱現匯，是指外匯買賣成交后即日收付或在兩個營業日內辦理交割的外匯。②遠期外匯，又稱期匯，是指導買賣雙方先按商定的匯價簽訂合同，並預約在未來某一天辦理實際交割的外匯。

二、匯率

（一）匯率的概念

既然存在著兩種不同的貨幣，就必然存在著它們之間進行兌換的比例問題。匯率（Exchange Rate）就是一國貨幣折算為另一國貨幣的比率或比價，或者說是以一國貨幣表示的另一國貨幣的價格。

（二）匯率的標價方法

匯率有兩種基本標價方法：直接標價法和間接標價法。

1. 直接標價法（Direct Quotation）

它是以一定單位的外國貨幣作為標準，折算為一定數量的本國貨幣的標價法。在直接標價法下，外國貨幣的數額固定不變，本國貨幣的數額隨著外國貨幣或本國貨幣幣值的變化而改變。匯率越高，表示單位外幣所能換取的本國貨幣越多，說明本國貨幣的價值越低。目前，大多數國家都採用直接標價法。

2. 間接標價法（Indirect Quotation）

它是以一定單位的本國貨幣作為標準，折算為一定數量的外國貨幣的標價法。在間接標價法下，本國貨幣的數額固定不變，外國貨幣的數額則隨著本國貨幣或外國貨幣幣值的變化而變化。匯率越高，表示單位本幣所能換取的外國貨幣越多，說明本國貨幣的幣值越高。目前，世界上只有英國和美國等少數國家使用間接標價法。

（三）匯率的種類

1. 固定匯率和浮動匯率

這兩種匯率是按匯率制度來劃分的。固定匯率是指基本固定的、波動幅度限制在一定範圍內的兩國貨幣之間的匯率。在金本位制度下和第二次世界大戰后的布雷頓森林體系下，世界各國基本上都採用這種匯率；浮動匯率指不是由貨幣當局規定的，而是由外匯市場的供求決定的兩國貨幣之間的匯率。1973年布雷頓森林體系崩潰后，世界主要工業國家都採用這種匯率。

2. 買入匯率、賣出匯率和現鈔匯率

這幾種匯率是從銀行買賣外匯角度進行劃分的。買入匯率又稱外匯「買入價」或「買價」，是指銀行從同業或其他客戶（企業、單位、個人等）買入外匯時所依據的匯率；賣出匯率又稱外匯「賣出價」或「賣價」，是指銀行向同業或其他客戶賣出外匯時所依據的匯率。買入匯率與賣出匯率的平均價稱為中間匯率，即：（買

第六章　金融概論

入匯率＋賣出匯率）÷2＝中間匯率。中間匯率主要用於新聞報導和對匯率進行一般性考察時使用；一般情況下，國家是不允許外國貨幣在本國進行流通，只有將外幣兌換成本國貨幣，才能購買本國的商品和勞務，從而產生了買賣外幣現鈔的兌換率。由於需要把外幣現鈔運到各發行國去，在運送外幣現鈔時要花費一定的運費和保險費，因此，銀行在收兌外幣現鈔時的匯率要稍低於外匯買入匯率，但賣出外幣現鈔時的匯價和外匯賣出價則相同。

3. 基本匯率和套算匯率

這兩種匯率是從匯率制定的方法來劃分的。基本匯率，又稱為「基準匯率」或「基礎匯率」，是指本國貨幣與關鍵貨幣的匯率。由於外國貨幣種類繁多，要制定出本國貨幣與每一種外國貨幣之間的匯率會有許多不便，因而一般就選定一種在與本國經濟交往中最常用的主要貨幣，制定出本國貨幣與它之間的匯率，這一匯率就是基本匯率；套算匯率又稱為「交叉匯率」，是指在制定出基本匯率以後，再根據其他貨幣對關鍵貨幣的匯率，套算出本幣對其他貨幣的匯率。例如，人民幣對美元的基本匯率為 1 美元＝6.827,2 元人民幣，瑞士法郎對美元的匯率為 1 美元＝1.185,1 瑞士法郎，則：1 瑞士法郎＝6.837,2÷1.185,1＝5.760,8 元人民幣。

4. 即期匯率和遠期匯率

這兩種匯率是按交易期限進行劃分的。即期匯率又稱為「現匯匯率」，是指外匯交易達成後，買賣雙方在兩個營業日內進行交割的外匯交易所使用的匯率。銀行公布的外匯牌價，如無特別說明均系即期匯率；遠期匯率又稱為「期匯匯率」，是銀行進行遠期外匯交易時所使用的匯率。

（四）影響匯率變動的主要因素

1. 國際收支

一國國際收支發生順差，外匯收入大於支出，這在外匯市場表現為外匯供過於求，外匯匯率就會下跌。若為逆差，則該國對外國貨幣需求增加，外匯供不應求，外匯匯率隨之上升。可見，國際收支差額及其大小對匯率有很大的影響。但是，由於國際收支差額對匯率的影響必須通過外匯市場上供求狀況的變化才能逐步體現出來，這就需要一段時間。因此，國際收支對匯率具有中期的影響作用。

2. 相對的通貨膨脹率

由於國家之間存在著通貨膨脹程度的差異，它必然會影響該國貨幣的匯率。一般來說，相對通貨膨脹率持續較高的國家，本國貨幣的匯率也會隨之下降。這主要有兩個方面的原因：① 高的通貨膨脹率會提高本國出口商品的價格，從而削弱本國出口商品在國際市場上的競爭力，造成出口下降。與此同時，他國商品的價格却更有吸引力，有利於進口，這將直接影響國際收支狀況。②如果一國通貨膨脹率一直較高且持續持時間較長，人們預期該國貨幣匯率將趨於疲軟，促使本幣資金的持有者進行貨幣兌換，以求貨幣保值，這會增大外匯的需求，從而進一步促使該國貨幣匯率下降。由此可見，通貨膨脹較嚴重的國家的貨幣匯率會下跌，而通貨膨脹較緩

和的國家的貨幣匯率會上升。但這個機制發生作用是個長期的過程，因而貨幣匯率相對於通貨膨脹存在著滯后性。

3. 相對的利率

由於國家之間的利率水平存在著差異，會促使資本從利率較低國家流向利率較高國家，這自然會影響貨幣之間的供求關係，影響到有關國家的外匯供求狀況，進而影響貨幣的匯率。一般來說，在其他因素沒有明顯變化的情況下，一國利率水平相對提高，會吸引外國資本流入該國，從而增加對該國貨幣的需求，促使該國貨幣匯率上升，反之則下降。

4. 中央銀行的直接干預

各國中央銀行為了避免匯率變動對經濟造成不利影響，尤其是短期內的劇烈起伏對國內經濟造成不利影響時，往往會在外匯市場上買賣外匯使之達到調節匯率的目的。具體操作是：當外匯匯率過高時賣出外匯，回籠本幣；而在外匯匯率過低時則買進外匯，拋售本幣。

5. 經濟增長

一國貨幣的強弱，從長期來看，取決於該國的經濟實力。即使在某個時期，匯率受特殊因素影響偏離了正常的波動範圍，但最終仍然受到經濟實力的制約。因此，經濟實力對匯率變動的影響是長期性的。一國經濟增長對本國貨幣匯率的影響主要表現在：①經濟增長意味著國民收入增加，貿易支出與非貿易支出都會增加，進而影響國際收支。②經濟增長意味著勞動生產率的提高，而勞動生產率又關係著產品的成本和出口商品的競爭能力，從而影響國際收支。③經濟增長意味著投資勢頭較好。投資勢頭較好又意味著對資金的需求增加，對資金的需求直接影響著利率水平，而利率水平的高低直接影響外匯供求狀況，進而影響貨幣的匯率。

6. 國際儲備

如果一國有充實的國際儲備，這表明政府干預外匯市場、穩定本國貨幣匯率的能力強，從而有利於加強外匯市場對本國貨幣的信心，有助於本幣匯率的上升。反之，國際儲備的減少則會誘使本幣匯率下降。

除上述主要影響匯率的因素外，政治因素、社會因素、人們的心理預期因素等都會影響到匯率的波動，而且這些因素對匯率的影響並不是孤立的，他們往往相互交叉地影響著一國的匯率。因此，分析影響匯率變動的因素時，要進行具體和全面的綜合分析，才能得出較為正確的結論。

(五) 匯率變動對經濟的主要影響

1. 匯率對商品進出口的影響

一般來說，如本國貨幣匯率下跌，即本幣對外的幣值下降則有利於商品出口，不利於商品進口。因為出口商品所得的外匯收入將比貶值前換得更多的本幣，如果本幣對內不相應貶值，這必然就增加了出口商品的利潤。而進口商却要付出較多的本幣以支付外國貨款，增加了進口商品的成本。相反，如本國貨幣匯率上升，即本

幣對外幣的幣值上升，則有利於商品進口，而不利於商品出口。

然而，以上所述匯率變化對商品進出口的影響，還受到進出口商品的需求彈性、供給彈性及國內物價等因素的影響。

2. 匯率對資本流出入的影響

匯率對資本流出入的影響包括：①匯率對長期資本流動的影響。一國貨幣貶值，有利於長期資本的流入。這是因為，同匯率變動前相比，長期資本的持有者可以用較少的外幣進行較多貶值國貨幣的投資。假如一國貨幣貶值是持續性的，也不會有利於長期資本的流入，因為外資持有者會持觀望態度，等待該國貨幣貶值到最低點，才會將資本輸入該國。一國貨幣如果升值，其影響則與上述情形相反。②匯率對短期資本流動的影響。當一國貨幣將要貶值時，在該國的本國及外國短期資本持有者為防止匯率的這種變動所造成的風險損失，會將貶值國貨幣兌換成外匯，進行資本外逃，形成資本外流，從而使國際收支惡化；如果一國貨幣即將升值，對短期資本流動的影響則與上述情形相反。

3. 匯率對物價的影響

本幣匯率下跌，一方面由於大量商品出口，進口商品却大量減少，在出口商品供給彈性較小的情況下，使得國內商品供應相對減少；另一方面，出口商品所獲得的外匯以及資本的流入兌換成本幣，使國內貨幣供給量相對增加，因而會促進國內物價上漲。反之，在其他條件不變的情況下，本幣匯率上升，將促使國內物價下降。

4. 匯率對產出和就業的影響

匯率的變動能夠影響商品進出口、國內物價和資本流出入，就一定會對一國的產出和就業產生影響。當匯率有利於出口增加和進口減少時，就會帶動總的生產規模擴大和就業水平的提高，甚至會引起一國生產結構的改變；相應地，不利的匯率會給生產和就業帶來負面影響。

（六）中國匯率制度的改革

自新中國成立以來，中國的匯率制度主要經歷了以下幾個階段：

1. 1949—1952 年新中國成立初期的匯率制度

該時期的匯率制度其特點是實行外匯集中管理制度，通過扶持出口、溝通僑匯、以收定支等方式積聚外匯，支持國家經濟恢復和發展。

2. 1953—1980 年計劃經濟體制的外匯管理體制

該時期的匯率制度其特點是對外貿易由國營對外貿易公司專管，外匯業務由中國銀行統一經營，逐步形成了高度集中、計劃控制的外匯管理體制。1953 年後，中國進入高度集中的計劃經濟建設時期，這一時期西方實行固定匯率制度，人民幣對美元的匯率在 20 年內始終未動。1972 年以後，布雷頓森林體系崩潰，西方主要國家普遍實行浮動匯率制，中國在 1973 年也修改了人民幣匯率的制定方法，採用「一籃子貨幣」的定價方法，但原則上仍然是維持人民幣匯率的基本穩定。

3. 1981—1993 年經濟轉型時期外匯管理體制

該時期的匯率制度其主要特點是由買賣雙方根據外匯供求狀況議定，中國人民銀行適度進行市場干預。其中，從 1981 年 1 月起，人民幣貿易匯價與金融匯價並存，即人民幣的公開牌價用於非貿易收支，另行制定內部貿易結算價，後來迫於國際輿論的壓力，於 1984 年底宣布停止使用雙重匯率制。1989—1993 年，中國又實行了官方匯率和外匯調劑價並存的新雙重匯率制。

4. 1994 年建立社會主義市場經濟體制以來的外匯管理體制

該時期的匯率制度其特點是人民幣官方匯率與市場匯率並軌，實行以市場供求為基礎的、單一的、有管理的浮動匯率制。在 1996 年底，中國基本實現了人民幣在經常項目下的可兌換，但仍然對資本項目外匯收支實行一定的管制。

長期以來，中國雖然在名義上實行的是浮動匯率制度，但其實質卻近似固定匯率制度。由於匯率形成機制、金融體制改革等方面存在的種種不足，使得匯率水平反應出來的是一種扭曲的外匯供求關係，無法形成均衡、合理的匯率水平。2005 年 7 月 21 日 19 時，中國人民銀行發布公告：經國務院批准，中國開始實行以市場供求為基礎、參考一籃子貨幣進行調節、有管理的浮動匯率制度，從此，人民幣匯率不再盯住單一的美元貨幣，根據對匯率合理均衡水平進行測算。近幾年來，人民幣不斷小幅升值。

本章小結

1. 貨幣是從商品中分離出來的，固定地充當一般等價物的特殊商品。但貨幣並非開天闢地就已存在，貨幣的產生經歷了簡單或偶然的價值形式、擴大或總和的價值形式、一般價值形式和貨幣價值形式；貨幣經歷了實物貨幣、代用貨幣、信用貨幣和電子貨幣幾種主要形式。

2. 在商品交換中，貨幣作為一般等價物的作用，是通過貨幣的職能表現出來的。貨幣在現代經濟中一般被認為具有價值尺度、流通手段、支付手段、儲藏手段和世界貨幣五大職能，其中，價值尺度和流通手段兩大職能是貨幣最基本的職能。

3. 自從產生了貨幣，貨幣便在人類經濟生活中起著十分重要的作用，為了更好地發揮貨幣的作用，就需要對貨幣流通進行規範，於是便產生了貨幣制度。貨幣制度的主要內容包括規定本位幣的貨幣材料、規定貨幣單位、規定通貨的鑄造、發行和流通和確定準備金制度。目前，貨幣流通主要包括現金流通和非現金流通，即現金和存款貨幣流通兩種形式。

4. 貨幣流通規律，是指流通中貨幣必要量（又稱貨幣需要量）的規律，包括金屬貨幣流通規律和紙幣流通規律。

5. 信用簡單講就是一種借貸行為，它是以償還和付息為條件的一種特殊的價值

運動形式。現代信用形式包括商業信用、銀行信用、國家信用、消費信用、租賃信用和民間信用，其中銀行信用是現代信用的主要形式。

6. 利息是資金所有者出借資金而取得的報酬。或者說，利息是借款人因使用資金而支付給貸款人的代價。利息率即利率，它是指一定時期內所形成的利息額與本金額的比率。

7. 單利和複利是計算利息的兩種基本方法。單利是指在計算利息時，不論期限長短，僅按本金計算利息，所生利息不再加入本金重複計算利息；複利是指計算利息時，要按一定期限（如一年）將所得利息加入本金再計算利息，俗稱「利滾利」。

8. 外匯有動態和靜態之分。動態的外匯概念是指把一國貨幣兌換成另一個國家的貨幣，借以清償國際債權債務關係的行為活動。靜態的外匯概念還有狹義和廣義之分。狹義的靜態外匯是指以外幣表示的用於國際結算的支付手段，人們通常使用的就是這個狹義的外匯概念。廣義的靜態外匯則泛指一切以外國貨幣表示的作為國際清償的支付手段和資產。

9. 匯率就是一國貨幣折算為另一國貨幣的比率或比價，或者說是以一國貨幣表示另一國貨幣的價格。匯率有兩種基本標價方法：直接標價法和間接標價法。目前，大多數國家都採用直接標價法。

复习思考题

1. 貨幣的產生經歷了哪幾個階段？
2. 簡述貨幣流通的基本形式。
3. 簡述貨幣流通規律的內容。
4. 試述現代信用的形式。
5. 決定和影響利率的主要因素有哪些？
6. 試述貨幣制度的主要內容。
7. 試述影響匯率變動的主要因素。
8. 匯率變動對經濟的主要影響體現在哪些方面？

第七章　金融機構與金融市場

● 第一節　中央銀行

一、中央銀行的產生和發展

　　中央銀行的產生晚於商業銀行。距今300多年前，中央銀行才出現。在此之前，所有的銀行都有發行銀行券的權利，銀行券的分散發行產生了錯綜複雜的債權債務關係，造成了風險的累積，對金融業的發展非常不利，客觀上需要集中銀行券的發行權；政府為彌補財政虧空，要求成立一家銀行作為其融資者和國庫代理人；一些銀行由於經常發生資金週轉不靈，也要求有一個能提供有效支付手段的機構，充當其最后支持者。這在客觀上就需要一個代表國家的、資金雄厚的權威性金融機構來充當以上角色。在這種情況下，許多國家為了穩定金融、解決政府資金需要以及通過銀行來控制干預經濟生活，相繼成立了中央銀行。

　　中央銀行的產生一般通過兩條途徑，其一是由商業銀行逐步演變為中央銀行，其二是組建新的中央銀行。中央銀行的發展歷史大體可分為三個階段：

　　第一階段是從17世紀末到19世紀70年代，這是中央銀行的初創時期。其典型代表是世界上第一家執行中央銀行職能的英格蘭銀行。

　　英格蘭銀行成立於1694年，最初的任務是充當英格蘭政府的銀行。成立之初即取得不超過資本總額的鈔票發行權，主要目的是為政府墊款。1833年英格蘭銀行取得了鈔票無限法償的資格。1844年，英國國會通過《銀行特許條例》，使得英格蘭銀行在發行鈔票方面享有許多特權。此后，英格蘭銀行逐漸壟斷了全國的貨幣發行權（至1928年成為英國唯一的發行銀行）。1872年，英格蘭銀行開始為其他銀行在困難時提供資金支持，使英國避免了1890年的金融危機，從而維護了英國經濟的穩

第七章　金融機構與金融市場

定。此后,英格蘭銀行逐漸轉化為「發行的銀行、銀行的銀行、政府的銀行」,最終成為英國的中央銀行。

這個時期成立的中央銀行還有:法蘭西銀行(1800年)、芬蘭銀行(1809年)、俄羅斯銀行(1860年)、德國國家銀行(1875年)等。

第二階段是從19世紀70年代到20世紀30年代。在這一時期,各國的中央銀行都得到迅速發展。

第一次世界大戰(1914年8月—1918年11月)后,主要資本主義國家先後放棄了金幣本位,由於金融恐慌、貨幣制度混亂,各國面臨著重建貨幣制度的問題。這時,大多數國家開始意識到建立中央銀行制度對穩定金融和促進經濟增長的重要性,特別是1920年在比利時召開的一次國際經濟會議——布魯塞爾會議,與會者提出如下建議:凡未設立中央銀行的國家應該建立;已經建立中央銀行的國家要進一步發揮中央銀行的作用,以利於國際經濟和貿易往來以及金融合作,恢復和穩定國際金融的混亂局面。此后,各國紛紛建立起自己的中央銀行,並採取多種措施,加強了中央銀行的地位。

在這時期建立的中央銀行有:日本銀行(1882年)、義大利銀行(1893年)、美國聯邦儲備體系(1913年)、蘇聯國家銀行(1918年)、加拿大銀行(1935年)等。

20世紀30年代,尤其是第二次世界大戰(1939年9月1日—1945年9月2日)以后,中央銀行迎來了它的第三個發展階段——西方中央銀行的國有化和發展中國家中央銀行制度的興起。

西方發達國家大多數通過國有化政策,從資本所有制上保證了中央銀行作為國家機構的特殊地位,使國家對中央銀行的控制不斷強化,許多國家的中央銀行已成為政府宏觀調節經濟的一個重要機構,如法國、德國、荷蘭、美國等都是如此。但目前仍有少數國家的私人還持有部分中央銀行的股份。但是,股東的所有權和投票權已失去了實際意義,並且受到嚴格的控制。

發展中國家在這一時期紛紛建立了自己的中央銀行制度,大部分以國家資本為主要形式,並把「貫徹執行貨幣政策,維持貨幣穩定」當作中央銀行的主要職責。這一時期成立的中央銀行有:多米尼加中央銀行(1947年)、巴基斯坦中央銀行(1948年)、印尼聯邦發行銀行(1952年)等。

二、中央銀行的組織形式

中央銀行的組織形式,是指中央銀行的存在狀態。中央銀行的組織形式可以歸納為以下幾種類型:

(一) 單一的中央銀行制

單一的中央銀行制是指在這個國家中行使中央銀行職能的機構只有唯一的一家。

國家認可並授權由它統一掌管貨幣發行，為政府服務，制定和推行貨幣政策，檢查和監督各金融機構的業務活動。這類中央銀行制度的特點是：權力集中，職能齊全，根據需要在全國各地建立數量有限的分支機構（分支機構的多少，一般取決於國土面積、地理狀況和經濟結構等）。

目前，世界各國的中央銀行的80%以上都是實行單一制的中央銀行制度，包括絕大多數發達國家、發展中國家。

（二）複合式的中央銀行制

複合式中央銀行制是指一國沒有單獨設立中央銀行，而是把中央銀行的業務和職能與商業銀行的業務和職能集中於一家銀行來執行。中國在1983年以前也一直實行這種制度。

（三）聯邦中央銀行制

聯邦中央銀行制是指在實行聯邦制的國家中，中央銀行的組成形式也採用聯邦制，中央銀行作為一個體系存在，它由若干相對獨立的地區中央銀行組成。貨幣的發行、為政府服務、制定和推行貨幣政策，以及對金融機構實行監督管理等中央銀行的職能，由這個體系中的全體成員共同完成。這種制度的特點是：權力和職能相對分散，分支機構不多。採用這種制度的國家有美國、德國等。

（四）準中央銀行制

準中央銀行制是指在國內還沒有建立中央銀行制，或者由政府授權某個或幾個商業銀行行使部分中央銀行的權力，或者建立了中央銀行，但只是它的初級形式，缺少基本的中央銀行職能。其特點是：一般只有發行貨幣、為政府服務、提供最後貸款援助和資金清算職能。新加坡和中國香港地區是其典型代表。

（五）跨國的中央銀行制

跨國的中央銀行制，是指兩個以上的主權國家共有的中央銀行。其職能主要有發行貨幣，為成員國政府服務，執行共同的貨幣政策及其成員國政府一致決定授權的事項。這種中央銀行組織形式的特點是：跨越國界行使中央銀行的職能。目前，歐洲中央銀行、西非貨幣聯盟、中非貨幣聯盟的國家中央銀行都是跨國中央銀行的典型代表。

三、中央銀行的性質與職能

（一）中央銀行的性質

中央銀行的性質是由它在國民經濟中所處的地位決定的，並隨中央銀行制度的發展而不斷變化。現代中央銀行已成為代表國家管理金融的特殊機關，處於一國金融業的首腦和領導地位。因此，現代中央銀行具有區別於其他金融機構的獨特性質。

1. 中央銀行的基本特徵

（1）是一國金融體系的核心。中央銀行是金融機構但它是一國金融體系的核

第七章　金融機構與金融市場

心，處於監督、管理整個金融系的地位，具有「發行的銀行」「政府的銀行」「銀行的銀行」的特殊職能，是具有排他性、唯一性的特殊金融機構。

（2）不以營利為目的。在任何制度下，商業銀行都是以追逐利潤最大化為目標。中央銀行由於負有特殊使命，則不能以營利為目的。這是因為：一方面，貨幣發行權的獨家壟斷，決定了任何商業銀行在利潤追逐中都無法與中央銀行相匹敵；另一方面，中央銀行負有調節經濟金融的特殊使命，而其調節機能大多要以雄厚的資金力量作后盾。如果中央銀行以營利為目的，則可能過分膨脹其資產業務而削弱對金融市場的控制能力，不能有效地執行對經濟金融的控制。同時，追逐利潤還會與貨幣政策的實施相衝突。所以，中央銀行只要能有效地執行各種金融政策，促進經濟增長，實現既定的宏觀經濟目標，則其經營獲利與否無關緊要。

（3）對存款一般不支付利息。中央銀行既掌握著全部商業銀行的存款準備金，又由於代理國庫而保持有相當數量的政府存款。但是中央銀行對其存款一般都不支付利息。這是因為：第一，中央銀行本身並不以營利為目的，所有的存款都屬於存款準備的集中，具有保管性質，不計付利息。第二，對於政府的各種財政性存款，由於中央銀行經常性地無償為財政提供短期貸款和代理國庫等各種收付事務，則也不計付利息。

（4）業務對象是政府和金融機構。中央銀行在業務對象上與一般金融機構不同，它不直接對工商企業和個人提供服務，而只為政府和金融機構服務。在對政府的業務方面，主要充當政府的經濟顧問，為政府經濟決策提供諮詢、代理國庫、向政府發放貸款等；在對金融機構業務方面，主要有再貸款、再貼現和為商業銀行清算資金等。

（5）資產應具有最大的清償性。中央銀行負有調節全國金融的職責，其資金必須有極強的變現力，具有最大的清償性。因為中央銀行對金融的調節，主要通過貨幣政策工具來進行，無論使用哪種政策工具，其最終結果必然是由中央銀行資產的變動而引起社會貨幣供給量的變動，以達到所要求的政策效果。如果中央銀行資產變現力差，貨幣政策工具就不能及時順利地發揮作用。所以，在中央銀行的資產中，不能含有長期投資，除保持適量現金外，應保持一定可靠的有價證券，以便隨時變賣，應付金融需求。

（6）不在國外設立分支機構。國際法規定：他國的中央銀行，在派駐地不能發行鈔票，不得經營商業銀行業務，不能與各地的不同國家的商業銀行發生任何聯繫，僅能有因為進口貿易而發生的外匯聯繫。這是因為中央銀行作為一國政府在金融方面的代表，無權在他國境內干涉他國金融業務，所以中央銀行在國外不能設立分支行，而只能設置代理處或分理處。這一點與其他一般的金融機構不同。

2. 中央銀行是國家管理金融的機關

中央銀行的基本特徵表明，它不是一種經營貨幣買賣的企業，而是國家管理金融的機關，是制定和執行金融政策的部門，是國家控制和調節貨幣使用的金融機構。

（1）中央銀行是政府的職能部門。縱觀各國的中央銀行制度，雖然各有差異，但實質上中央銀行都是政府的一部分。從法律上看，不論是西方國家還是中國，中央銀行都被明確為政府在金融領域的代理人，是一國金融業的最高管理機構；從中央銀行的資產所有權看，中央銀行的絕大部分資產為國家所掌握，從而確保了國家對中央銀行的控制權；從組織隸屬關係來看，大多數的中央銀行都從屬於政府和國家的權力機關。

（2）中央銀行是信用活動的組織者和調節者。銀行信用是構成一國信用的基礎，中央銀行則是一國信用活動的最后貸款人。中央銀行處於整個銀行體系的核心，它根據經濟發展的客觀需要，運用貨幣政策工具如存款準備金和再貼現率來影響商業銀行的信用行為，達到控制社會使用規模、調節信用結構的目的。此外，中央銀行還參與和管理金融市場。一方面，它通過公開市場業務，直接參與金融市場活動，調節社會的貨幣供給總量，影響社會信用規模；另一方面，它通過對金融市場的必要行政干涉，以及社會公眾對中央銀行操縱下的利率、貼現率漲跌的反應，引導信用活動按中央銀行的政策意向來進行。

中央銀行除運用貨幣政策工具組織和調節一國的信用外，還履行國家對全國金融活動進行管理的職能，制定和執行各種金融政策及金融法規，為金融業務活動建立統一的行為準則，從而對整個金融業實行有效的管理。

（二）中央銀行的職能

職能是性質的具體體現，中央銀行的職能就是中央銀行性質的具體反應。按中央銀行的性質和功能劃分，一般可將中央銀行的職能分為「發行的銀行」「政府的銀行」「銀行的銀行」和「調控宏觀經濟的銀行」等職能。

1. 中央銀行是發行的銀行

所謂發行的銀行是指有權發行紙幣或銀行券的銀行、壟斷貨幣發行特權，成為全國唯一的貨幣發行機構，是中央銀行不同於商業銀行及其他金融機構的獨特之處。

中央銀行獨占貨幣發行權的原因具體有以下幾點：

（1）統一國內的貨幣形式，避免多頭發行貨幣造成貨幣流通的混亂。良好的金融環境是促進經濟穩定增長的重要條件，而要造就和維持良好的貨幣流通秩序，就必須統一國內的通貨形式，避免多頭發行。其原因有：第一，在多頭發行下，各發行銀行從自身利益出發很容易造成貨幣發行失控；第二，眾多的銀行發行貨幣，使流通中的貨幣種類繁多，信譽不一，極易給社會公眾造成損失，給經濟帶來危害。

（2）根據經濟的變動，靈活地調節流通中的貨幣量。在貨幣供求總量的調節上，如果貨幣實行多頭分散發行，中央銀行無法駕取各銀行的貨幣發行，難以控制銀根鬆緊。即使各銀行的貨幣發行接受中央銀行的指令，但中央銀行的指令一旦與各行的利益相衝突時，各銀行就很難按中央銀行的意圖來發行貨幣，這樣就使中央銀行對貨幣供求的調節難以準確及時地奏效。在貨幣供求的結構調節上，如果實行多頭發行，中央銀行只能對貨幣供求的結構作某些定性的規定，而不能對各銀行的

第七章　金融機構與金融市場

貨幣供給結構進行直接的調整，不能改變貨幣在部門間、地區間的分佈狀況，不利於中央銀行職能的實現。

（3）制定和執行貨幣政策的基礎。首先，只有統一貨幣發行，中央銀行創造的現金貨幣才能成為支撐流通中各種通貨的基礎，才能控制商業銀行的派生存款能力；其次，只有統一貨幣發行，中央銀行貨幣供給量的變動，才能帶動全社會的貨幣存量作相應的變動，才能從金融渠道確保社會總供給與總需求的平衡，防止通貨膨脹，從而達到國民經濟的穩定增長；最後，只有統一貨幣發行，才能保證全國貨幣市場的統一。如果多頭分散發行種類繁多、信譽和幣值不同的貨幣，勢必只能形成區域性貨幣市場，不可能形成全國範圍內統一的貨幣市場。

中央銀行掌管貨幣發行的基本職責主要有三個方面：①根據國民經濟發展的客觀需要，掌握貨幣發行，調節貨幣流通。使中央銀行的貨幣供給與流通中的貨幣需求相互吻合，為經濟的穩定持續增長提供一個適宜的金融環境。②確保貨幣的適度發行，從宏觀經濟角度控制信用規模，調節貨幣供給量。發行貨幣要正確處理好幣值（物價）穩定和經濟增長的關係，不能以犧牲幣值穩定來滿足經濟增長需求而濫發貨幣，也不能為了幣值穩定長期壓低貨幣發行，應以穩定幣值為前提，適度增加貨幣供給。之所以要講適度是因為貨幣是國民經濟的血液，過少的貨幣發行會使經濟不景氣，過多的貨幣發行則使經濟過熱，同時易使經濟遭受通貨膨脹的危害。③根據流通的需要，印刷、鑄造或銷毀票幣，進行庫款調撥，調劑地區間的貨幣分佈和面額比例，滿足社會對貨幣提取和支付的不同要求。

2. 中央銀行是政府的銀行

中央銀行是政府的銀行是指中央銀行既作為政府管理金融的機關，又為政府服務。中央銀行作為政府的銀行具有以下基本職責：

（1）代理國庫。辦理政府預算收入的繳納、劃撥和留用，辦理預算支出的撥付，向財政反應預算收支的情況；協助財政、稅收部門收繳庫款，辦理其他有關國庫事務等。

（2）對政府融通資金。中央銀行作為政府的銀行，負有對政府融通資金，解決政府臨時資金需要的義務。其融資方式主要有：①當政府財政收支出現暫時不平衡或財政長期赤字時，中央銀行要向財政直接提供貸款以彌補財政收支不等。②中央銀行在初級市場上直接購買政府債券，間接向政府提供信貸。

（3）代理政府金融事務。代理財政辦理公債、國庫券的發行及還本付息，代理政府保管國家的黃金和外匯儲備，而且為國家代理黃金外匯買賣業務。

（4）代表政府參加國際金融活動，進行金融事務的協調和磋商等。在國際金融事務中，中央銀行往往代表政府，參加國際金融組織，包括世界性金融組織（如國際貨幣基金組織、世界銀行等）和區域性金融組織（如亞洲開發銀行），積極促進國際金融領域裡的合作與發展，參與國際金融重大決策。代表本國政府與外國中央銀行進行兩國金融、貿易辦理的談判、協調和磋商等，進行政府間的金融事務往來，

管理與本國有關的國際資本流動以及辦理外匯收支的清算、撥付等國際金融事務。

(5) 充當政府的金融政策顧問,為國家經濟政策的制定提供資料、數據和方案。

3. 中央銀行是銀行的銀行

中央銀行是銀行的銀行是指它作為其他商業銀行和其他金融機構的最後貸款人。基本職責有如下四點:

(1) 集中保管銀行的存款準備金。中央銀行要根據法律所賦予的特權,為保障存款的資金安全和各銀行自身的穩定以及增強中央銀行對貨幣供給總量的控制,要求各商業銀行按法定存款準備金率提取存款準備金,並將其中的一部分存款準備金上繳中央銀行集中保管。

(2) 充當銀行業的最後貸款人。最後貸款人是指當發生金融危機且其他銀行無力或不願意對一些面臨倒閉的銀行貸款時,中央銀行有能力且願意提供貸款,以解救這些即將倒閉的銀行。中央銀行作為最後的貸款人,通常是通過再貼現和再抵押兩條渠道實現的。

(3) 主持全國各銀行間的資金清算業務。商業銀行間的債權債務關係是由其客戶間的債權債務關係引起的,由於商業銀行要將其準備金存入中央銀行,因而它們在中央銀行均開有存款帳戶,故它們彼此之間的債權債務的清算可以通過中央銀行用非現金結算的辦法進行。每一家商業銀行的清算差額都可以用它來增減其商業銀行在中央銀行的存款。此時,中央銀行成了全國銀行的清算中心。

(4) 主持外匯頭寸拋補,即向商業銀行買進外匯或拋售外匯。當商業銀行外匯頭寸多余時,可以賣給中央銀行;如果頭寸不足,則向中央銀行買進外匯。這項業務,一方面向商業銀行提供了外匯資金的融通便利,另一方面,也為中央銀行提供了借以監督國際收支、謀求外匯收支均衡的一條重要通道。

4. 中央銀行是調控宏觀經濟的銀行

中央銀行依法獨立制定和執行貨幣政策,防範和化解系統性金融風險,維護金融穩定。其充分運用貨幣政策和各種政策工具,配合財政政策,對國民經濟實施適時有效的宏觀調控,以實現幣值穩定、經濟發展、充分就業和國際收支平衡等宏觀經濟目標。

四、中央銀行與政府的關係

中央銀行是「政府的銀行」,在中央銀行與政府的關係中,最基本的問題之一就是中央銀行的獨立性,即中央銀行在多大程度上受制於政府。這不僅關係到中央銀行宏觀調控職能的發揮,也關係到一國的貨幣穩定。

(一) 相對獨立性的含義

現代中央銀行的獨立性,不是指中央銀完全獨立於政府之外,不受政府約束,

第七章 金融機構與金融市場

或凌駕於政府之上的獨立性，而是中央銀行在政府或國家權力機構的控制和影響下的獨立性，根據國家的總體社會經濟發展目標，獨立地制定和執行貨幣金融政策，這也就是所謂的相對獨立性。

(二) 保持相對獨立性應遵循的原則

中央銀行要保持其相對獨立性，必須遵循兩條基本原則：一是中央銀行金融政策的制定及業務操作必須以國家的宏觀經濟目標為出發點，既要考慮自身所承擔的任務及責任，但也不能獨立於國家的宏觀經濟目標之外；二是中央銀行金融政策的制定和業務操作，不能完全受制於政府的短期行為，而應遵循金融活動的特有規律，並對政策的短期行為起到一定的抑制作用，從而防止中央銀行決策的短期化，促進社會經濟的穩定協調發展。

(三) 中央銀行獨立性的主要內容

由於各國歷史背景、經濟運行模式、政治體制等的不同，中央銀行的獨立性程度也有很大的差異，一般說來，中央銀行的獨立性主要體現在以下幾個方面：

1. 建立獨立的貨幣發行制度，維持貨幣的穩定

貨幣發行權高度集中於中央銀行，由中央銀行根據國家的宏觀經濟政策及經濟發展的客觀需要自行決定貨幣發行的數量、時間、地區分佈及面額比例等，不在政府的干預和影響下搞財政發行。

2. 獨立地制定和執行貨幣金融政策

中央銀行應在盡量與國家的宏觀經濟政策保持一致的基礎上，獨立掌握貨幣政策的制定權和操作執行權。在中央銀行制定和執行貨幣政策的過程中，政府應當充分尊重中央銀行在這方面的經驗和意見，並積極予以配合，以便中央銀行的貨幣政策能更有效地發揮作用。

3. 獨立地管理和控制整個金融體系和金融市場

中央銀行應在國家法律的授權和保障下，獨立地行使對金融體系和金融市場的管理、控制和制裁，使整個金融活動按貨幣政策的需要正常運行。

五、中央銀行的業務

中央銀行必須通過從事一些業務活動來調節宏觀經濟，完成與實現自己的任務與目標。由於其不同於一般商業銀行，所以中央銀行並不能從事所有的金融業務，而且其業務活動也具有一定的特殊性。我們將中央銀行的資產與負債業務簡單介紹如下：

(一) 中央銀行的資產業務

中央銀行的資產業務是指中央銀行運用其資金的業務。中央銀行通過其資金的運用，執行貨幣政策，調節貨幣供求，從而起到宏觀調控機制作用。中央銀行的資產業務，主要包括再貸款、再貼現、貸款、黃金與外匯儲備以及證券買賣。

1. 再貸款業務

對金融機構的再貸款是中央銀行的一項資產業務。金融機構在各種金融活動中，往往會出現資金週轉困難的狀況，最需要資金支持。中央銀行根據其資金需求的狀況和宏觀經濟調控需要，對其發放貸款，一方面支持了生產發展和商品的流通，另一方面則可通過控制貸款規模和貸款流向來調節宏觀經濟。

2. 再貼現業務

再貼現是指中央銀行買進商業銀行和非銀行金融機構所持有的未到期票據的一種業務。再貼現實質上是中央銀行的一種授信活動。中央銀行通過再貼現業務向商業銀行和非銀行金融機構提供資金，從而支持商品的生產和流通。同時，中央銀行還可以根據宏觀經濟調控的需要決定是否再貼現，可以通過提高或降低再貼現利率，控制貸款規模，引導資金流向。

3. 貸款業務

中央銀行一般不向企業辦理貸款業務。中央銀行的貸款業務是指中央銀行向國內各級政府和某些特殊行業的貸款。

4. 黃金、外匯儲備業務

黃金和外匯是國際儲備的重要組成部分，各國中央銀行都負有掌管黃金和外匯儲備的職責。中央銀行將買賣黃金、外匯作為一項業務，是中央銀行穩定幣值、調控匯率和平衡國際收支的重要手段。

5. 證券買賣業務

中央銀行將買賣證券業務作為宏觀經濟調控的一種手段。中央銀行持有和買賣證券的目的，不是為了盈利，而是為了調節資金供求，保證金融市場的穩定。因此，中央銀行持有的證券，一般應是優等且有利息的證券。

(二) 中央銀行的負債業務

中央銀行的負債業務是指以負債形式形成資金來源的業務。主要包括：

1. 貨幣發行業務

當前世界各國的中央銀行都具有壟斷貨幣發行的特權，貨幣發行是中央銀行最重要的負債業務。中央銀行發行的貨幣，通過再貼現、再貸款、貸款、購買證券、收購金銀、購買外匯等方式投入市場，形成流通中的貨幣。其作用是滿足國民經濟發展對流通和支付的需要，從而促進商品生產和發展以及商品流通的擴大。這是中央銀行對社會公眾的負債。

2. 經理國庫業務

中央銀行是政府的銀行。一般來說，政府賦予中央銀行經理國庫的職責，政府財政的一切收入與支出都由中央銀行辦理。國庫收入主要的兩大來源：一是稅收收入；二是發行國債所得。國庫支出主要是政府的各項費用支出，如一般公共服務支出、社會保障和就業支出等。

第七章　金融機構與金融市場

3. 集中存款準備金業務

各國中央銀行法都規定，各商業銀行都必須將一部分存款準備金存儲於中央銀行。這種集中準備金制度，對於商業銀行來說可以節省各家商業銀行存在本行的準備金數額，使其充分發揮資金的作用。對於中央銀行來說，可以通過法定存款準備金制度，按照宏觀調控的需要提高或降低法定存款準備金比率，達到調控商業銀行信用創造的能力，進而調控全社會的信貸規模。

4. 資金清算業務

資金清算是指以轉帳方式了結債權債務關係的一種銀行業務活動。中央銀行一般都執行清算銀行的職能，辦理金融機構間的轉帳結算，以了結金融機構間的債權債務關係。由於各金融機構要辦理結算就必須在中央銀行開立存款帳戶，這就使這項業務成為中央銀行的負債業務。

六、中國中央銀行的概況

（一）中國人民銀行的成立與發展

1948 年 12 月 1 日，以華北銀行為基礎，合併北海銀行、西北農民銀行，在河北省石家莊市組建了中國人民銀行，並於 1949 年 2 月遷入「北平」。

1983 年 9 月，國務院決定中國人民銀行專門行使國家中央銀行職能。1995 年 3 月 18 日，第八屆全國人民代表大會第三次會議通過了《中華人民共和國中國人民銀行法》，至此，中國人民銀行作為中央銀行以法律形式被確定下來。

中國人民銀行成立至今，特別是改革開放以來，在體制、職能、地位、作用等方面，都發生了巨大而深刻的變革。其發展和改革歷程大致經歷了如下階段：中國人民銀行的創建與國家銀行體系的建立（1948—1952 年）；計劃經濟體制時期的國家銀行（1953—1978 年）；從國家銀行過渡到中央銀行體制（1979—1992 年）；逐步強化和完善現代中央銀行制度（1993 年以后）。

隨著社會主義市場經濟體制的不斷完善，中國人民銀行作為中央銀行在宏觀調控體系中的作用將更加突出。為此 2003 年 12 月 27 日第十屆全國人民代表大會常務委員會第六次會議對《中華人民共和國中國人民銀行法》進行了修正。

2003 年 4 月，中國銀行業監督管理委員會成立，人民銀行把對銀行業金融機構的監管獨立出來，並最終形成了「一行三會」的金融監管框架。2005 年 7 月 21 日，人民銀行發布公告宣布實施人民幣匯率形成機制改革，實行「以市場供求為基礎、參考一籃子貨幣進行調節、有管理的浮動匯率制度」。2005 年 8 月，人民銀行上海總部成立。上海總部的成立，是完善中央銀行決策與操作體系、更好地發揮中央銀行的宏觀調控職能的一項重要制度安排，同時也是推進上海國際金融中心建設的一項重要舉措。

（二）中國人民銀行的性質和宗旨

根據《中華人民共和國中國人民銀行法》第一章總則第二條的規定，中國人民

銀行的性質為：①中國人民銀行是中華人民共和國的中央銀行。②中國人民銀行在國務院領導下，制定和實施貨幣政策，對金融業實施監督管理。

根據《中華人民共和國中國人民銀行法》第一章總則第三條和第五章第三十條的規定，中國人民銀行的宗旨為：①保持貨幣幣值的穩定，並以此促進經濟的增長。②依法對金融機構及其業務實施監督管理，維護金融業的合法穩健運行。

根據《中華人民共和國中國人民銀行法》第一章總則第四條的規定，中國人民銀行的職能為：①依法制定和執行貨幣政策。②發行人民幣，管理人民幣流通。③按照規定審批，監督管理金融機構。④按照規定監督管理金融市場。⑤發布有關金融監督管理和業務的命令和規章。⑥持有、管理、經營國家外匯儲備和黃金儲備。⑦經理國庫。⑧維護支付、清算系統的正常運行。⑨負責金融業的統計、調查、分析和預測。⑩作為國家的中央銀行，從事有關的國際金融活動。⑪國務院規定的其他職責。中國人民銀行為執行貨幣政策，可以依照本法第四章的有關規定從事金融業業務活動。

七、中國現行的金融機構體系

（一）中國金融機構體系的形成與發展

1. 初步形成階段（1948—1953年）

其主要標誌是1948年12月1日「中國人民銀行」的建立，發行人民幣為法定的本位貨幣。

2. 計劃經濟時期（1953—1978年）

為配合高度集中統一「計劃經濟」體制的運行，採用了「大一統」金融體系。在組織體系上全國僅有唯一的一家國家銀行（中國人民銀行）；在經營管理上一切業務必須按計劃辦事，計劃管理是最高原則；在信用制度上，實行單一的銀行信用體制，禁止商業信用，國家信用和向外借款基本不運用；在結算制度上，全國實行統一的轉帳結算辦法，同時實行集中統一的聯行清算制度；在利率管理上，實行管制利率和嚴格的外匯管制。

3. 初步改革階段（1979年—1983年8月）

1979年2月、3月、4月，「人保」「農行」「中行」及「外管局」從人民銀行獨立出來；1983年1月「建行」獨立。

4. 多樣化的金融體系（1983年9月—1993年）

人民銀行開始履行央行職能；1984年1月中國工商銀行正式成立；組建地方、股份制商業銀行及其他金融機構；形成以人民銀行為核心，以工農中建專業銀行為主體，其他金融機構並存和分工協作的金融機構體系。

5. 建設適應市場經濟的金融體系（1993至今）

將政策性業務從國有專業銀行中剝離出來，組建「政策性銀行」；國有專業銀

第七章　金融機構與金融市場

行向國有商業銀行轉化；鼓勵民營商業銀行發展；整頓、改革城市信用合作社，組建地方商業銀行；大力發展非銀行金融機構；逐步加強金融監管。

（二）中國現行的金融機構體系

中國現行的是以「一行三會」為主導、商業銀行為主體、多種非銀行金融機構為輔助，層次和種類較為豐富齊全、服務功能比較完備的金融機構體系。

「一行三會」即中國人民銀行（中央銀行）、中國證券監督管理委員會、中國保險監督管理委員會、中國銀行業監督管理委員會。商業銀行體系包括國有控股大型商業銀行、股份制商業銀行、城市商業銀行、農村商業銀行和村鎮銀行、外資商業銀行。政策性銀行體系包括國家開發銀行、中國農業發展銀行和中國進出口銀行。信用合作機構有城市信用合作社和農村信用合作社。非銀行金融機構體系包括金融資產管理公司、信託投資公司、財務公司、金融租賃公司、汽車金融公司、證券機構、保險公司等以及外資金融機構。

第二節　商業銀行

在金融機構體系中，商業銀行是金融業的主體。商業銀行是以吸收存款及發放貸款為主要業務，以盈利為目標，提供綜合性全面服務的金融企業。其業務日益朝著多樣化、綜合化、國際化方向發展，在經濟活動中起著舉足輕重的作用。

一、商業銀行的性質

（一）商業銀行是企業

商業銀行屬於企業範疇，是依法設立的企業法人，有獨立的法人財產，並以其全部財產對其負債承擔責任。商業銀行以盈利為目的，自主經營，自擔風險，自負盈虧，自我約束。商業銀行的設立不僅要依據《中華人民共和國商業銀行法》（以下簡稱《商業銀行法》）而且還要符合《中華人民共和國公司法》（以下簡稱《公司法》）的要求和規定。

《商業銀行法》第二條規定，「本法所稱的商業銀行是指依照本法和《公司法》設立的吸收存款、發放貸款、辦理結算等業務的企業法人」。

（二）商業銀行是金融企業

商業銀行是以金融資產和金融負債為經營對象，其實質就是貨幣這種特殊商品及其相關的金融服務。在商業銀行的資產中自有資本的占比較低而負債的占比一般較大，這使得商業銀行在獲得很高的財務槓桿效應的同時也面臨著更大的經營風險。因此，商業銀行的經營原則是：①安全性原則，是指商業銀行資產免除損失的可靠程度。②盈利性原則，是指商業銀行通過從事業務活動，獲取利潤的能力。③流動

性原則,是指銀行能夠隨時滿足客戶提取存款及申請貸款要求的能力或清償力。

（三）商業銀行是特殊的金融企業

商業銀行是唯一吸收活期存款並開立支票帳戶辦理轉帳業務的金融企業。借助於支票流通的非現金結算制度和部分準備金制度,商業銀行可以創造存款貨幣。也就是說,商業銀行具有創造信用的功能。

商業銀行除了辦理傳統存貸款業務外,還經營證券投資、代理諮詢、財務顧問、投資銀行等業務,成為無所不包的金融百貨公司,客觀上給企業及個人經濟生活帶來了極大的便利,這是其他金融企業所無法替代的。

二、商業銀行的職能

在經濟活動中,現代商業銀行既區別於一般工商企業,也區別於原始銀行。對於前者來講,其區別之處在於現代銀行有它的特定經營活動內容與特殊的職能作用;而對於後者來講,其區別之處在於現代銀行是信用媒介與信用創造的統一體,能否創造信用是現代銀行區別原始銀行的根本標誌。概括起來講,商業銀行具有以下職能作用。

1. 信用仲介

商業銀行通過吸收存款,動員和集中社會的一切閒置的貨幣資金,通過貸款和投資方式將這些貨幣資金提供給資本需求者使用。商業銀行則成為貨幣資本貸出者與借入者之間的仲介人,成為調劑貨幣資本余缺的仲介機構。

2. 支付仲介

商業銀行通過為客戶開立帳戶,充當客戶之間債權債務結算與貨幣收付的中間人。在這裡,商業銀行是以客戶的會計和出納的資格出現的。這可加速資本週轉,促進商品生產和流通順利進行。

3. 資本轉換

商業銀行運用負債業務可以將盈餘單位（法人、自然人等）的資金,由零星變成巨額、由閒置變為有用、由短期變為長期；然後通過資產業務把這些貨幣資金匯集起來,提供給資金需求者使用。這種資本轉換功能,有利於擴大社會資本總額,協調資本合理流動、準確匹配資本期限和結構,使得資源配置的效率得到提高。

4. 信用創造

信用創造功能是現代商業銀行所擁有的,區別於原始銀行的一條最根本的標誌。現代商業銀行,不僅保留了原始銀行的信用仲介功能,而且發展了信用創造功能。現代商業銀行是信用仲介與信用創造的統一體。

現代商業銀行的這一功能使銀行在整個國民經濟中的地位有了根本性改變。由於銀行信用與貨幣供給已成為密不可分的同一過程,銀行信用的增減意味著貨幣供給量的增減,從而使銀行信用滲透到國民經濟的各個領域,使現代經濟日益演變為

第七章　金融機構與金融市場

信用經濟。

三、商業銀行的類型

按分類標準的不同，商業銀行可以分為不同的類型：

(一) 從資本所屬角度劃分

從資本所屬角度考察，商業銀行的組織形式有私人銀行、合夥組織的銀行、國家商業銀行與股份制銀行等四種。

1. 私人銀行

這是一種獨資的私營銀行。目前，世界上商業銀行採取私人銀行組織形式的情形已比較少。例如，有100多年歷史的英國私人銀行——商業銀行，在20世紀70年代初，也從私人獨資的家庭企業轉變為股份公司。

2. 合夥組織的銀行

這類銀行是由兩個以上的自然人合夥組成的，目前採取這種組織形式的商業銀行為數極少。

3. 國家商業銀行

這是由國家所有並委派高層管理人員進行經營管理的商業銀行。這類商業銀行，不但在發展中國家出現，而且在西方發達國家也存在。例如法國的里昂信貸銀行、巴黎國民銀行和興業銀行，都是經過國有化後成為國家所有的商業銀行。另外，商業銀行國有化程度僅次於法國的義大利，其幾家最大的商業銀行亦由政府經營，或國營控股公司控制。

4. 股份制銀行

這是通過股份制方式籌集銀行資本並通過股份公司形式進行經營管理的商業銀行。目前，這是西方經濟發達國家商業銀行主要的組織形式。美國、英國、德國、日本、加拿大等主要西方發達國家和許多發展中國家的商業銀行都以股份公司的形式存在，許多國家和地區的銀行法規定，除法律另有規定外，商業銀行須採取股份有限公司形式，如中國香港地區規定銀行必須是股份有限公司，否則只能稱銀號。

(二) 從組織制度角度考察

1. 單一銀行制

單一銀行制又稱單元銀行制、獨家銀行制，指銀行業務只由一個獨立的銀行機構經營，不設或不準設立分支機構的銀行組織制度。目前只有美國還部分存在這種模式。1927年美國通過了《麥克法登法案》，其主旨是使國民銀行和州銀行得到平等待遇，有效阻止銀行跨州經營和分設機構，甚至在州內也不準設分支機構。這一制度的實施在防止銀行壟斷、促進銀行與地方經濟的協調等方面起到了經濟的作用，但同時也帶來了許多弊端，不利於銀行的發展。1994年美國國會通過《里格—尼爾銀行跨州經營及其分支機構效率法》，取消了對銀行跨州經營和設立分支機構的

管制。

2. 分支行制

分支行制又稱總分行制。這是目前世界各國一般都採用的商業銀行體制，指法律允許商業銀行在大城市設立總行，並在該市及國內或國外各地設立分支機構的制度。在這種體制下，分支行的業務和內部事務統一遵照總行的規章和指示辦理。例如，中國的《商業銀行法》第十九條中規定「商業銀行根據業務需要可以在中華人民共和國和境外設立分支機構」。

3. 代理行制度

代理行制度又稱往來銀行制度，指銀行相互間簽有代理協議，委託對方銀行代辦指定業務的制度。被委託的銀行為委託行的代理行，相互間的關係則為代理關係。一般地說，銀行代理關係是相互的，因此互為對方代理行。在國際之間，代理關係非常普遍。代理制最發達的是美國，這種代理制度解決了不準設立分支機構的矛盾。在實行分支行制度的國家中，銀行之間也存在著代理關係。

4. 銀行控股公司制度

銀行控股公司又稱銀行持股公司，指由一個集團設立股權公司，再由該公司控制和收購兩家或兩家以上的商業銀行的這種形式。從立法角度看，控股公司擁有銀行，但實際上控股公司往往是由銀行建立並受銀行操縱的組織。大銀行通過控股公司把許多小銀行，甚至一些企業置於自己的控制之下。

銀行控股公司形式從20世紀初開始發展，第二次世界大戰后急遽增長起來。銀行控股公司具有的優勢：①能夠對數家銀行擁有控股權，可以使銀行規避限制設立分支機構的規定；②能夠從事與銀行相關的其他活動，如提供諮詢、提供加工和傳遞信息的服務、租賃、信用卡服務和在其他地區發放貸款；③能發行商業票據，使得銀行能獲得存款之外的資金來源。正是由於具備了這些顯著優勢，銀行控股公司制得以成為當今國際銀行界最流行的組織形式。

5. 連鎖銀行制度

連鎖銀行制度又稱聯合制，指兩家以上商業銀行受控於同一個人或同一集團但又不以股權公司的形式出現的制度。連鎖銀行的成員大多是形式上保持獨立的小銀行，通常圍繞在一家主要銀行的周圍。其中的主要銀行為集團確立銀行業務模式，並以它為中心形成集團內部的各種聯合。連鎖銀行制與控股公司制的異同在於是否設立股權公司；各個獨立銀行（在法律上仍是獨立的）是否受控於某一人或某一集團；其業務和經營是否完全由某一人或某一集團操縱。因此，連鎖銀行制明顯的缺點是不易獲得銀行所需要的大量資本。

(三) 從業務覆蓋的地域考察

1. 地方性商業銀行

也可以稱為區域性商業銀行。這類商業銀行以所在地區的客戶為服務對象，業務經營活動範圍具有明顯的地域特徵。例如，中國改革開放后發展起來的城市商業

第七章　金融機構與金融市場

銀行和農村商業銀行。

2. 全國性商業銀行

全國性商業銀行主要以境內客戶為服務對象，業務範圍覆蓋全國。全國性商業銀行的准入條件比地方性商業銀行更高。

3. 國際性商業銀行

主要指那些以國際性大企業客戶為服務對象，在國際金融中心占據重要地位、國際影響力較大的商業銀行。例如，花旗銀行、渣打銀行、美聯銀行、東京三菱銀行等國際性跨國銀行。

(四) 從業務經營制度和業務經營範圍考察

1. 職能分離型

職能分離型，指銀行業務和證券分離，商業銀行主要從事經營短期工商信貸業務。

這種銀行業務制度的形成以20世紀30年代資本主義經濟大危機的爆發為契機。大危機中，銀行成批破產倒閉，釀成歷史上最大的一次貨幣銀行信用危機。不少西方經濟學家歸咎於銀行的綜合性業務經營，尤其是長期貸款和證券業務的經營。以美國為例，美國國會在1933年通過了《格拉斯—斯蒂格爾法》，允許商業銀行承銷新發行的政府證券，但禁止商業銀行承銷公司證券或從事經紀商的活動。同時，該法還禁止投資銀行從事商業銀行的業務。附加的規定還禁止銀行從事保險及其他被認為是有風險的非銀行業務。

2. 全面職能型銀行

全面職能型又稱綜合化銀行制度，指銀行可以經營一切銀行業務，提供全面的銀行和金融服務，包括各種期限和種類的存、貸款及全面的證券業務。德國是實行全能銀行制度國家的典型代表，此外奧地利、瑞士等國家也實行這種制度。德國最大的商業銀行——德意志銀行就是一家典型的全能銀行。

自20世紀70年代以來，商業銀行的傳統特徵和分工界限已被打破，並趨向全能化、綜合化經營。原來實施分業經營最為突出的美國和日本已走上這樣的道路。1999年11月4日，美國參眾兩院通過了《金融服務現代化法案》，宣布取消了大半個世紀的限制商業銀行、證券公司和保險公司跨界經營的法律，從而將美國金融業帶進一個新時代。

四、商業銀行的負債業務

(一) 商業銀行的負債

負債業務是商業銀行形成資金來源的主要業務，商業銀行的資金來源主要包括自有資本和吸收的外來資金兩部分。自有資本是商業銀行經營各項業務活動的前提，包括其成立時發行股票所籌集的股份資本、公積金以及未分配的利潤。國有獨資商

業銀行的資本金有國家撥付的,也有國家準許從利潤中累積的部分等。一般說來,自有資本能顯示銀行的實力,它是吸收外來資金的基礎,但在銀行資金來源中只占小部分比重。在巴塞爾協議中,對銀行資本作了嚴格的劃分,並制定了資本充足率的統一衡量標準。該協議認為,銀行資本分為兩級,第一級是核心資本,由股本及稅後保留利潤中提取的公開儲備形成;第二級資本為附屬資本,包括未公開的儲備、重估儲備、普通準備金以及帶有債務性質的資本工具、長期次級債務。在這裡銀行資本既有表示所有權的部分,又有表示債務性的部分。

除了資本外,商業銀行的資金來源就是通過各種負債業務籌集到的外來資金。外來資金的形成渠道主要是吸收存款、向中央銀行借款、向其他銀行和貨幣市場拆借及從國際貨幣市場借款等,其中又以吸收存款為主。

(二) 負債業務的主要形式

吸收存款業務是指銀行接受客戶存入的貨幣款項,存款人可隨時或按約定時間支取款項的一種信用業務。這是銀行的傳統業務,在負債業務中佔有最主要的地位,可以說,吸收存款是商業銀行與生俱來的基本特徵。商業銀行吸收的存款主要有活期存款、定期存款和儲蓄存款三大類。

(1) 活期存款。活期存款指那些不受時間限制,客戶可以隨時存入和提取並經常保持一定週轉金額的存款。這種存款的最大特點是使用支票提款,能滿足客戶隨時支取的需要,達到便利結算的目的。企業、個人、政府機關、金融機構都能在銀行開立活期存款帳戶。開立活期存款帳戶的目的是為了通過銀行進行各種支付結算。由於活期存款支付頻繁,銀行提供服務要付出較高費用,所以一般不對存戶支付利息或僅支付極低的利息。活期存款的流動性雖然較強,但存取錯綜交替中總會在銀行形成一筆相對穩定、數量可觀的餘額,因此成為銀行貸款的重要資金來源。

隨著金融業競爭的加劇,為滿足存款者對資金安全性、流動性和營利性的要求,商業銀行相繼推出了許多新型的需要支付利息的活期存款,如:可轉讓支付命令帳戶(NOW)、超級可轉讓支付帳戶(Super NOW)、電話轉帳服務帳戶(TTS)、自動轉帳服務帳戶(ATS)、股金提款單帳戶(SDA)、貨幣市場存款戶(MMDA)、貨幣市場互助基金(MMMF)、協定帳戶(NA)等。

(2) 定期存款。定期存款指那些具有確定的到期期限才準予提取的存款。存入這種存款是近期暫不支用和作為價值儲藏的款項。這種存款具有「不能隨時支取」和「期限確定」的特徵,即只能在到期日及到期日後提取。定期存款存入時,銀行一般是向存戶出具存單,也有採用存折形式的。定期存款期限較長,到期前一般不能提取,其流動性較低,是銀行重要的穩定性資金來源,銀行會給予較高的利息。

定期存款有記名式、不記名式,可轉讓與不可轉讓之分。隨著銀行業務的發展,定期存款開始出現了許多特殊形式,如:可轉讓大額定期存單(CDs)、貨幣市場存單(MMC)、定活兩便存款帳戶(TDA)等。

(3) 儲蓄存款。儲蓄存款指個人為積蓄價值和取得利息收入而存入的零星款

第七章　金融機構與金融市場

項。儲蓄存款是主要針對居民個人存儲閒散貨幣的需要而設置的一項金融服務。

儲蓄存款往往分為活期儲蓄存款和定期儲蓄存款兩種，無論對活期儲蓄存款還是定期儲蓄存款都支付利息，只是利率高低有別。隨著儲蓄業務競爭的日益激烈，20世紀70年代以來商業銀行還推出了一些新型的儲蓄存款業務，如：電話轉帳服務帳戶、自動轉帳服務帳戶、個人退休金帳戶、清單儲蓄存款等。

商業銀行的資金來源，除了銀行自有資本和吸收存款之外，當營運資金不足時，還可通過其他渠道作為銀行的資金來源。

（1）從中央銀行借入資金。中央銀行對商業銀行一般不輕易貸款，尤其是不輕易進行信用放款。商業銀行從中央銀行借入資金有兩種形式：一是再貼現，即把自己辦理貼現業務所買進的未到期票據，如商業票據、短期國庫券等，再轉賣給中央銀行；二是直接借款，即把自己持有的合格票據、銀行承兌匯票、政府公債等有價證券作為抵押品向中央銀行取得抵押貸款。

在中國，國有商業銀行一直把向中央銀行借款作為解決臨時性資金不足矛盾的主要渠道，從中央銀行借入資金的金額在國有商業銀行全部負債中比重較大，而在西方國家這個比重卻較小。從商業銀行發展的總體趨勢來看，向中央銀行借款在商業銀行全部負債中所佔的比重呈現一種下降的趨勢。

（2）從同業拆借資金。同業拆借是指金融機構之間為調劑短期資金的不足而進行的相互借貸。同業拆借是銀行的一項傳統業務，具有短期性、同業性、大額性的特點。當商業銀行短期營運資金不足時，同業拆借資金是一條十分便捷的途徑。同業拆借主要為解決銀行頭寸不足，故通常的做法是銀行間通過它們在中央銀行的存款帳戶進行相互貸款。

（3）從國際貨幣市場上借入資金。近二三十年來，各國商業銀行在國際市場上廣泛通過辦理定期存款、發行大額定期存單、出售商業票據、銀行承兌票據及發行債券等方式籌集資金。發展迅速的一些國家，其銀行系統對這方面的依賴性往往很大。從國際貨幣市場上借入資金這種渠道既有利於獲得資金，同時又是容易受到衝擊的脆弱環節，商業銀行在從事這種負債業務時必須注意防範金融風險。

（4）結算過程中的短期資金占用。商業銀行在辦理各種結算業務過程中可以短期占用客戶的資金，這是商業銀行的一項資金來源。比如匯兌業務，雖然商業銀行占用每筆匯款的時間很短，但由於週轉金額巨大，所以占用的資金數量也相當可觀。因此，從任一時點上看，總會有那麼一些處於結算過程中的資金構成商業銀行的資金來源。

但商業銀行也必須注意到，結算過程中的資金不能隨意占用，否則將違反法律法規的規定。在中國，中國人民銀行發布的《票據管理實施辦法》及《支付結算辦法》中規定：延壓、挪用、截留結算資金，影響客戶和他行資金使用的，按延壓結算金額每天萬分之五計付賠償金；任意壓票、退票、截留、挪用結算資金的，由中國人民銀行按結算金額對其處以每天萬分之七的罰款。

(5) 發行金融債券。發行金融債券也是商業銀行的一項負債業務。比如自1985年以來，中國商業銀行按照國家有關規定，經過中國人民銀行批准，面向社會發行金融債券，為指定用途籌集資金。

五、商業銀行的資產業務

（一）資產業務與資金運用

商業銀行的資產業務是指商業銀行運用資金並取得收益的基本業務，主要包括貸款、貼現、證券投資等業務。除了貸款、貼現與證券投資這幾項資金運用業務外，商業銀行的資金運用項目還有庫存現金、購置營業用房地產、繳存法定準備金等，這些是非盈利性資產，但它們却是銀行從事經營、獲取盈利所必不可少的。一般講，商業銀行在保持安全性的前提下，應盡可能減少這部分資產，而盡力擴大盈利性資產，以提高銀行資產的盈利性。

（二）貸款業務

貸款又稱放款，是銀行將其所吸收的資金，按一定的利率貸放給客戶並約期歸還的業務。

貸款在銀行資產業務中的比重一般占首位。這是因為，與貼現、證券投資等資金運用方式相比，貸款的風險雖然較大，但它的利率較高，同時通過貸款的發放和回收，可密切與工商企業的往來關係，從而有利於穩定吸收存款和拓寬業務領域。

1. 商業銀行的貸款分類

（1）按貸款有否抵押品劃分，有抵押貸款與信用貸款。抵押貸款是指以特定的抵押品作擔保的貸款。抵押品可以是不動產、應收帳款、機器設備、提單、棧單、股票和債券等資產。作為抵押的資產必須是能夠在市場上出售的，如果貸款到期時借款人不願或不能償還時，銀行則可以取消抵押品的贖回權並處理抵押品。抵押品資產的價值一般要求大於貸款金額。當銀行處理抵押品收入的金額超過貸款的本息和，超過部分應返還給借款人，反之，銀行可通過法律程序追索不足的款項。信用貸款，是指無抵押品作擔保的貸款。通常僅由借款人出具簽字的文書，信用貸款一般是貸給那些有良好的資信者。對這種貸款，銀行通常收取的利息較高，並往往附加一定條件，如提供資產負債表、個人收支計劃和報告借款用途等。

（2）按貸款對象劃分，有工商業貸款、農業貸款和消費貸款。工商業貸款主要是工業企業固定資產投資和購入流動資產的資金需要和商業企業商品流轉的資金需要，一般在商業銀行貸款中這部分貸款的比重最大。農業貸款，短期的主要用於購買種子、肥料、農藥等，長期的主要用於購買土地、改良土壤或水利設施以至造林等。消費貸款是指貸放給個人用來購買消費品或支付勞務費用的貸款，其中又主要是用於購買高檔耐用消費品，如汽車、房屋等。

（3）按貸款期限劃分，有短期貸款、中期貸款和長期貸款。短期貸款的期限不

第七章　金融機構與金融市場

超過一年,西方這種貸款的流行作法是對貸款的償還不規定具體期限,隨時由銀行通知(至少三五日前)收回,所以稱「通知貸款」。中期貸款期限一般為一年以上到七八年之間,長期貸款期限更長,商業銀行發放中長期貸款可以獲取較多的利息收入,但由於資金被長期占壓,流動性較差,風險較大。

(4)按還款方式劃分,有一次償還的貸款和分期償還的貸款。一次償還的貸款,是在貸款到期時一次償還本金。但利息根據約定,或在整個貸款期間分期支付,或在貸款到期時一次支付。分期償還的貸款,是按年、按季、按月以相等的金額償還本息。

(5)按貸款質量(或風險程度)劃分為正常貸款、關注貸款、次級貸款、可疑貸款和損失貸款。正常貸款是指借款人能夠履行合同,不存在任何影響貸款本息及時全額償還的消極因素,銀行對借款人按時足額償還貸款本息有充分把握,貸款發生損失的概率為零。關注貸款其實質是儘管借款人目前有能力償還貸款本息,但存在一些可能對償還產生不利影響的因素,如這些因素繼續下去,則有可能影響貸款的償還,因此需要對其進行關注或監控。通常情況下,這類貸款損失的概率不會超過5%。次級貸款是指借款人的還款能力出現明顯問題,完全依靠其正常營業收入已無法足額償還貸款本息,需要通過處置資產或對外融資乃至執行抵押擔保來還款付息,這類貸款損失的概率在30%~50%。可疑貸款是指借款人無法足額償還貸款本息,即使執行抵押或擔保,也肯定要造成一部分損失,只是因為存在借款人重組、兼併、合併、抵押物處理或未決訴訟等待定因素,訴訟金額的多少還不能確定,貸款損失的概率在50%~70%之間。損失貸款是指貸款人已無償還本息的可能,無論採取何種措施和履行何種程序,貸款都注定要損失,或者雖能收回極少部分,但其價值甚微,從銀行角度看,也沒有意義和必要再將其作為銀行資產在帳目上保留下來,對這類貸款在履行了必要的法律程序后應立即予以註銷,其貸款損失的概率為95%~100%。

2. 商業銀行進行貸款業務所遵循的原則

(1)合法性原則。指商業銀行發放的貸款,要符合國家的法規和金融政策。各國對商業銀行發放貸款都有一定的限制,有的限制時限較長如對大筆貸款額度的限制,對證券投資的貸款限制等屬於法律規定的限制;有的限制時限短些,如根據金融和經濟形勢而確定的金融政策對貸款發放的某些限制。商業銀行無論是在貸款對象、貸款數量、貸款地區等方面,都要遵守本國的政策法規。合法性原則是商業銀行進行貸款時首先要遵循的原則。

(2)安全性原則。即放出去的款項,隨時或到期能如數收回本息。由於銀行的資金多來自存款,如果銀行到期不能收回貸款,不但銀行本息將蒙受損失,且將累及存戶,影響整個經濟生活。所以銀行放款在遵守合法性原則前提下,應以安全穩妥為第一。通常須注意:①借款人的信用狀況,即借款人到期是否願意而且有能力清償本息;②擔保品的選擇,即擔保品必須價值穩定且要易於出售;③放款的數額

大小，即不要對某一企業或個人予以過多的放款。

(3) 流動性原則。即放出去的款項，要易於轉變為現金。由於銀行向社會吸收的存款負有要求即付的義務，如果銀行貸款流動性過低、長期貸款過多、週轉不靈，未能應付客戶的兌現或新增貸款的要求，則會引起擠兌風潮，喪失信譽，甚至陷於破產境地。因此保持放款具有一定的流動性對銀行至關重要。要求取得放款的流動性，須注意：①放款期限的長短應與存款的性質相配合，盡力避免短借長貸的現象；②盡量減少信用放款的比重，增加貼現放款和抵押貸款的比重，以備急需時，可向中央銀行取得資金。

(4) 盈利性原則。盈利是商業銀行經營的目的，因此放款應選擇有利於盈利的項目。在流動性、安全性原則與盈利性原則相背時，銀行作為信用機構，則應舍其盈利的誘惑而求安全。

在西方，為了保證貸款的安全性與盈利性，商業銀行非常重視對借款人信用情況的調查與審查，並於多年的實際操作中逐漸形成了一整套的衡量標準。如通常所說的貸款審查的「6C」原則，即品德（Character）、才能（Capacity）、資本（Capital）、擔保品（Collateral）、經營環境（Condition）、事業的連續性（Continuity）等。「6C」原則是貸款與評估的依據，它從內容上規定了銀行審查貸款、評估貸款的範圍和條件。要瞭解借款人各方面的情況，僅靠日常調查和材料匯總是不夠的，還必須借助於企業各類財務報表，分析企業財務狀況，從總體上把握企業的經營狀況和償債能力，進而為銀行確定貸款與否提供科學依據。

(三) 貼現業務

所謂貼現，是票據持有人，將其未到期的票據轉讓給銀行，由銀行扣除自貼現日起至到期日止的利息後，以其餘額支付給持票人的一種融資行為。從銀行來看，貼現是以現款買進未到期票據以獲取利息收入的一種業務。辦理貼現業務時，銀行向客戶收取一定的利息，稱為貼息或折扣。具體程序是銀行根據票面金額及既定貼現率，計算出從貼現日起到票據到期日止這段時間的貼現利息，並從票面金額中扣除，余額部分支付給客戶。票據到期時，銀行持票據向票據載明的支付人索取票面金額的款項。

其計算公式如下：

$$貼現利息 = 票面金額 \times 貼現率 \times \frac{貼現天數}{360}$$

$$票據貼現價格 = 票面金額 - 貼現利息$$

其中，票據貼現天數是指辦理票據貼現日起至票據到期日止的時間；貼現率是指商業銀行辦理貼現時預扣的利息與票面金額的比率。

一般來講，商業銀行常進行貼現的票據有以下幾種：

(1) 商業承兌匯票。即因商品買賣行為，由賣主向買主發出，而經買主簽名承兌的票據。貼現中這種票據最為普遍。

第七章　金融機構與金融市場

（2）銀行承兌匯票。即因交易行為，由賣主向買主發出，而經買主請其往來銀行代為承兌的票據。這種票據既有銀行擔保，又有商品貨物買賣為基礎，其信用程度較高。

（3）商業本票。即因交易行為，由買主向賣主簽發，允諾在一定時期後，支付一定金額與賣主的票據。這種票據不如商業承兌匯票普遍，因為一般認為這種票據的信用程度不如商業承兌匯票。

（4）銀行本票。即由銀行簽發，允諾在一定日期支付一定金額給持票人的票據。銀行本票的出票人及付款人皆為銀行，信用程度遠較商業本票高，持票人向銀行貼現，銀行樂意接受。

（5）國庫券、債券。現代銀行的貼現業務，除票據外，其範圍已擴及政府的國庫券、公債券等，因為政府債券信用可靠，風險較小，且易轉讓出售，商業銀行對此辦理貼現，既能獲利，又能在需要時隨時收回資金。

（四）證券投資業務

商業銀行的證券投資是指商業銀行在金融市場上購買各種有價證券的業務活動。商業銀行從事證券投資的目的主要有：為銀行提供資金安全；實現資金運用多樣化；謀取收入；減少稅金支出。各國商業銀行一般的資金安排，第一是準備金的提取，第二是貸款的發放，第三便是證券投資。

商業銀行證券投資的對象和內容隨著金融工具的不斷創新而發展變化，也因相關法規的限制而有所不同。從西方特別是美國商業銀行的業務範圍來看，適於商業銀行投資的證券分為以下幾種：

（1）政府債券。政府債券是政府機構發行的債券憑證，證明持券人有權按約定條件從政府機構到期收回本金並取得利息的依據。一般又分為財政部發行的國債、地方政府債券和政府代理機構發行的債券等。

（2）公司債券。公司債券按照有無抵押品分為抵押債券和信用債券，它們都是企業為籌措資本發行的中長期債券。抵押債券是以公司的房產、政府債券、機器設備作抵押而發行的債券，其發行須在主管機關辦理抵押登記，並由代表全部債券持有人的信託受託人取得不動產抵押權或動產質權。信用債券則純粹以公司自身信用發行，沒有任何信用品。

（3）公司股票。在西方國家中，對商業銀行和投資銀行不實行行業分業管理的國家允許商業銀行投資於公司股票，對企業進行直接的控制。而實行分業管理的國家則一般禁止商業銀行持有企業股票。

六、商業銀行的表外業務

表外業務是指商業銀行從事的不列入資產負債表，但能影響銀行當期損益的業務。狹義的表外業務是指那些雖未列入資產負債表，但同表內的資產業務或負債業

務關係密切的業務。廣義的表外業務除包括上述狹義的表外業務外，還包括結算、代理、諮詢等業務。在中國，表外業務被稱為「中間業務」。

商業銀行的表外業務包括：支付結算業務、銀行卡業務、代理業務、信託業務、租賃業務、投資銀行業務、擔保承諾業務、金融衍生業務等。

1. 支付結算業務是商業銀行為客戶辦理因債權債務關係所引起的與貨幣支付、資金劃撥有關的收費業務，其方式主要有匯兌結算、托收結算和信用證結算。

2. 銀行卡業務是商業銀行向社會發行的各種具有消費信用、轉帳結算、存取現金等全部或部分功能的信用支付工具。由於銀行卡具有方便、快捷、安全可靠的功能，並融存款、貸款、結算於一體，因此銀行卡業務已成為當今各商業銀行發展最快、普及面最廣的一項業務。商業銀行從事銀行卡業務的收入來源於商戶結算手續費、銀行卡年費、利息收入和其他收入等。

3. 代理業務是指商業銀行接受客戶的委託，代為辦理客戶指定的經濟事務、提供金融服務並收取一定費用的業務。代理業務是典型的表外業務，包括代理證券業務、代理保險業務、代理商業銀行業務、代理中央銀行業務、代理政策性銀行業務和其他代理業務。代理業務具有為客戶服務的性質，是代理人和被代理人之間產生的一種契約關係和法律行為，商業銀行在辦理代理業務過程中，不使用自己的資產，主要發揮財務管理職能和信用服務職能。

4. 信託業務是指商業銀行信託部門接受客戶的委託，代替委託單位或個人經營、管理或處理貨幣資金或其他財產，並從中收取手續費的業務。商業銀行開展信託業務不僅開闢了新的利潤渠道，有利於增加收益，而且擴大了服務範圍，豐富了業務種類，從而分散了銀行的經營風險。信託業務主要包括資金信託、動產信託、不動產信託和其他財產信託等四大類信託業務。

5. 租賃業務。商業銀行的租賃是一種信用形式。租賃是指在約定的期間內，出租人將資產使用權讓與承租人，以獲取租金的協議。租賃經歷了古代租賃、傳統租賃到現代租賃的發展階段，現代租賃也稱為金融租賃或融資租賃。與傳統租賃不同，現代租賃是融資與融物相結合，以融資為主要目的。與傳統租賃本質的區別在於，傳統租賃以承租人租賃使用物件的時間計算租金，而融資租賃以承租人占用融資成本的時間計算租金。

租賃業務的開展，有益於承租人，同時也使經辦的銀行得到好處，因此得以迅速發展。目前除商業銀行可辦理租賃業務外，中國還有為數眾多的租賃公司和信託投資公司可辦理租賃業務。

6. 投資銀行業務。投資銀行是主要從事證券發行、承銷、交易、企業重組、兼併與收購、投資分析、風險投資、項目融資等業務的金融機構，是資本市場上的主要金融仲介機構。

商業銀行開展投資銀行業務是基於混業經營的趨勢。儘管在名稱上都冠有「銀行」字樣，但投資銀行與商業銀行之間存在著明顯差異：從市場定位上看，商業銀

第七章　金融機構與金融市場

行是貨幣市場的核心，而投資銀行是資本市場的核心；從服務功能上看，商業銀行服務於間接融資，而投資銀行服務於直接融資；從業務內容上看，商業銀行的業務重心是吸收存款和發放貸款，而投資銀行既不吸收各種存款，也不向企業發放貸款，業務重心是證券承銷、公司併購與資產重組；從收益來源上看，商業銀行的收益主要來源於存貸利差，而投資銀行的收益主要來源於證券承銷、公司併購與資產重組業務中的手續費或佣金。

中國工商銀行是國內首家在商業銀行架構內開展投資銀行業務的金融機構。

7. 擔保承諾業務。擔保業務是指商業銀行接受客戶委託對第三方承擔責任的業務。主要包括銀行承兌匯票、備用信用證、各類保函等。擔保使用的金融工具有：保函、備用信用證、跟單信用證等。

承諾業務是指商業銀行在未來某一日期按照事先約定的條件向客戶提供約定的信用業務，主要包括貸款承諾和票據發行便利。貸款承諾是法律上的一種約束，即銀行按商定利率在未來一定時期內對客戶履行貸款的承諾。根據貸款承諾協議，銀行向客戶只收取佣金。貸款承諾包括可撤銷貸款承諾和不可撤銷貸款承諾兩種形式。票據發行便利是一種具有法律約束力的約定，銀行允諾在一定時間內，為其客戶票據融資提供各種便利條件。其形式主要有循環包銷票據發行便利和非包銷票據發行便利。

8. 金融衍生業務。這是指商業銀行為滿足客戶保值增值或自身頭寸管理等需要進行的貨幣、利率、股票和商品的遠期、期貨、期權、互換等衍生交易業務。金融衍生品交易具有高風險高收益的特點。

● 第三節　其他金融機構

現代中央銀行已成為代表國家管理金融的特殊機關，處於一國金融業的首腦和領導地位，商業銀行是金融業的主體。此外，還有許多非銀行的金融機構，它們的存在與發展，構成了一國（地區）完整的金融機構體系。以下將以中國為例進行簡要介紹。

一、保險公司

保險既是一種經濟制度也是一種法律關係。作為一種社會經濟制度，保險是一種社會化的安排。保險具有分散風險和補償損失的職能。但必須注意的是，保險沒有減少損失的功能。風險分散（即分攤損失）是實施補償的前提和手段，實施補償是分攤損失的目的。

1979 年 4 月，為適應經濟體制改革和對外開放的需要，國務院批轉的《中國人

民銀行分行行長會議紀要》明確提出要開展保險業務。同年 11 月，全國保險工作會議決定從 1980 年起恢復已停辦 20 多年的國內保險業務。從此，中國保險市場開始邁進一個新的歷史時期。自 1979 年以來，經過改革和發展，中國保險市場已成為世界上最大的保險新興市場（見表 7－1）。

表 7－1　　　　　　　　中國保險機構數量變化對比表　　　　　　　　單位：個

年份	集團保險公司	中資保險公司總公司	中資保險公司省級分公司	中外合資保險公司總公司	中外合資保險公司省級分公司	外資保險公司中國代表處
2000	0	4	63	0	0	0
2012	10	101	1,644	52	212	>100

資料來源：根據「保監會」官網資料整理。

二、信託投資公司

　　信託是一種以資產為核心，以信用為基礎，以權利主體與利益主體相分離為特點的，具有長期性和穩定性的財產管理制度。「受人之托，代人理財」是信託的基本特徵。它是一種財產轉移及管理的巧妙設計，具有風險隔離、權益重置的功能以及高度靈活的運作空間，適應性很強，並由此可以派生出多樣化的社會功能，可以創造出多種多樣的管理方式和信託產品。諸如在民事方面的運用，有財產託管、遺囑執行、遺囑照顧等；在商務活動方面的運用，有代辦證券投資、中長期融資服務、財務諮詢等；在社會公益活動方面的運用，有慈善、科技、學術、宗教、環保等。尤其是在目前的法律框架下，僅有信託制度成為諸多財產制度中唯一可以連接和溝通資本市場、貨幣市場和產業市場的制度。正是由於信託制度在財產管理、資金融通、投資理財和社會公益等諸多方面所反應出的獨特的便利功能和作用空間，其已被當今不少發達國家在不少方面所採用，並在市場經濟條件下得到快速的發展。信託投資公司是以受託人身分專門從事信託業務的金融機構。信託業已成為現代金融業的重要支柱之一。

　　1979 年以中國國際信託投資公司的成立為標誌，中國的信託業得到恢復。早期的信託投資公司由於缺乏法律規範和相應的制度約束等原因，沒有實現「受人之托，代人理財」的基本職能，反而成為以吸收存款、發放貸款為主要業務的準銀行機構。同時，信託投資公司在發展過程中由於缺乏相應的監控措施、盲目競爭、擴張機構、資本金不實、管理混亂等問題非常嚴重，隱藏著巨大的金融風險，國家曾於 1982 年、1985 年、1988 年、1993 年和 1999 年多次對信託投資公司進行清理整頓，以規範信託投資公司的經營與發展。

　　2001 年，《中華人民共和國信託法》頒布；2007 年，銀監會公布了《信託公司管理辦法》，中國的信託投資公司開始了新的發展，向「受人之托，代人理財」的

第七章　金融機構與金融市場

基本功能迴歸。

三、金融租賃公司

金融租賃公司是以經營融資租賃業務為主的非銀行金融機構。金融租賃公司開展業務的過程是：租賃公司根據企業的要求，籌措資金，提供以「融物」代替「融資」的設備租賃；在租期內，作為承租人的企業只有使用租賃物件的權利，沒有所有權，並要按租賃合同規定，定期向租賃公司交付租金。租期屆滿時，承租人向租賃公司交付少量的租賃物件的名義貨價（即象徵性的租賃物件殘值），雙方即可辦理租賃物件的產權轉移手續。

自擔風險的融資租賃業務包括典型的融資租賃業務（簡稱「直租」）、轉租式融資租賃業務（簡稱「轉租賃」）和售后回租式融資租賃業務（簡稱「回租」）三個類別。同其他機構分擔風險的融資租賃業務有聯合租賃和槓桿租賃兩類。

中國的融資租賃業起源於 1981 年 4 月，最早的租賃公司以中外合資企業的形式出現，其原始動機是引進外資。1981 年 7 月首家金融租賃公司——「中國租賃有限公司」成立。1997 年后，海南國際租賃有限公司、廣東國際租賃有限公司、武漢國際租賃公司和中國華陽金融租賃有限公司（2000 年關閉）先后退出市場。

2007 年 1 月，銀監會頒布《金融租賃公司管理辦法》，並於 2007 年 3 月 1 日起施行。

四、政策性銀行

政策性銀行是指由政府創立、參股或保證的，不以營利為目的，專門為貫徹、配合政府社會經濟政策或意圖，在特定的業務領域內，直接或間接地從事政策性融資活動，充當政府發展經濟、促進社會進步、進行宏觀經濟管理工具的金融機構。政策性銀行的產生和發展是國家干預、協調經濟的產物，當今世界上許多國家都建立有政策性銀行，其種類較為全面，並構成較為完整的政策性銀行體系。1994 年，中國組建了三家政策性銀行，即國家開發銀行、中國進出口銀行和中國農業發展銀行，均直屬國務院領導。

經國務院批准，國家開發銀行於 2008 年 12 月整體改制為國家開發銀行股份有限公司，標誌著國家開發銀行改革進入了新階段，中國政策性銀行改革取得重大進展。中國進出口銀行和中國農業發展銀行的改革方案正在反覆研究論證和修改中。

五、財務公司

財務公司是為企業集團提供存、貸、結算等金融業務的非銀行金融機構。成立財務公司是國家根據經濟市場化要求，順應金融深化和金融多元化的趨勢，配合「大企業、大集團」戰略而推出的一項重要舉措，揭開了產業資本和金融資本相融

合的探索道路。

中國目前的企業集團財務公司主要由企業集團內部各成員單位入股成立，並向社會募集中長期資金。其特點有：①宗旨和任務是為本企業集團內部各成員單位提供融資服務，以支持企業的技術進步與發展。②財務公司一般不得在企業集團外部吸收存款，業務上受中國人民銀行領導和管理，行政上則隸屬於各企業集團。③其主要業務有人民幣存貸款投資業務、信託和融資性租賃業務、發行和代理發行有價證券。

1987年中國批准設立了第一家企業集團財務公司——「東風汽車工業財務公司」，之後又有許多財務公司相繼批准成立，並出現了一批巨型財務公司。隨著財務公司的發展，財務公司對經濟發展的作用越來越大。

2006年，銀監會頒布了修訂后的《企業集團財務公司管理辦法》。

六、金融資產管理公司

中國的金融資產管理公司是經國務院決定設立的收購國有獨資商業銀行不良貸款，管理和處置因收購國有獨資商業銀行不良貸款形成的資產的國有獨資非銀行金融機構。金融資產管理公司以最大限度保全資產、減少損失為主要經營目標，依法獨立承擔民事責任。中國有4家資產管理公司，即中國華融資產管理公司、中國長城資產管理公司、中國東方資產管理公司、中國信達資產管理公司，分別接收從中國工商銀行、中國農業銀行、中國銀行、中國建設銀行剝離出來的不良資產。中國信達資產管理公司於1999年4月成立，其他三家於1999年10月分別成立。

20世紀90年代以來，特別是東南亞金融危機以後，國際社會對金融機構的不良資產問題普遍給予了極大關注。在中國，工、農、中、建四大國有銀行由於自身經營機制和外部環境的原因，其運作過程中長期帶有政策性色彩，因而產生了巨額不良資產，成為經濟運行中的一個重大隱患。1999年，中國相繼組建了四大金融資產管理公司（簡稱AMC），負責接收、管理和處置國有銀行不良金融資產，這是中國金融體制改革的一項重要創新。國家賦予金融資產管理公司較寬泛的業務範圍和相應的手段與功能，從而使資產管理公司在不良資產處置中探索出一些值得推廣的業務經驗。自2001年以後，不良資產的處置速度和回收率都有了較大的進步。同時，AMC通過自身工作，還有力地促進了金融市場的發育和效率的提高，促進了社會信用秩序的健全和完善。

隨著金融資產管理公司歷史使命的完成，其轉型改制工作也在積極進行中。

七、信用合作組織機構

中國的城市和農村信用合作社是群眾性合作制金融組織，是對國家銀行體系的必要補充和完善。其本質特徵是：由社員入股組成，實行民主管理，主要為社員提

第七章　金融機構與金融市場

供信用服務。

城市信用社是中國經濟和金融體制改革的產物，是中國金融機構體系的一個組成部分。自1995年起，遵照國務院指示，部分地級城市在城市信用社基礎上組建城市商業銀行。同年3月，人民銀行下發《關於進一步加強城市信用社管理的通知》明確：「在全國的城市合作銀行組建工作過程中，不再批准設立新的城市信用社」。這個通知下發以後，全國基本上完全停止了城市信用社的審批工作。

農村信用社是由農民自願入股組成，由入股社員民主管理，主要為入股社員服務的具有法人資格的合作金融機構。農村信用社實行自主經營、獨立核算、自負盈虧。農村信用社入股組成農村信用合作聯社，主要為入股的農村信用社提供服務，同時對農村信用社實行管理、監督和協調。

1996年，根據《國務院關於農村金融體制改革的決定》，全國農村信用社與中國農業銀行脫離行政隸屬關係（俗稱「脫鈎」），農村信用社的業務管理和金融監管分別由縣聯社和中國人民銀行承擔。

新形勢下的農村信用社是中國金融體系的重要組成部分，是農村金融的主力軍。其主要為廣大農戶、個體工商戶，為農產品產前產后經營的各個環節提供金融服務，處於農村金融的最基層，是聯繫農民的金融紐帶，是支持農業和農村經濟發展的重要力量。隨著金融改革的不斷深化，農村信用社也在進一步完善法人結構和公司治理；村鎮銀行和農村商業銀行的設立和發展也成為服務「三農」的金融機構。

八、汽車金融公司

汽車金融公司是為汽車購買者及銷售者提供金融服務的非銀行金融機構。與商業銀行開辦的汽車消費信貸相比，汽車金融公司的專業化程度更高，更具有專業優勢。汽車金融公司的設立，有利於促進中國汽車市場的培育，提升中國汽車業的整體競爭力。

上汽通用汽車金融（GMAC-SAIC）成立於2004年，由通用汽車金融、上汽通用、上汽財務三方合資組建，是中國第一家專業汽車金融公司。

汽車金融公司車的業務主要有：標準信貸（包括首付款與等額月付兩大部分）；彈性信貸（包括首付款、等額月付與最后一個月的彈性尾款；期末尾款為貸款額的25%）；33彈性貸（首付30%，貸款期限為36個月，在最后一個月支付車價35%的彈性尾款）；半價彈性貸（首付50%，貸款期限為12個月，在最后一個月支付車價50%的尾款）；二手車貸款（首付比例最低為車價的50%，貸款期限最長可達3年）。

2008年1月，銀監會開始實施《汽車金融公司管理辦法》。

九、證券機構

證券機構主要是指在資本市場上為證券投資活動服務的金融機構。包括證券交

易所、證券登記結算公司、證券公司、證券投資諮詢公司、投資基金管理公司等。

證券交易所是集中進行證券交易的有形場所。國際著名的證券交易所如倫敦證券交易所、紐約證券交易所、東京證券交易所、香港交易及結算所有限公司（簡稱港交所或香港交易所）等。目前中國大陸有兩家證券交易所，即上海證券交易所（1990年11月26日成立；1990年12月19日開業）和深圳證券交易所（1990年12月1日成立；於1991年7月3日正式營業）。

證券登記結算公司是為證券交易提供集中登記、存管與結算服務，不以營利為目的的法人。2001年3月30日，中國證券登記結算有限責任公司成立。這標誌著中國建立全國集中、統一的證券登記結算體制的組織構架已經基本形成。

證券公司是專門從事有價證券買賣的法人企業。分為證券經營公司和證券登記公司。狹義的證券公司是指證券經營公司，它具有證券交易所的會員資格，可以承銷發行、自營買賣或自營兼代理買賣證券。普通投資人的證券投資都要通過證券商來進行。在不同的國家，證券公司有著不同的稱謂。在美國，證券公司被稱作投資銀行或者證券經紀商；在英國，證券公司被稱作商人銀行；在歐洲大陸（以德國為代表），由於一直沿用混業經營制度，投資銀行僅是全能銀行的一個部門；在中國和日本則稱為證券公司。

證券投資諮詢公司又稱證券投資顧問公司，是指對證券投資者和客戶的投融資、證券交易活動和資本營運提供諮詢服務的專業機構。目前，中國證券投資諮詢公司主要有兩種類型：一是專門從事證券諮詢業務的專營諮詢機構，另一類是兼作證券投資諮詢業務的兼營諮詢機構。

投資基金管理公司簡稱基金公司，是對基金的募集、基金份額的申購和贖回、基金財產的投資、收益分配等基金運作活動進行管理的公司。證券投資基金的依法募集由基金管理人承擔。基金管理人由依法設立的基金管理公司擔任。基金按設立方式劃分有封閉型基金、開放型基金；契約型基金、公司型基金；按設立方式劃分有封閉型基金、開放型基金；按投資對象劃分有股票基金、貨幣市場基金、期權基金、房地產基金等。2012年9月20日，中國證券監督管理委員會公布了《證券投資基金管理公司管理辦法》。

十、投資銀行

投資銀行的稱謂主要在美國盛行，是與商業銀行相對應的一個概念。國際著名的投資銀行有「高盛」「JP摩根」「美林」等。投資銀行是現代金融體系的重要組成部分，是資本市場的核心，是資本市場上聯繫籌資者與投資者的主要金融仲介。美國著名的金融投資家羅伯特·庫恩（Robert Kuhn）對投資銀行的定義是「只有經營部分或全部資本市場業務的金融機構，才能被稱為投資銀行」，該定義被認為是目前對投資銀行的最佳定義。投資銀行主要從事證券發行、承銷、交易、企業重組、

第七章　金融機構與金融市場

兼併與收購、投資分析、風險投資、項目融資等業務。在中國，投資銀行的主要代表有中國國際金融有限公司、中信證券等。

● 第四節　金融市場

金融市場是買賣金融工具以融通資金的場所或機制。按融資期限，金融市場可分為短期市場與長期市場。短期市場亦被稱作為「貨幣市場」；長期市場亦被稱作為「資本市場」。按融資方式，金融市場可分為直接金融市場與間接金融市場。前者是指不需要借助金融仲介而進行的融資市場。后者是指需要借助金融仲介來進行融資的市場。按交易層次，金融市場可分為一級市場與二級市場、初級市場與次級市場、發行市場與流通市場。按交易對象，金融市場可分為資金市場、外匯市場、黃金市場、證券市場和保險市場。按交易方式，金融市場可分為現貨市場與期貨市場。按交易場所，金融市場可分為有形市場與無形市場。本節主要介紹以融資期限所劃分的貨幣市場和資本市場。

一、貨幣市場

貨幣市場（Money Market）通常是指期限在一年以內的短期融資場所。其作用主要是調節臨時性、季節性、週轉性資金的供求，它主要由短期借貸市場、拆借市場、票據市場、國庫券市場、回購市場、可轉讓大額定期存單市場等構成。

（一）短期借貸市場

就銀行而言，短期信貸主要是流動資金貸款，它占了銀行貸款的大部分。近年來，中國將流動資金貸款分為三類：3 個月以內為臨時貸款；3 個月以上至 1 年之內，為季節性貸款；1 年以上到 3 年以內，為週轉貸款。這樣就擴大了流動資金期限範圍，而將貨幣市場交易對象限定為前兩類流動資金貸款。此外，中國《貸款通則》規定，票據貼現期限最長為 6 個月，當屬貨幣市場的範圍；1999 年以來大力倡導的消費信貸，其中有一部分也屬 1 年期之內的貸款或短期透支。

短期借貸的風險雖然低於長期借貸，但也不可忽視其風險。從 1998 年起，中國銀行貸款按照國際慣例進行貸款 5 級分類，將全部貸款按照風險程度分為正常、關注、次級、懷疑、損失 5 類，以利於區別對待，分類管理，並依此為據，提取相應比例的風險保證金。

（二）同業拆借市場

1. 同業拆借市場的形成

同業拆借市場的形成與中央銀行實行的存款準備金制度有關。1913 年美國《聯邦儲備法》規定：作為聯邦儲備體系的會員銀行，必須按規定的比率向聯邦儲備銀

行提交存款準備金，而不能將全部存款都用於放款、投資及其他營利性業務。會員銀行在聯儲銀行帳戶上的存款，超過法定存款準備金后的部分，為會員銀行的超額存款準備金。如果會員銀行的庫存現金和在聯邦儲備銀行的存款沒有達到法定存款準備金比例或數額要求，聯邦儲備銀行將採取較嚴厲的措施予以懲罰或制裁。為此，會員銀行都在中央銀行保持一部分超額存款準備金，以隨時彌補法定存款準備金的不足。由於會員銀行的負債結構及余額每日都在發生變化，在同業資金清算過程中，會經常出現資金頭寸的盈余（應收款大於應付款），或者出現資金頭寸的不足（應收款小於應付款），表現在會員銀行在中央銀行的存款，有時不足以彌補法定存款準備金的不足，形成缺口；有時則大大超過法定存款準備金的要求，形成過多的超額儲備存款。因此，各商業銀行都非常需要有一個能夠進行短期臨時性資金融通的市場。同業拆借市場也就由此應運而生。1921 年，紐約首先出現了會員銀行之間的儲備頭寸拆借市場，以后逐漸發展為較規範的聯邦基金市場（Federal Fund Market），成為美國最主要的同業拆借市場。隨著存款準備金制度逐步被其他國家所採用，以及這些國家的金融監管當局對商業銀行流動性管理的加強，使同業拆借市場在越來越多的國家得以形成和迅速發展。

2. 同業拆借市場的特點

（1）進入市場的主體有嚴格的限制。即必須都是金融機構或指定的某類金融機構，非金融機構（包括工商企業、政府部門及個人）和非指定的金融機構，均不能進入此市場。

（2）融資期限較短。有隔夜、7 天、14 天、20 天、1 個月、2 個月、3 個月、4 個月、6 個月、9 個月、1 年等，其中最普遍的是隔夜拆借。

（3）交易手段比較先進。同業拆借市場的交易由電話洽談等發展到以網路的方式進行，主體上是一種無形的市場；達成協議后，就可以通過各自在中央銀行的存款帳戶自動劃帳清算；或向資金交易中心提出供求和進行報價，由資金交易中心進行撮合成交，並進行資金交割劃帳。因而，同業拆借交易手續簡便，交易成交的時間較短。

（4）交易額較大。在同業拆借市場上進行資金借貸或融通沒有單位交易額限制，一般也不需要以擔保或抵押品作為借貸條件，完全是一種協議和信用交易關係，雙方都以自己的信用擔保，都嚴格遵守交易協議。

（5）利率由供求雙方議定。同業拆借市場上的利率可由雙方協商，討價還價，最后議價成交。因此可以說，同業拆借市場上的利率，是一種市場利率，或者說是市場化程度較高的利率。

3. 同業拆借市場的參與者

一般來講，能夠進入市場的必須是金融機構，但各個國家以及各個國家在不同的歷史時期，對參與同業拆借市場的金融機構也有不同的限定。中國同業拆借市場的參與者包括了所有金融機構，但是金融機構進入同業拆借市場必須經中國人民銀

第七章 金融機構與金融市場

行批准。

4. 同業拆借市場利率

同業拆借市場利率是貨幣市場的核心利率,其確定和變化,要受制於銀根鬆緊、中央銀行的貨幣政策意圖、貨幣市場其他金融工具的收益率水平、拆借期限、拆入方的資信程度等多方面因素。在一般情況下,同業拆借利率低於中央銀行的再貼現利率或再貸款利率。否則,資金需求者可向中央銀行申請貸款。當然也有例外,當中央銀行實行從緊的貨幣政策,金融機構向中央銀行申請貸款較為困難,只能從同業拆借資金以應急需時,會出現同業拆借利率高於再貼現率或再貸款利率的現象。

在國際貨幣市場上,比較典型的、有代表性的同業拆借利率有三種:即倫敦銀行同業拆借利率(LIBOR)、新加坡銀行同業拆借利率(SIBOR)和香港銀行同業拆借利率(HIBOR)。其中,倫敦銀行同業拆借利率是國際金融市場上的關鍵利率。目前,世界上一些重要的金融市場及許多國家均以該利率為基礎,確定自己的資金借貸利率。

5. 中國同業拆借市場

1984年,中國的同業拆借市場開始起步,1986年1月,國務院頒布《中華人民共和國銀行管理條例》,對銀行間資金的拆借做出了具體規定,從此,同業拆借在全國各地迅速開展起來。1990年,人民銀行下發了《同業拆借管理試行辦法》,第一次用法規形式對同業拆借市場作了比較系統的規定。1993年7月,人民銀行根據國務院整頓拆借市場的要求,把規範拆借市場作為整頓金融秩序的一個突破口,出抬了一系列措施,對拆借市場進行整頓,撤銷了各商業銀行及其他金融機構辦理同業拆借業務的仲介機構,規定了同業拆借的最高利率,拆借市場秩序開始好轉。

1995年人民銀行開始建立一個全國聯網的拆借網路系統。1996年1月全國統一的同業拆借市場網路開始運行,這標誌著中國同業拆借市場進入一個新的規範發展時期。1996年6月,人民銀行開放了對同業拆借利率的管制,拆借利率由拆借雙方根據市場資金狀況自行決定,由此形成了全國統一的同業拆借市場利率CHIBOR。1988年以後,人民銀行努力增加全國銀行間同業拆借市場的交易成員,使得市場交易量不斷增加,拆借期限不斷縮短。

2007年1月4日,上海銀行間同業拆放利率(SHIBOR)正式運行,標誌著中國貨幣市場基準利率培育工作的全面啟動。

(三)商業票據市場

1. 商業票據承兌市場

匯票本身分為即期匯票和遠期匯票。只有遠期匯票才有承兌問題。票據承兌是指匯票到期前,匯票付款人或指定銀行確認票據證明事項,在票據上做出承諾付款的文字記載、簽章的行為。承兌后的匯票才是市場上合法的金融票據。票據承兌一般由商業銀行辦理,也有專門辦理承兌的金融機構。承兌方式有全部承兌、部分承兌、延期承兌和拒絕承兌四種。拒絕承兌者要簽署拒絕承兌書,說明理由,持票人

據此向出票人追索票款。

2. 商業票據貼現市場

商業票據貼現包括三種方式：①貼現。即企業以未到期的商業票據向貼現銀行融資，貼現銀行按市場利率扣取自貼現日至到期日的利息，將票面餘額給持票人的一種行為。②轉貼現。即貼現銀行在需要資金時，將已貼現的票據再向同業其他銀行辦理貼現的票據行為，它是銀行之間的資金融通，涉及的雙方當事人都是銀行。這種資金融通方式安全性高、期限短，為銀行的流動性管理提供了便利，因而被商業銀行普遍接受。③再貼現。再貼現又稱重貼現，是指商業銀行將已貼現的未到期匯票再轉讓給中央銀行的票據轉讓行為。與貼現和轉貼現相比，再貼現具有更為重要的宏觀經濟意義。

3. 中國的票據市場

（1）中國票據市場的發展歷程

中國的票據市場主要體現為銀行承兌匯票市場和票據貼現市場，最早起步於20世紀80年代初期。中國人民銀行上海分行於1981年在分行轄區內進行初步試點，嘗試了同城商業承兌匯票的貼現業務。1985年，人民銀行頒布了《商業匯票承兌貼現暫行管理辦法》。1986年，人民銀行頒布了《再貼現試行辦法》，正式開辦了對商業銀行的再貼現業務。1994年7月7日，中國人民銀行頒發《關於在煤炭、電力、冶金、化工和鐵道行業推行商業匯票結算的通知》，附發《商業票據辦法》和《再貼現辦法》，並於10月安排100億元的專項再貼現資金，用於通知中規定的五個行業及農副產品已貼現票據的再貼現。1995年5月10日，第八屆全國人民代表大會第十三次會議通過了《中華人民共和國票據法》，並於1996年1月1日起正式施行。該法的頒布和施行，對規範票據行為，促進票據承兌和貼現市場的健康發展，具有重要意義。1996年，各商業銀行分別制定了《商業票據承兌、貼現辦法》及實施細則，人民銀行一級分行結合本地實際，制定了《再貼現業務管理辦法》及業務操作規程，人民銀行的一級分行和總行分別在1996年和1997年開設了再貼現窗口。

（2）中國票據市場的特點

市場規模迅速擴大；票據種類增加；票據經營機構大量增加；初步建立起了以中心城市為依託的區域性票據市場；在辦理票據業務中，各商業銀行將控制風險放在首位，制定了一系列票據業務的操作規程，加強了票據承兌和貼現的經營管理和制度建設，各商業銀行通過系統內票據業務專營方式加強對票據業務的集約化經營和集中管理；票據市場交易主體職能進一步分化，承兌環節主要以股份制商業銀行等中小金融機構為主體，貼現環節主要以國有獨資商業銀行為主體；票據市場利率日益成為傳導金融宏觀調控和貨幣市場資金供求的重要載體；再貼現餘額逐月下降，再貼現工具基本淡出票據市場。

第七章　金融機構與金融市場

(四) 短期債券市場

1. 國庫券市場

(1) 國庫券的概念與特點

世界上最早的國庫券市場於 1877 年誕生在英國；美國國庫券市場誕生於 1929 年；而中國真正意義上的國庫券市場直到 1995 年才開始出現。國庫券市場是國債市場中一個不可或缺的組成部分。

國債是國家公債的簡稱，公債有國債和地方公債之別。在一國之內，無論中央政府還是地方政府，都有可能以發行公債作為取得財政收入的形式。凡由中央政府發行的公債，稱為國家公債，簡稱「國債」，它是中央政府憑藉政府信譽，按照信用原則發行債券所形成的國家債務。地方政府發行的公債，稱為地方公債。

只有中央政府發行的期限在 1 年（含 1 年）以內的債券才能稱為國庫券。在中國改革開放初期，曾將所有政府發行的債券均稱為「國庫券」，隨著對國債認識的提高和深入，目前對國庫券的界定也與國際社會相一致了。

國庫券具有以下特點：①安全性高。國庫券是由財政部發行的，一般不存在違約風險。因而，國庫券利率往往被稱為無風險利率，成為其他利率確定的依據。②流動性強。極高的安全性以及組織完善、運行高效的市場賦予國庫券極強的流動性，使持有者可隨時在市場上轉讓變現。③稅收優惠。政府為增強國庫券的吸引力，通常給予購買者稅收方面的優惠，如豁免地方所得稅、交易稅等。

國庫券市場具有其他貨幣市場不可替代的作用。①有助於協調商業銀行經營「三性」的矛盾。②有助於彌補財政臨時性、季節性收支短缺。③有助於中央銀行宏觀調控基礎的建立。

(2) 國庫券的發行市場

①發行動機。財政部發售國庫券主要是為政府籌措短期資金以彌補季節性、臨時性財政赤字，或應付其他短期資金需求，如償還到期國庫券。

②發行方式。國庫券的發行一般採用招投標方式進行。國庫券的投標分為競爭性和非競爭性兩種。在發行市場中，主要由一級交易商通過整買，然後分銷、零售，使國庫券順利到達最終的投資者手中。

國庫券通常採取貼現發行方式，即以低於國庫券面值的價格向投資者發售。國庫券到期后按面值支付，面值與購買價之間的差額即為投資者的收益。其收益率計算公式為：

$$r = \frac{F-P}{P} \times \frac{360}{n}$$

上式中，r 為國庫券投資的年平均收益率；F 為國庫券面值；P 為國庫券購買價格；n 為距到期日的天數。

(3) 國庫券的流通市場

在國庫券流通市場上，中央銀行、商業銀行、非銀行金融機構、企業、個人以

及國外投資者均是參與者。一級交易商在其中發揮做市商的職能,通過不斷買入和賣出國庫券活躍市場。

中央銀行由於其特殊地位,法律規定其不能參與國庫券的發行市場。中央銀行參與國庫券的交易只能在國庫券的流通市場,其買賣行為被稱為「公開市場操作」或「公開市場業務」。因此,國庫券流通市場是中央銀行進行貨幣政策操作的場所。

商業銀行等金融機構參與投資國庫券的目的在於實現安全性、收益性和流動性向統一的投資組合管理。非金融企業和個人參與國庫券市場的交易活動大都通過金融仲介機構。

2. 企業短期融資債券市場

(1) 企業短期融資債券的概念與特點

企業短期融資債券發源於商品交易,是買方由於資金一時短缺而開給賣方的付款憑證。但是,現代企業短期融資債券大多已和商品交易脫離關係,而成為出票人(債務人)融資、籌資的手段。其特點有:①獲取資金的成本較低。即融資成本通常低於銀行的短期借款成本。一些信譽卓著的大企業發行企業短期融資債券的利率,有時甚至可以低至同等銀行同業拆借利率。②籌集資金的靈活性較強。發行者可在約定的某段時期內,不限次數及不定期地發行企業短期融資債券。③對利率變動反應靈敏。在西方金融市場上,企業短期融資債券利率可隨資金供需情況變化而隨時變動。④有利於提高發行公司的信譽。企業短期融資債券在貨幣市場上是一種標誌信譽的工具,公司發行短期融資券實際上達到了免費宣傳和提高公司信用和形象的效果。⑤一級市場發行量大而二級市場交易量很小。這主要是由於大多數短期融資券的償還期都很短,一旦買入一般不會再賣出。

(2) 企業短期融資債券市場的主體

名義上,各類金融公司、非金融公司(如大企業、公用事業單位等)及銀行控股公司等,都是企業短期融資債券的發行者,但實際上,只有資力雄厚、信譽卓著,經過評級被稱作主要公司的一些企業才能享有經常大量發行短期融資券籌集資金的條件。近十幾年的發展中,商業銀行已成為企業短期融資債券發行市場上的重要角色。他們通過提供信貸額度支持、代理發行短期融資債券等形式,促進了企業短期融資債券市場的發展。企業短期融資債券的主要投資者是大型商業銀行、非金融公司、保險公司、養老金、互助基金會、地方政府和投資公司等。通常個人投資者很少,這主要是由於企業短期融資債券面值較大或購買單位較大,個人一般無力購買。不過近年來企業短期融資債券的最小面值已經降低,個人投資已開始活躍。

(3) 中國的企業短期融資債券市場

中國企業短期融資債券市場始於 1987 年,並於 1989 年出拾了《企業短期融資債券管理辦法》,但發行量十分有限,1987—1998 年間年平均發行量只有 100 億元左右。1999 年後甚至一度停止了企業短期融資債券的發行。

2005 年隨著《短期融資債券管理辦法》以及《短期融資券承銷規程》《短期融

第七章　金融機構與金融市場

資券信息披露規程》等兩個配套文件的頒布，企業短期融資債券市場呈現出快速升溫的跡象。僅 2005 年 5 月—2005 年 11 月，中國企業短期融資債券發行總額就達到 1,009 億元，發債企業達 41 家，發行頻率達 54 期。

目前，中國短期融資債券在市場准入方面，堅持弱化行政干預，強化市場約束；在發行方式上，採用代銷、包銷、招標等市場化發行方式，發行利率通過市場競爭形成；在市場發展進程方面，堅持市場發展必須遵循客觀規律，注意循序漸進；在風險防範方面，堅持強化信息披露、信用評級等市場約束手段，投資人自主判斷、自行承擔風險的基本原則。中國短期融資債券分為 3 個月、6 個月、9 個月、1 年等 4 個期限品種。發行人除大型國有企業及優質上市公司外，也有部分民營企業（如萬向錢潮、橫店集團等）。短期融資債券主承銷商除有工、農、中、建、交、華夏、民生、浦東發展、國家開發銀行等 13 家商業銀行以外，浙江商業銀行、創新類試點證券公司等也已獲承銷商資格。所有企業短期融資債券均無擔保，全部由仲介評級機構進行信用評級。

以企業短期融資債券為代表的直接融資方式的出現，一是可以打通貨幣市場和資本市場之間的隔離，支持企業面向信用市場融資。二是可以降低企業融資成本。三是可以為金融機構構建起一個龐大的中間業務市場，推動商業銀行加快經營模式的轉型。四是可以使貨幣市場利率更趨於市場化，進而帶動長期債券定價的市場化，推動中國利率市場化的改革。

（五）回購市場

1. 回購的概念與期限

所謂回購是指按照交易雙方的協議，由賣方將一定數額的證券賣給買方，同時承諾若干日後按約定價格將該種證券如數買回的一種交易方式。如果從買方的角度來看同一筆回購協議，則是買方按協議買入證券，並承諾在日後按約定價格將該證券賣回給賣方，即買入證券借出資金的過程，這一過程一般稱為逆回購。回購實質上是一種以證券為質押品的短期融資形式。無論在中國還是在西方，國債都是主要的回購對象。

回購的期限分隔夜、定期、連續性三種，其中以隔夜為多。隔夜是指賣出和買回證券相隔一天，相當於日拆。定期是指賣出和買進的時間規定為若干天，一般不超過 30 天。連續性合約是指每天按不同利率連續幾天的交易。由於回購交易的期限很短，且有證券作質押，所以風險小，但利率一般低於同業拆借利率，故收益較低。

2. 回購市場的參與者

回購市場的參與者比較廣泛，包括中央銀行、商業銀行、證券交易商、非金融機構（主要是企業）。中央銀行參與回購市場是為了實行公開市場業務操作，調節貨幣供應量，貫徹貨幣政策。由於回購交易具有抵押擔保性質，其資金利率一般低於同業拆借利率，因此，商業銀行也是回購市場的重要參與者。證券交易商參與回購的目的除了短期融資以外，還可以利用回購交易獲得證券，滿足自己或顧客的需

要。對於投資者而言，證券回購能夠靈活修正證券，尤其是債券的實際到期日，以滿足不同投資者的到期日需要。

3. 回購市場的運行層次

（1）證券交易商與投資者之間的回購交易

證券交易商在證券回購市場中既可以直接充當回購交易的買賣方，又可以充當買賣雙方的仲介，前者稱為自主回購，后者稱為委託回購。證券商作為證券交易的組織者，為順利實現經銷功能，經常在自己的帳戶中保持一定數量的證券。在投資者買賣證券時，帳戶中有時會出現差額，使證券經紀人出現暫時性的保有證券，證券商就將這些庫存證券以附回購協議的方式出售給投資者，從而融進短期資金。委託回購則是證券商之外的賣方將持有的證券通過證券商以附回購協議的方式轉讓給買方，證券商介於買方（資金運用者）和賣方（資金籌措者）之間，成為雙方回購協議的仲介。通常，證券商與投資者之間的回購交易是通過證券商櫃臺市場進行的，投資者通過櫃臺信息網路，可以查詢不同券商提供的不同期限、不同利率的報價，並從中選擇合適的交易對象。

（2）銀行同業之間的回購交易

這種回購交易一般通過同業拆借市場進行，買賣雙方以直接聯繫報價，或者通過市場仲介詢價方式進行協商成交。與同業拆借相比，它具有更安全、更靈活等特點。

（3）中央銀行公開市場業務中的回購交易

中央銀行開展公開市場業務時，會根據不同情況選擇操作方式。如果中央銀行希望影響銀行準備長期變化時，則會傾向於運用證券回購。證券回購是中央銀行向銀行體系輸入更多貨幣的途徑；逆回購則相當於公開市場中交易商向中央銀行發放質押貸款，是中央銀行抽緊銀根的表現，但其操作前提是中央銀行持有一定數量的證券資產。

4. 中國回購市場的發展

1991年在STAQ系統完成了第一筆國債回購交易。1992年武漢證券交易中心推出了國債回購業務。1993年12月19日，上海證券交易所開辦了國債回購交易，規定當時在該交易所上市的五個國債品種均作為回購交易的基礎債券。1994年是回購市場迅猛發展的一年，交易量急遽增大，當年參加回購交易的單位有3,000多家，回購交易總量在3,000億元以上。1995年，全國集中性國債二級市場即交易所和證券交易中心的回購交易量已突破4,000億元。由於管理滯后，回購市場迅速發展的同時也出現了許多問題，交易主體、形式、資金用途都很不規範。1995年8月8日，中國人民銀行、財政部和中國證監會聯合下發了規範回購業務的通知，開始整頓回購市場。同年9月，三部門又開始對金融機構使用回購資金的情況進行專項稽核。10月27日，又聯合下發了清償回購到期債務的通知，並派出工作組到各地督查回購清償工作。為了規範和合理引導銀行資金流向，切斷銀行資金流向股市的渠

第七章　金融機構與金融市場

道，防範金融風險，1997年6月16日，銀行間的回購交易從交易所退出，正式納入全國同業拆借市場。2010年及以后，銀行間回購、拆借市場成交量大幅增加。

（六）CDs市場

可轉讓大額定期存單（CDs，Certificates of Deposit）是商業銀行發行的具有固定面額、固定期限、可以流通轉讓的大額存款憑據，由美國花旗銀行首先推出。CDs市場，即發行與流通轉讓大額定期存單的市場。它是商業銀行改善負債結構的融資工具，其流動性為它的發行和流通提供了有力的保證。

CDs與普通定期存款不同：一是不記名，可轉讓流通；二是金額固定，起點較高（如10萬美元、100萬美元等）；三是必須到期方可提取本息；四是期限短，一般在一年之內；五是利率有固定，也有浮動。

CDs的出現，為商業銀行資產負債管理注入了新的內容。從傳統的資產管理向負債管理轉變，銀行可通過負債結構的重新組合增強其流動性，提高資金週轉活力。同時，銀行在資金來源中可變被動為主動，不是坐等客戶上門存款，而可以主動發行存單，讓客戶購買。

中國人民銀行1989年發布了《大額可轉讓定期存單的管理辦法》和《關於大額可轉讓定期存單轉讓的通知》，對中國CDs的有關事項作了明確規定。大額可轉讓定期存單的發行和轉讓，為中國金融市場增添了新的內容。但是，中國的CDs存在面額小、購買者以居民為主，企業和事業單位較少問津、利率比同期定期存款利率高（5%~10%）、流動性差，始終未能形成二級市場。人民銀行在1998年取消了這項業務，其市場也隨之消失。但隨著商業銀行運用CDs改善負債結構需求的增加和證券市場的逐步擴展和完善，CDs市場在中國仍有其生存和發展的空間。預計近期中國商業銀行將推出CDs。

二、資本市場

資本市場（Capital Market）是指期限在一年以上各種資金借貸和證券交易的場所。亦稱「長期金融市場」「長期資金市場」。資本市場上的交易對象是一年以上的長期證券。因為在長期金融活動中，涉及資金期限長、風險大，具有長期較穩定收入，類似於資本投入，故稱之為資本市場。資本市場有廣義和狹義之分，狹義資本市場專指發行和流通股票、債券、基金等證券的市場。廣義資本市場除包括證券市場外，還包括中長期借貸市場。多數情況下，證券市場即是（狹義）資本市場的代名詞。

（一）股票市場

1. 股票的含義、特徵與分類

股票是股份公司發給股東證明其所入股份的一種有價證券，它可以作為買賣對象和抵押品，是資本市場主要的長期信用工具之一。股票持有者即股東，是公司的

所有者之一。股東不僅有權按公司章程從公司領取股息和分享公司的經營紅利，還有權出席股東大會，選舉董事會，參與企業經營管理的決策。從而，股東的投資意願通過其行使股東參與權而得到實現。同時股東也要承擔相應的責任和風險。

股票具有：①不可償還性。股票是一種無償還期限的有價證券，投資者認購了股票後，就不能再要求退股，只能到二級市場賣給第三者。股票的轉讓只意味著公司股東的改變，並不減少公司資本。從期限上看，只要公司存在，它所發行的股票就存在，股票的期限等於公司存續的期限。②參與性。股東有權出席股東大會，選舉公司董事會，參與公司重大決策。股票持有者的投資意志和享有的經濟利益，通常是通過行使股東參與權來實現的。股東參與公司決策的權利大小，取決於其所有的股份的多少。從實踐中看，只要股東持有的股票數量達到左右決策結果所需的實際多數時，就能掌握公司的決策控制權。③收益性。股東憑其持有的股票，有權從公司領取股息或紅利，獲取投資的收益。股息或紅利的大小，主要取決於公司的盈利水平和公司的盈利分配政策。股票的收益性，還表現在股票投資者可以獲得價差收入或實現資產保值增值。通過低價買入和高價賣出股票，投資者可以賺取價差利潤。④流通性。股票的流通性是指股票在不同投資者之間的可交易性。流通性通常以可流通的股票數量、股票成交量以及股價對交易量的敏感程度來衡量。⑤價格波動性和風險性。股票在交易市場上作為交易對象，同商品一樣，有自己的市場行情和市場價格。由於股票價格要受到諸如公司經營狀況、供求關係、銀行利率、大眾心理等多種因素的影響，其波動有很大的不確定性。

股票的分類按照不同的標準有不同的分類：

按股東權利劃分：①普通股：有表決權，收益取決於公司的效益。②優先股：事先確定股息，保本保息，不能上市流通。③混合股：享有普通股和優先股的權益，既可向優先股的轉化，又能向普通股轉化。

按持股主體劃分：①國家股：公司成立時由國有資產轉化成的股份額度。②法人股：由企業、社會團體法人認購的股份額度。③個人股：由社會個人（包括內部職工股認購的股份額度）。

按交易場所分：① A 股：用人民幣標價，國內自然人認購的股票。② B 股：用人民幣標價，用外幣認購交易，只供海外自然人買賣的股票。③ H 股：用人民幣標價，專供海外交易所上市交易的股票。

2. 股票發行市場

股票發行審核制度。從世界範圍考察，股票發行審核制度主要有兩種模式：一是註冊制。即發行人在準備發行證券時，必須將依法公開的各種資料完全、準確地向證券主管機關呈報並申請註冊。證券主管機關的權力僅在於要求發行人提供的資料不包含任何不真實的陳述和事項，如果發行人未違反上述原則，證券主管機關應準予註冊。二是核准制。即發行人在發行證券時，不僅要以真實狀況的充分公開為條件，而且必須符合有關法律和證券管理機關規定的必備條件，證券主管機關有權

第七章　金融機構與金融市場

否決不符合規定條件的證券發行申請。

股票發行方式。在成熟市場上，股票發行大多採用競價的方式，而在中國，則經歷了一個不斷探索的過程，1991年和1992年採用限量發售認購證方式，1993年開始採用無限量發售認購證方式及與儲蓄存款掛勾方式，此后又採用過「全額預繳款」「上網競價」「上網定價」等方式。

股票發行價格。股票發行價格有三種確定方式：一是平價發行，也稱為等額發行或面額發行，是指發行人以票面金額作為發行價格。由於股票上市后的交易價格通常要高於面額，面額發行能使投資者得到交易價格高於發行價格所產生的額外收益，因此絕大多數投資者都樂於認購。二是溢價發行，即發行人按高於面額的價格發行股票。它可使公司用較少的股份籌集到較多的資金，並可降低籌資成本。溢價發行又可分為時價發行和中間價發行兩種方式。時價發行也稱市價發行，是指以同種或同類股票的流通價格為基準來確定股票發行價格。中間價發行是指以介於面額和時價之間的價格來發行股票。中國股份公司對老股東配股時，基本上都採用中間價發行。三是折價發行。即以低於面額的價格出售新股，即按面額打一定折扣后發行股票。折扣的大小主要取決於發行公司的業績和承銷商的能力。目前，西方國家的股份公司很少有按折價發行股票的。在中國，《公司法》明確規定：「股票發行價格可以按票面金額，也可以超過票面金額，但不得低於票面金額。」

3. 股票流通市場

場外市場。場外交易是指在股票交易所交易大廳以外進行的各種股票交易活動的總稱。場外交易的英文原詞是「Over the Counter」（OTC），直譯為「店頭交易」或「櫃臺交易」等，場外交易是其意譯。

它包括：①店頭市場。店頭市場亦稱櫃臺交易。這是場外交易最主要的和最典型的形式。它在證券商的營業點內，由購銷雙方當面議價進行交易。店頭市場上的交易對象，既有小公司的股票，也有大公司的股票；既有上市股票，也有非上市股票。店頭市場交易的參與者主要是證券商和客戶。②第三市場。它是在股票交易所外專門買賣上市股票的一種場外交易形式。③第四市場。它是指買賣雙方繞開證券經紀商，彼此間利用電信手段直接進行大宗股票交易的市場。參與該市場股票交易的都是一些大公司、大企業。

近年來，隨著現代通信技術與電子計算機在證券交易機構的廣泛運用，櫃臺市場、第三市場與第四市場已逐漸合併為一個全國統一的場外交易體系，因而上述劃分方法已逐漸失去了原有的意義。

場內市場。場內市場專指股票交易所。在證券交易所，可設立「二板」，旨在為那些一時不符合「第一板」上市要求而具有高成長性的中小型企業和高科技企業等開闢直接融資渠道。其營業期限、股本大小、盈利能力、股權分散程度等上市條件與「一板」不同。一般來說，「第二板」的上市要求比「第一板」寬一些。場內交易的直接參與者必須是交易所的會員，他們既可以是經紀人或專業經紀人，也可

以是證券商。但股票的買賣雙方不能進入交易所，只能委託證券商或經紀人代為買賣。

股票在場內交易主要採用的方式：①現貨交易。它是指交易雙方在成交后立即交割，或在極短的期限內交割的交易方式。現貨交易是實物交易，買方交割時須支付現款，是買方的投資行為。②期貨交易。它是指交易雙方在成交后按照期貨協議規定條件遠期交割的交易方式，其交易過程分為預約成交和定期交割兩個步驟。③股指期貨交易。它是在股票期貨交易的基礎上派生出來的一種交易方式，其做法與股票期貨交易相似，所不同的是它不是以單個股票價格作為交易的對象，而是以股票價格指數作為交易的對象。④期權交易。它又稱選擇權交易，是投資者在給付一定的期權費后，取得一種可按約定價格在規定期限內買進或賣出一定數量的金融資產或商品的權利，買賣這一權利的交易即為期權交易。期權交易中對期權劃分為買進期權（看漲期權）和賣出期權（看跌期權）兩種。⑤信用交易。它又稱墊頭交易，是指交易人憑自己的信譽，通過交納一定數額的保證金取得經紀人信任，進行證券買賣的交易方式。信用交易可分為保證金買長和保證金賣短兩種。保證金買長是指當某種證券行市看漲時交易人通過交納一定數額的保證金，由經紀人墊款代其購入證券的交易方式。保證金賣短是指當某種證券行市看跌時，交易人通過交納一定數額的保證金，由經紀人貸券向市場拋售的交易方式。

（二）長期債券市場

1. 長期債券市場的品種結構

（1）長期政府債券

它是中央政府和地方政府發行的長期債券的總稱。因其具有安全性高、稅賦優惠及流動性強等優點，使之贏得了「金邊債券」的美譽，並被社會各階層廣泛持有。因發行主體的不同，它具體分為：

第一，長期中央政府債券。其發行主體是中央政府，也正因為其發行主體是中央政府，所以，它也被稱作為國債。1987年以來，中國中央政府發行過名目繁多的國債，如國家重點建設債券、國家建設債券、財政債券、特種債券、保值債券、基本建設債券、轉換債券等。國債的名稱雖多，但都可以把它們歸納為憑證式國債和記帳式國債兩大類。

第二，長期地方政府債券。也稱市政債券。它是地方政府根據本地區經濟發展和資金需要狀況，以承擔還本付息責任為前提，向社會籌集資金的債務憑證，簡稱地方債券。按用途，它通常分為一般債券（一般責任債券）和專項債券（收益債券）。前者是指地方政府為緩解其資金緊張或解決臨時經營資金不足而發行的長期債券，后者是指為籌集資金建設某項具體工程而發行的長期債券。對於一般債券的償還，地方政府通常以本地區的財政收入作擔保，而對於專項債券，地方政府往往以項目建成后取得的收入作保證。

第七章　金融機構與金融市場

（2）長期公司債券

它是非金融企業對外借債而發行的期限在一年以上的債務憑證。由發行債券的公司對債券持有人做出承諾，在一定時間按票面載明的本金、利息予以償還。因其具有較高的收益性，且風險程度適中，因而成為以資金穩定增值為目標的各類長期性金融機構，如保險公司和各類基金的重要投資對象之一。

（3）長期金融債券

它是金融機構為籌集期限在一年以上的資金而向社會發行的一種債務憑證。由於這類債券資信程度高於普通公司債券，具有較高的安全性和流動性，因而成為個人和機構投資的重要投資品種。中國目前的長期金融債券主要由政策性金融債券和金融次級債券組成，並主要通過全國銀行間債券市場發行。2005年6月1日起施行的《全國銀行間債券市場金融債券發行管理辦法》，就政策性銀行、商業銀行、企業集團財務公司及其他金融機構等金融機構法人在全國銀行間債券市場發行金融債券的申請與核准、發行、登記、託管與兌付、信息披露、法律責任等方面作出了明確規定。

2. 長期債券的交易

長期債券的交易方式。長期債券既可以在證券交易所內交易，也可以在場外市場交易。如果在證券交易所交易，可採用現貨交易、期貨交易、期權交易和信用交易四種方式。另外，還有一種交易方式是在賣出（或買入）債券的時候，事先約定到一定期間后按規定的價格再買回（或賣出）同一名稱的債券，在美國稱回購協議交易，在日本稱現先交易，其實質與同業拆借一樣是一種短期資金的借貸交易，債券在此充當擔保。如果在場外交易，除可採用前述的現貨交易、回購交易等方式以外，還可採用遠期交易方式。債券遠期交易是指交易雙方約定在未來某一日期，以約定價格和數量買賣標的債券的行為。2005年6月15日，《全國銀行間債券市場債券遠期交易管理規定》開始生效，標誌著債券遠期交易正式在中國債券市場推出。

長期債券轉讓價格的確定。長期債券的轉讓價格與股票一樣，是長期債券未來收益的現值，受持有期、計息方式等條件的影響。長期債券的未來收益是它的本息之和，由於一般情況下長期債券的面值、票面利率和期限都是發行時確定的，因此，長期債券的期值是一個確定的量。長期債券的價格就是將其期值按一定條件折算成的現值，也就是投資者為得到未來收益而在今天願意付出的代價。長期債券的理論價格由三個主要變量決定：①長期債券的價值，可根據票面金額、票面利率和期限計算。②債券的待償期限，即從債券發行日或交易日至債券到期日的期限。③市場收益率或稱市場利率。

3. 長期債券的償還

定期償還。它是在經過一定限期后，每過半年或一年償還一定金額的本金，到期時還清餘額的償還方式。這一般適用於發行數量巨大、償還期限長的債券。其具體方法有兩種，一種是以抽籤方式確定並按票面價格償還；另一種是從二級市場上

197

以市場價格購回債券。為增加債券的信用和吸引力，有的公司還專門建立償還基金，用於債券的定期償還。

任意償還。它是債券發行一段時間（稱為保護期）以後，發行人可以任意償還債券的一部分或全部的償還方式。其具體操作可根據提前贖回或以新償舊條款，也可在二級市場上購回予以註銷（買入註銷）。投資銀行往往是具體償還方式的設計者和操作者，在債券償還的過程中，投資銀行有時也為發行者代理本金的償還。

第五節 其他金融市場

其他金融市場主要包括黃金市場、外匯市場、保險市場、證券投資基金市場以及衍生金融工具市場。本節僅簡要介紹證券投資基金市場以及衍生金融工具市場。

一、證券投資基金市場

（一）證券投資基金市場的參與者

投資基金（Investment Funds）是一種利益共享、風險共擔的集合投資制度。投資基金集中投資者的資金，由基金託管人委託職業經理人員管理，專門從事投資活動。平常所說的基金主要是指證券投資基金。

證券投資基金（Securities Investment Fund）是一種間接的證券投資方式。基金管理公司通過發行基金單位，集中投資者的資金，由基金託管人（一般是具有資格的商業銀行）託管，由基金管理人管理和運用資金，從事股票、債券等金融工具投資，然后共擔投資風險、分享收益。

證券投資基金在美國稱為「共同基金」，英國和中國香港特別行政區稱為「單位信託基金」，日本和臺灣地區則稱「證券投資信託基金」等。中國的基金暫時都是契約型基金，是一種信託投資方式。

1. 證券投資基金發起人

基金發起人是指按照共同投資、共享收益、共擔風險的基本原則和股份公司的某些原則，運用現代信託關係的機制，以基金方式將投資者分散的資金集中起來以實現預先規定的投資目的的投資組織機構。依據中國現行的《證券投資基金法》規定，證券投資基金的主要發起人為按照國家規定成立的證券公司、信託投資公司、基金管理公司。

2. 證券投資基金管理人

基金管理人是指負責基金的具體投資操作和日常管理的基金管理機構。即依法募集基金，辦理或者委託經證券監督管理機構認定的其他機構代為辦理基金份額的發售、申購、贖回和登記事宜；辦理基金備案手續；對所管理的不同基金財產分別

第七章　金融機構與金融市場

管理、分別記帳，進行證券投資；進行基金會計核算並編製基金財務會計報告；編製中期和年度基金報告等事項。《證券投資基金法》規定，證券投資基金管理人由依法設立的基金管理公司擔任。擔任基金管理人，應當經國務院證券監督管理機構核准。

3. 證券投資基金託管人

證券投資基金託管人，又稱證券投資基金保管人，是證券投資基金的名義持有人與保管人。其職責是安全保管基金財產；按照規定開設基金財產的資金帳戶和證券帳戶；對所託管的不同基金財產分別設置帳戶，確保基金財產的完整與獨立；保存基金託管業務活動的記錄、帳冊、報表和其他相關資料；按照基金合同的約定，根據基金管理人的投資指令，及時辦理清算、交割事宜；辦理與基金託管業務活動有關的信息披露事項等事項。根據中國現行的《證券投資基金法》規定，證券投資基金託管人由依法設立並取得基金託管資格的商業銀行擔任。基金託管人與基金管理人不得為同一人，不得相互出資或者持有股份。

4. 證券投資基金投資人

證券投資基金投資人也就是證券投資基金的實際持有人，它是指投資購買並實際持有基金證券的自然人和法人。在權益關係上，基金持有人是基金資產的所有者，對基金資產享有資產所有權、收益分配權和剩餘資產分配權等法定權益。證券投資基金的一切投資活動都是為了提高投資人的投資收益率，並降低投資風險，所以，保護投資人的利益並使其獲得理想的投資報酬是基金管理人所要追求的目標。

5. 證券投資基金市場的服務機構

主要分為三類：①代銷業務機構；②代辦註冊登記業務機構；③其他服務機構。即為基金投資提供諮詢服務的基金投資諮詢公司；為基金出具會計、審計和驗資報告的會計師事務所、審計師事務所和基金驗資機構；為基金出具律師意見的律師事務所；為封閉式基金提供交易場所和登記服務的證券交易所、登記公司等。

(二) 證券投資基金的特點

1. 投資簡便、流動性強

投資起點要求較低，可以滿足小額投資者對於證券投資的需求，投資者可根據自身財力決定對基金的投資量。證券投資基金一般具有較強的變現能力，使得投資者收回投資時非常便利。

2. 組合投資、風險分散

證券投資基金通過匯集眾多中小投資者的資金，形成雄厚的實力，可以同時分散投資於很多種金融工具或金融資產，通過有效和最佳的組合，分散了「集中投資」的風險。

3. 集中管理、專業（專家）理財

基金管理公司均聘用具有深厚投資分析理論功底和豐富實踐經驗的專業人才，以科學的方法研究股票、債券等金融產品，進行組合投資，規避風險。

4. 利益共享、風險共擔

證券投資基金是一種利益共享、風險共擔的集合投資理財方式。基金投資人享受證券投資的收益，也承擔因投資虧損而產生的風險。基金管理公司會從基金資產中提取管理費，用於支付公司的營運成本。另外，基金託管人也會從基金資產中提取託管費。

(三) 債券投資基金的種類 (見表 7-2)

表 7-2　　　　　　　　　　　證券投資基金的種類

劃分標準	種類（名稱）	
組織形態和法律地位	契約型基金 Contractual Type Funds	又稱為單位信託基金（Unit Trust fund），由基金投資者、基金管理人、基金託管人之間所簽署的基金合同而設立。契約型基金在英國較為普遍。中國目前設立的基金均為契約型基金。
	公司型基金 Corporate Type Funds	通過發行基金股份成立投資基金公司的形式設立的基金。公司型基金在美國最為常見。
募集方式	公募基金 Public Offering of Fund	是向不特定投資者公開發行受益憑證的基金。且在法律的嚴格監管下，有著信息披露、利潤分配、運行限制等行業規範。
	私募基金 Privately Offered Fund	僅針對少數投資者非公開地募集資金並成立運作的投資基金。
交易機制	封閉式基金 Close-end	基金單位總數是確定的，在封閉期間不得要求贖回。但是，可以在證券交易所買賣封閉式基金。
	開放式基金 Open-end	也稱共同基金，指基金發起人在設立基金時，基金單位或股份總規模不固定，可視投資者的需求，隨時向投資者出售基金單位或股份，並可應投資者要求贖回發行在外的基金單位或股份的一種基金運作方式。
	ETF	「交易型開放式指數證券投資基金」（Exchange Traded Fund），簡稱「交易型開放式指數基金」，又稱「交易所交易基金」。ETF 是一種跟蹤「標的指數」變化、且在證券交易所上市交易的基金。ETF 屬於開放式基金的一種特殊類型，它綜合了封閉式基金和開放式基金的優點。但申購、贖回必須採用組合證券的形式。
	LOF	「上市型開放式基金」（Listed Open-Ended Fund），既可以在指定網點申購與贖回基金份額，也可以在交易所買賣該基金。
投資風險與收益	成長型基金 Growth Fund	以資本長期增值為投資目標，其投資對象主要是市場中有較大升值潛力的小公司股票和一些新興行業的股票。
	收入型基金 Fixed-Income Funds	以追求當期收入為投資目標的基金，其投資對象主要是績優股、債券、可轉讓大額存單等收入比較穩定的有價證券。
	平衡型基金 Balanced fund	介於成長型和收入型中間，把資金分散投資於股票和債券。

第七章 金融機構與金融市場

表7-2(續)

劃分標準	種類（名稱）	
投資對象與目的	股票基金 Equity Fund	基金資產主要投資於股票的基金。
	債券基金 Bond fund	基金資產主要投資於債券的基金。
	期貨基金	以期貨為主要投資對象的投資基金。
	貨幣市場基金 MMMFs	僅投資於貨幣市場金融工具的基金。
	對沖基金 Hedge Fund	也稱避險基金或套利基金，是一種基於避險保值的保守投資策略的基金管理形式。但經過演變，對沖基金已失去其初始的風險對沖的內涵，已成為一種新的投資模式的代名詞即基於最新的投資理論和極其複雜的金融市場操作技巧，充分利用各種金融衍生產品的槓桿效用，承擔高風險、追求高收益的投資模式。
	指數基金 Index Funds	按證券價格指數編製原理構建投資組合進行證券投資的基金。
	混合基金 Commingled funds	投資於股票、債券和貨幣市場工具，並且股票投資和債券投資的比例不符合債券、股票基金規定的基金。
	FOF基金	亦稱「基金中的基金（Fund of Funds）」，專門投資基金的基金。
	配置基金	既投資股票又投資於債券，其風險收益特徵既不同於股票型基金，也不同於債券型基金。其特點在於它可以根據市場情況更加靈活地改變資產配置比例。
投資地域	國內基金 Domestic Fund	資本來源於國內，並投資於國外市場的投資基金。
	國家基金 Country Fund	資本來源於國外，並投資於某一特定國家的投資基金。
	區域基金 Regional Fund	投資於某個特定地區的投資基金。
	國際基金 Global Fund	資本來源於國內，並投資於國外市場的投資基金。
	海外基金 Offshore Fund	也稱離岸基金。資本來源於國外，並投資於國外市場的投資基金。

（四）基金業績與評價

1. 基金收益與費用

基金的收益是基金資產在運作過程中所產生的超過本金部分的價值。基金收益包括基金投資所得紅利、股息、債券利息、買賣證券價差、銀行存款利息以及其他收入。

基金的費用主要由管理費、託管費等組成。基金管理費是支付給基金管理人的管理報酬，其數額一般按基金資產淨值的一定比例從基金資產中提取，其比例的高

低與基金規模、類別有關；基金託管費是指基金託管人託管基金資產所收取的費用，通常按基金資產淨值的一定比例逐日計提，按月支付，其高低仍然與基金規模、類別有關。

基金淨收益即為基金的收益減去基金費用后的淨額。

2. 基金淨值、單位淨值和累積單位淨值

基金資產淨值，簡稱基金淨值是指在某一基金估值時點上，按照公允價格計算的基金資產的總市值扣除負債后的余額，該余額是基金單位持有人的權益。按照公允價格計算基金資產的過程就是基金的估值。

單位基金淨值又稱基金份額淨值，即每一基金單位（份額）代表的基金資產的淨值。單位基金資產淨值計算的公式為：

$$單位基金淨值 =（總資產 - 總負債）/ 基金單位總數$$

其中，總資產是指基金擁有的所有資產（包括股票、債券、銀行存款和其他有價證券等）按照公允價格計算的資產總額。總負債是指基金運作及融資時所形成的負債，包括應付給他人的各項費用、應付資金利息等。基金單位總數是指當時發行在外的基金單位的總量。

$$基金累積單位淨值 = 基金單位淨值 + 基金成立后累計單位派息金額$$

基金估值是計算單位基金資產淨值的關鍵。基金往往分散投資於證券市場的各種投資工具，如股票、債券等，由於這些資產的市場價格是不斷變動的，因此，只有每日對單位基金資產淨值重新計算，才能及時反應基金的投資價值。

基金單位淨值表示了單位基金內含的價值，但基金單位淨值的大小並不能代表基金業績的高低。因為基金淨值是在某一估值時點上的基金價值，是一個「時點值」，並不能代表該基金自成立以來的全部或趨勢價值表現。要評價基金的業績必須看基金的趨勢表現，也就是要看基金淨值的發展趨勢即基金淨值的「時期值」。因此，基金淨值增長能力才是判斷基金業績的關鍵。基金淨值增長能力主要體現在「基金累積單位淨值」上。

（五）基金的購買和贖回

1. 基金的購買

上市的封閉式基金，買進方法與一般股票相同。開放式基金的認購和申購是購買基金在兩個不同階段的投資行為。

認購是指投資者在基金募集期中購買基金份額的行為。每單位基金份額淨值一般為人民幣 1 元。

$$認購份數 = 認購金額 \times（1 - 認購費率）/ 基金單位面值$$

申購是指基金募集期結束並成立后，投資者根據基金銷售網點規定的手續購買基金份額的行為。此時由於基金淨值已經反應了其投資組合的價值，因此每單位基金份額淨值不一定為 1 元，可能高於也可能低於 1 元，故同一筆資產認購和申購同一基金所得到的基金份額數將有可能不同。

第七章　金融機構與金融市場

$$申購份數 = 淨申購金額 / 申購當日的基金單位淨值$$

其中：

$$淨申購金額 = 申購金額 - 申購費用$$

$$申購費用 = 申購金額 \times （適用的）申購費率$$

2. 基金的贖回

上市的封閉式基金，賣出方法與一般股票相同。

贖回又稱買回，它是針對開放式基金而言。投資者以自己的名義直接或透過代理機構向基金管理公司要求部分或全部退出基金的投資，並將買回款匯至該投資者的帳戶內。基金的贖回是與基金購買（認購、申購）相對應的反向操作過程。

$$贖回金額 = 贖回總額 - 贖回費用$$

其中：

$$贖回總額 = 贖回份額 \times 贖回當日基金份額淨值$$

$$贖回費用 = 贖回總額 \times 贖回費率$$

二、衍生金融工具市場

（一）金融遠期合約市場

1. 金融遠期合約的含義與特點

金融遠期合約是交易雙方約定在未來特定日期按既定的價格購買或者出售一定數量某項金融資產的書面協議。金融遠期合約又稱為金融遠期、金融遠期合約、金融遠期交易。在金融遠期合約中，交易雙方約定的交易價格稱為「協議價格」或「交割價格」，約定買賣的資產稱為「標的資產」，以約定價格在未來賣出標的資產的一方稱為「空方」或「空頭」；而買進標的資產的一方稱為「多方」或「多頭」。

金融遠期合約是最基礎的金融衍生產品。由於採用了一對一交易的方式，交易事項可以協商確定，較為靈活，金融機構或大型工商企業通常利用遠期交易作為風險管理手段。

遠期合約的主要特點是：①合約的非標準化。合約的所有內容均由交易雙方協商確定，具有很大的靈活性。②場外交易。無固定交易場所，一般是在銀行同業之間，或客戶之間，或在銀行櫃臺交易。③風險較大。在合約到期之前並無現金流，從合約簽訂到交割期間不能直接看出履約情況，買賣雙方易發生違約問題。④流動性差。非標準化合約制約了遠期合約的流通，流動性較差。⑤合約到期必須交割，不可實行反向對沖操作來平倉。

2. 金融遠期合約的種類

金融遠期合約主要有遠期利率協議、遠期外匯協議、股權類資產的遠期合約（包括單個股票的遠期合約、一籃子股票的遠期合約和股票價格指數的遠期合約等）、債券類資產的遠期合約（包括定期存款單、短期債券、長期債券、商業票據

等固定收益證券的遠期合約）等。以遠期利率協議為例。

遠期利率協議是指交易雙方約定在未來某一特定日、交換協議期間內一定名義本金基礎上分別以合同利率和參考利率計算的利息的金融合約。遠期利率協議的功能：（固定將來實際支付的利率）避免利率變動風險；為商業銀行提供了管理利率風險的有效工具。

（二）金融期貨市場

1. 金融期貨市場的特徵與功能

金融期貨市場主要由外匯期貨市場、利率期貨市場和股票期貨市場組成。金融期貨市場的特徵是：交易場所限於交易所；交易很少以實物交割；交易合約系標準化合約；交易每天進行結算。

金融期貨市場主要有兩大功能：①轉移價格風險的功能。在日常金融市場活動中，市場主體常面臨著利率、匯率和證券價格波動等風險。有了期貨交易後，就可以利用期貨多頭或空頭把價格風險轉移出去，從而實現避險目的。應該注意的是，對單個主體而言，利用期貨交易可以達到消除價格風險的目的，但對整個社會而言，期貨交易通常並不能消除價格風險，期貨交易發揮的只是價格風險的再分配，即價格風險的轉移作用。並且，在有些條件下，期貨交易還具有增大或減少整個社會價格風險總量的作用。②價格發現功能。期貨價格是所有參與期貨交易的人對未來某一特定時間的現貨價格的期望或預期。不論期貨合約的多頭還是空頭，都會依其個人所持立場或所掌握的市場資訊，並對過去的價格表現加以研究後，做出買賣委託。而交易所通過電腦撮合公開競價出來的價格，即為此瞬間市場對未來某一特定時間現貨價格的平均看法。這就是期貨市場的價格發現功能。

金融期貨交易是由投資人通過期貨經紀商以各種委託單指示場內經紀人代為買賣期貨合約的行為。

2. 金融期貨保證金

它可分為結算保證金和客戶保證金兩個層次。結算保證金是結算所向結算會員收取的，以確保履約的能力與誠意。客戶保證金是結算會員或期貨經紀商收取的，以充當履約的保證。結算保證金又分為兩種：原始保證金（Original Margin）和變動保證金（Variation Margin）。原始保證金通常是以期貨合約價格的一定比例繳納，變動保證金是指因期貨契約結算價格的變動而每天需相應調整的保證金。

3. 金融期貨的種類

外匯期貨。又稱貨幣期貨，指以匯率為標的物的期貨合約。是交易雙方約定在未來某一時間，依據現在約定的比例，以一種貨幣交換另一種貨幣的標準化合約的交易。

利率期貨。是指以債券類證券為標的物的期貨合約，它可以迴避銀行利率波動所引起的證券價格變動的風險。通常，按照合約標的的期限，利率期貨可分為短期利率期貨和長期利率期貨兩大類。利率期貨合約最早於1975年10月由芝加哥期貨

第七章　金融機構與金融市場

交易所推出，在此之后利率期貨交易得到迅速發展。

股票價格指數期貨（SPIF）也可稱為股價指數期貨、期指。是指以股價指數為標的物的標準化期貨合約。雙方約定在未來的某個特定日期，可以按照事先確定的股價指數的大小，進行標的指數的買賣。雙方交易的是一定期限后的股票指數價格水平，通過現金結算差價來進行交割。作為期貨交易的一種類型，股指期貨交易與普通商品期貨交易具有基本相同的特徵和流程。股指期貨主要用途有：①對股票投資組合進行風險管理，即防範系統性風險（我們平常所說的大盤風險）。②利用股指期貨進行套利。所謂套利，就是利用股指期貨定價偏差，通過買入股指期貨標的指數成分股並同時賣出股指期貨，或者賣空股指期貨標的指數成分股並同時買入股指期貨，來獲得無風險收益。③作為一個槓桿性的投資工具。由於股指期貨實行保證金交易，只要判斷方向正確，就可能獲得很高的收益。例如如果保證金為10%，買入1張滬深300指數期貨，那麼只要股指期貨漲了5%，相對於保證金來說，就可獲利50%，當然如果判斷方向失誤，也會發生同樣的虧損。

2005年4月8日，滬深兩交易所正式向市場發布滬深300指數。它以2004年12月31日為基期，基點為1,000點。同年8月25日由滬深兩交易所共同出資的中證指數有限公司成立，滬深300指數由中證指數限公司管理。

中國證監會2010年2月20日宣布，已正式批覆中國金融期貨交易所滬深300股指期貨合約和業務規則，至此股指期貨市場的主要制度已全部發布。2010年2月22日9時起，正式接受投資者開戶申請。公布滬深300股指期貨合約自2010年4月16日起正式上市交易。

（三）金融期權市場

1. 金融期權合約的定義與種類

金融期權是指賦予其購買者在規定期限內按雙方約定的價格購買或出售一定數量某種金融資產權利的合約。對於期權的買者來說，期權合約所賦予其的只有權利，而沒有任何義務。其可以在規定期限以內的任何時間（美式期權）或期滿日（歐式期權）行使其購買或出售標的資產的權利，也可以不行使這個權利。對期權的出售者來說，他只有履行合約的義務，而沒有任何權利。

按期權買者的權利，期權可分為看漲期權和看跌期權。凡是賦予期權買者購買標的資產權利的合約，就是看漲期權；而賦予期權買者出售標的資產權利的合約就是看跌期權。按期權買者執行期權的時限，期權可分為歐式期權和美式期權。歐式期權的買者只能在期權到期日才能執行期權。而美式期權允許買者在期權到期前的任何時間執行期權。按照期權合約的標的資產，金融期權合約可分為利率期權、貨幣期權（或稱外匯期權）、股價指數期權、股票期權以及金融期貨期權等，而期貨期權又可分為利率期貨期權、外匯期貨期權和股價指數期貨期權三種。

2. 金融期權的交易

與期貨交易不同的是，期權交易場所不僅有正規的交易所，還有一個規模龐大

的場外交易市場。交易所交易是標準化的期權合約，場外交易的則是非標準化的期權合約。對於場內交易期權來說，其合約有效期一般不超過9個月，以3個月和6個月最為常見。與期貨交易一樣，由於有效期（交割月份）不同，同一種標的資產可以有好幾個期權品種。此外，同一標的資產還可以規定不同的協議價格而使期權有更多的品種，同一標的資產、相同期限、相同協議價格的期權還分為看漲期權和看跌期權兩大類，因此，期權品種遠比期貨品種多。為了保證期權交易的高效、有序，交易所對期權合約的規模、期權價格的最小變動單位、期權價格的每日最高波動幅度、最后交易日、交割方式、標的資產的品質等做出明確規定。

3. 金融期權合約的主要內容

期權合約的買方。也稱期權持有者或多頭，即付出期權費的投資者。在支付期權費後，買方就擁有了在合約規定時間內行使其購買或賣出標的資產的權利。如果行使權利對其不利，買方也可以放棄行使這個權利。

期權合約的賣方。即是賣出期權，收取期權費的投資者。在收取期權費後，賣方就承擔了在規定時間內根據買方要求履行合約的義務，而沒有任何權利。即是說，當期權合約的買方按合約規定行使其買進或賣出標的資產的權利時，期權合約的賣方必須依約相應地賣出或買進該標的資產。

期權費。又稱權利金、期權價格或保險費。是指期權買方為獲得期權合約所賦予的權利而向賣方支付的費用。

標的資產數量。每份期權合約都規定了相應地標的資產的交易數量，其數量的多數，可由交易雙方協商確定也可由交易所規定。

執行價格。是指期權合約中確定的、期權買方在形式權利時實際執行的價格（標的資產的買價或賣價）。執行價格一經確定，交易雙方就必須根據執行價格和標的資產實際市場價格的相對高低來決定是否形式期權合約。

到期日。指期權合約的最終有效日期。截止到期日如果期權合約的買方不行權，則意味著其「權利」的自願放棄。

（四）金融互換市場

1. 互換交易的概念

互換（Swap），或稱掉期，具有雙重含義。在外匯市場上它是指掉期，即雙方同時進行兩筆金額相等、期限不同、方向相反的外匯交易。在資金市場上它是指互換，即雙方按事先預定的條件進行一定時期的債務交換。互換交易涉及利息支付，這是它與掉期的基本區別。

金融互換是約定兩個或兩個以上的當事人按照商定條件，在約定的時間內，交換一系列現金流的合約。其目的是為了降低雙方的籌資成本。

（大衛·李嘉圖的）比較優勢理論是金融互換合約產生的理論基礎。根據比較優勢理論，由於籌資雙方信用等級、籌資渠道、地理位置以及信息掌握程度等方面的不同，在各自的領域存在著比較優勢。因此，雙方願意達成協議，發揮各自優勢，

第七章　金融機構與金融市場

然後再互相交換債務，達到兩者總成本的降低，進而由於利益共享，最終使得互換雙方的籌資成本都能夠得到一定的降低。

2. 互換交易的種類

從交換利息支付的角度分類，它包括同種貨幣浮動利率對固定利率的互換、同種貨幣浮動利率對浮動利率的互換、不同貨幣固定利率對固定利率的互換、不同貨幣固定利率對浮動利率的互換、不同貨幣浮動利率對浮動利率的互換五種形式。從是否發生貨幣交換的角度分類，它包括貨幣互換和利率互換兩種形式。

3. 金融互換市場結構

利率互換市場。利率互換（Interest Rate Swaps）是指雙方同意在未來的一定期限內根據同種貨幣的同樣的名義本金交換現金流，其中一方的現金流根據浮動利率來計算，而另一方的現金流根據固定利率計算。互換的期限通常在 2 年以上，有時甚至在 15 年以上。雙方進行利率互換的主要原因是雙方在固定利率和浮動利率市場上分別具有比較優勢。最基本的利率互換形式也是最常用的利率互換形式是固定利率對浮動利率互換。由於利率互換只交換利息差額，因此信用風險很小。

貨幣互換市場。貨幣互換（Currency Swap）是一種貨幣的本金和固定利息與另一貨幣的等價本金和固定利息進行交換。貨幣互換的主要原因是雙方在各自國家中的金融市場上具有比較優勢。由於貨幣互換涉及本金交換，因此當匯率變動很大時，雙方就將面臨一定的信用風險。當然這種風險仍比單純的貸款風險小得多。

本章小結

1. 本章內容主要包括各種金融機構和金融市場。

2. 中國已形成以「一行三會」為主導、商業銀行為主體、多種非銀行金融機構為輔助，層次和種類較為豐富齊全、服務功能比較完備的金融機構體系。

3. 中央銀行是金融機構體系的核心，負有制定和執行國家的金融政策，調節貨幣供求，並對整個金融體系實施監督管理的職責。中央銀行有發行貨幣的特權，能通過運用多種貨幣政策工具，對經濟運行中信貸活動的數量和方向進行調節和控制，從而對整個國民經濟發揮宏觀調控作用。當今世界各國，都已普遍建立了中央銀行制度。

4. 商業銀行是金融業的主體。能否創造信用是現代銀行區別原始銀行的根本標誌。商業銀行是企業、是金融企業、是特殊的金融企業。其業務包括資產業務、負債業務和表外業務。

5. 保險既是一種經濟制度也是一種法律關係。政策性銀行的產生和發展是國家干預、協調經濟的產物。「受人之托，代人理財」是信託的基本特徵。中國目前企業集團財務公司，主要由企業集團內部各成員單位入股成立，並向社會募集中長期

資金。1999 年，相繼組建了的四大金融資產管理公司，這是金融體制改革的一項重要創新。城市和農村信用合作社是對銀行體系的必要補充和完善。融資租賃業起源於 1981 年，最早的租賃公司以中外合資企業的形式出現。汽車金融公司的設立，有利於促進中國汽車市場的培育，提升中國汽車業的整體競爭力。

6. 貨幣市場主要包括短期借貸市場、同業拆借市場、商業票據市場、短期債券市場、回購市場和 CDs。

7. 股票交易的方式主要有現貨交易、期貨交易、期權交易和信用交易。

8. 債券的面值、票面利率、市場利率、償還期限是決定債券交易價格的主要因素。

9. 投資基金是一種利益共享、風險共擔的集合投資制度。證券投資基金是指通過公開發售基金份額募集資金，有基金託管人託管，由基金管理人管理和運作資金，為基金份額持有人的利益，以資產組合方式進行證券投資的一種集合投資方式。

10. 衍生金融工具市場包括金融遠期合約市場、金融期貨市場、金融期權市場和金融互換市場。

复习思考题

1. 試述中國金融機構體系的結構與職能。
2. 中央銀行的性質和職能；結合實際，談談中國中央銀行的性質和職能。
3. 結合中國當前的金融實踐，談談中國商業銀行的業務。
4. 什麼是政策性銀行？中國的政策性銀行有哪些？它和商業銀行的主要區別是什麼？
5. 中國財務公司的發展狀況。
6. 簡述中國當前同業拆借市場的現狀。
7. 簡述中國當前回購市場的現狀。
8. 聯繫實際，分析當前中國股票市場的現狀及其存在的問題。
9. 查詢資料，瞭解一只基金的運作狀況。
10. 查詢資料，瞭解中國衍生金融工具市場的發展過程和現狀。

第八章 貨幣需求與供給

● 第一節 貨幣需求

貨幣需求（Demand for Money）是在一定時期內，社會各部門（個人、企業、政府）在既定的社會經濟條件下需要的貨幣數量的總和。貨幣需求是對實際貨幣量的需求，或者說是對實際余額（Real Balance）的需求。

貨幣需求的本質之一就是人們關心自己所持有的貨幣量的購買力，並不關心其擁有的名義貨幣量（Nominal Balance）。在研究貨幣需求時，假設人們已擺脫了「貨幣幻覺」，從而貨幣需求即為實際貨幣需求或實際余額需求，名義貨幣（Nominal Money）需求與價格水平同比例變動。

貨幣需求理論是研究社會對貨幣需求的動機、貨幣需求影響因素和數量決定的一種理論。貨幣需求理論可以簡單地劃分為傳統的貨幣數量論和現代貨幣需求理論。傳統的貨幣數量論對貨幣需求的影響和數量關係的解釋是貨幣需求理論最基礎的思想和理論淵源。20世紀30年代以來的現代貨幣需求理論，是對傳統的貨幣數量論的批判、繼承和發展。

一、古典的貨幣數量說

早期的貨幣數量論並不把貨幣需求作為直接的研究對象，而是研究名義國民收入和物價是如何決定的。但由於它建立了名義國民收入與貨幣數量之間的關係，因此也被看作是一種貨幣需求理論。

16世紀的法國重商主義者讓・博丹（1530—1596）被認為是貨幣數量論的最早「發現者」之一。17世紀英國古典政治經濟學的創始人威廉・配第（1623—1687）

也曾討論過一國商品流通中所需要的貨幣量問題，他認為，推動一國貿易所需的貨幣有一個限度或比例，也就是說客觀上存在一個決定貨幣流通量的規律；約翰・洛克（1632—1704）提出商品價格決定於貨幣的學說。法國重農學派的創始人和古典經濟學的奠基人弗朗索瓦・魁奈（1694—1774）關於商品財富、貨幣財富的分析，把商品流通看成貨幣流通的基礎，並指出了貨幣數量、貨幣流通速度和實物財富量之間的基本關係。18世紀的英國哲學家、歷史學家和經濟學家大衛・休謨（1711—1776）在經濟學說史上的一個重要作用，就是論證了貨幣數量論。英國著名古典經濟學家大衛・李嘉圖（1772—1823）認為，當流通中的貨幣數量與商品流通所需貨幣數量一致時，貨幣價值是由生產貨幣的勞動來決定的。如果貨幣數量多於商品流通所需的量，貨幣價值就要低於原來的金屬價值，商品價格就上升；如果貨幣數量少於所需的量，貨幣價值就要高於原來的價值，商品價格就下跌。貨幣價值與其流通量成反比，與商品流通量成正比；商品價格與貨幣流通量成正比，與商品流通量成反比。

早期貨幣數量論其核心內容認為，貨幣數量的變動與物價或貨幣價值的變動之間存在因果關係，即在其他條件不變的情況下，物價水平或貨幣價值由貨幣數量決定。

二、馬克思的貨幣理論

馬克思認為：一種商品變成貨幣，首先是因為它是價值尺度和流通手段的統一，換句話說，價值尺度和流通手段的統一是貨幣。作為流通手段的貨幣不停地在流通中運動，流通中所需要的或流通中所能吸納多少貨幣量取決於流通商品的價格總額和貨幣流通的平均速度。因此，馬克思在《資本論》中，對貨幣流通規律做出的一個基本概括是：

$$執行流通手段的貨幣量 = \frac{商品價格總額}{同名貨幣流通次數}$$

即：
$$M_d = \frac{PQ}{V} \qquad (8.1)$$

上式表明在一定時期內流通中需要的貨幣量取決於價格水平、進入流通的商品數量和貨幣流通速度等三個基本要素。

三、費雪方程和劍橋方程

（一）費雪方程

美國經濟學家歐文・費雪，在他1911年的《貨幣購買力》中提出了著名的現金交易方程式（Equation of Change）即費雪交易方程。

$$MV = PT \qquad (8.2)$$

第八章 貨幣需求與供給

該方程式是一個恒等式。式中,M 為一定時期的貨幣量;V 為貨幣流通速度;P 為各類商品(和勞務)的加權平均價格(一般物價水平);T 為一定時期內商品或勞務的總交易量。

為了使得這一恒等式(8.2)具有應用價值,費雪假設:①V 由於制度因素(社會習慣、技術發展、產業結構等),中短期內不變,可視為常數;②交易量 T,對產出水平常常保持固定比例,也可看成是常數。因此,貨幣量 M 的任何變動,只會(正比例的)反應在物價上,通過物價水平 P 的調整所吸收和釋放。即價格水平是貨幣量的函數。由(8.2)式,可得:

$$M = \frac{PT}{V} \tag{8.3}$$

上式中,可以用(實際)國民收入 Y,代替(商品和勞務)交易量 T;一般物價水平 P 用價格指數來表示,則 PY 即為名義國民收入。則可得:

$$M = \frac{PT}{V} = kPY, \quad k = \frac{1}{V} \tag{8.4}$$

(8.4)式表明,貨幣需求(量)取決於貨幣流通速度和名義國民收入。根據費雪假設,V 為常數。所以名義國民收入決定貨幣需求。

費雪認為,貨幣只有交易媒介的功能,它為商品交易提供便利,人們不會長期持留貨幣,如果人們有多餘的貨幣,就會將它使用出去。即是說,交易方程所考察的是交易所需的貨幣量。

(二)劍橋方程

以馬歇爾和庇古為代表的劍橋學派,認為人們之所以以貨幣形式保有部分財富,是因為貨幣不但可以充當交換媒介,且具有儲存價值。他們在研究貨幣需求時提出了貨幣數量論的另一個形式——劍橋方程式。

$$\begin{aligned} \frac{M_d}{P} &= kY \\ M_s &= M_0 \\ M_d &= M_s \end{aligned} \tag{8.5}$$

式中,第一式是貨幣需求函數;第二式是貨幣供給函數(貨幣供給量 M_s 是由中央銀行決定的固定量 M_0);第三式是貨幣市場均衡條件。k 是貨幣量與國民收入(GNP 或 GDP)的比率,$k=1/V$,因 V 為常數,則 k 也是一常數。

從形式上看,費雪方程式和劍橋方程式是一致的,但兩者的觀點存在較大的差異:①費雪方程式強調的是貨幣交易媒介功能,而劍橋方程式則強調貨幣的財富貯藏即資產的功能;②費雪方程式強調貨幣流通速度對貨幣需求量的決定作用,而劍橋方程式側重人們保有貨幣量占收入的比例,且必須考慮持幣待機會成本即利息。因此,利率已成為決定貨幣需求的不可忽視的因素。

四、凱恩斯的貨幣需求理論

凱恩斯(John Maynard Keynes,1883—1946)的貨幣需求理論也稱為流動性偏好

理論或靈活性偏好理論。凱恩斯貨幣需求理論的重要論斷是人們持有貨幣的三大動機即交易動機（Transaction Motive）、預防動機（Precautionary Motive）和投機動機（Speculative Motive）。

（一）凱恩斯關於貨幣需求的動機分析

在《就業、利息和貨幣通論》的第十五章「流動性偏好的動機」中，凱恩斯分析了貨幣需求的三個動機。

1. 交易動機

為了應付日常交易而持有貨幣。交易動機又可再分為所得動機和業務動機。從個人角度，持有貨幣的目的是為了度過從獲得收入到費用支出的這段時間間隔，即為所得動機。其持幣願望的強度視收入大小和收入支出間的時間長短而定。從企業角度，持有貨幣是為了度過成本支出到獲得銷售收入的這段時間，即為業務動機。該動機由產品價值（產出）和產出轉手的次數（銷售環節）兩個因素決定。

2. 謹慎動機

謹慎動機也稱預防動機。是為了應付未來的不確定性而持有貨幣。就個人而言，以謹慎動機持有貨幣是為了防備突發事件（疾病、車禍、失業等）所導致的貨幣支付需要；對企業而言，是為了防範一些緊急支付和喪失臨時進貨的機會。

3. 投機動機

人們根據各自對市場利率的預期，以便投資獲利而持有貨幣。對於投機動機，凱恩斯認為：「需要較詳細考察。其理由是：第一，人們對此動機的瞭解不如其他動機深；第二，在傳播貨幣數量改變所產生的種種影響上，這個因素特別重要。」[①]

在一般情況下，滿足交易動機和謹慎動機的貨幣需求量，主要取決於經濟形勢和貨幣收入水平，基本不受其他因素的影響。而由於存在投機動機，貨幣量的變動可以影響整個經濟體系。滿足投機動機的貨幣需求是隨市場利率變化而變化，並可以用一條連續曲線來表示兩者的關係。利率的變化又可以用短期債券的價格變動來表示。凱恩斯認為，除了貨幣之外，只有債券可作為價值的儲蓄，債券是一種每年可給保有者提供一定貨幣所得的金融資產。當有人保有債券而市場利率發生變動時，債券的市場價值也隨著利率的變動發生變化，它隨利率的上升而下跌，隨利率的下降而上升。因此保有債券資產既有產生資本收益的可能性，也有發生資本損失的可能性。經濟主體保有債券將獲得兩種收入：其一，利率所得；其二，是資本所得或資本損失（資本負所得）。經濟主體就會在持有貨幣與持有債券之間進行資產保有方式的選擇。

（二）凱恩斯的貨幣需求分析

凱恩斯建立的貨幣需求函數是：

$$M = M_1 + M_2 = L_1(Y) + L_2(r) = L(Y,r) \tag{8.6}$$

[①] 凱恩斯. 就業、利息和貨幣通論 [M]. 徐毓丹, 譯. 北京：商務印書館, 1997.

第八章　貨幣需求與供給

式中，M_1 代表由交易動機和謹慎動機決定的貨幣需求，是收入 Y 的函數；M_2 代表投機動機貨幣需求，是利率 r 的函數。可用圖 8－1 來描述。

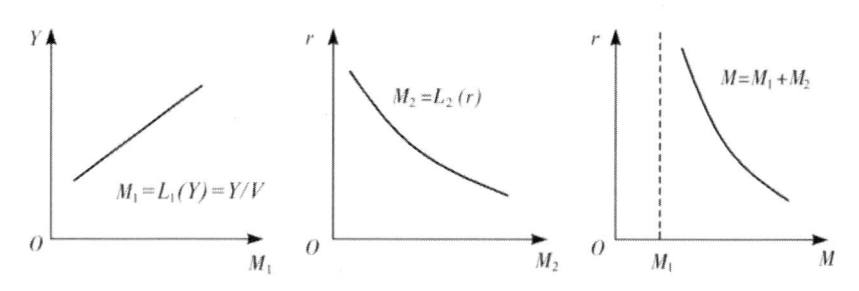

圖 8－1　凱恩斯貨幣需求函數圖

凱恩斯貨幣需求理論的另一個獨到之處是，他認為，當利率已降到某一個不可再降的低點之後，貨幣需求彈性就會變得無限大，貨幣需求也會變得無限大，即沒有人再願意持有債券，只願意持有貨幣，無論增加多少貨幣，都會被人們儲存起來。這即是所謂的「流動性陷阱」（Liquidity Trap）。如圖 8－2 所示。

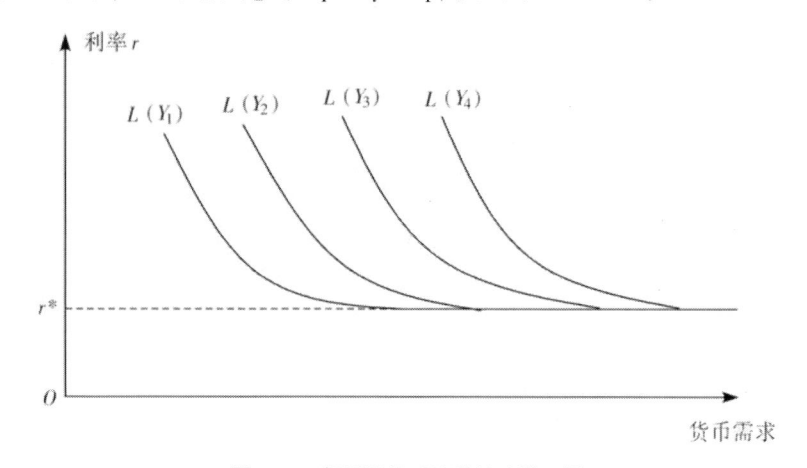

圖 8－2　凱恩斯的「流動性陷阱」圖

利率降至 $r*$ 後，貨幣需求曲線就變為與橫軸平行的直線，該直線部分即為「流動性陷阱」。凱恩斯認為，在該直線部分，貨幣需求的利率彈性為無限大。但這只是一種可能，在實際經濟中並不常見。

五、凱恩斯貨幣需求理論的發展

根據凱恩斯的貨幣需求理論，影響交易性貨幣需求的是收入水平和若干制度因素，而利率對交易性貨幣需求則沒有影響。凱恩斯的后繼者們認為這是個缺陷，為此做了許多補充工作。

以 20 世紀 50 年代威廉·鮑莫爾（Wilhelm Baumol）和詹姆斯·托賓（James Tobin）各自的貢獻作為基礎的「存貨法」的貨幣需求理論，如今被廣泛地稱為鮑莫爾—托賓模型。

1966 年惠倫及米勒和奧爾先后發表文章，論證了謹慎動機（預防動機）的貨幣需求也同樣為利率的（減）函數。最有代表性的是惠倫模型。

托賓對凱恩斯的投機動機貨幣需求理論進行了發展，在維持投機動機的貨幣需求與利率呈反向關係的基本結論的前提下，分析了人們在同一時間持有包括貨幣在內的多種不同收益率的金融資產這一客觀情況，這就是托賓模型。托賓模型主要研究在未來預期不確定度情況下，人們怎樣選擇最優的金融資產組合，所以又稱為「資產組合理論」。

米爾頓·弗里德曼（Milton Friedman）是美國經濟學家、貨幣主義大師，以研究宏觀經濟學、微觀經濟學、經濟史、統計學及主張自由放任的資本主義而聞名。1976 年獲得諾貝爾經濟學獎，以表揚他在消費分析、貨幣供應理論及歷史和穩定政策複雜性等範疇的貢獻。弗里德曼對劍橋方程式做了新的解釋，被稱為新貨幣數量論（Modern Quantity Theory of Money）。

弗里德曼對貨幣需求理論的貢獻：①將貨幣視為一種資產，從而將貨幣理論納入了資產組合選擇理論的框架，摒棄了古典學派視貨幣為純交易工具的狹隘理念；②在一般均衡的資產組合理論中，特別強調貨幣量在經濟中的樞紐作用，糾正了凱恩斯學派忽視貨幣量的偏頗；③在貨幣需求函數中，首先設置了預期物價變動率這一獨立變量，確定了預期因素在貨幣理論中的地位；④嚴格地將名義量和實際量加以區分；⑤特別強調實證研究的重要性，彌補了以往學者們在經濟理論尤其是在貨幣理論中只顧抽象演繹的缺陷，使貨幣理論向可操作的貨幣政策靠攏了。

第二節　貨幣供給

貨幣供給（Money Supply）是指某一國或貨幣區的銀行系統向經濟體中投入、創造、擴張（或收縮）貨幣的金融過程。

貨幣供給的主要內容包括：貨幣層次的劃分；貨幣創造過程；貨幣供給的決定因素等。在現代市場經濟中，貨幣流通的範圍和形式不斷擴大，現金和活期存款被普遍認為是貨幣，定期存款和某些可以隨時轉化為現金的信用工具（如公債、人壽保險單、信用卡）也被廣泛認為具有貨幣性質。

一、貨幣層次的劃分

貨幣供給包括按口徑依次加大的 $M1$、$M2$、$M3$……系列劃分的若干層次。在各

第八章 貨幣需求與供給

國的貨幣口徑中，只有「通貨」和 M1 這兩項大體一致。

通貨（Currency）指不兌現的銀行券和輔幣，在中國習慣稱為現金；M1 都是指通貨與支票存款之和，在中國稱為狹義貨幣。

狹義貨幣（Narrow Money）是一個宏觀經濟學概念，在經濟學中以 M1 表示，其計算方法是社會流通貨幣總量加上商業銀行的所有活期存款。廣義貨幣（Broad Money）是（與和狹義貨幣相對應的概念）貨幣供給的一種形式或口徑，以 M2 來表示，其計算方法是交易貨幣（M1）以及定期存款與儲蓄存款等。

一般認為，貨幣層次可以劃分如下：

$$M1 = 現金 + 活期存款 \tag{8.7}$$

$$M2 = M1 + 定期存款 \tag{8.8}$$

$$M3 = M2 + 其他金融資產 \tag{8.9}$$

國際貨幣基金組織（IMF）將貨幣供給劃分為三個層次：通貨（Currency）、貨幣（Money）和準貨幣（Quasi Money）。通貨，採用一般定義；貨幣，等於存款貨幣銀行以外的通貨加私人部門的活期存款之和，相當於各國通常採用的 M1；「準貨幣」，相當於定期存款與外幣存款之和，即包括除 M1 之外可以稱為貨幣的各種形態。「準貨幣」加「貨幣」，相當於各國通常採用的 M2。IMF 要求它的各成員國按照這樣的口徑報告數字。

中國從 1984 年開始探討對貨幣供給層次的劃分；並於 1994 年第三季度開始按季度公布貨幣供給量的統計數據。按照 IMF 的要求，現階段中國貨幣供給量劃分為如下三個層次：

$$M0 = （流通中）現金 \tag{8.10}$$

$$M1 = M0 + 活期存款 \tag{8.11}$$

$$M2 = M1 + 定期存款 + 儲蓄存款 + 其他存款 + 證券公司客戶保證金 \tag{8.12}$$

式中，M1 稱為狹義貨幣量；M2 稱為廣義貨幣量；M2 - M1 為準貨幣。

將 M1/M2 表示狹義貨幣相對於廣義貨幣的比重稱為貨幣供給流動性。當 M1/M2 的值趨於增大時，表明代表現實流通的也即是現實將用於購買和支付的貨幣在廣義貨幣供給量中的比值上升，貨幣供給的流動性增強，貨幣流通速度加快；反之，M1/M2 的值趨於減小，則表明廣義貨幣供給量中的準貨幣比重上升，貨幣供給的流動性減弱，貨幣流通速度下降。

在貨幣需求中有名義貨幣需求和實際貨幣需求的區別，同樣貨幣供給也有名義貨幣供給和實際貨幣供給之分。名義貨幣供給（Nominal Money Supply）是指以貨幣單位來表示的貨幣供給（量），即是一定時點上不考慮物價因素影響的貨幣存量（Money Stock）。實際貨幣供給（Real Money Supply）是指以流通中貨幣所能購買的商品和服務表示的貨幣供給（量），即是剔除了物價影響后的一定時點上的貨幣存量。名義貨幣供給記作 M_s，則實際貨幣供給記作 M_s/P。

在日常生活中所使用的貨幣供給概念一般都是指名義貨幣供給。而在經濟分析和決策論證中，經常需要剔除了通貨膨脹因素的貨幣供給，即實際貨幣供給的數據。

二、貨幣創造過程

貨幣創造（供給）過程是指銀行主體通過其貨幣經營活動而創造出貨幣的過程，它包括商業銀行通過派生存款機制向流通供給貨幣的過程和中央銀行通過調節基礎貨幣量而影響貨幣供給的過程。

由於貨幣供應量包括通貨與存款貨幣，貨幣供給的過程也分解為通貨供給和存款貨幣供給兩個環節。

通貨供給通常包括三個步驟：①由一國貨幣當局下屬的印製部門（隸屬於中央銀行或隸屬於財政部）印刷和鑄造通貨。②商業銀行因其業務經營活動而需要通貨進行支付時，便按規定程序通知中央銀行，由中央銀行運出通貨，並相應貸給商業銀行帳戶。③商業銀行通過存款兌現方式對客戶進行支付，將通貨注入流通，供給到非銀行部門手中。

通貨供給的特點：①通貨雖然由中央銀行供給，但中央銀行並不直接把通貨送到非銀行部門手中，而是以商業銀行為仲介，借助於存款兌現途徑間接將通貨送到非銀行部門手中。②由於通貨供給在程序上是經由商業銀行的客戶兌現存款的途徑實現的，因此通貨的供給數量完全取決於非銀行部門的通貨持有意願。非銀行部門有權隨時將所持存款兌現為通貨，商業銀行有義務隨時滿足非銀行部門的存款兌現需求。如果非銀行部門的通貨持有意願得不到滿足，商業銀行就會因其不能履行保證清償的法定義務，而被迫停業或破產。上述通貨供給是就擴張過程而言的，從收縮過程說明通貨供給，其程序正好相反。

（一）中央銀行基礎貨幣的供給

基礎貨幣（Base Money），也稱貨幣基礎、貨幣基數、高能貨幣和強力貨幣（High-Powered Money），從來源上看它是金融當局（中央銀行）的貨幣供應量；從運用上看它由商業銀行的準備金（R）和流通中的通貨（C）構成。

基礎貨幣的構成公式為：

$$B = C + R \tag{8.13}$$

貨幣供給量與基礎貨幣的比值稱為貨幣乘數（Money Multiplier）。則有：

$$M_S = m \times B \tag{8.14}$$

式中，M_S 為貨幣供給量；B 為基礎貨幣；m 為貨幣乘數。

中央銀行可以運用法定存款準備金率、再貼現（率）和公開市場業務等三大貨幣政策工具來調控對基礎貨幣的供給。

1. 法定存款準備金率（Legal Reserve Ration）

存款準備金是指金融機構為保證客戶提取存款和資金清算需要而準備的資金，

第八章　貨幣需求與供給

金融機構按規定向中央銀行繳納的存款準備金占其存款總額的比例就是*存款準備金率*。

存款準備金制度是在中央銀行體制下建立起來的，世界上美國最早以法律形式規定商業銀行向中央銀行繳存款準備金。存款準備金制度的初始作用是保證存款的支付和清算，之後才逐漸演變成為貨幣政策工具，中央銀行通過調整存款準備金率，影響金融機構的信貸資金供應能力，從而間接調控貨幣供應量。

2. 貼現政策（Discount Policy）

貼現政策是指貨幣當局通過變動自己對商業銀行所持票據再貼現率（Rediscount Rate）來影響貸款數量和基礎貨幣的政策。

利率政策是中國貨幣政策的重要組成部分，也是貨幣政策實施的主要手段之一。利率提高，商業銀行從中央銀行借款的資金成本隨之提高，它們會減少相應貸款數量；利率下降，意味著商業銀行從中央銀行的借款成本降低，則會產生鼓勵商業銀行擴大信貸規模的作用。

3. 公開市場業務（Open – Market Operation）

公開市場業務是指貨幣當局在金融市場上出售或購入財政部和政府機構的證券，特別是國庫券，用以影響基礎貨幣的行為。

在多數發達國家，公開市場操作是中央銀行吞吐基礎貨幣，調節市場流動性的主要貨幣政策工具，通過中央銀行與指定交易商進行有價證券和外匯交易，實現貨幣政策調控目標。中國公開市場操作包括人民幣操作和外匯操作兩部分。外匯公開市場操作1994年3月啟動，人民幣公開市場操作1998年5月26日恢復交易，規模逐步擴大。1999年以來，公開市場操作已成為中國人民銀行貨幣政策日常操作的重要工具，對於調控貨幣供應量、調節商業銀行流動性水平、引導貨幣市場利率走勢發揮了積極的作用。

（二）商業銀行存款貨幣供給

商業銀行的存款負債有多種類型，其中究竟哪些屬於存款貨幣，而應當歸入貨幣供應量之中尚無定論，但公認活期存款屬於存款貨幣。

商業銀行的存款創造的前提條件是：部分準備金制度和非現金結算制度。準備金的多少與派生存款量直接相關。銀行提取的準備金占全部存款的比例稱作存款準備金率。存款準備金率越高，提取的準備金越多，銀行可用的資金就越少，派生存款量也相應減少；反之，存款準備金率越低，提取的準備金越少，銀行可用資金就越多，派生存款量也相應增加。在現代信用制度下，銀行向客戶貸款是通過增加客戶在銀行存款帳戶的余額進行的，客戶則是通過簽發支票來完成他的支付行為。因此，銀行在增加貸款或投資的同時，也增加了存款額，即創造出了派生存款。如果客戶以提取現金方式向銀行取得貸款，就不會形成派生存款。

商業銀行存款創造過程：甲銀行吸收存款→提取部分比例準備金后向A客戶發放貸款→形成客戶在甲銀行的存款→A客戶用存款進行轉帳支付→形成乙銀行B客

戶的存款增加→乙銀行繼續前面過程→銀行體系可以派生出數倍的存款貨幣。存款派生過程如表8-1所示。

表8-1　　　　　　　　商業銀行系統創造存款過程表

銀行	存款	法定準備	貸款
甲銀行	1,000.00	100.00	900.00
乙銀行	900.00	90.00	810
丙銀行	810	81	729.00
……	……	……	……
Σ	10,000.00	1,000.00	9,000.00

表中假定：法定存款準備金率為10%。

在不兌現的信用貨幣制度下，商業銀行的活期存款與通貨一樣，充當完全的流通手段和支付手段，存款者可據以簽發支票進行購買、支付和清償債務。因此，客戶在得到商業銀行的貸款和投資以後，一般並不立即提現，而是把所得到的款項作為活期存款存入同自己有業務往來的商業銀行之中，以便隨時據以簽發支票。這樣，商業銀行在對客戶放款和投資時，就可以直接貸入客戶的活期存款。所以，商業銀行一旦獲得相應的準備金，就可以通過帳戶的分錄使自己的資產（放款與投資）和負債（活期存款）同時增加。從整個商業銀行體系看，即使每家商業銀行只能貸出它所收受的存款的一部分，全部商業銀行卻能把它們的貸款與投資擴大為其所收受的存款的許多倍。換言之，從整個商業銀行體系看，一旦中央銀行供給的基礎貨幣被注入商業銀行內，為某一商業銀行收受為活期存款，在扣除相應的存款準備金之後，就會在各家商業銀行之間輾轉使用，從而最終被放大為多倍的活期存款。

由 (8.14) $M_s = m \times B$，再假設 r_d 代表存款準備率，則表8-1所示的商業銀行體系所能創造出的貨幣量，用公式表示為：

$$M = B + B(1-r_d) + B(1-r_d)^2 + B(1-r_d)^3 + \cdots = \frac{B}{r_d} \qquad (8.15)$$

由此可知，貨幣乘數可以用下式來計算：

$$m = \frac{1}{r_d} \qquad (8.16)$$

如果考慮超額準備（r_e）、現金漏損（r_c）等因素，則(8.16)式的貨幣乘數公式可修正為：

$$m = \frac{1}{r_d + r_e + r_c} \qquad (8.17)$$

仍以表8-1的數據為例，則商業銀行系統存款創造的變化如表8-2所示。

第八章　貨幣需求與供給

表 8-2　　　　　　　　　商業銀行系統創造存款過程表

銀行	存款	法定準備	超額準備	現金漏損	貸款
甲銀行	1,000.00	100.00	50.00	50.00	800.00
乙銀行	800.00	80.00	40.00	40.00	640.00
丙銀行	640.00	64.00	32.00	32.00	512.00
……	……	……	……	……	……
Σ	5,000.00	500.00	250.00	250.00	4,000.00

表中假定：法定存款準備金率10%；超額準備金率5%；現金漏損率5%。

　　經濟中的貨幣供給量是由銀行體系利用最初增加的貨幣創造的，在貨幣乘數充分發揮作用情況下，銀行體系最初增加的貨幣最終轉化為準備金存款和流通中的現金。貨幣供給總量等於基礎貨幣乘以貨幣乘數。反之，如果中央銀行運用貨幣政策，向商業銀行發行央行票據或提高法定存款準備金率等使得商業銀行體系中的貨幣存量減少，再由於貨幣乘數的作用，銀行體系的存款就會以遞減幾何級數減少，流通中的貨幣量就會縮減。因此，中央銀行可以通過控制基礎貨幣數量和貨幣乘數的高低來調節經濟體系中的貨幣供給總量。

三、財政收支與貨幣供給

　　一般而言，財政收支活動都表現為貨幣運動，財政收支本身就是貨幣流通的組成部分。政府財政機關的貨幣收支活動經由中央銀行進行。財政的收入過程表現為，微觀經濟主體將自己所擁有的資金交給政府支配，就意味著貨幣要由商業銀行帳戶流入中央銀行帳戶；財政支出過程表現為，政府將自己所擁有的資金交給微觀經濟主體支配，就意味著貨幣要由中央銀行帳戶流入商業銀行帳戶。

　　財政收入的取得過程，也就是納稅人用現金和銀行存款納稅的過程。這實際上是基礎貨幣的縮減過程。即是說，財政收入過程，會導致基礎貨幣收縮。

　　財政支出過程，也就是貨幣由中央銀行帳戶流入商業銀行帳戶的過程，它通過減少財政在中央銀行的存款，相應地增大了商業銀行準備金和流通中現金，從而增大了基礎貨幣。因此，財政支出過程會導致基礎貨幣擴張。

● 第三節　通貨膨脹及其影響

一、通貨膨脹的含義

　　（一）通貨膨脹的描述

　　通貨膨脹（Inflation）是指整體物價水平持續性上升。

通貨膨脹從表象上看是物價水平的變化，其實質是一種貨幣現象即貨幣的市值或購買力下降，而貨幣貶值為兩經濟體間的幣值相對性降低。前者用於形容全國性的幣值，而后者用於形容國際市場上的附加價值。兩者的相關性為經濟學上的爭議之一。

對於通貨膨脹的含義，存在著各種各樣的觀點。理解通貨膨脹時應注意：①是一般物價水平的上漲，而不是個別商品價格的上漲；②一般物價水平上漲，包括各種各樣的物價水平上漲；③是一般物價水平的持續上漲，而不是暫時的或偶然的價格上漲；④是一般物價水平的顯著上漲。

中國與部分國家 1999—2010 年 CPI（年度）指標見本章附表 1。

（二）通貨膨脹的測量

對通貨膨脹沒有單獨性的準確測量法，因通貨膨脹值取決於物價指數中各特定物品的價格比重以及受測經濟區域的範圍。通用的測量方法包括：

（1）消費者物價指數（Consumer Price Index，CPI）測量由「典型消費者」所購物品的價格。在許多工業國家中，該指數的年度性變化百分比為最通用的通貨膨脹曲線報告。

（2）生產者物價指數（Producer Price Index，PPI）測量生產者收購物料的價格，與 CPI 於物價津貼、盈利與稅負上有所不同，導致生產者之所得與消費者之付出產生差距。PPI 反應於 CPI 升高而上升，具有典型的延遲性。

（3）批發物價指數（Wholesale Price Index，WPI）測量選擇性貨品之批發價格變化（特別是銷售稅），與 PPI 極為類似。

商品價格指數（Commodity Price Index）測量選擇性商品售價的變化。

（4）GDP 平減指數（GDP Deflator）為基於國內生產總值的計算：名義 GDP 與經通貨膨脹修正后的 GDP［即不變價格（Constant-Price）GDP 或實質 GDP］兩者之比例。這是對價格水平最宏觀測量。該指數也用來計算 GDP 的組成部分，如個人消費開支。美國聯邦儲備改用核心個人消費平減指數（Personal Consumption Deflator）及其他平減指數作為制定「反通脹政策」的參考。

$$GDP\ 平減指數 = \frac{名義\ GDP}{實際\ GDP} \times 100\% \qquad (8.18)$$

因每一種測量法都基於他種測量法，並以固定模式結合在一起，經濟學家經常爭議在各測量法及通貨膨脹模式中是否有「偏差」存在。

二、通貨膨脹的類型與原因

（一）通貨膨脹的類型

根據不同的標準，可將通貨膨脹劃分為：

1. 按物價上漲的速度分類

（1）爬行的通貨膨脹，又稱潛行的通貨膨脹。這是一種通貨膨脹率基本保持在

第八章　貨幣需求與供給

2%～3%，並且始終比較穩定的一種通貨膨脹。一般認為，如果每年的物價上漲率在 2.5% 以下，不能認為是發生了通貨膨脹。當物價上漲率達到 2.5% 時，叫做不知不覺的通貨膨脹。還有的觀點認為，在經濟發展過程中，溫和一點的通貨膨脹可以刺激經濟的增長。因為提高物價可以使廠商多得一點利潤，以刺激廠商投資的積極性。同時，溫和的通貨膨脹不會引起社會太大的動亂。溫和的通貨膨脹即將物價上漲控制在 1%～2% 至多 5% 以內，則能像潤滑油一樣刺激經濟的發展，這就是所謂的「潤滑油政策」。

（2）疾馳的或飛奔的通貨膨脹，亦稱為奔騰的通貨膨脹、急遽的通貨膨脹。它是一種不穩定的、迅速惡化的、加速的通貨膨脹。在這種通貨膨脹發生時，通貨膨脹率較高（一般達到兩位數以上，10%～100%），所以在這種通貨膨脹發生時，人們對貨幣的信心產生動搖，經濟社會產生動盪，這是一種較危險的通貨膨脹。

（3）惡性的或脫韁的通貨膨脹，也稱為極度的通貨膨脹、超速的通貨膨脹。這種通貨膨脹一旦發生，通貨膨脹率會非常高（一般達到三位數以上，>100%），而且完全失去控制，其結果是導致社會物價持續飛速上漲，貨幣大幅度貶值，人們對貨幣徹底失去信心。這時整個社會金融體系處於一片混亂之中，正常的社會經濟關係遭到破壞，最后容易導致社會崩潰，政府垮臺。這種通貨膨脹在經濟發展史上是很少見的，通常發生於戰爭或社會大動亂之后。目前公認的惡性通貨膨脹在世界範圍內已出現過多次。例如：1923 年的德國，當時第一次世界大戰剛結束，德國的物價在一個月內上漲了 2,500%，一個德國馬克的價值下降到僅及戰前價值的萬億分之一；1946 年的匈牙利，第二次世界大戰結束后，匈牙利一個便哥的價值，僅相當於戰前的 828×10^{27} 分之一；在中國，從 1937 年 6 月到 1949 年 5 月，僞法幣的發行量增加了 1,445 倍，同期物價指數上漲了 36,807 倍。

2. 按對物價影響的差異分類

（1）平衡性通貨膨脹，指每種商品的價格都按相同比例上升。其商品價格包括生產要素以及各種勞動價格，如工資率、租金、利率等。

（2）非平衡性通貨膨脹，指各種商品價格上升的比例、速度、程度等不完全相同。如農產品價格大於工業品價格上漲幅度；消費品價格上漲幅度高於工資的提高幅度等。大多數通貨膨脹都屬於此類型。

3. 按供求總量與結果的不同分類

（1）需求拉動的通貨膨脹，也稱需求性通貨膨脹，是指由於總需求的增長超過了現行價格條件下社會可能的供給量，造成強大的貨幣購買力對應較少的商品和勞務，導致物價總水平上漲。

（2）成本推動的通貨膨脹，也稱供給型通貨膨脹，是指社會估計方面商品與勞務成本的提高，引起的一般物價水平上漲。

（3）供求混合型通貨膨脹，是由於需求和供給雙方互相共同發生作用造成的通

221

貨膨脹。

(4) 結構性通貨膨脹，是指由於某些商品供求失衡，或某些經濟部門發展不平衡等經濟結構因素變動，而引起的一般物價水平上漲。

4. 按人們的預期分類

(1) 預期的通貨膨脹，指價格的上漲在人們的預料之中。預期的通貨膨脹具有自我維持的特點，又稱為慣性的通貨膨脹。

(2) 未預期的通貨膨脹，是指價格上升的速度超出人們的預料，或者人們根本沒有想到價格會上漲。

(二) 通貨膨脹的原因

不同學派對通貨膨脹的起因有不同的學說。

1. 貨幣主義的解釋

他們認為通貨膨脹源於貨幣供給率高於經濟規模增長，主張以比較 GDP 平減指數與貨幣供給增長來做測量，並由中央銀行設定利率來維持貨幣數量。

貨幣數量理論，簡單地說，就是經濟體所耗貨幣總量取決於現存貨幣總量。

$$P = \frac{Q_d}{Q_s} \tag{8.19}$$

式中，P 為一般消費品物價水平，Q_d 為消費品總需求量，而 Q_s 為消費品總供給量。公式的含義是：在消費品總供應量對消費品總需求量相對下降，或消費品總需求量對消費品總供應量相對上升時，一般消費品物價會隨之提高。基於總開銷主要基於現存貨幣總量的觀點，經濟學者們以貨幣總量計算消費品總需求量。於是乎，他們斷定總支出與消費品總需求量隨著貨幣總量提高。於是相信貨幣數量理論的學者們同樣也相信物價上漲的唯一原因就是經濟成長（表示消費品總供給量正提高）以及央行因此以貨幣政策提高現存貨幣總量。

以此觀點來說，通貨膨脹的最根本原因是貨幣供給量多於需求量，於是「通貨膨脹是一定會到處發生的貨幣現象」，弗里德曼如是說，意指通貨膨脹的控制有賴於貨幣上與財政上的限制。政府不可令借貸過於容易，其自身亦不可超額貸款。此觀點著重於中央政府預算赤字與利率以及經濟生產力，也就是由生產成本（總供應）所推動的通貨膨脹（Cost-Pull Inflation）。

2. 新凱恩斯主義的解釋

依新凱恩斯主義，通貨膨脹有三種主要的形式：

(1) 需求拉動通貨膨脹論（Theory of Demand-Pull Inflation）是指由於總需求的增長超過了現行價格條件下社會可能的供給量，造成強大的貨幣購買力對應較少的商品和勞務，導致物價總水平上漲。

需求拉動通貨膨脹論是現代西方經濟學家從需求方面來說明通貨膨脹原因的一種理論。凱恩斯主義認為，貨幣供應量增加會引起利息率降低，從而會刺激投資的增加和總需求的增加，當達到充分就業，產量無法繼續擴大時，物價就會上漲，通

第八章　貨幣需求與供給

貨膨脹發生。貨幣主義者認為，從長期趨勢看，貨幣供應量增加，就會導致物價水平的提高，通貨膨脹就會發生，貨幣供應量對產量的增長影響很小。而從短期看，貨幣供應量的增加暫時會影響產量的增長。他們反對凱恩斯借助通貨膨脹來刺激經濟的財政和貨幣政策，主張實行「單一規則」的貨幣政策，把貨幣供應量的年增長率長期固定在同預定的經濟發展速度大體一致的水平上，以避免通貨膨脹和保證經濟的穩定增長。

貨幣供給的擴張是需求拉動型通貨膨脹的唯一根源。正如弗里德曼所說，「太多的貨幣追逐太少的商品」。除此之外還有：①政府財政支出超過財政收入而形成赤字，靠透支來彌補。如改革過程中的中國體制性通貨膨脹的形成原因：由於體制的不健全，地方政府和企業存在過旺的投資需求，而中央銀行又缺乏獨立性來抵制這種過旺的需求，從而導致了貨幣和信貸的失控，導致了通貨膨脹。②國內投資總需求超過國內總儲蓄和國外資本流入之和。③國內消費總需求超過消費品供給和進口消費品之和，形成所謂的「消費膨脹」。

(2) 成本推動型通貨膨脹 (Cost - Push Inflation) 又稱「成本通貨膨脹」或「供給通貨膨脹」，是指在沒有超額需求的條件下，由於供給方面成本的提高所引起的價格水平的普遍持續上漲。

成本推進僅僅是物價上漲的最初動因，政府為維持其就業和產出目標而採取的擴張性政策是價格水平維持上升的必要條件，因此，成本推進型的通貨膨脹也主要是一種貨幣現象。成本推動型通貨膨脹由於成本上升時的原因不同，可以分為三種類型：工資推動、利潤推動、進口和出口推動。

① 工資推進通貨膨脹。總需求不變的條件下，如果工資的提高引起產品單位成本增加，便會導致物價上漲。在物價上漲后，如果工人又要求提高工資，而再度使成本增加，便會導致物價再次上漲。這種循環被稱為工資—物價「螺旋」。許多經濟學家將歐洲大多數國家在20世紀60年代末70年代初經歷的通貨膨脹認定為工資推動的通貨膨脹。如，在聯邦德國，工時報酬的年增長率從1968年的7.5%躍升到1970年的17.5%。在同一時期，美國的工時報酬年增長率由7%上升到15.5%。主要原因是：工會或某些非市場因素壓力的存在，會使工人貨幣工資增長率超過勞動生產率的增長。

② 利潤推進通貨膨脹。寡頭企業和壟斷企業為保持利潤水平不變，依靠其壟斷市場的力量，運用價格上漲的手段來抵消成本的增加；或者為追求更大利潤，以成本增加作為借口提高商品價格，從而導致價格總水平上升。其中最為典型的是，1973—1974年，石油輸出國組織 (OPEC) 歷史性地將石油價格提高了4倍，到1979年，石油價格又被再一次提高，引發「石油危機」。

③ 進口和出口推動通貨膨脹。由於進口品價格上漲，特別是進口原材料價格上漲引起的通貨膨脹。由於出口猛增，使國內市場產品不足，也能引起物價上漲和通貨膨脹。

(3) 結構型通貨膨脹 (Structural Inflation) 是指生產結構的變化導致總供求失衡或者導致部分供求失衡而引發的通貨膨脹。由於結構失衡而引發的通貨膨脹，其傳導機制是價格剛性機制和價格攀比機制。

結構型通貨膨脹是由經濟結構、部門結構失調引致的物價總水平持續上漲。結構性失調表現在：「瓶頸」制約由於缺乏有效的資源配置機制，使得資源在各部門之間的配置嚴重失衡，有些行業生產能力過剩，而另一些行業（如農業、能源、交通等部門）則嚴重滯后，形成發展的「瓶頸」。當這些「瓶頸」部門的價格因供不應求而上漲時，便引起其他部門，甚至是生產過剩部門的連鎖反應，形成一輪又一輪的價格上漲。原先處於均衡狀態的經濟結構可能因需求的移動而出現新的失衡。那些需求增加的行業，價格和工資將上升；但是需求減少的行業，由於價格和工資剛性的存在，卻未必發生價格和工資的下降。其結果是，需求的轉移導致了物價的總體上升。勞動生產率增長速度的差異（一國經濟可根據勞動生產率增長速度的差異而劃分為不同的部門）：生產率增長較快的先進部門和生產率增長較慢的落後部門。先進部門的工資上漲率較高，價格上漲較快，由於價格和工資剛性的存在，落後部門的工人往往要求與先進部門的工資上漲率看齊，使其貨幣工資的整體水平與先進部門的勞動生產率同比例增長。其結果，落後部門的生產成本便上升，並進而造成物價整體水平的上升。

三、通貨膨脹與失業

(一) 失業

失業（Unemployment）是指有勞動能力、願意接受現行工資水平的人找不到工作的現象。

根據國際勞工組織的定義，失業是指某個年齡以上，在考察期內沒有工作，但有工作能力，並且正在尋找工作的人。從整個經濟來看，通常把一定年齡階段的人口稱作勞動年齡人口，其中一部分處於工作狀態的，稱為就業者，一部分處於尋找工作而尚未找到的稱為失業者。還有一部分不願工作或不尋找工作的，稱為不在勞動人口。失業人口占勞動人口的比重即為失業率。

失業有很多種類，根據主觀上願意就業與否，分為自願失業與非自願失業。所謂自願失業是指工人所要求的實際工資超過其邊際生產率，或者說不願意接受現行的工作條件和收入水平而未被雇用造成的失業。由於這種失業是由於勞動人口主觀不願意就業而造成的，所以被稱為自願失業，無法通過經濟手段和政策來消除，因此不是經濟學所研究的範圍。另一種是非自願失業，是指有勞動能力、願意接受現行工資水平但仍然找不到工作的現象。這種失業是由於客觀原因所造成的，因而可以通過經濟手段和政策來消除。經濟學中所講的失業是指非自願失業。非自願失業又可以分為摩擦性失業、結構性失業和週期性失業。

第八章　貨幣需求與供給

摩擦性失業是指生產過程中難以避免的、由於轉換職業等原因而造成的短期、局部失業。這種失業的性質是過渡性的或短期性的。它通常起源於勞動的供給一方，因此被看作是一種求職性失業，即一方面存在職位空缺，另一方面存在著與此數量對應的尋找工作的失業者，這是因為勞動力市場信息的不完備，廠商找到所需雇員和失業者找到合適工作都需要花費一定的時間。摩擦性失業在任何時期都存在，並將隨著經濟結構變化而有增大的趨勢，但從經濟和社會發展的角度來看，這種失業存在是正常的。

結構性失業是指勞動力的供給和需求不匹配所造成的失業，其特點是既有失業，也有職位空缺，失業者或者沒有合適的技能，或者居住地點不當，因此無法填補現有的職位空缺。結構性失業在性質上是長期的，而且通常起源於勞動力的需求方。結構性失業是由經濟變化導致的，這些經濟變化引起特定市場和區域中的特定類型勞動力的需求相對低於其供給。造成特定市場中勞動力的需求相對低可能由以下原因導致：第一是技術變化，原有勞動者不能適應新技術的要求，或者是技術進步使得勞動力需求下降；第二是消費者偏好的變化，消費者對產品和勞務的偏好的改變，使得某些行業擴大而另一些行業縮小，處於規模縮小行業的勞動力因此而失去工作崗位；第三是勞動力的不流動性。流動成本的存在制約著失業者從一個地方或一個行業流動到另一個地方或另一個行業，從而使得結構性失業長期存在。

週期性失業是指經濟週期中的衰退或蕭條時，因社會總需求下降而造成的失業。當經濟發展處於一個週期中的衰退期時，社會總需求不足，因而廠商的生產規模也縮小，從而導致較為普遍的失業現象。週期性失業對於不同行業的影響是不同的，一般來說，需求的收入彈性越大的行業，週期性失業的影響越嚴重。

自然失業率（Natural Rate of Unemployment）：指充分就業下的失業率。為摩擦性失業率及結構性失業率加總之和。

（二）奧肯定律

阿瑟·奧肯（Arthur M. Okun）發現了週期波動中經濟增長率和失業率之間的經驗關係——奧肯定律。

「當實際GDP增長相對於潛在GDP增長（美國一般將之定義為3%）下降2%時，失業率上升大約1%；當實際GDP增長相對於潛在GDP增長上升2%時，失業率下降大約1%」，這條經驗法則稱為奧肯定律。

潛在GDP這個概念是奧肯首先提出的，它是指在保持價格相對穩定情況下，一國經濟所生產的最大產值。潛在GDP也稱充分就業GDP。

可以以下公式描述奧肯定理：

$$\text{失業率變動百分比} = -\frac{1}{2} \times (GDP \text{ 變動百分比} - 3\%) \qquad (8.20)$$

根據此公式，當實際GDP的平均增長率為3%時，失業率保持不變。當經濟擴張快於3%時，失業率下降的幅度等於經濟增長率的一半。例如，如果GDP到第二

年度增長5%（高出正常水平2%），奧肯定理預期失業率下降1%。當 GDP 下降，或增長不到3%時。失業率上升。例如，如果 GDP 到第二年度下降1%，奧肯定理預期失業率上升2%。

奧肯定理的一個重要結論是：為防止失業率上升，實際 GDP 增長必須與潛在 GDP 增長同樣快。如果想要使失業率下降，實際 GDP 增長必須快於潛在 GDP 增長。

奧肯定律的意義在於揭示了經濟增長與就業增長之間的關係，而不在於其所提供的具體數值（奧肯的實證研究是基於美國的數據）。

(三) 菲利浦斯曲線—通貨膨脹與失業的關係

菲利浦斯曲線（Phillips Curve）是用來表示失業與通貨膨脹之間交替關係的曲線，由英國經濟學家 W. 菲利浦斯於1958年在《1861—1957 年英國失業和貨幣工資變動率之間的關係》一文中最先提出。此後，經濟學家對此進行了大量的理論解釋，尤其是薩繆爾森和索羅將原來表示失業率與貨幣工資率之間交替關係的菲利浦斯曲線發展成為用來表示失業率與通貨膨脹率之間交替關係的曲線。

1958 年，菲利浦斯根據英國 1867—1957 年失業率和貨幣工資變動率的經驗統計資料，提出了一條用以表示失業率和貨幣工資變動率之間交替關係的曲線。這條曲線表明：當失業率較低時，貨幣工資增長率較高；反之，當失業率較高時，貨幣工資增長率較低，甚至是負數。根據成本推動的通貨膨脹理論，貨幣工資可以表示通貨膨脹率。因此，這條曲線就可以表示失業率與通貨膨脹率之間的交替關係。即失業率高表明經濟處於蕭條階段，這時工資與物價水平都較低，從而通貨膨脹率也就低；反之失業率低，表明經濟處於繁榮階段，這時工資與物價水平都較高，從而通貨膨脹率也就高。失業率和通貨膨脹率之間存在著反方向變動的關係。

如圖 8-3 所示，縱軸表示工資增長率 $w\%$（或通貨膨脹率 π），橫軸表示失業率 u。菲利浦斯曲線向右下方傾斜，表明失業率和通貨膨脹率之間的一種交替關係。即當失業率較低時，工資增長率（通脹率）較高；當失業率高時，工資增長率（通脹率）較低，甚至為負數。菲利浦斯發現，失業率大約在6%～7%時，工資是穩定的，失業率低於該水平，工資上升；失業率高於該水平，工資下降。

此模型在物價穩定度與失業率之間權衡（Trade Off），為將失業率降至最低，可允許一定程度的通貨膨脹。

在圖 8-4 中，假定失業率和通脹率在4%以內，經濟社會被認為是安全的或可容忍的，這時在圖中就得到了一個臨界點，E 點。由此形成一個矩形區域，稱其為安全區域，如圖中陰影部分所示。如前所述，溫和的通貨膨脹是將物價上漲控制在1%～2%、至多5%以內。則失業率就可以控制在5%以下。該經濟的實際失業率與通脹率組合落在安全區域內，則決策者就無須採取任何（政策）措施進行調節。

第八章 貨幣需求與供給

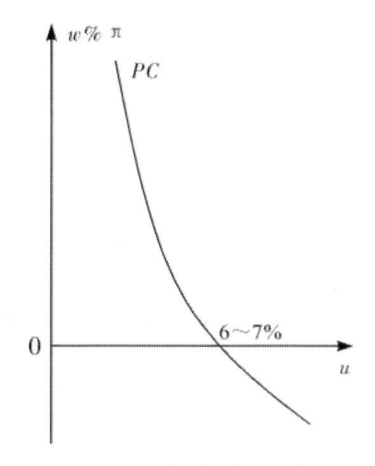

圖 8-3 菲利浦斯曲線圖

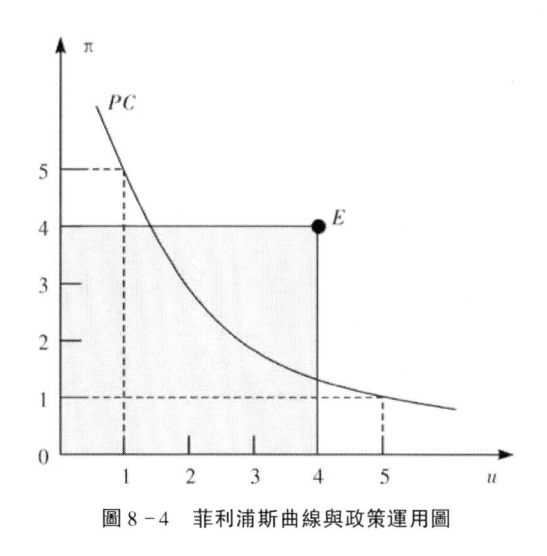

圖 8-4 菲利浦斯曲線與政策運用圖

四、通貨膨脹的影響

在通貨膨脹率不能完全預期的情況下，通貨膨脹將會影響社會收入分配及經濟活動。因為這時人們無法準確地根據通貨膨脹率來調整各種名義變量以及他們應採取的經濟行為。

(一) 通貨膨脹的再分配效應

通貨膨脹不利於靠固定的貨幣收入維持生活的人。對於固定收入階層而言，其收入是固定的貨幣數額，落後於上升的物價水平。實際收入因通貨膨脹而減少，他們接受每一元的收入的購買力將隨價格的上升而下降。而且，由於他們的貨幣收入沒有變化，因而其生活水平必然相應地降低。反而靠變動收入維持的人，則會從通

貨膨脹中受益，這些人的貨幣收入會走在價格水平和生活費用上漲之前。

通貨膨脹對儲蓄不利。隨著價格的上漲，存款的實際價值或購買了就要降低，那些有閒置貨幣和存款的人遭受損失最明顯。像保險金、養老金以及其他固定價值的證券資產等，在通貨膨脹中，其實際價值將會減少。

通貨膨脹可以在債權人和債務人之間發生收入再分配的作用。在通常情況下，借貸的債務契約都是根據簽約時的通貨膨脹率來確定名義利息率，所以當發生了未預期的通貨膨脹之後，債務契約無法更改，從而就使實際利率下降，債務人受益，而債權人受損。其結果是對貸款，特別是長期貸款帶來不利的影響，使債權人不願意發放貸款。貸款的減少會影響投資，最后使投資減少。

在雇主與工人之間，通貨膨脹將有利於雇主而不利於工人。在不可預期的通貨膨脹之下，工資增長率不能迅速地根據通貨膨脹率來調整，從而即使在名義工資不變或略有增長的情況下，使實際工資下降。實際工資下降會使利潤增加。利潤的增加有利於刺激投資，這正是一些經濟學家主張以溫和的通貨膨脹來刺激經濟發展的理由。

在政府與公眾之間，通貨膨脹將有利於政府而不利於公眾。由於在不可預期的通貨膨脹之下，名義工資總會有所增加（儘管並不一定能保持原有的實際工資水平），隨著名義工資的提高，達到納稅起徵點的人增加了，有許多人進入了更高的納稅等級，這樣就使得政府的稅收增加。但公眾納稅數額增加，實際收入卻減少了。政府由這種通貨膨脹中所得到的稅收稱為「通貨膨脹稅」。一些經濟學家認為，這實際上是政府對公眾的掠奪。這種通貨膨脹稅的存在，既不利於儲蓄的增加，也影響了私人與企業投資的積極性。

（二）通貨膨脹的產出效應

產出效應是指通貨膨脹對整個經濟領域的生產和就業所產生的實際影響。價格水平會影響國民經濟的產出水平，國民經濟的產出水平會隨著價格水平的變化而變化。

西方經濟學界爭論的焦點在於通貨膨脹與經濟增長之間究竟存在著什麼關係，通貨膨脹是有助於經濟增長還是有損於經濟增長。總體上看，西方經濟學界大致形成了三類觀點：促進論、促退論和中性論。促進論認為，適度的通貨膨脹具有正的產出效應，能夠促進經濟增長；促退論認為，通貨膨脹對經濟增長有害無益，具有建設產出的效應；中性論認為，通貨膨脹對經濟增長實質上不產生任何影響，兩者之間沒有必然的聯繫。

產生「產出正效應」必須具備的條件是：①社會經濟活動中要存在閒置（未用）的經濟資源，並具有在部門間的流動性。這是產生產出正效應的物質基礎和條件。②通貨膨脹必須是未預期的，如果是預期的，物價上漲率與工資增長率相同，生產者得不到額外利潤，產量與就業也不會增加。③必須在溫和通貨膨脹的條件下，才有產出正效應。惡性通貨膨脹則會破壞社會經濟生活，使生產下降，失業增加。

第八章 貨幣需求與供給

五、通貨膨脹的控制

貨幣當局或中央銀行,可採用設定利率及其他貨幣政策來有力地影響通貨膨脹率。高利率(及資金需求成長遲緩)為中央銀行反通脹的典型手法,以降低就業及生產來抑制物價上漲。

然而,不同國家的中央銀行對控制通貨膨脹有不同的觀點。比如說,有些央行密切注意對稱性通貨膨脹目標,而有些僅在通貨膨脹率過高時加以控制。

貨幣主義者注重金融政策以降低資金供給來提高利率。凱恩斯主義者則著重於以增稅或降低政府開支等財政手段來普遍性地降低需求。供給學派主張的抵抗通貨膨脹方法認為:固定貨幣與黃金等固定參考物的兌換率,或降低浮動貨幣結構中的邊際稅率以鼓勵形成資本。所有這些政策可透過公開市場操作達成。

另一種方法為直接控制工資與物價。美國在20世紀70年代早期,尼克松主政時,曾試驗過這種方法。其中一個主要的問題是,這些政策與刺激需求要同時實施。故供給面的限制(控制手段、潛在產出)與需求增長產生衝突。經濟學家一般視物價控制為不良做法,因其助長短缺、降低生產品質,從而扭曲經濟運行。然而,若能避免因經濟嚴重衰退導致成本升高,或在抵抗戰時通貨膨脹的情形下,這樣的代價或許值得。

實際上,物價控制可能因抵抗通貨膨脹而使經濟衰退更具影響力(因降低需求而提高失業率),而經濟衰退可在需求高漲時防止物價因控制而產生歪曲。

附表1　按消費者價格指數(CPI)衡量的通貨膨脹(年通脹率)　　單位:%

項目	美國	英國	德國	日本	法國	俄羅斯	南非	印度	巴西	中國
1980	13.51	/	/	7.81	13.54	/	13.66	11.37	/	/
1985	3.56	/	/	2.04	5.83	/	16.29	5.56	225.99	/
1990	5.40	6.97	/	3.03	3.38	/	14.32	8.97	2947.73	3.06
1995	2.81	2.66	1.72	-0.12	1.78	197.47	8.68	10.22	66.01	16.90
2000	3.38	0.79	1.47	-0.65	1.70	20.78	5.34	4.01	7.04	0.26
2001	2.83	1.24	1.98	-0.80	1.63	21.46	5.70	3.68	6.84	0.72
2002	1.59	1.26	1.42	-1.31	1.92	15.79	9.16	4.39	8.45	-0.77
2003	2.27	1.36	1.03	0.17	2.11	13.68	5.86	3.81	14.72	1.16
2004	2.68	1.34	1.67	-0.01	2.13	10.86	1.39	3.77	6.60	3.88
2005	3.39	2.05	1.55	-0.27	1.74	12.68	3.40	4.25	6.87	1.82
2006	3.23	2.33	1.58	0.24	1.68	9.68	4.64	6.15	4.18	1.46
2007	2.85	2.32	2.30	0.06	1.49	9.01	7.10	6.37	3.64	4.75
2008	3.84	3.61	2.63	1.37	2.81	14.11	11.54	8.35	5.66	5.86

附表1（續）

項目	美國	英國	德國	日本	法國	俄羅斯	南非	印度	巴西	中國
2009	-0.36	2.17	0.31	-1.35	0.09	11.65	7.13	10.88	4.89	-0.70
2010	1.64	3.29	1.10	-0.72	1.53	6.86	4.26	11.99	5.04	3.31
2011	3.16	4.48	2.08	-0.28	2.12	8.44	5.28	8.86	6.64	5.41
2012	2.07	2.82	2.01	-0.03	1.96	5.07	5.41	9.31	5.40	2.65
2013	1.46	2.55	1.50	0.36	0.86	6.76	5.71	10.91	6.20	2.63

資料來源：世界銀行 http://data.worldbank.org.cn.

本章小結

1. 本章主要介紹了有關貨幣需求與貨幣供給和通貨膨脹方面的內容。

2. 貨幣需求理論是研究社會對貨幣需求的動機、貨幣需求影響因素和數量決定的一種理論。貨幣需求理論可以簡單地劃分為傳統的貨幣數量論和現代貨幣需求理論。

3. 傳統貨幣數量論中最著名的費雪方程和劍橋方程，從不同角度說明了貨幣需求數量決定論。費雪方程是現金交易數量說；劍橋方程是現金餘額數量說。

4. 凱恩斯的貨幣需求理論也稱為流通性偏好理論或靈活性偏好理論。凱恩斯貨幣需求理論的重要論斷是人們持有貨幣的三大動機即交易動機、預防動機和投機動機。

5. 貨幣供給包括：貨幣層次的劃分；貨幣創造過程；貨幣供給的決定因素等。基礎貨幣從來源上看它是金融當局（中央銀行）的貨幣供應量。貨幣供給量與基礎貨幣的比值稱為貨幣乘數。中央銀行可以運用法定存款準備金率、再貼現（率）和公開市場業務等三大貨幣政策工具來調控對基礎貨幣的供給。銀行是貨幣供給的主體，商業銀行（體系）具有存款創造的能力。貨幣供給量是由銀行體系利用最初增加的貨幣創造的，在貨幣乘數充分發揮作用情況下，銀行體系最初增加的貨幣最終轉化為準備金存款和流通中的現金。貨幣供給總量等於基礎貨幣乘以貨幣乘數。貨幣乘數與法定準備金率、超額準備金率、現金漏損率等成反方向變化。

6. 整體物價水平的持續性上升即是通貨膨脹。奧肯定律的意義在於揭示了經濟增長與就業（失業率）增長之間的關係。根據不同的標準，西方經濟學家將通貨膨脹劃分為若干類型，並探討了通貨膨脹產生的各種原因。通貨膨脹對經濟的影響主要體現在再分配效應和產出效應兩個方面。菲利浦斯曲線描述了失業與通貨膨脹之間的交替關係。

第八章　貨幣需求與供給

复习思考题

1. 簡述傳統貨幣數量論和現代貨幣需求理論所包括的內容。
2. 凱恩斯關於貨幣需求動機的具體內容是什麼？
3. 凱恩斯認為利率對交易性貨幣需求沒有影響。凱恩斯的后繼者做了哪些補充工作？
4. 中央銀行運用哪些主要貨幣政策工具來調控基礎貨幣的供給？
5. 財政的收支活動如何影響貨幣供給？
6. 測量通貨膨脹的指標有哪些？
7. 什麼是奧肯定律？
8. 通貨膨脹的原因是什麼？通貨膨脹對經濟有什麼影響？
9. 菲利浦斯曲線說明了什麼關係？

第九章 保險概論

風險是人類生存過程中不可避免的現象，我們生活在一個充滿風險的世界中，無論是從空間還是從時間上講，風險都是不以人的意志為轉移的，是始終存在的，它是發生不幸事件的不確定性和可能性。風險的存在是保險產生的基礎，沒有風險也就不可能產生保險。中國自古就有「天有不測風雲，人有旦夕禍福」和「未雨綢繆」「積谷防饑」的說法。生活在市場經濟中的人們已經越來越懂得進行風險管理的重要性，為了防範自然災害、意外事故及疾病風險的來襲，人們對保險的需求將越來越迫切，保險將成為人們生活中不可或缺的重要組成部分。

第一節 保險概述

一、保險的含義

保險本意是穩妥可靠，目前所提保險，是一種保障機制，是人們用來防範風險和規劃人生財務所必需的工具。保險有廣義和狹義之分。廣義的保險，一般包括由國家政府部門經辦的社會保險、由專門的保險公司按商業原則經營的商業保險和由被保險人集資合辦、體現自保互助精神的合作保險等。

狹義的保險一般指商業保險，這也是本章所闡述的主要內容。按照《中華人民共和國保險法》（以下簡稱《保險法》）第二條規定，保險是指投保人根據合同約定，向保險人支付保險費，保險人對於合同約定的可能發生的事故因其發生所造成的財產損失承擔賠償保險金責任，或者當被保險人死亡、傷殘、疾病或者達到合同約定的年齡、期限等條件時承擔給付保險金責任的商業保險行為。保險的含義可從

第九章　保險概論

以下兩個層面去理解：

從法律層面理解：保險是一種合同行為，體現的是一種民事法律關係，是兩個平等主體以簽訂保險合同的方式，以此明確保險雙方當事人的權利與義務。根據保險合同的約定，投保人有交納保險費的義務，保險人有收取保險費的權利，被保險人有在合同約定事故發生時獲得經濟補償或給付的權利，而保險人有提供合同約定的經濟補償或給付的義務。

從經濟層面理解：保險是分攤意外事故損失的一種財務安排。保險體現了保險雙方當事人之間的一種經濟關係，投保人把損害風險以交付保險費的方式轉移給保險人，由於保險人集中了大量同質的風險，因而能借助大數法則來預測損失發生的概率，並據此制訂保險費率，通過向大量投保人收取保險費形成的保險基金來補償其中少數被保險人的意外損害。

二、保險的要素

（一）可保風險

風險的客觀存在使人們產生了對保險的需求。儘管保險是人們處理風險的一種方式，它能為人們在遭受損失時提供經濟補償，但並不是所有破壞物質財富或威脅人身安全的風險，保險人都承保。可保風險是保險人可以接受承保的風險，它是有條件、有範圍的。一方面，從社會效益、保險企業效益和經營技術考慮，只能選擇可保風險，即承保特定的災害事故或事件作為保險責任；另一方面，投保人從自身利益考慮，對其所面臨的風險也要經過分析和篩選，有選擇性地進行投保，從而降低成本。

可保風險一般具有以下幾個特性：一是風險不是投機性的；二是風險必須具有不確定性；三是風險必須是大量標的均有遭受損失的可能性；四是風險必須是意外的；五是風險可能導致較大損失；六是在保險合同期限內預期的損失是可計算的。

（二）多數同質風險的集合與分散

保險是通過集合危險實現其補償職能的，即由多數人或多數企事業參加保險，分擔少數人或少數企事業的損失，故保險以多數經濟單位的結合為必要條件。所謂「多數」的含義，一般沒有具體規定，但必須以收支平衡為最低保險基金，應與支出的保險金總額保持平衡。參加保險的經濟單位越多，保險基金越雄厚，賠償損失的能力越強。

多數投保人的集合使少數投保人的風險得以分散，而分散風險能夠保持保險經營的穩定性，也是大數定律和概率論在保險中運用的條件。在保險中，在一定的外部條件下，承保的同類風險標的越多，風險越分散，出現事故的概率和損失概率也呈現規律性和相對穩定性。

（三）保險費率的合理釐定

保險不僅是一種經濟保障活動，而且也是一種商品交換行為，投保人以繳納保

險費為條件，換取保險人在保險事故發生時對被保險人的保險保障。要讓保險交易順利進行，就必須合理地制定保險商品的價格——保險費率。合理的保險費率，一是要使投保人有負擔保險費的能力；二是要保證保險人的保險費收入與損失賠付總額大體相當。因此，必須根據概率論的科學方法，合理地計算出各種保險的保險費率，以保證保險人的穩定經營與被保險人的合法權益。

(四) 保險基金的建立

保險基金是通過保險形式建立起來的后備基金，它是僅用於補償或給付由自然災害、意外事故和人生自然規律所致的經濟損失以及人身傷害的專項貨幣基金。保險基金的存在形式是各種準備金，如未到期責任準備金、賠款準備金、保險保障基金等。保險基金具有契約性、籌集的分散性和廣泛性、互助性、保值增值性等特點。保險基金既是保險人賠付保險金的基礎，又是保險人從事保險資金運用的基礎。可見，無保險基金的建立，也就無保險金的賠償或給付，也就無保險可言。

(五) 訂立保險合同

保險是一種經濟關係，但這種經濟關係是通過保險雙方當事人簽訂合同的方式建立起來的。如果沒有保險合同的訂立，就沒有保險關係的建立，就不可能明確雙方當事人的權利與義務，保險經濟關係也就難以成立。因此，保險合同是保險雙方享有權利和履行義務的法律依據，訂立保險合同是保險得以成立的基本要素。

三、保險與其他類似經濟行為的比較

(一) 保險與儲蓄

保險與儲蓄都是以現有的剩餘資金為未來作準備，以應付未來的經濟需要。在現實生活中，人們往往將保險與儲蓄進行比較，然后決定購買保險還是進行儲蓄，但保險和儲蓄卻具有很大的差異性。

(1) 經濟行為不同。儲蓄是自助經濟行為；而保險是一種聯合互助的經濟行為。

(2) 需求動機不同。儲蓄的需求動機一般是基於購買準備、支付準備和預防準備，這些需求一般在時間上和數量上均可以確定；而保險的需求則是基於風險事故發生與否的不確定性，以及發生時間和損失程度的不確定性。

(3) 權利主張不同。儲蓄是以存款自願、取款自由為原則，存款人對自己的存款有完全的隨時主張權，支取未到期存款雖然將損失部分利息收入，但是本利和一定大於本金。保險以投保自願、退保自由為原則，但中途退保所領取的退保金在扣除保險公司管理費、手續費等費用後一般小於所繳納的保險費總和。如果不退保，被保險人的主張權要受保險合同條件的約束。

(4) 運行機制不同。儲蓄主要受利率水平、物價水平、收入水平、社會經濟發展水平以及流動性偏好等因素的影響，並且無須採用特殊技術進行計算；保險行為

第九章　保險概論

主要受未來損失的不確定性的影響，需要特殊的計算技術。

（5）結果不同。在一定的期限內，儲蓄所獲得的是確定的本利和；保險則是如果在保險期限內，保險事故發生後，被保險人或受益人可獲得超出其所繳納的保險費幾倍或幾十倍的保險賠款，但是如果在保險期間內沒有發生風險事故，被保險人將得不到所繳納的保費和賠款。

（二）保險與賭博

保險與賭博都具有射幸性，同屬於因偶然事件所引起的經濟行為，都有獲得大大超過支出的收入的可能，但兩者有著本質的差別：

（1）目的不同。保險的目的是基於人類互助合作的精神，謀求經濟生活的安定；賭博則是以小博大，基於人類的貪婪和圖謀暴利。

（2）動機不同。保險以轉移風險為動機，利己不損人；賭博則以損人利己、冒險獲利為動機。

（3）機制不同。保險的風險是客觀存在的，保險將化風險的不確定性為一定程度的確定性，以達到風險分散的目的；賭博是人為的風險，是將安全置於危險之中。

（4）后果不同。保險可以使被保險人將大額的經濟損失變為小額的保險費支出來轉移、減少風險發生所造成的影響；賭博則將金錢作為賭註，增加了風險，還會給社會和家庭帶來不安定。

（三）保險與救濟

保險與救濟都是對不幸事故損失進行補償的行為，目標都是促進社會經濟的穩定運行。但兩者卻又有區別：

（1）權利與義務不同。救濟是一種基於人道主義的行為，任何一方都不受約束，沒有相應的權利與義務關係；保險是一種合同行為，要受合同的約束，根據保險合同的約定履行各自的義務並享有相應的權利。

（2）救助方式不同。救濟是單方面的他助行為；保險是自助和他助相結合的行為。

（3）主張權利不同。救濟的數量可多可少，形式多種多樣，金錢、實物均可，接受救濟者無權提出自己的主張；保險金的賠付或給付則必須按照合同履約，被保險人享有按合同約定主張保險金的請求權，如有異議還可以向法院提出訴訟，或要求仲裁，以實現請求權。

四、保險的類別

將保險按照不同的標準進行分類，有利於保險產品購買者能夠清楚地瞭解自己的需求，同時也有利於保險人針對不同的人群推薦和銷售不同的保險產品。常見的保險分類有以下幾種。

（一）按保險性質分類

按保險性質可以將保險分為商業保險、社會保險和政策保險。商業保險體現的

是保險經濟領域中的商品性保險關係，社會保險和政策保險則體現的是保險經濟領域中的非商品性保險關係。

1. 商業保險

商業保險，是指保險雙方當事人自願訂立保險合同，由投保人繳納保險費，以建立保險基金，當被保險人發生合同約定的財產或人身事故時，保險人履行賠償或給付保險金的義務。商業保險是由商業性保險公司提供的，是以權利與義務對等關係為基礎，以營利為目的的保險。

2. 社會保險

社會保險是指國家通過立法的形式，為社會勞動者及其家屬提供基本生活條件，促進社會安定而舉辦的保險。主要險種有社會養老保險、失業保險、醫療保險、工傷保險和生育保險等五種。社會保險是社會保障制度的一個最重要的組成部分。

3. 政策保險

政策保險是政府為了某項政策目的，運用商業保險的技術而開辦的一種保險。政策性保險不以營利為目的，目前世界很多國家都對政策性保險採取補貼等方式予以扶持。

政策保險的種類包括社會政策保險和經濟政策保險兩大類。具體項目有：①為實施社會保障政策目的而舉辦的社會保險，如養老保險、醫療保險、工傷保險、失業保險、生育保險、疾病保險等；②為實現國民生活安定的政策目的而舉辦的國民生活保險，如勞動者財產損失保險、機動車輛責任保險、地震保險、住宅融資保險等；③為實現農業增產增收政策目的而舉辦的農業保險，如種植業保險、養殖業保險等；④為實現扶持中小企業發展政策目的而舉辦的信用保險，如無擔保保險、能源對策保險、預防公害保險、特別小額保險等；⑤為實現促進國際貿易目的而舉辦的保險，如出口信用保險、外匯變動保險、出口票據保險、海外投資保險、存款保險等。

(二) 按保險實施方式分類

按保險實施方式可以將保險分為自願保險和強制保險。

1. 自願保險

自願保險是指投保人與保險人在平等自願的基礎上，通過簽訂保險合同而建立保險關係。在自願保險中，保險人可以根據情況決定是否承保，以什麼條件承保，承保的最大金額。投保人可以自行決定是否投保、向誰投保，也可以自由選擇保險險種、保險金額、保和保險期限等。

2. 強制保險

強制保險一般是法定保險，其保險關係是保險人與投保人以法律、法規等為依據而建立起來的。如汽車第三者責任保險、職工養老保險、基本醫療保險、工傷保險、失業保險等。強制保險具有全面性和統一性的特點，表現在：凡是在法律法規等規定範圍內的保險對象，不論是法人或自然人，不管是否願意，都必須參加保險。

第九章　保險概論

（三）按保險標的分類

按保險標的分類，保險一般分為財產保險和人身保險。

1. 財產保險

財產保險是以財產及其有關利益為保險標的的保險。按照保險保障範圍的不同，財產保險業務可以進一步劃分為財產損失保險、責任保險和信用保證保險。

（1）財產損失保險

財產損失保險就是狹義的財產保險，一般是以物質財產為保險標的的保險業務，其種類很多，主要險種包括火災保險、貨物運輸保險、運輸工具保險、工程保險等。

（2）責任保險

責任保險是以被保險人依法應負的民事損害賠償責任或經過特別約定的合同責任為保險標的的保險業務。一般分為公眾責任保險、產品責任保險、職業責任保險、雇主責任保險等。

（3）信用保證保險

信用保證保險是以合同雙方權利人和義務人的信用關係為標的，以信用風險為保險事故的保險。信用保證保險具體又分為信用保險和保證保險，前者是權利人（債權人）投保，保義務人（債務人）的信用；后者是義務人（債務人）投保，保自己的信用。

2. 人身保險

人身保險是以人的壽命和身體為保險標的的保險。根據保障的範圍，人身保險分為人壽保險、意外傷害保險和健康保險。

（1）人壽保險

人壽保險是以被保險人的壽命為保險標的，以生存和死亡為給付保險金條件的人身保險。人壽保險是人身保險的主要組成部分，被保險人在保險期內死亡或期滿生存，都可作為保險事故，即當被保險人在保險期內死亡或達到保險合同約定的年齡、期限時，保險人按照合同約定給付死亡保險金或期滿生存保險金。

（2）意外傷害保險

當被保險人因遭受意外傷害使其身體殘疾或死亡時，保險人依照合同規定給付保險金的人身保險業務。在意外傷害保險中，保險人承保的風險是意外傷害風險，保險人承擔賠付責任的條件是被保險人因意外事故導致的殘疾或死亡。

（3）健康保險

健康保險是以人的身體作為保險標的，在被保險人因疾病或意外事故產生醫療費用支出或收入損失時，保險人承擔賠付責任的一種人身保險業務。

（四）按承保方式分類

按保險承保方式分類，保險可以分為原保險、再保險、共同保險和重複保險：

1. 原保險

原保險是指投保人與保險人之間直接簽訂合同所確立的保險關係。當被保險人

237

在保險期內由於保險事故造成損害時，保險人對被保險人承擔賠償或給付保險金的責任。

2. 再保險

再保險（也稱分保），是指保險人將其承擔的保險業務，以分保形式部分轉移給其他保險人的保險（《保險法》第二十八條第一款）。分出業務的一方是原保險人，接受業務的一方是再保險人。再保險是保險人之間的一種業務活動，投保人與再保險人之間沒有直接的業務關係。

原保險與再保險的區別：一是合同主體不同。原保險合同主體一方是保險人，另一方是投保人與被保險人；再保險合同主體的雙方均為保險人；二是保險標的不同。原保險合同中的保險標的既可以是財產及其利益、責任和信用，也可以是人的壽命與身體；再保險合同中的保險標的只能是原保險人承保被保險人的保險合同的責任的一部分；三是合同性質不同。原保險合同中的財產保險合同屬於補償性質，人壽保險合同屬於給付性質；再保險合同具有補償性質，再保險人按合同規定對原保險人所支付的賠款或保險金進行分攤。

3. 共同保險

共同保險（也稱共保），是由兩個或兩個以上的保險人聯合直接對同一保險標的、同一保險利益、同一保險事故提供保險保障的方式。共同保險的保險金額總和小於或等於保險標的的價值，發生保險損失時按照保險人各自的承保比例來進行賠款的支付。

共同保險與再保險的區別：在共同保險中，每一個保險人直接面對投保人，風險在各保險人之間被橫向分散；在再保險中，投保人直接面對的是原保險人，原保險人又與再保險人發生業務關係，投保人與再保險人之間沒有直接的聯繫，兩者通過原保險人發生間接關係，風險在各保險人之間被縱向分散。

4. 重複保險

重複保險是指投保人對同一保險標的、同一保險利益、同一保險事故分別與兩個以上保險人訂立保險合同，且保險金額總和超過保險價值的保險（《保險法》第五十六條第四款）。由於重複保險可能誘發道德風險，各國一般通過法律形式對重複保險予以限制，在發生保險事故造成保險標的損失時，通常要求按一定方式在保險人之間進行賠款的分攤計算。重複保險一般僅限於財產保險。

共同保險與重複保險的區別：在共同保險中，若干保險人事先達成協議，聯合起來共同承保，投保人與各保險人之間只有一個保險合同；在重複保險中，投保人與各保險人分別簽訂保險合同，因而存在多個保險合同。

（五）按保險價值確定的時間及方式分類

按保險價值確定的時間及方式可將保險分為定值保險與不定值保險，該種分類方式只針對財產保險而言。

第九章 保險概論

1. 定值保險

定值保險是指投保人和保險人在訂立保險合同時，除根據保險價值確定保險金額（保險人承擔賠償或給付保險金責任的最高限額）外，還要約定保險價值並在合同中載明。當保險標的發生保險事故時，不論保險標的損失時的市場價值如何，即不論保險標的的實際價值大於或小於保險金額，保險人均按合同上載明的保險金額進行賠償。如果是全部損失，按保險金額賠償；如果是部分損失，按保險金額的損失程度計算賠償。以定值保險承保主要針對兩類情況，一類是不易確定價值或無客觀市場價的特殊標的，如藝術品、古董、書畫等，一般由雙方約定保險價值，以免事后發生糾紛。另一類是運輸中的貨物等流動性比較大的標的，由於各地貨物價格差別較大，如果待保險事故發生后再來估算實際價值則既困難又麻煩，而且容易引起賠償糾紛。

2. 不定值保險

不定值保險是指在保險合同中事先不列明保險標的的保險價值，僅列明保險金額作為賠償的最高限額，等到保險標的發生保險事故之后再根據市場價來估計其保險價值作為賠款計算的依據。當保險金額等於或高於保險價值時，按實際損失賠償；當保險金額小於保險價值時，按受損標的的保險金額與保險價值的比例計算賠款。生活中絕大多數財產保險都屬於不定值保險。

（六）按保險金額與保險價值之間的關係分類

按保險金額與保險價值之間的關係可將保險分為足額保險、不足額保險和超額保險。該種分類方式也只針對財產保險。

1. 足額保險

足額保險是指財產保險合同的保險金額與保險標的的出險時的保險價值相等。當保險事故發生時，保險人對被保險人按照實際損失進行賠償，損失多少賠償多少。

2. 不足額保險

不足額保險也稱部分保險，是指財產保險合同中的保險金額小於保險標的的出險時的保險價值。產生不足額保險的原因主要有：一是投保人為了少交保險費或認為標的物發生全損的可能性非常小，沒有必要足額投保，因而僅以保險價值的一部分投保；二是保險合同簽訂以後，保險標的物的價值上漲，導致最初的足額保險變成了不足額保險。對於不足額保險，其賠償金的計算要分兩種情況：一種是保險標的發生全損時，保險人根據保險合同中確定的保險金額賠償，不足部分由被保險人自行承擔；另一種是保險標的發生部分損失時，保險人按照保險金額與保險價值的比例承擔賠償責任。

3. 超額保險

超額保險是指財產險合同中的保險金額大於保險標的的出險時的保險價值。產生超額保險的原因主要有：一是在訂立保險合同時，保險雙方確定的保險金額就大於保險價值；二是簽訂保險合同后，保險標的物的價值下跌，導致保險金額超過保險

價值，使之成為超額保險。當保險事故發生時，保險人只按照保險標的物的實際價值賠償，其超過部分無效。

五、保險的功能

(一) 關於保險功能的不同觀點

功能是由事物的根本特徵和地位決定，是事物本質的客觀反應。有關保險的功能，理論界存在多種不同觀點，主要有五種觀點。

1. 單一功能說

單一功能說認為經濟補償是保險的唯一功能，即經濟補償是建立保險基金的根本目的，也是保險制度產生的根源。

2. 二元功能說

二元功能說認為保險具有經濟補償和經濟給付兩大功能，即財產保險具有經濟補償功能，人身保險具有經濟給付功能。

3. 基本功能說

基本功能說認為分散風險和經濟補償或給付是保險的兩大基本功能，兩者相輔相成。保險業可以通過其特有的機制和技術手段分散社會上獨立的、偶然的風險，同時達到補償或給付遭受風險事故者的目的。

4. 多元功能說

多元功能說認為保險不僅具有分散風險和經濟補償或給付兩大基本功能，而且還具有累積資金、儲蓄、融通資金、防災防損等功能。

5. 保險功能新說

近年來，中國監管部門和保險理論界對保險功能提出了新的看法，認為保險具有三大功能說，即經濟補償或給付、資金融通和社會管理。經濟補償或給付是基本功能；資金融通是保險金融屬性的體現；社會管理功能是保險業發展到一定程度並深入社會生活的諸多層面之後產生的一項功能。有保險監管部門的官員認為，保險的社會管理功能大體包括以下四個方面：①社會保障管理。即一方面商業保險可以為沒有參加社會保險的勞動者提供保險保障，另一方面商業保險產品靈活多樣、選擇範圍廣，可以為社會提供多層次的保障服務。②社會風險管理。即保險公司與災害事故打交道，具有識別和衡量風險的專業知識，而且累積了大量風險資料，為全社會風險管理提供了有力的數據支持。③社會關係管理。即通過保險應對災害損失，不僅可以根據保險合同約定，對損失進行合理補償，而且可以提高事故處理的效率，減少當事人可能出現的各種糾紛。④社會信用管理。即保險公司經營的產品實際上是一種以信用為基礎、以法律為保障的承諾，在培養和增強社會的誠信意識方面具有潛移默化的作用，同時保險在經營過程中可以收集企業和個人的履約行為記錄，為社會信用體系的建立和管理提供重要的信息資料來源。

第九章 保險概論

（二）保險的基本功能

保險的基本功能是指保險在一切經濟條件下都具有的功能，它不會因經濟條件等客觀環境的變化而改變，是保險原始的、固有的功能。保險的基本功能有兩個：即分散風險、經濟補償或給付。

1. 分散風險

保險可以把集中在某一單位或個人身上的因偶發災害事故或人身傷亡事件風險，通過收取保險費的辦法平均分攤給所有投保人，通過該功能的作用，風險可以在空間和時間上達到充分分散的目的。

2. 經濟補償或給付

保險人通過向投保人收取保險費，建立保險基金，當被保險人遭受損失時，在保險金額幅度內，用保險基金進行賠付，這樣，被保險人的財產損失就能因保險人賠付而得到補償。保險的這一基本功能實際上就是用大家的錢來補償一部分人的損失，將一部分人面臨的風險分攤給所有投保人，從而從整體上提高了對風險的承受能力。當然，保險的經濟補償功能，更多的是從財產保險的角度來考察的。對於人身保險而言，因為人的身體或生命是無價的，其價值不能以貨幣來衡量，所以人身保險的基本功能是給付保險金，屬於經濟給付範疇。當然，某些人身保險如健康保險中的醫療費用保險、收入損失保險等，當被保險人因保險合同約定的保險事故發生時，將會產生經濟上的損失，保險人對其做出賠付，仍屬於經濟補償範疇。

第二節　保險合同

一、保險合同的概念

保險合同又稱為保險契約，是經濟合同的一種。《保險法》第十條第一款規定：「保險合同是投保人與保險人約定保險權利義務關係的協議。」

二、保險合同的主體、客體和內容

（一）保險合同的主體

保險合同的主體包括保險合同的當事人、關係人和輔助人。

1. 保險合同的當事人

保險合同的當事人是指直接訂立保險合同並享有和承擔保險合同所確定的權利和義務的人。包括保險人和投保人。

（1）保險人。保險人又稱為承保人，按照《保險法》第十條第三款的規定，保險人是指與投保人訂立保險合同，並按照合同約定承擔賠償或給付保險金責任的保險公司。中國法律允許的保險公司的組織形式有國有獨資公司和股份有限公司。中

國保險公司主要分為財產保險公司和人壽保險公司。

(2) 投保人。投保人又稱要保人。《保險法》第十條第二款規定：「投保人是指與保險人訂立保險合同，並按照合同約定負有支付保險費義務的人。」投保人可以是自然人，也可以是法人。按照《保險法》及民法的相關規定，作為投保人還應該具備兩個條件：①投保人應該具有相應的民事權利能力和民事行為能力。②投保人應該對保險標的具有保險利益。

2. 保險合同的關係人

保險合同的關係人是指與保險合同的訂立間接發生關係的人。在保險合同約定事故發生時，保險合同的關係人享有保險金的請求權。保險合同的關係人包括被保險人和受益人。

(1) 被保險人。《保險法》第十二條第五款規定：「被保險人是指其財產或者人身受保險合同保障，享有保險金請求權的人。」財產保險合同的被保險人可以是自然人，也可以是法人；而人身保險合同的被保險人則只能是自然人。

(2) 受益人。《保險法》第十八條規定：「受益人是指人身保險合同中由被保險人或者投保人指定的享有保險金請求權的人。」即按照《保險法》的規定，受益人的概念僅限於人身保險合同，受益人享有保險金的請求權。作為人身保險的受益人，在法律上並沒有進行限制，即無論是自然人還是法人，均可以被指定為受益人。人身保險的受益人由被保險人或者投保人指定。但是，為了保障被保險人的生命安全，投保人指定受益人須經被保險人同意。被保險人一般可以任意指定受益人。但被保險人為無民事行為能力人或者限制民事行為能力人的，可以由其監護人指定受益人。

被保險人或者投保人可以指定一人或者數人為受益人。受益人為數人的，被保險人或者投保人可以確定受益順序和受益份額；未確定受益份額的，受益人按照相等份額享有受益權。

被保險人或者投保人可以變更受益人並書面通知保險人。投保人變更受益人時須經被保險人同意。保險人收到變更受益人的書面通知后，應當在保險單上批註。

一般而言，只要人身保險合同中指定了受益人，被保險人死亡后，就只有受益人享有保險金請求權。在特殊情況下，被保險人的繼承人有權享有保險金。中國《保險法》第四十二條規定：「被保險人死亡后，有下列情形之一的，保險金作為被保險人的遺產，由保險人依照《中華人民共和國繼承法》的規定向被保險人的繼承人履行給付保險金的義務：①沒有指定受益人，或者受益人指定不明無法確定的；②受益人先於被保險人死亡，沒有其他受益人的。受益人與被保險人在同一事件中死亡，且不能確定死亡先後順序的，推定受益人死亡在先；③受益人依法喪失受益權或者放棄受益權，沒有其他受益人的。為了減少道德風險，保障被保險人的生命安全，世界各國的保險法一般都規定：受益人故意造成被保險人死亡或者傷殘的，或者故意殺害被保險人未遂的，喪失受益權。」

由於涉及受益人的糾紛較多，中國《保險法》第三十九條至第四十三條對受益

第九章 保險概論

人作了較為詳細的法律規定。

3. 保險合同的輔助人

保險合同的輔助人是指輔佐、幫助保險雙方當事人訂立及履行保險合同的人。它通常包括保險代理人、保險經紀人和保險公估人。在中國，一般又將保險合同的輔助人稱為保險仲介人。

(1) 保險代理人。中國《保險法》第一百一十七條規定：「保險代理人是根據保險人的委託，向保險人收取佣金，並在保險人授權的範圍內代為辦理保險業務的機構或者個人。」保險人委託保險代理人代為辦理保險業務的，應當與保險代理人簽訂委託代理協議，依法約定雙方的權利和義務及其他代理事項。中國的保險代理人有三種形式：專業代理人、兼業代理人和個人代理人。保險代理人的基本業務範圍是代理推銷保險產品、代理收取保險費。

(2) 保險經紀人。《保險法》第一百一十八條規定：「保險經紀人是基於投保人的利益，為投保人與保險人訂立保險合同提供仲介服務，並依法收取佣金的機構。」根據法律規定，保險經紀人只能是單位，不能是個人。

(3) 保險公估人。按照《保險法》第一百二十九條的規定，保險活動當事人可以委託保險公估機構等依法設立的獨立評估機構或者具有相關專業知識的人員，對保險事故進行評估和鑒定。在中國，保險公估人主要以保險公估機構的方式從事業務。

(二) 保險合同的客體

保險合同的客體是指保險雙方當事人權利和義務所共同指向的對象。保險合同的客體不是保險標的，而是保險利益。保險利益是指投保人或被保險人對保險標的具有的法律上承認的利益。保險利益與保險標的不同：保險標的是保險合同中所載明的投保對象，是訂立保險合同的必要內容，是保險利益的載體；而保險合同保障的是投保人或被保險人對保險標的所具有的合法利益，沒有保險利益，保險合同將會因失去客體要件而無效。《保險法》第十二條和第三十一條明確規定：人身保險的投保人在保險合同訂立時對被保險人應當具有保險利益。訂立合同時，投保人對被保險人不具有保險利益的，合同無效。此外，《保險法》第四十八條還規定：「財產保險合同保險事故發生時，被保險人對保險標的不具有保險利益的，不得向保險人請求賠償保險金。」

(三) 保險合同的內容

保險合同的內容就是讓保險合同關係雙方明確自己的權利和義務，保險合同的內容具體是通過保險條款體現出來的。

1. 保險合同的基本條款

《保險法》第十八條規定，保險合同一般包括以下幾方面事項：

(1) 當事人的姓名或者名稱和住所。由於保單是由保險人印製的，因此，保險公司的名稱和住所已在上面。保單上需要填寫的只是投保人、被保險人或相關人的

姓名或者名稱和住所。

（2）保險標的。保險標的是指作為保險對象的財產及其有關利益，或者人的壽命或身體。保險標的是保險利益的載體。不同的保險合同，有不同的保險標的。

（3）保險責任和責任免除。保險責任是指保險合同中載明的風險事故發生後保險人應承擔的賠償或者給付責任，即是保險雙方當事人在保險合同中對保險人所應承擔的風險責任範圍的具體約定。保險責任因保險的險種不同而不同；責任免除又稱為除外責任，是指保險人按照法律規定或者合同約定，不承擔保險責任的範圍，即是對保險責任的限制，是對保險人不負賠償或給付保險金責任範圍的具體規定。

（4）保險期限。保險期限又稱保險期間，是指保險人對保險事故承擔賠付責任的起止期限。保險期限既可以按日曆年、月、日計算，如財產保險通常為一年，期滿後可以續約。人身保險的保險期限較長，有 5 年、10 年、15 年、20 年甚至終身；也可以按一定事件的起止時間來計算，如建築工程保險的保險期限就是以一個工程的工期來確定的，貨物運輸則是以一個運程為保險期限。

（5）保險金額。保險金額簡稱保額。中國《保險法》第十八條規定：「保險金額是指保險人承擔賠償或者給付保險金責任的最高限額。」保險金額也是保險人計算保險費的重要依據。在財產保險中，保險金額的確定以保險標的的價值為依據；在人身保險中，由於人的價值無法用貨幣衡量，因而一般是由保險合同雙方自行約定保險金額。

（6）保險費及其支付辦法。保險費是指投保人為使被保險人獲得保險保障，按合同約定支付給保險人的費用。保險費的多少，由保險金額、保險費率和保險期限等因素決定。保險費率一般用百分率或千分率表示。保險費率由純費率和附加費率組成，其中，純費率是保險費率的基本組成部分。在財產保險中，主要依據保險標的的損失率確定純費率；在人身保險中，則是依據人的死亡率或生存率、利率等因素確定純費率。而附加費率主要是依據保險企業在一定期限內的各種營業費用及預定利潤確定的。

保險費的支付方式主要有躉交和期交兩種，但不論採取什麼方式支付保險費，都應在保險合同中載明。

（7）保險金賠償或者給付辦法。保險金賠償或給付辦法應當在保險合同中明確規定，在實踐中一般以現金賠付和重置為主。

（8）違約責任和爭議處理。違約責任是指保險合同當事人因其過錯，不能履行或不能完全履行保險合同規定的義務時，根據法律規定或合同約定所必須承擔的法律后果。違約責任也應在保險合同中進行明確規定。

爭議處理是指保險雙方解決保險合同糾紛的方式。保險合同的爭議處理方式，一般包括協商、調解、仲裁和訴訟四種方式。其中，仲裁實行「一裁終局」制度；訴訟實行「二審終審」制度。

第九章 保險概論

2. 保險合同的常用條款

（1）財產保險合同的常用條款。

① 免賠條款。該條款規定，在保險人根據保險的條件做出賠償之前，被保險人首先要自己承擔一部分損失。包括：相對免賠額，即免賠額以一定百分比表示，如低於規定比率，保險人不負責賠償，但如損失高於規定的比例，保險人將賠償全部損失；絕對免賠額，指保險人做出賠付之前，被保險人要自己負擔一定的損失金額。一般來說，這種免賠額應用於每次損失；總計免賠額，指把保險期內所有屬於保險責任的損失加總在一起，如全部損失低於總計免賠額，保險人不賠償，一旦全部損失超過總計免賠額，保險人應對所有超過部分的損失予以賠償。

② 共同保險條款。在財產保險賠案中，損失金額在保險標的價值10%以下小額賠案總是占絕大多數，所以投保人往往不願意高額投保。針對這一情況，有些國家在保單上增加共同保險條款，最常用的是「80%共同保險條款」，即損失發生后對保險標的價值估價，如保險金額大於或等於保險價值的80%，損失在保險金額內全部賠償；如保險金額小於保險價值的80%，則按比例賠償，被保險人要承擔一部分損失。其賠償金額為：賠償金額＝損失金額＊保險金額/80%的保險價值

中國目前還未採用共同保險條款，對於不足額投保的，一律按保險金額與保險價值的比例來賠償。

（2）人壽保險合同的常用條款。

① 寬限期條款。指投保人在繳納首期保險費后，以後如沒有按時繳納續期保險費，保險人給予一定時間的寬限（中國保險法規定為60天）。在寬限期內，保險合同仍然有效，若保險事故發生，保險人應按規定承擔給付保險金的責任，但應從中扣除所欠繳的保險費連同利息。如寬限期滿，仍未交保險費，保險合同自寬限期滿翌日效力中止。

② 復效條款。指投保人在保險合同中止以後的一段時期內（中國保險法規定為2年），有權申請恢復保單效力。復效是對原合同法律效力的恢復，不改變原合同的各項權利和義務。復效須經投保人提出復效申請，經保險人審核同意後，投保人補交失效期間的保費及利息，保險合同恢復效力。一般來說，復效比重新投保划算，一是隨年齡的增長，保險費率會隨之增加；二是身體狀況可能發生了較大的變化，會出現增加保費的情況，但復效卻不需要考慮這些因素。

③ 自殺條款。很長一段時間來均把自殺作為除外責任，但在人壽保險經營的長期實踐中，人們發現對自殺完全免除責任對被保險人來說是很不公平的。因此《保險法》第四十四條規定：以被保險人死亡為給付保險金條件的合同，自合同成立或者合同效力恢復之日起二年內，被保險人自殺的，保險人不承擔給付保險金的責任，但被保險人自殺時為無民事行為能力的人除外。保險人依照前款規定不承擔給付保險金責任的，應當按照合同約定退還保險單的現金價值。同時，為了讓自殺條款更加科學合理，保障保險合同雙方的利益，《保險法》第四十五條又做出了規定：因

被保險人故意犯罪或者抗拒依法採取的刑事強制措施導致其傷殘或者死亡的，保險人不承擔給付保險金的責任。投保人已交足二年以上保險費的，保險人應當按照合同約定退還保險單的現金價值。

④貸款條款。貸款條款又稱為保單貸款條款或保單質押貸款條款，指人身保險合同在保費繳滿一定期限（一般是一年或兩年）後，保單持有人可憑保單向保險人申請貸款，其貸款的額度連同利息不得超過該保單上的現金價值。如果貸款本息達到了保單上現金價值的數額時，合同終止。實際操作中，一般貸款額度不超出保單現金價值的一定比例，比如80%。當貸款本利和達到保單現金價值時，投保人應按照保險人通知的日期歸還款項，否則保單失效。在保單質押貸款期內發生保險事故，保險人同樣要給付保險金，但領取保險金時如果款項未還清，則保險金將在扣除該款項後支付。需特別指出的是，以死亡為給付保險金條件的保險合同，未經被保險人同意，不得將保險單進行質押貸款。

⑤自動墊繳保費貸款條款。指保險合同生效滿一定期限（一般是一年或兩年）後，如果投保人未按時繳納保費，保險人可用保單已產生的現金價值作為借款，自動貸給投保人抵交保費，使保險單繼續有效。當墊繳的保險費及利息達到保單上的現金價值時，保單將失去效力，保險費自動墊交的時點為寬限期屆滿的次日。自動墊繳保費條款屬於選擇性條款，即只有當保險合同中列有自動墊繳保險費條款，投保人又同意或未對此提出異議的條件下，保險人才能以保單現金價值墊繳保險費。規定自動墊繳保險費的目的是避免非故意的保險單失效。為了防止過度使用這種條款，有些保險公司會對使用次數及每次使用的間隔加以限制。

⑥不喪失價值任選條款。這一條款規定，投保人享有現金價值的權利，不因保險效力的變化而變化，投保人可以任選一個方案享有保單上的現金價值：一是辦理退保，投保人取得現金價值即退保費；二是減額繳清保險。投保人如不願繼續繳納保險費，可以減額繳清保險的方式處置保單上的現金價值，即投保人利用保單上的現金價值將原合同改變為一次繳清保險費的同類保險，改保後，保險期限和保險內容保持不變，只是保險金額比原合同有所減少。這種方式適宜於被保險人身體健康狀況良好，需要長期保障而又無力繳付保險費的保險合同；三是展延定期保險。是指投保人利用保單上的現金價值將保險合同改為一次繳清保險費的定期保險，改保後，保險金額和保險責任不變，只是改變原保單的保險期限。這種方式對被保險人身體健康狀況衰退或職業風險有所增加，又無力繳付保險費的人適用。

⑦不可抗辯條款。又稱為兩年後不否定條款、不可爭條款。指在被保險人生存期間，從保險合同生效之日起滿一定期限（通常為兩年）後，保險人將不得以投保人在投保時違反誠信原則，未如實履行告知義務為理由，而主張解除合同。不可爭條款的規定，是為了防止保險人濫用權利，以保護投保人的正當權益。

⑧年齡誤告條款。指對投保人申報被保險人年齡不真即時將如何處理的規定。年齡誤告條款一般規定，如果投保人在投保時錯誤地申報了被保險人的年齡，將按

第九章　保險概論

以下辦法處理：一是被保險人的年齡不符合保險合同約定的最低或最高年齡，則保險合同自始無效，保險人退還保險費；二是因年齡誤告致使多繳保險費，則調整保險金額或退還溢繳保險費；三是因年齡誤告致使少繳保險費，則補繳保費或按實繳保費與應繳保費的比例調整保險金額。

三、保險合同的訂立與變更

（一）保險合同的訂立

1. 保險合同訂立的程序

保險合同的訂立是投保人與保險人意思表示一致而進行的法律行為。大致可分為兩個程序：要約和承諾。要約是要約人以締結合同為目的而進行的意思表示，它是合同當事人一方向另一方表示願與其訂立合同的提議。在訂立保險合同的過程中，一般是投保人向保險人提出要約，即投保申請；承諾是受約人在收到要約後，對要約的全部內容表示同意並做出願意訂立合同的意思表示。

一般而言，保險合同的訂立即意味著保險合同的成立，但保險合同卻往往是在保險合同成立後的某一時間開始生效，如從保險合同成立後的翌日零點開始生效。

2. 保險合同訂立的形式

訂立保險合同應該採取書面形式，主要有投保單、保險單、保險憑證、暫保單和批單等。

（1）投保單。投保單是指投保人向保險人申請訂立保險合同的一種書面形式的要約，在投保單中應列明訂立保險合同所必需的項目，投保單一般有統一的格式，由保險人事先準備好，投保人應按保險人所列項目據實逐一填寫，投保單一經保險人承諾，即成為保險合同的重要組成部分。投保人對在投保單中所填寫的內容，應承擔相應的法律責任。

（2）保險單。保險單簡稱保單，是指保險人與投保人之間訂立保險合同的正式的書面證明。保險單通常是由保險人簽發並交付給投保人，是對投保人要約的一種承諾。保險單是保險雙方履約的依據。

（3）保險憑證。保險憑證又稱為小保單，是一種簡化了的保險單，是保險人向投保人簽發的證明保險合同已經成立的一種書面憑證。保險憑證與保險單具有同等的法律效力。保險憑證沒有列明的內容，以保險單的條款為準；保險憑證與保險單的內容相衝突時，以保險憑證為準。採用保險憑證的主要目的在於簡化手續，往往是將保險責任及責任免除直接印在如飛機票、車船票等票據的背面。

（4）暫保單。暫保單又稱為臨時保單，是保險單或保險憑證出立前發出的臨時性的保險單證。使用暫保單主要是基於三種情況：①保險代理人已招攬到保險業務但尚未向保險人辦妥保險手續時；②保險公司的分支機構接受投保，但尚需請示上級公司時；③保險雙方當事人已就合同的主要條款達成協議，但有些條件尚需進一

步商權時。在以上情況下，保險人可先出具暫保單，作為投保人已保險的證明。暫保單的法律效力與正式保單相同，但其有效期較短，一般為 30 天。在暫保單的有效期間，保險人一旦確定承保並簽發保險單，暫保單即自動失效而為保險單所取代；保險人如果確定不予承保，則有權隨時提前終止暫保單的效力。

(5) 批單。是保險雙方當事人協商修改和變更保險單內容的一種單證，也是表現合同變更時最常用的書面證據，批單的法律效力優於原保險單。

(二) 保險合同的變更

保險合同的變更是指在保險合同有效期內，保險合同當事人、關係人對合同所做的修改或補充。保險合同成立並生效后，具有法律約束力，保險雙方一般不得擅自變更。但是，如果主觀意願或客觀情況發生變化，也可以依法變更保險合同。各國保險法律一般都允許保險合同的主體和內容有所改變，中國也是如此。

1. 保險合同主體的變更

保險合同的主體變更是指保險合同的當事人或關係人的變更，主要是指投保人、被保險人或受益人的變更，保險人一般不會變更。保險合同的主體變更，不改變保險合同的客體和內容。在財產保險中，主體變更主要是由於保險標的因買賣、繼承、贈予等所有權變更而引起，在這種情況下，要讓保險合同繼續有效，就需要變更保險合同中的被保險人，在一般情況下，財產保險標的的轉讓應當通知保險人，經保險人同意繼續承保后，依法變更被保險人，保險人可以根據財產保險合同主體變更引起的風險狀況的變化，加收或退減部分保險費。財產保險合同主體的變更主要是被保險人的變更；人身保險合同主體的變更，一般取決於投保人或被保險人的主觀意願，而不以保險標的的轉讓為前提。人身保險合同主體的變更可以是投保人、被保險人或受益人，但主要是受益人的變更。被保險人或者投保人可以變更受益人，但必須書面通知保險人，保險人收到變更受益人的書面通知后，應當在保險單上批註。當投保人與被保險人不是同一人時，投保人變更受益人時則必須經被保險人同意。

2. 保險合同內容的變更

保險合同內容的變更是指保險合同主體享受的權利和承擔的義務所發生的變更，表現為保險合同條款及事項的變更。在保險實踐中，由於保險合同附和性的特徵，一般不允許保險人擅自對已經成立的保險合同條款做出修訂，因此，保險合同內容的變更一般是由投保人或被保險人提出，經保險人同意即可。保險合同內容的變更具體包括：①保險標的的數量、價值增減而引起的保險金額的增減；②保險標的的種類、存放地點、佔用性質、航程和航期等的變更引起風險程度的變化，從而導致保險費率的調整；③保險期限的變更；④人壽保險合同中被保險人職業、居住地點的變化等。

第九章　保險概論

第三節　保險的基本原則

一、最大誠信原則

（一）最大誠信原則的含義

最大誠信原則是指保險雙方在簽訂和履行保險合同時，必須保持最大的誠意，互不欺騙和隱瞞，全面履行自己應盡的義務，否則，將導致保險合同無效，或承擔相應的法律責任。由於保險經營活動的特殊性，保險活動中對誠信的要求更高，要求合同雙方在訂立和履行保險合同過程中做到最大誠信。

（二）最大誠信原則的主要內容與相關法律規定

最大誠信原則必須以具體的措施加以落實，實踐中的措施主要包括告知、保證、棄權與禁止反言。其中，告知與保證主要是對投保人或被保險人的約束；說明、棄權與禁止反言主要是對保險人的約束。

1. 告知

（1）告知的含義。告知包括狹義告知和廣義告知。狹義告知僅指投保方對保險合同成立時就保險標的的有關事項向保險人進行口頭或書面陳述；廣義告知是指保險合同訂立時，投保方必須就保險標的的風險狀態等有關事項向保險人進行口頭或書面陳述，以及在合同訂立后，將保險標的的風險的變動或事故的發生及時通知保險人。事實上，在保險實務中所稱的告知，一般是指狹義告知，對於保險合同訂立后保險標的的風險變化或保險事故發生時的告知，一般稱為通知義務。

（2）告知的形式。告知的形式一般有兩種，即事實告知和詢問告知。①事實告知又稱無限告知，即法律或保險人對告知的內容沒有明確規定，投保方須主動地將保險標的的狀況及有關重要事實如實告知保險人；②詢問告知又稱有限告知、主觀告知，是指投保方只對保險人詢問的問題如實告知，對詢問以外的問題投保方無需告知。早期保險活動中的告知形式主要是事實告知，但目前世界上許多國家都是採用詢問告知的形式。中國《保險法》採取的是詢問告知形式，一般操作方法是，把保險人需要投保人告知的內容列在投保單上，要求投保人如實填寫。

（3）違反告知義務的法律后果。投保人對保險人詢問的事項，未盡如實告知義務時，根據各國保險法的規定，保險人有解除保險合同的權利。中國《保險法》第十六條第二、四、五款規定：「投保人故意或者因重大過失未履行前款規定的如實告知義務，足以影響保險人決定是否同意承保或者提高保險費率的，保險人有權解除合同。投保人故意不履行如實告知義務的，保險人對於合同解除前發生的保險事故，不承擔賠償或者給付保險金的責任，並不退還保險費。投保人因重大過失未履行如實告知義務，對保險事故的發生有嚴重影響的，保險人對於合同解除前發生的保險事故，不承擔賠償或者給付保險金的責任，但應當退還保險費。」

2. 保證

（1）保證的含義。是指保險人要求投保人或被保險人對某一事項的作為或不作為，某種事態的存在或不存在做出許諾。保證是保險人簽發保險單或承擔保險責任的條件，其目的在於控制風險。

（2）保證的形式。保證可分為明示保證與默示保證。①明示保證是指以文字形式記載於保險合同中的保證事項，成為保險合同的條款。例如，某人確認他從未得過某種重病，意指他在此事項認定以前與認定時他從未得過該種重病，但並不保證今后他是否會患該種重病。②默示保證是指在保險合同中雖然沒有以文字形式加以規定，但習慣上是社會公認的或法律確認的投保人或被保險人應該保證的事項，被保險人應按照習慣保證作為或不作為。默示保證與明示保證具有同等的法律效力，對被保險人具有同等的約束力。

（3）違反保證義務的法律后果。由於保險約定保證的事項皆為重要事項，是訂立保險合同的條件和基礎，因而各國立法對投保人或被保險人遵守保證事項的要求非常嚴格。凡是投保人或被保險人違反保證，不論其是否有過失，亦不論對保險人是否造成損害，保險人均有權自保證違反之日起解除保險合同。即使投保人或被保險人在損失發生之前已對其違反的保證做出了彌補，也不能以此為由為其違反保證的事實提出辯護。但是，保險人對違反保證之前所發生的保險事故，仍須承擔賠償責任。

3. 說明

（1）說明的含義。是指保險人應當向投保人說明保險合同條款的內容，特別是對免責條款內容的說明。

（2）說明的形式。保險人履行說明義務的形式有明確列明和明確說明。①明確列明是指保險人把投保人決定是否投保的有關內容，以文字形式在保險合同中明確載明。②明確說明則不僅要將有關保險事項以文字形式在保險合同中載明，而且還須對投保人進行明確的提示，對重要條款做出正確的解釋，即包括書面或口頭形式對投保人做出說明。中國《保險法》採取的是后一種形式。

（3）違反說明義務的法律后果。在保險實務中，保險人是否盡說明義務，可以影響投保人是否投保或如何投保，最終影響保險合同的效力。《保險法》第十七條第二款規定：「對保險合同中免除保險人責任的條款，保險人在訂立合同時應當在投保單、保險單或者其他保險憑證上做出足以引起投保人注意的提示，並對該條款的內容以書面或者口頭形式向投保人做出明確說明；未作提示或者明確說明的，該條款不產生效力。」

4. 棄權與禁止反言

棄權是指合同一方任意放棄其在保險合同中的某種權利。棄權有兩個構成要件：一是保險人明知其權利的存在；二是要有棄權的意思表示。這種意思表示可以是明示的，也可是默示的。明示的棄權，如對投保人申明不解除合同或合同繼續有效；

第九章 保險概論

默示的棄權，即保險人雖未申明不解除合同，但其行為可被推定為放棄解除合同的權利。

禁止反言又稱禁止抗辯，是指合同一方既然已經放棄這種權利，將來就不得反悔，再向對方主張這種權利。禁止反言的適用，必須具備以下三個構成要件：①保險人或其代理人必須曾經向投保人或被保險人做出過合同仍然有效的表示，這種表示包括明確的承諾以及默示；②就投保人而言，必須是相信了保險人或其代理人的意思表示，因而繼續履行合同；③投保人或被保險人必須證明其因信任保險人或其代理人意思表示而受到損失。《保險法》第十六條第二、三、六款規定：「投保人故意或者因重大過失未履行前款規定的如實告知義務，足以影響保險人決定是否同意承保或者提高保險費率的，保險人有權解除合同。前款規定的合同解除權，自保險人知道有解除事由之日起，超過三十日不行使而消滅。自合同成立之日起超過二年的，保險人不得解除合同；發生保險事故的，保險人應當承擔賠償或者給付保險金的責任。保險人在合同訂立時已經知道投保人未如實告知的情況的，保險人不得解除合同；發生保險事故的，保險人應當承擔賠償或者給付保險金的責任。」

二、保險利益原則

（一）保險利益與保險利益原則的含義

保險利益也稱可保利益，是指投保人或被保險人對保險標的具有法律上承認的利益。衡量投保人或被保險人對保險標的是否具有保險利益的標誌，是看投保人或被保險人是否因保險標的的損害或滅失而遭受經濟上的損失。即當保險標的完好、安全時，投保人或被保險人可以從中獲益；當保險標的損毀、受害時，投保人或被保險人將因此而遭受經濟損失。保險利益的成立要符合三個條件：①可以用金錢計算；②必須是合法利益；③必須是確定的利益，即無論是現有利益還是希望利益，都必須在客觀上是確定的、能夠實現的利益，而不是憑主觀臆測或推斷可能獲得的利益。

保險利益原則是指在簽訂並履行保險合同的過程中，投保人對保險標的必須具有保險利益。如果投保人以不具有保險利益的標的投保，保險人可以解除合同；保險合同生效后，投保人失去對保險標的的保險利益，保險合同隨之失效（人身保險合同除外）；保險標的發生保險責任事故，只有對該標的具有保險利益的人才具有索賠資格，但是所得到的賠償不得超過其保險利益額度，這是因為財產保險合同是補償性合同，投保人以其財產向保險公司投保的目的，在於財產因保險事故受損時能獲得補償。

（二）財產保險與人身保險的保險利益

1. 財產保險的保險利益

一般來說，財產保險的保險利益主要產生於投保人或被保險人對保險標的的各項權利和義務，主要包括現有利益和期待利益。現有利益是指投保人或被保險人對

251

保險標的在投保時已享有的利益，包括財產所有人、經營管理者、財產保管人、承租人、抵押權人與質押權人的利益；期待利益又稱希望利益，是指通過現有利益而合理估價的未來利益，如盈利收入、租金收入、運費收入等利益。

財產保險的保險利益在量上一般表現為保險標的的實際價值，在保險合同訂立時不一定嚴格要求投保人對保險標的必須具有保險利益，但保險事故發生時被保險人對保險標的必須具有保險利益。《保險法》第十二條第二款規定：「財產保險的被保險人在保險事故發生時，對保險標的應當具有保險利益。」在多數情況下，財產保險合同投保人與被保險人為同一人，但在特殊的情況下投保人與被保險人不是同一人，如在保險實務中出現的商場為購物顧客附贈財產保險，單位為職工購買家庭財產保險等，像這種投保人與被保險人不是同一人的情況下，投保人對於保險標的實際上並沒有保險利益，保險合同是否有效關鍵是看在發生保險事故時，被保險人對保險標的是否具有保險利益。因為在此情況下投保人只有繳納保險費的義務，一旦保險標的發生保險事故，投保人不能獲取非分之利，只要被保險人對保險標的具有保險利益，就可以有效地防範道德風險的發生。

2. 人身保險的保險利益

《保險法》第三十一條規定，投保人對下列人員具有保險利益：本人；配偶、子女、父母；前項以外與投保人有撫養、贍養或者扶養關係的家庭其他成員、近親屬；與投保人有勞動關係的勞動者。除前款規定外，被保險人同意投保人為其訂立合同的，視為投保人對被保險人具有保險利益。訂立合同時，投保人對被保險人不具有保險利益的，合同無效。

人身無價，因此，人身保險的保險利益一般沒有嚴格的量的規定，除非保險合同對保險金額有最高額度的限制。人身保險著重強調簽約時投保人對保險標的具有保險利益，至於保險事故發生時投保人是否對保險標的具有保險利益，並不影響保單的效力和保險金的給付。當投保人為自己買保險時，在保險合同有效期內都具有保險利益；當投保人與被保險人不是同一人時，如丈夫為妻子投保、企業為職工投保等，如果投保人簽約時對被保險人具有保險利益，那麼保險合同生效後即使投保人與被保險人的關係發生了變化，如夫妻離婚、職工離開原單位等，投保人對被保險人沒有了保險利益，也不影響保險合同的效力。

三、近因原則

(一) 近因及近因原則的含義

近因是指造成損失的最直接、最有效、起決定性作用的原因，而不是指在時間或空間上與損失最為接近的原因。例如，某商場著火，員工們把從商場裡搬出的財物放在路邊，不料路邊的財物被人盜搶。那麼，被盜搶財物損失的近因就應是火災，因為火災是對財物被盜起決定性作用的因素，如果沒有火災，財物就不會被搬到

第九章　保險概論

路邊。

近因原則是指造成保險標的損害的近因屬於保險責任的，保險人承擔損失賠償或給付責任；若近因不屬於保險責任的，則保險人不承擔損失賠償或給付責任。

(二) 近因原則在保險實務中的運用

當保險標的遭受損害時，保險人是否對保險標的進行賠償，取決於損害事故發生的原因是否屬於保險責任。若屬於保險責任，保險人應當承擔損失賠償或給付保險金責任；若是除外責任，保險人則不應當進行賠償或給付。但是，在保險實踐中，保險標的的損害並不總是由單一的原因造成的，有的是多種原因同時發生，有的是不間斷發生，有的則是時斷時續發生，而且，在這些原因中，有的屬於保險責任，有的不屬於保險責任，因此對近因的分析和判斷，成為運用近因原則的關鍵。

1. 單一原因發生

單一原因致損，即造成保險標的損害的原因只有一個，那麼，這個原因就是近因。若這個近因屬於保險責任，保險人進行賠付；若該項近因屬於除外責任，則保險人不進行賠付。例如，某人的車輛因車輛本身設備的原因發生自燃而導致損失時，自燃為近因，若其只投保了機動車輛保險的基本險，則自燃不屬於保險責任，保險人不予賠償；若其在投保了機動車輛保險基本險的同時，還附加了自燃險，則保險人應承擔賠償責任。

2. 多種原因同時發生

如果多種原因的發生無先后之分，且對損害結果的形成都有直接與實質的影響效果，那麼，原則上它們都是損害的近因。至於是否承擔保險責任，可分為兩種情況：一是多種原因均屬保險責任，保險人負責賠償全部損失。例如，暴雨和洪水均屬保險責任，其同時造成家庭財產損失，保險人賠償造成的全部損失；二是多種原因中，既有保險責任，又有除外責任，保險人的責任視損害情況而定。如果損害是可以割分的，保險人就只負責保險責任所導致的損害部分的賠償；如果損害難以割分，則保險人可與被保險人協商賠付。

3. 多種原因連續發生

多種原因連續發生，即各原因依次發生，持續不斷，且具有前因后果的關係。若損害是由兩個以上的原因所造成的，且各原因之間的因果關係未中斷，那麼最先發生並造成一連串事故的原因即為近因。如果該近因為保險責任，保險人應負責賠付；反之，則不賠付。

4. 一連串原因間斷發生

在一連串連續發生的多種原因中，當有一項新的獨立的原因介入導致損害時，若新的獨立的原因為保險責任，保險人應進行賠付；反之，保險人不進行賠付。

四、損失補償原則

（一）損失補償原則的含義

損失補償原則是指在財產保險合同中，當保險標的發生保險責任事故時，保險人要對被保險人的經濟損失給予補償，且被保險人不能獲得額外利益。該原則只適用於補償性保險合同（定值保險和重置價值保險除外），而不適用於給付性保險合同。

（二）損失補償原則的量的限制

在保險實務中，要貫徹損失補償原則，保險人要對其賠償金額進行限制。

1. 以實際損失金額為限

在補償性合同中，保險標的遭受損失后，保險賠償以被保險人所遭受的實際損失為限。例如，一臺電視機投保時，當時的市場價為5,000元，保險金額定為5,000元，若保險標的在保險有效期內因保險事故造成全損，這時的市場價已跌為4,000元，儘管保險單上的保險金額仍是5,000元，但如果保險單上沒有特別約定，保險人最高只能賠償被保險人4,000元的損失。

2. 以保險金額為限

保險金額是財產保險合同中保險人承擔賠償責任的最高限額，也是計算保險費的依據。保險人的賠償金額不能高於保險金額；否則，將擴大保險責任，使保險人收取的保險費不足以抵補賠償支出，影響保險人的經營。例如，某機器設備投保時，當時的市場價為5,000元，保險金額定為5,000元，若保險標的在保險有效期內因保險事故造成全損，這時的市場價已上漲為6,000元，則被保險人最多只能獲得5,000元的賠償。

3. 以被保險人對保險標的具有的保險利益為限

被保險人在保險事故發生時對保險標的具有的保險利益是其向保險人索賠的前提條件，保險人對被保險人的賠償金額要以被保險人對保險標的具有的保險利益為限。保險事故發生時，如果被保險人已喪失了對保險標的的全部保險利益，保險人則不予賠償；如果被保險人喪失了對保險標的的部分保險利益，那麼保險人對被保險人的賠償僅以仍然存在的那部分保險利益為限。

在保險實務中，保險人對被保險人的賠償金額要受實際損失金額、保險金額和保險利益三個量的限制，當三者不一致時，以金額最小者為保險賠償的最高金額。

第四節　社會保險

一、社會保險的概念

社會保險是國家通過立法，多渠道籌集資金，對勞動者（有些國家可能普及到全體公民）在因年老、失業、患病、工傷、生育而減少勞動收入時給予經濟補償，使他們能夠享有基本生活保障的一項社會保障制度。社會保險是社會保障制度的核心內容，主要包括養老保險、失業保險、醫療保險、工傷保險和生育保險等子項目。

二、社會保險與商業保險的區別

社會保險與商業保險同屬於一種風險轉嫁方式，但二者又有區別：

（1）實施主體不同。社會保險的實施主體是國家；商業保險的實施主體是各保險公司。

（2）保障對象不同。社會保險主要以勞動者為保障對象；商業保險的保障對象既可以是財產及其有關利益，也可以是人的壽命和身體。

（3）實施目的不同。社會保險是以社會和諧為宗旨，不以盈利為經營目的；而商業保險的目的是為了賺取利潤，實現利潤最大化。

（4）實施方式不同。社會保險一般是以法律或行政法規規定，採取強制方式實施；商業保險的實施則主要採取自願方式。

（5）保險費來源不同。社會保險的保險費一般來自於國家、單位和個人；商業保險的保險費則完全來自於投保方。

（6）保障程度不同。社會保險是政府為解決有關社會問題而對國民實行的一種基本經濟保障，保障程度較低；商業保險實行多投多保、少投少保的保險原則，保障程度彈性較大。

（7）權利與義務的對等關係不同。社會保險強調勞動者權利和義務的相關性，不遵循對等原則；商業保險則強調權利和義務的對等性，遵循的是對等原則，被保險人獲得的保障程度取決於其自身繳納保險費的多少。

（8）管理方式不同。社會保險一般是由政府直接管理或由政府的權威職能部門統一管理；商業保險則是採用商業化方式進行管理。

三、社會保險基金的籌集模式

從世界各國社會保險基金的籌集模式來看，不外乎有以下三種：

1. 現收現付制

現收現付制是以近期橫向收付平衡原則為指導的基金籌集方式，是利用目前投

保人繳納的保險費為現在的保險受益人支付保險金，完全靠當前的收入滿足當前的支出，以支定收，略有節余。這是目前世界上最普遍的社會保險基金的籌集模式，有100多個國家實行這種制度。

現收現付制的優點是：收支關係清楚，制度簡便易行，管理成本低；職工按現實收入水平繳納保險費，可使退休人員的待遇水平與在職職工工資同步增長；以支定收可以避免通貨膨脹造成的基金貶值風險。

現收現付制的缺點是：這種籌資模式缺乏長遠規劃，沒有必要的儲備累積，難以應付人口老齡化的危機。隨著一國人口老齡化趨勢的加快和社會保險待遇水平的提高，社會保險繳費提取比例亦會隨之上升，將造成個人、企業、國家的負擔加重，甚至導致支付危機。

2. 完全累積制

完全累積制，也稱基金累積制，是以遠期縱向收支平衡原則為指導的基金籌集方式，是將當年的社會保險繳費完全用於社會保險基金累積，並全部計入受益人的個人帳戶，在達到一定條件如退休后再從社會保險個人帳戶支取社會保險待遇。

完全累積制的優點是：社會成員為自己參加社會保險繳費，這樣可以大大提高個人繳費的積極性，同時也能預防人口老齡化帶來的養老保險費負擔過重的問題。

完全累積制的缺點是：缺乏社會成員之間調劑的互助功能。以養老保險為例，完全累積制的籌資模式不能改變那些終生收入低、年老勞動能力下降后的社會成員的困境，也很難抵禦社會成員因長壽而帶來的風險。同時，累積的基金要承擔保值增值的風險。

3. 部分累積制

部分累積制又稱混合制，是對現收現付制和完全累積制的整合，這是一種把近期橫向收支平衡原則與遠期縱向收支平衡原則結合起來的籌資模式。即在滿足現時一定支出需要的前提下，留出一定的儲備以適應未來的支出需求。

部分累積制的優點是：既可以避免完全累積制初期費率過高的弊端，又可較好地解決現收現付難以應付的老齡化問題；能形成一定的累積基金，且基金增幅較慢，貶值風險和投資壓力較小。

部分累積制的缺點是：既受到利率、工資增長率、通貨膨脹率等經濟因素的影響，又受到人口因素變動的影響，收支平衡模型複雜。如果社會統籌基金與個人帳戶基金不嚴格執行分帳管理，當社會統籌基金不能滿足社會保險待遇發放需要時，就很有可能動用個人帳戶累積的基金支付社會保險待遇，容易導致個人帳戶「空帳運行」。

從世界各國的情況來看，對於醫療、工傷、失業、生育等方面的保險，由於這些項目具有短期性和不確定性，因此一般都實行現收現付的資金籌集與支出方式。對於養老保險基金的籌集方式，則應視其情況不同而定。例如，在人口結構年輕化、養老保險基金需求量不大的情況下，採用現收現付式的方式是較好的，因為這可以

第九章 保險概論

減輕近期內國家財政、企業和個人的養老保險負擔,而且可以避免因通貨膨脹而造成儲備基金的貶值,但現收現付最大的問題是難以應付人口老化的嚴重挑戰,因為這種方式將給后代造成沉重的負擔。而完全累積制則能夠較好地應付人口老齡化的挑戰,也不會給后代造成太大的經濟負擔。

中國人口年齡結構目前正從「成年型」向「老年型」轉變(國際上將60歲以上的人口占總人口的比重超過10%定為「老年型」人口結構)。據有關部門預測,中國60歲以上的老人占總人口的比重將由2000年的9.81%上升到2020年的15.23%,2040年將高達24.28%。從中國的實際情況看,現階段也不宜採用完全累積制的養老保險基金籌集方式,因為中國長期以來實行的是現收現付的養老保險制度,已經退休或將要退休的職工過去並沒有進行養老儲蓄累積,如果實行完全累積制的養老保險基金籌集方式,在職職工既要負擔退休職工的養老金,又要為自己的將來退休養老進行儲蓄,在這種制度實行的初期在職人員的繳費率較高,這是國家、企業和職工個人都難以承受的。因此,中國目前的社會養老保險宜採用部分累積制養老保險基金籌集方式。

四、中國現行社會保險的類型

社會保險是社會保障制度的核心內容,中國現行社會保險主要包括養老保險、醫療保險、工傷保險、失業保險和生育保險等幾個子項目。

(1)養老保險。養老保險又稱老年社會保險,是對政府立法確定範圍內的老年人口,提供經濟補償、物質幫助和生活服務,以保障老年人基本生活需要的制度。現階段中國社會保險制度中的養老保險一般分為國家公務員和事業單位工作人員、企業員工及農村養老保險三大系統,其中,公務員和事業單位工作人員養老保險實行財政支出,實報實銷,相當於現收現付制社會保險基金籌集模式;企業職工基本養老保險和農村基本養老保險實行部分累積制社會保險基金籌集模式,其中企業職工基本養老保險通過用人單位和個人繳費籌集養老保險基金,農村基本養老保險通過個人繳費、集體補助、國家補貼籌集養老保險基金。

(2)醫療保險。醫療保險又稱為社會醫療保險,是通過國家立法,主要由用人單位和個人繳費,建立醫療保險基金,當參保人員患病就診發生醫療費用后,給予一定的經濟補償,並享受相關的醫療服務。目前中國醫療保險主要包括城鎮職工醫療保險和新型農村合作醫療保險,前者主要通過用人單位和個人繳費籌集醫療保險基金,后者則主要通過個人繳費和國家補貼籌集醫療保險基金。

(3)工傷保險。工傷保險也叫職業傷害保險、工人傷害補償保險或因工傷害保險,是指勞動者因工作原因受傷、患病、致殘或死亡,暫時或永久喪失勞動能力時,從社會保險制度中獲得法定的醫療、生活等必要的經濟補償以及對職工因工死亡后無生活來源的遺屬提供物質幫助的制度。目前中國只有城鎮職工才有工傷保險,工

傷保險基金完全由用人單位繳納。

(4) 失業保險。國家通過立法強制實行建立保險基金，對非自願失業的人員提供基本生活保障並促進再就業的一種社會保險制度。目前中國只有城鎮職工才有失業保險，失業保險基金由用人單位和個人共同繳納。

(5) 生育保險。生育保險是通過國家立法，在女性勞動者因生育子女而暫時喪失勞動能力時，由國家、社會提供必要的經濟補償和醫療保健的一項社會保險制度。它是對廣大女性勞動者和人類繁衍的關懷和愛護，是生育子女這一家庭事務得到社會承認和資助的國際通行做法。生育保險基金一般由用人單位繳納，個人無需繳納生育保險費。

本章小結

1. 保險因風險而產生。保險既是一種經濟行為，又是一種合同行為，是投保人根據合同約定，向保險人支付保險費，保險人對於合同約定的可能發生的事故因其發生所造成的財產損失承擔賠償保險金責任，或者當被保險人死亡、傷殘、疾病或者達到合同約定的年齡、期限等條件時承擔給付保險金責任的商業保險行為。

2. 保險按不同的標準可以進行不同的分類。按保險性質可以將保險分為商業保險、社會保險和政策保險；按保險實施方式可以將保險分為自願保險和強制保險；按保險標的分類，保險一般可分為財產保險和人身保險；按保險承保方式分類，保險可以分為原保險、再保險、共同保險和重複保險；按保險價值確定的時間及方式可將保險分為定值保險與不定值保險，該種分類方式只針對財產保險而言；按保險金額與保險價值之間的關係可將保險分為足額保險、不足額保險和超額保險。該種分類方式也只針對財產保險。

3. 保險合同是經濟合同的一種，是投保人與保險人約定保險權利義務關係的協議。包括保險合同的主體、客體和內容。保險合同的主體包括保險合同的當事人、關係人和輔助人；保險合同的客體是指保險雙方當事人權利和義務所共同指向的對象，即保險利益而非保險標的；保險合同的內容就是讓保險合同關係雙方明確自己的權利和義務，保險合同的內容具體是通過保險條款體現出來的，包括基本條款和常用條款。

4. 保險合同的訂立是投保人與保險人意思表示一致而進行的法律行為。大致可分為兩個程序：要約和承諾；保險合同的訂立應該採取書面形式，主要有投保單、保險單、保險憑證、暫保單和批單等；保險合同的變更是指在保險合同有效期內，保險合同當事人、關係人對合同所做的修改或補充。各國保險法律一般都允許保險合同的主體和內容有所改變。

5. 保險的基本原則包括最大誠信原則，實踐中主要包括告知、保證、棄權與禁

第九章 保險概論

止反言；保險利益原則，財產保險的保險利益在量上一般表現為保險標的的實際價值，在保險合同訂立時不一定嚴格要求投保人對保險標的必須具有保險利益，但保險事故發生時被保險人對保險標的必須具有保險利益。人身保險的保險利益一般沒有嚴格的量的規定，除非保險合同對保險金額有最高額度的限制，人身保險著重強調簽約時投保人對保險標的具有保險利益；近因原則，近因是指造成損失的最直接、最有效、起決定性作用的原因，而不是指在時間或空間上與損失最為接近的原因，若造成保險標的損害的近因屬於保險責任的，保險人承擔損失賠償或給付責任；若近因不屬於保險責任的，則保險人不承擔損失賠償或給付責任；損失補償原則，該原則只適用於補償性保險合同（定值保險和重置價值保險除外），而不適用於給付性保險合同。

6. 社會保險與商業保險同屬於一種風險轉嫁方式，但二者又有區別：實施主體不同，保障對象不同，實施目的不同，實施方式不同，保險費來源不同，保障程度不同，權利與義務的對等關係不同，管理方式不同。

7. 從世界各國社會保險的時間經驗來看，社會保險基金的籌集模式主要包括現收現付制、完全累積制、部分累積制三種。

8. 社會保險是社會保障制度的核心內容。中國現行社會保險主要包括養老保險、醫療保險、工傷保險、失業保險和生育保險等幾個子項目。

复习思考题

1. 如何理解保險的本質。
2. 試比較保險與儲蓄、賭博、救濟的異同。
3. 簡述保險合同的主體內容。
4. 簡述保險合同的基本條款。
5. 簡述財產保險合同和人壽保險合同的常用條款。
6. 保險合同訂立的形式有哪些？
7. 最大誠信原則的含義及內容是什麼？
8. 試比較保險利益原則在財產保險和人身保險業務運用中的主要區別。
9. 簡述近因原則的含義及其主要判別方法。
10. 試比較社會保險與商業保險的主要區別。
11. 簡述社會保險基金的籌集模式。

第十章 財政與金融的宏觀調控

● 第一節 宏觀調控概述

一、宏觀調控及產生

（一）宏觀調控的含義

宏觀調控是國家從整個社會利益出發，為了實現宏觀經濟總量的基本平衡和經濟結構的優化，採取各種手段，對國民經濟整體活動所進行的總體調節和控制。宏觀調控的主體是國家，宏觀調控的對象是國民經濟整體活動，宏觀調控的本質是對整個社會經濟進行的一種逆向調節。

（二）宏觀調控理論的產生

宏觀調控理論是20世紀30年代后發展起來的。在19世紀末20世紀初，隨著自由資本主義向壟斷資本主義的過渡，特別是1929—1933年資本主義世界大危機爆發之后，傳統的經濟學及其信奉的「供給自動創造需求」的「薩伊定律」以及以亞當·斯密為代表的「國家不干預經濟」的主張終於徹底破產，資產階級經濟學家才日益重視對宏觀經濟理論的研究，其中，英國經濟學家凱恩斯所創造的宏觀經濟理論體系，被西方經濟學界稱為「凱恩斯革命」。凱恩斯認為，市場並不能自動實現充分就業，政府應對經濟實施干預政策，他認為政府可以通過增加財政支出，使之直接形成社會需求，且產生「倍數」擴張社會總需求的作用，從而使市場達到充分就業。這種主張很快受到資本主義國家當局的重視和採納。到第二次世界大戰后，一些主要資本主義國家普遍加強了對市場經濟活動的干預，並在這一歷史進程中形成了不同派別的國家對市場經濟運行進行宏觀調控的理論，如以弗里德曼為代表的貨幣主義學派和以拉弗為代表的供給學派等。儘管這些理論主張的觀點各有不同，

第十章　財政與金融的宏觀調控

但「國家干預經濟」理論始終顯示出了其強大的生命力。西方資本主義國家的經驗表明，完全依靠市場調節這一只「看不見的手」，是不能適應市場經濟體制的正常運行的，也不能在強手如林的世界市場的激烈競爭中成為贏家。只有與政府干預經濟這只「看得見的手」攜起手來，才能保證這個國家經濟的可持續發展。

二、市場經濟與宏觀調控

（一）市場經濟條件下，宏觀調控的必要性

1. 市場經濟的缺陷需要宏觀調控

儘管市場機制具有多方面的積極作用，如市場通過價格、供求和競爭機制給予企業動力和壓力，把資源配置到效益好的企業，實現優勝劣汰；市場對各種經濟信息反應比較靈敏，它通過價格的波動引導生產和消費，自動地實現供求的大致平衡等。但是市場這只「看不見的手」並不是萬能的，仍然存在著諸多自身難以克服的缺陷，主要表現在：

（1）市場在實現經濟總量平衡上有較大的局限性。在市場經濟中，個人和企業追求的往往是當前的、局部的經濟利益，而容易忽視長遠的、整體的經濟利益。市場雖然可以自動調節並最終實現社會總供給和總需求的平衡，但市場調節卻是事後的、自發的、盲目的調節，單純依靠市場調節社會總供求，往往會引起經濟大起大落，嚴重時甚至導致經濟危機。

（2）市場難以自發實現經濟結構的平衡。在市場調節中，生產什麼、生產多少由企業自己決定，社會總供給結構和總需求結構很難自動實現平衡。僅僅通過市場調節，往往會導致社會再生產兩大部類之間失衡，導致農業、輕工業和重工業之間比例失調，導致地區經濟發展的不協調。

（3）市場無法處理好公平和效率的關係。市場經濟往往只通過等價交換意義上的機會均等來體現市場的公平性，這種公平有利於促進市場注重效率，但同時也會帶來社會的兩極分化，造成貧富懸殊，如任其發展，勢必造成社會分配的嚴重不公平，從而不利於社會經濟的穩定與發展。

（4）市場無法處理好環境、資源和經濟發展的關係。由於市場經濟作用的起點和歸宿是商品生產者和經營管理者自身的局部利益，因此，其經營行為往往會以破壞環境、浪費資源為代價，造成自然資源枯竭和環境污染，影響社會經濟的可持續發展。

因此，為了克服市場本身的缺陷，減少市場調節的自發性和盲目性，彌補市場調節的不足，需要政府進行宏觀調控，以實現國民經濟健康、持續、協調地發展。

2. 宏觀調控是社會化大生產的客觀需要

社會分工和商品經濟的發展，促進了生產的社會化。隨著生產社會化程度的提高，社會分工越來越細，國民經濟各部門、各地區、社會生產各環節之間協作關係

越來越密切。為了有效地配置和利用資源，實現社會經濟的協調發展，客觀上需要在全社會合理組織生產，調節整個社會經濟活動，協調各方面的經濟關係。政府對社會經濟整體進行宏觀調控，有計劃地分配社會資源，可以促使社會各部門、各地區、各企業和社會再生產之間保持一定的比例關係，從而促進社會化大生產的持續、快速、協調發展。

(二) 宏觀調控的目標

一國政府在確定宏觀調控目標時一般會包括宏觀調控的總目標和具體目標，前者是基本目標，后者是實現基本目標的具體目標。

1. 宏觀調控的總目標

宏觀調控的總目標是實現社會總需求和總供給的平衡，促進國民經濟持續、快速和穩定發展。社會總需求與總供給的平衡包括總量平衡和結構平衡兩個方面的內容。

(1) 社會總供給和總需求的總量平衡。在市場經濟條件下，社會總供給是經濟社會的總產量（總產出），是一定時期內，社會向市場提供的商品和勞務的總和。社會總需求是社會經濟發展對產品和勞務的需求總量，是一定時期內社會有支付能力的購買力的總和。總供給和總需求不僅包括價值上的平衡，而且包括物資上的平衡。無論是總供給大於總需求，還是總需求大於總供給，都會出現總供求的失衡，造成商品和勞務供大於求或供不應求。在開放經濟條件下，總量平衡可用公式表示為：

生產資料供給 + 消費資料供給 + 商品勞務淨進口 = 投資需求 + 消費需求 + 資本淨流入

(2) 總供給和總需求結構的平衡。要實現宏觀調控的總目標，除了保持社會總供給和總需求的總量平衡外，還要保持社會供給結構和社會需求結構之間的平衡，保持總供給和總需求在價值和物質上的平衡。如，在一定時期內，要保持社會生產資料的供給和社會生產資料的需求之間的平衡，保持社會消費資料的供給和社會消費資料的需求之間的平衡；要保持社會總供給各個組成部分的平衡，如農業、輕工業、重工業之間的平衡；要保持社會總需求各個組成部分的平衡，在消費需求、投資需求、政府需求和國外需求之間保持平衡。如果總供給和總需求只是總量的平衡，在經濟結構上失衡時，仍然會發生經濟波動甚至發生經濟危機，1997 年東南亞金融危機發生的一個重要原因就是泰國等東南亞國家經濟結構失衡造成的。

2. 宏觀調控的具體目標

宏觀調控的具體目標主要包括經濟穩定增長、穩定物價、充分就業、國際收支平衡。

(1) 經濟穩定增長。經濟穩定增長，是指在一定時期內經濟社會所生產的人均產量和人均收入能保持不間斷的增長。經濟增長通常用一定時期內實際的國內生產總值的年均增長率來衡量。但要實現經濟的穩定增長，還必須注意與資源、環境的

第十章　財政與金融的宏觀調控

關係，要注意投入與產出的關係，即是說，經濟穩定增長不僅包括量的增加，同時還應包括質的提高。

（2）穩定物價。即保持貨幣幣值的穩定，防止和克服通貨膨脹及通貨緊縮。這裡所說的物價是指全社會的物價總水平，不是指個別商品的價格。穩定物價不是凍結物價，物價在一定程度上的波動是價值規律作用的結果。因此，穩定物價是指不使物價出現持續全面的上漲。一般認為，物價上漲率或下跌率在3%左右即為物價穩定。

（3）充分就業。充分就業是以失業率的高低來進行衡量的。失業率是指失業人數與勞動力人數的比率。勞動力是指在一定的年齡範圍內有勞動能力並願意工作的人。老人、孩子以及由於這樣或那樣的原因而不願工作的人，都不能算作勞動力。西方學者認為，充分就業並不表示必須有100%的就業率，應把摩擦性失業（由於短期勞動力供求調整而造成的失業）和自願失業排除在外。美國經濟學家奧肯考察了失業率和GDP的關係，當實際GDP相對於潛在GDP每增加3%，失業率大約下降1%。如果一個國家失業率較高，則說明社會人力資源沒有得到充分利用。大多數經濟學家認為，低於5%及以下的失業率都是正常的，此時社會處於充分就業的狀態。

（4）國際收支平衡。現代經濟是一種開放型的經濟，如果一國國際收支失衡，必然會對國內經濟產生衝擊，從而影響國內的就業水平、價格水平和經濟增長。隨著信息技術的發展和各國金融開放程度的逐步擴大，如果一個國家的國際收支嚴重失衡，還可能成為國際「遊資」的衝擊對象。

理論和實踐證明，宏觀調控的四大具體目標之間，除了充分就業與經濟穩定增長可以互為促進外，其他各目標之間則更多地表現為矛盾與衝突。

1. 物價穩定與充分就業

當失業人數過多時，需要採取擴張性貨幣政策，放松銀根，引起利率下降，刺激投資需求，進而擴大生產規模，增加就業。然而隨著信用規模的擴張，貨幣供給量增加，引起社會總需求增加，進而導致物價上漲。反之，為了穩定物價採取緊縮性貨幣政策，這會導致利率上升，抑制投資需求，隨著生產規模的縮小，失業會進一步增加。顯然物價穩定與充分就業是相互矛盾的。

2. 物價穩定與經濟增長

一般來講，這兩個目標是可以相輔相成的。物價穩定，可以為經濟發展提供一個良好的金融環境和穩定的價值尺度，從而使經濟能夠穩定增長；經濟增長，又為物價穩定提供了雄厚的物質基礎。因此，物價穩定是經濟增長的前提，經濟增長則是物價穩定的基礎，二者在一定範圍內可以互相促進。但是，現代市場經濟增長與充分就業是相一致的，而充分就業與物價穩定之間是矛盾的。因此，經濟增長與物價上漲相伴，在很多情況下，只能在兩者之間做出協調，即在可接受的物價上漲率水平上發展經濟，在不妨礙經濟最低增長需要的前提下保持物價穩定。

3. 經濟增長與國際收支

一般情況下，伴隨著經濟的增長，國民收入水平的提高，帶來支付能力的增強，對進口商品的需求相應增加；與此同時，對本來用於出口的產品需求也會增加，致使這部分產品價格上升，該產品的出口會受到影響。兩方面的共同作用，使該國出口的增長慢於進口的增長，導致貿易收支狀況惡化，引起國際收支失衡。就資本項目而言，要促進經濟增長，需要增加投資，相應就要擴大國內儲蓄總量，並吸收國外儲蓄。隨著外資的大量流入，資本項目可能會出現一定數額的順差，一定程度上可以彌補經常項目的逆差。雖然外資流入可以一定程度改善國際收支的狀況，但是一旦外資流出，尤其外債需要償還時，如果沒有足夠的出口增長和貿易順差，國際儲備就將下降，國際收支狀況就會受到損害。此時，政府為了平衡國際收支，消除貿易逆差，只能採取緊縮性貨幣政策，這又必然造成國內有效需求下降，經濟增長速度放慢。所以，經濟增長與國際收支平衡兩個目標難以同時實現。

4. 物價穩定與國際收支平衡

物價穩定主要是指穩定貨幣的對內價值，平衡國際收支則是為了穩定貨幣的對外價值。儘管兩者都在尋求穩定貨幣的價值，但却很難同時實現。如果國內物價不穩定，國際收支很難平衡。假如一國出現了通貨膨脹，而別國物價相對穩定，物價上漲致使國內貨幣貶值，外國商品價格相對低廉，導致本國輸出減少，輸入增加，造成國際收支惡化。即使在物價穩定的情況下，也可能發生國際收支的不平衡，假如本國物價穩定而外國發生了通貨膨脹，則導致本國輸出增加，輸入減少，國際收支會發生大量的順差，而巨額順差也是一種不平衡。因此，從根本上講，只有各國都維持基本穩定的物價水平，並保持貿易規模和商品輸出、輸入結構不變，才能同時實現物價穩定與國際收支平衡。但在現實生活中，世界經濟發展不平衡，各國經濟實力、貿易結構及規模都在不斷地改變與調整。因此，實踐中是很難同時實現上述兩個目標的。

(三) 宏觀調控的手段

在市場經濟條件下，政府要進行宏觀經濟調控，需要借助一定的調控手段來實現調控目標。一般來說，政府宏觀調節經濟的手段主要有計劃手段、經濟手段、法律手段和行政手段等。

1. 計劃手段

計劃手段是政府通過制訂長期、中期和短期社會經濟發展計劃，對國民經濟的運行和發展進行宏觀調控。無論是在計劃經濟體制下，還是在市場經濟體制下，政府在進行宏觀調控時都會運用到計劃手段，所不同的是，前者採用的是指令性計劃，具有強制的約束力；后者採用的是指導性計劃，通過引導微觀經濟主體根據國家的經濟發展戰略和產業政策安排自己的生產經營活動。

計劃調控的主要功能是從總體上保持社會總供求的平衡，實現國民經濟的持續、快速、協調發展。計劃手段具有其他宏觀調控經濟手段所不能取代的作用，尤其是

第十章　財政與金融的宏觀調控

在政府制定中長期社會經濟發展戰略和發展規劃時更是如此。

2. 經濟手段

經濟手段是政府運用稅收、利率、匯率、價格等經濟槓桿，調整不同經濟主體的利益關係，引導和調節經濟運行的手段。其中，稅收是國家最主要的財政收入形式，通過稅率的高低直接影響企業和個人的經濟利益和經濟行為；通過調節存貸款的利率，控制消費和投資規模；通過適時調整匯率政策，可以避免匯率的大幅度波動，促進國內經濟的穩定增長；政府通過價格政策取向，直接影響企業和個人的經濟利益，進而影響供給和需求。

3. 法律手段

法律手段是政府依靠法制力量，通過經濟立法和司法，來調節經濟關係和經濟活動的手段。經濟法律、法規代表一國某一階級的利益和意志。政府利用法律手段干預經濟，其目的在於確定權利、責任和義務的關係，調整國家、企業和個人的經濟關係，維護市場秩序，保證市場經濟的正常運行。

4. 行政手段

行政手段是通過國家行政機關依靠行政組織運用行政命令、指示、規定等行政方式來調節經濟活動，以達到宏觀調控目標的手段。

在國民經濟重大比例失調或社會經濟某一領域失控時，運用行政手段調節可以迅速地扭轉失控、快速恢復正常的經濟秩序。但是，行政手段是短期的非常規手段，在經濟手段和計劃手段的調節無效時才會被迫使用。

宏觀調控的計劃、經濟、法律和行政等手段，各有所長，它們相互聯繫，互為補充，共同構成宏觀調控體系。

第二節　財政政策與貨幣政策對國民經濟的宏觀調控

一、財政政策對國民經濟的宏觀調控

（一）財政政策的含義

財政政策是指一國政府在一定時期內，為實現一定的宏觀經濟目標而制定的指導財政分配活動和處理各種財政分配關係的基本準則，它是國家經濟政策的重要組成部分。財政政策是由財政支出政策、稅收政策、預算政策、國債政策、轉移支付政策等構成的一個完整的政策體系。在市場經濟條件下，財政宏觀調控功能的正常發揮，主要取決於財政政策的適當運用。

（二）財政政策的類型

現代經濟學根據財政政策在控制經濟活動中所起的作用，對財政政策從不同角度進行了劃分，下面主要介紹兩種不同分類方法下的財政政策類型：

265

1. 根據財政政策發揮作用的機制,將財政政策分為自動穩定的財政政策和相機抉擇的財政政策

(1) 自動穩定的財政政策。它是指某些能夠根據經濟波動情況自動發生穩定作用的政策,它不需要借助外力即可產生調控效果。財政政策這種內在的、自動產生的穩定效果,可隨社會經濟的發展,自行發揮調節作用,不需要政府採取任何干預行動。

財政政策的自動穩定性主要表現在兩個方面:一是稅收的自動穩定性。如,稅收制度中的累進稅率,即可達到對經濟活動的自動調節;二是政府支出的自動穩定性。如,對個人轉移支出中的最低生活保障金、失業救濟金等,當國民經濟出現衰退時,就會有不少居民具備申請最低生活保障金或失業救濟金的資格,政府將對他們支付最低生活保障金或失業救濟金,以使他們能夠進行必要的生活開支,這樣,國民經濟中的總需求不致下降過多。同樣,當經濟繁榮時,失業者可重新獲得工作機會,政府就可以停止這種救濟性支出,使總需求不致過旺。

(2) 相機抉擇的財政政策意味著某些財政政策本身沒有自動穩定的作用,需要借助外力才能對經濟產生調節作用。一般來說,這種政策是政府根據當時的經濟形勢,採用不同的財政措施,如,通過控制國債發行規模、財政投資等手段,以縮小乃至消除通貨膨脹缺口或通貨緊縮缺口,使社會總供給與總需求趨於平衡。

2. 根據財政政策在調節國民經濟總量方面的不同功能,將財政政策分為擴張性財政政策、緊縮性財政政策和中性財政政策

(1) 擴張性財政政策。又稱為松的或膨脹性或積極的財政政策,是指通過財政收支規模的變動來增加和刺激社會總需求,使總需求與總供給的差額縮小以至達到平衡狀態。擴張性財政政策採取的主要措施是增加財政支出和減少稅收,兩者相比,前者的擴張效應更大一些。財政支出是社會總需求的直接構成因素,財政支出規模的擴大會直接增加總需求,增加支出的乘數效應大於減稅的乘數效應。減稅政策可以增加單位和個人的可支配收入,在財政支出規模不變的情況下,也可以達到擴大社會總需求的目的。當然,減稅的種類和方式不同,其擴張效應也不同。如,流轉稅的減稅在增加需求的同時,對供給的刺激作用更大,所以,它的擴張效應主要表現在供給方面;所得稅尤其是個人所得稅的減稅,主要在於增加人們的可支配收入,它的擴張效應體現在需求方面。在增加支出與減稅並舉的情況下,擴張效應雖然更大,但可能導致財政赤字,從這個意義上說,擴張性財政政策等同於赤字財政政策。

(2) 緊縮性財政政策。又稱為緊的財政政策,是指通過財政收支規模的變動來減少和抑制總需求。在國民經濟已出現總需求過旺的情況下,通過緊縮性財政政策可以消除通貨膨脹,達到供求平衡。實施緊縮性財政政策的手段主要是減少財政支出和增加稅收。減少財政支出可以降低政府的消費需求和投資需求,增加稅收可以減少民間的可支配收入,降低民間消費需求和投資需求。所以,無論是減支還是增稅,都具有減少和抑制社會總需求的效應。在一定經濟狀態下,增稅與減支並舉,

第十章 財政與金融的宏觀調控

財政盈余就有可能出現,從這個意義上說,緊縮性財政政策等同於盈余財政政策。

(3) 中性財政政策。又稱為均衡財政政策,是指財政收支活動對社會總需求的影響保持中性,既不產生擴張效應,也不產生緊縮效應,因此,財政中性政策即是實現財政收支平衡的政策。中性財政政策同樣可以對宏觀經濟發揮調控作用,只是其干預市場經濟的力度與擴張性財政政策和緊縮性財政政策比較起來小多了。中性財政政策是 20 世紀 30 年代大危機以前普遍採用的政策原則,但在現代市場經濟運行過程中,採用中性的財政政策則是比較少見的。因為在經濟蕭條時,如果堅持財政的年度預算平衡,為了減少赤字,只有減少政府支出或提高稅率,其結果是加深衰退;在經濟過熱時,出現通貨膨脹時,為了減少盈余,只有增加政府支出,其結果反而會加劇通貨膨脹。

(三) 財政宏觀調控的目標

財政宏觀調控目標必須服從一定時期內國家經濟政策目標,經濟政策目標的多元性決定了財政宏觀調控目標的多元性。在借鑑西方國家經驗的基礎上,根據中國的國情,財政宏觀調控目標主要應包括:經濟穩定增長、價格總水平的相對穩定、收入合理分配和資源優化配置。其中,經濟穩定增長是財政宏觀調控目標中的首選目標。由於這些目標的內容已在本書的相關章節做過論述,因此,在此不再贅述。

(四) 財政宏觀調控的手段

財政宏觀調控手段是指財政收支領域中能夠被政府用來作用於國民經濟運行過程,以實現財政宏觀調控目標的各種財政範疇。財政分配的複雜性決定了財政進行宏觀調控時使用手段的多樣性,主要包括稅收、國債、財政支出等幾種形式。

1. 稅收

稅收作為一種宏觀調控手段,由於具有強制性、無償性和固定性的特徵,因此,是一種具有權威性的財政政策手段。稅收的宏觀調控作用,主要是通過名義稅率、納稅人、課稅對象、稅收優惠和稅收懲罰等規定體現出來。稅收的宏觀調控功能主要體現在:① 資源配置中的作用。如,通過開徵消費稅,引導消費方向;通過對高新技術開發區實行優惠稅率,吸引人力、物力、財力和技術資源的合理配置;通過稅收還可以使資源在不同行業、不同部門、不同地區進行優化配置。2006 年在全國取消農業稅,在一定程度上調動了人們從事農業生產的積極性就是一個例證。② 收入分配中的作用。如,通過開徵所得稅、資源稅、社會保障稅、遺產稅、贈與稅等調節企業和個人收入。③ 經濟持續穩定增長中的作用。如,通過開徵企業所得稅可以直接調節企業供給,即通過減稅可以刺激投資和供給,反之,增稅則可以抑制供給;通過個人所得稅的開徵可以直接影響需求,即通過減稅可以增加需求,反之,增稅則可以抑制需求;通過累進稅率的確定,可以讓其發揮「內在穩定器」的作用;通過開徵環保稅可以降低社會成本,使國民經濟達到穩定增長的目的。

2. 國債

國債最初只是用來作為彌補財政赤字的一種途徑。在現代市場經濟中,國債對

宏觀經濟的調控起著越來越重要的作用。國債的調控作用主要體現在三種效應上：①「排擠效應」，即由於國債的發行，使民間的投資或消費資金減少，從而減少民間的投資或消費需求。②「貨幣效應」，即國債發行將會引起貨幣供求的變動。它一方面可以使部分「潛在貨幣」變為現實流通貨幣，另一方面則可以把存在於民間的貨幣轉移到政府部門，由政府部門主動進行支出，從而形成現實的需求，達到拉動經濟增長的目的。這是國債宏觀調控作用的主要體現。③「收入效應」，不論是以未來年度增加稅收或是發行新債來償還，國債持有人在國債到期時，不僅能收回本金，而且還可以得到利息作為回報。政府應用國債資金興建公共設施，無差別地滿足全體社會成員的公共需要。因而，在一般納稅人與國債持有人之間就產生了收入的轉移問題。此外，國債所帶來的收入與負擔問題不僅影響當代人，而且還存在著所謂「代際」的收入與負擔的轉移問題。總之，政府可以通過調整國債規模，選擇購買對象，區分國債償還期限，制定不同國債利率來實現財政宏觀調控的目標。

3. 財政支出

財政支出是財政分配的第二階段，通過財政支出資金的流向和流量，可以充分地體現政府的政策意圖，對國民經濟的宏觀調控具有十分重要的作用。我們知道，按財政支出主體是否具有補償性，可以將全部財政支出分為購買性支出和轉移性支出兩大類。然而，購買性支出與轉移性支出對政府的宏觀調控方式有著不同的影響。

（1）購買性支出。是政府有關機構和國家事業單位履行職責的必要保證，它必然全部轉化為社會總需求。它的增減變化，直接引起社會需求總量的變化，影響社會生產、就業及社會總供需的平衡。正是由於這一原因，在西方國家遭遇經濟危機時，增加購買性支出往往成為其慣用的方法。

在這裡，尤其要提及的是財政的投資支出，由於投融資業務無論是資金籌集還是資金運用，都是按照信用原則進行的，因而它可以在不影響已有分配格局的基礎上，開闢財政宏觀調控的新領域。在市場經濟條件下，財政投資主要是將資金投放於關係到國計民生的基礎設施、基礎產業以及高科技主導產業的項目上。在「基礎瓶頸」條件下，如果政府保持適當的投資比例，政府投資所產生的效應將不局限於自身的投資效應，而是會產生一種「乘數效應」。

（2）轉移性支出。實際上是經政府的手對社會經濟資源在不同產業、地區、部門、階層和個人之間進行的一種再分配。這種支出不直接表現為政府對商品和勞務的購買需求，而是間接地表現為接受轉移支出的單位和個人購買力的增加。

二、貨幣政策對國民經濟的宏觀調控

（一）貨幣政策的含義

貨幣政策有廣義和狹義之分。廣義的貨幣政策是指政府、中央銀行和其他有關部門所有有關貨幣方面的規定和所採取的影響貨幣供給數量的一切措施。狹義的貨

第十章　財政與金融的宏觀調控

幣政策是指中央銀行為實現特定的宏觀經濟目標，運用各種貨幣政策工具調節和控制貨幣供給量所採取的方針和措施的總和。本章所指的貨幣政策僅指狹義的貨幣政策。貨幣政策在國家的宏觀經濟政策中居於十分重要的地位，同財政政策一起構成了國家調節經濟的兩大宏觀政策。貨幣政策的內容主要包括貨幣政策的目標和貨幣政策工具等。

（二）貨幣政策的目標

一般來說，貨幣政策的目標包括最終目標、仲介目標和操作目標三個方面的內容。

1. 貨幣政策的最終目標

貨幣政策的最終目標是中央銀行通過貨幣政策操作所要達到的最終宏觀經濟目標。在中國，主要包括幣值穩定、經濟穩定增長、充分就業以及國際收支平衡四大目標，與宏觀調控的具體目標是一致的（本章第一節已作介紹）。在這四個目標中，幣值穩定是貨幣政策的首要目標，中央銀行往往通過控制貨幣的發行將物價水平的上漲及下跌幅度控制在一定的範圍之內，從國內外歷史上貨幣政策的實踐來看，物價穩定主要是解決物價上漲問題；充分就業和經濟增長主要是通過中央銀行操縱各種貨幣政策工具，增加貨幣供給、降低實際利率等手段進而促進投資和消費的增加來實現；在開放經濟條件下，國際收支平衡十分重要，否則，將對一國的經濟產生不良影響，具體表現在對一國物價、利率、匯率、經濟和就業等多方面的影響上。

如果一國的貨幣政策能同時實現這四大目標，那是再好不過的事情了，但這是不太可能的。因為這四大目標之間既有統一性又有矛盾性，如，充分就業和經濟增長之間的關係是一致的，而在短期內，充分就業與幣值穩定之間卻是矛盾的。由於貨幣政策的最終目標之間的這種矛盾性，使得中央銀行在某一特定時期內不可能兼顧全部目標，於是出現了如何選擇貨幣政策最終目標的問題。理論界對此問題頗有爭論，主要存在著三種不同的意見，即單目標論、雙目標論和多目標論。各國中央銀行只能權衡各目標對當前形勢的輕重，而選擇一個或幾個目標作為貨幣政策的最終目標。

2. 貨幣政策的仲介目標

由於貨幣政策的最終目標是貨幣當局在一個較長的時間內力圖實現的目標，因而從貨幣政策的實施到最終目標的實現會存在一個較長的時滯，這將不利於貨幣當局根據貨幣政策的實施狀況及時調整貨幣政策，因此，客觀上需要設立一些貨幣政策的仲介目標和操作目標。

（1）選擇仲介目標和操作目標的標準。貨幣政策的仲介目標和操作目標是通過一定的金融指標來觀測和控制的。一般認為，仲介目標和操作目標若要有效地反應貨幣政策的效果，則應具備以下幾個條件：

①相關性。相關性是指作為仲介目標的變量與最終目標之間要有密切的聯繫，作為操作目標的變量與仲介目標之間也要聯繫緊密，它們的變動一定要對最終目標

或仲介目標產生可預測的影響。例如，作為操作目標的準備金和基礎貨幣的變動與貨幣供給量之間的關係有較為明確的關係，而貨幣供給量與經濟增長、幣值穩定、充分就業之間也有緊密的聯繫。

②可測性。對作為操作目標和仲介目標的變量進行迅速而精確的測量是對其進行有效監控的前提。可測性一方面是指中央銀行要能夠迅速地獲取這些指標的準確數據；另一方面是指這些指標必須有明確的定義並便於觀察、分析和監測。即是說，作為仲介目標要比最終目標能更快地反應貨幣政策的效果；作為操作目標，在貨幣政策發生偏差時要比仲介目標能更快地發出較為準確的信號。

③可控性。可控性要求操作目標和仲介目標變量必須是中央銀行運用貨幣政策工具能夠對其進行有效控制的金融指標。中央銀行對這些指標控制能力越強，貨幣政策就越能夠達到預期效果。如，物價水平就不能作為貨幣政策的仲介指標，因為貨幣政策無法直接控制物價水平，並且物價水平的變動是由多種因素造成的，因此，中央銀行不能只根據物價水平的變動就做出貨幣政策工具的運用是對或是錯的判斷。

(2) 可供選擇的仲介目標。

①貨幣供給量。貨幣供給量作為仲介目標，其優點在於：a. 各個層次的貨幣供給量指標，隨時可以通過查詢中央銀行、商業銀行等金融機構的資產負債表來進行測算和分析；b. 各個層次的貨幣供給量的增減可以由中央銀行調控基礎貨幣所控制；c. 各個層次的貨幣供給量的調控能直接影響經濟活動，與貨幣政策的最終目標極為密切。

同時，我們也應當看到，貨幣供給量作為仲介目標也存在著一些弱點，如，從貨幣政策變動到貨幣供給量變動存在一定的時滯；中央銀行對其控制力度不是很強等。此外，由於貨幣供給量是分層次的，所以，用貨幣供給量為仲介目標就存在著以哪一層次的貨幣供給量作為目標的問題，從發展趨勢來看，越來越多的國家已把控制的重點從 M1 轉向了 M2。

②利率。利率作為仲介目標的優點在於：a. 利率不僅能夠反應貨幣與信用供給狀況，而且能夠反應供給和需求的相對變化；b. 中央銀行對利率的調整有直接或間接的調控權；c. 利率資料易於獲取並能夠經常匯集。

但是，利率作為仲介目標也有缺點，如，中央銀行能夠控制的是名義利率，而對經濟產生實質影響的是實際利率；利率對經濟的作用力度還受貨幣需求的利率彈性大小的影響。貨幣需求的利率彈性較大時，利率變動對經濟活動的影響才明顯。在不同的經濟體制下，貨幣需求的利率彈性是不同的。如，中國正處於計劃體制向市場經濟轉軌的時期，居民的金融資產選擇較少，且對未來的收入、養老、就醫等的不確定性較大，這些都制約了利率對經濟活動的影響效果。

③其他可供選擇的仲介目標。主要包括貸款量和匯率。

貸款量作為仲介指標與最終目標有一定的相關性，特別是在金融市場發育程度較低的情況下，銀行信貸在社會融資方式中占絕對地位，因而對宏觀經濟的運行影

第十章　財政與金融的宏觀調控

響較大,而且數據較易獲得。中央銀行通過規定貸款規模限額控制貸款量,也就控制住了貨幣供應總量。但在金融市場發育程度較高的情況下,除貸款外,企業還可以通過其他多種渠道融資,貸款規模控制與最終目標的相關性較弱,貸款規模控制主要是依靠行政手段,從而不利於市場機制作用的發揮。中國在改革開放後的十幾年時間裡,實行的就是以貸款規模為仲介目標的貸款規模控制管理。而匯率作為一種仲介目標,主要適用於一些實行本幣與某國貨幣掛勾的發展中國家。

3. 貨幣政策的操作目標

(1) 準備金。由於銀行準備金的變動是銀行信用擴張或收縮的前提,而中央銀行的主要貨幣政策工具都能對銀行準備金產生直接或間接的影響,因而準備金可以作為貨幣政策的操作指標。由於準備金有不同的統計口徑,如準備金總額、法定準備金、超額準備金、借入儲備、非借入儲備等,因而,在選擇哪一個準備金指標作為操作目標上存在著分歧,貨幣學派認為準備金總額較為合適。

(2) 基礎貨幣。中央銀行可以通過控制基礎貨幣來間接影響貨幣供給量等仲介目標。基礎貨幣由準備金和流通中的現金組成。在金融市場發育程度較低、現金流通比例較高的情況下,控制基礎貨幣顯然比只控制準備金更為重要。如,中央銀行通過公開市場操作購買債券時,如果債券出售者將其所得款項以現金形式持有則對銀行準備金沒有影響;如果將所得款項存入銀行,準備金總額才會增加。

(三) 貨幣政策工具

為了有效地運用貨幣政策的操作目標、仲介目標,並最終達到最終目標,中央銀行必須採用適當的貨幣政策工具來實現貨幣政策目標。貨幣政策工具是中央銀行為實現貨幣政策的最終目標而對貨幣供給量等進行調控的手段。貨幣政策工具包括一般性貨幣政策工具和選擇性貨幣政策工具。

1. 一般性貨幣政策工具

一般性貨幣政策工具包括法定存款準備金、再貼現和公開市場業務,這是世界各國普遍採用的貨幣政策工具,通常稱為貨幣政策中的「三大法寶」。

(1) 法定存款準備金。它是中央銀行對商業銀行等存款金融機構的存款規定存款準備率,強制性地要求其按照規定的比例計提並上交中央銀行所形成的存款金額。目前,凡是實行中央銀行制度的國家,一般都實行存款準備金制度。中央銀行可以通過調整法定存款準備金比率來影響貨幣供給量。當流通領域的貨幣供給量過少,則降低法定存款準備率;相反,則提高法定存款準備率。

作為一種重要的貨幣政策工具,法定存款準備金的優點是:其對所有存款金融機構的影響是平等的;對貨幣供給的影響極強,且效果明顯,收效迅速。但同時,法定存款準備金也有其缺點,如,法定存款準備金率的變動對經濟的震動太大,其輕微的變動就會帶來超額準備金的大量增加或減少,擴張或緊縮效果過於劇烈,稍有不慎,將可能給經濟造成嚴重的不良后果。所以,法定存款準備金不適合作為中央銀行日常的貨幣政策操作工具。

(2) 再貼現。是指中央銀行通過變動再貼現率，影響商業銀行從中央銀行獲得再貼現貸款的數量，進而影響貨幣供給量。提高再貼現率，商業銀行成本提高，向中央銀行的借款就會減少，從而減少貨幣的供給量，相反，降低再貼現率，商業銀行成本降低，商業銀行向中央銀行的借款就會增加，從而增加貨幣的供給。

再貼現貨幣政策工具的優點：再貼現貨幣政策具有告示效應。當再貼現率提高時，人們就會預期到中央銀行將實行較為緊縮的貨幣政策，促進人們減少對資金的需求，從而達到減小貨幣供給量的目的。當再貼現率降低時情形則相反；再貼現政策可以起到防止金融恐慌的作用。再貼現是中央銀行作為最后貸款人而發揮作用的主要形式。當商業銀行發生流動性不足乃至支付危機時，中央銀行可通過再貼現途徑給予流動性支持，從而可以幫助商業銀行渡過難關，將可能避免因商業銀行的倒閉而引起的整個金融領域的支付危機與金融恐慌。

再貼現貨幣政策工具的缺點：從控制貨幣供給量來看，再貼現貨幣政策並不是一個理想的控制工具。主要表現為在再貼現政策實施過程中，中央銀行處於被動的地位。雖然中央銀行可以規定再貼現的各種條件，但再貼現與否的決定權在商業銀行；調整貼現率的告示效應只是相對的，存在出現負面效應的可能。如中央銀行調高再貼現率，這時人們有可能會認為社會上已出現了較嚴重的通貨膨脹，中央銀行的行為是是為了治理通脹，於是就會產生通脹預期，這種預期指導下做出的決定可能就是：當前多借入資金，等到出現更高的通脹時再還。這樣，反而與中央銀行實施緊縮貨幣政策的意圖相悖。

(3) 公開市場業務。公開市場業務又稱公開市場政策或公開市場操作，它是指中央銀行為了將貨幣數量和利率控制在適當的範圍而在金融市場上公開買賣有價證券的政策行為。當金融市場上資金短缺時，中央銀行通過公開市場業務買進有價證券，這實際上相當於中央銀行向社會投放了一筆基礎貨幣，增加了貨幣供給量。相反，當金融市場上貨幣過多時，中央銀行就通過公開市場業務賣出有價證券，以達到回籠基礎貨幣，減少貨幣供給量的目的。

公開市場業務的優點：公開市場業務的主動權完全在於中央銀行；公開市場業務可以根據貨幣供給量調節的需要靈活地進行；公開市場業務可以經常性、連續性的微幅調整貨幣供給，具有較強的伸縮性，是中央銀行進行日常性調節的理想工具；公開市場業務具有較強的可逆轉性，當中央銀行在公開市場操作中發現錯誤時，可立即逆向使用該工具，即可糾正其錯誤，而不致造成重大損失；公開市場業務一般是通過證券經紀人來買賣證券的，其政策意圖不易被社會覺察，具有一定的隱蔽性，可以減輕社會的金融動盪。

公開市場業務由於優點較多，從而使之成為不少國家中央銀行經常使用和最有效的調節貨幣供給量的重要工具。

公開市場業務的缺點：由於公開市場業務較為隱蔽，政策意圖的告示作用較弱；需要以較為發達的有價證券市場為前提，如果金融市場發育程度不夠或用來交易的

第十章　財政與金融的宏觀調控

金融工具較少，則難以實現前述優點，達不到應有的調節效果。

2. 選擇性貨幣政策工具

前面介紹的法定準備金政策、再貼現政策、公開市場政策都是對信用總量的調節，屬於一般性的控制，所以稱為一般性貨幣政策工具。而選擇性的貨幣政策工具則是中央銀行針對個別部門、企業或特殊用途和領域的信用而採用的政策工具，主要包括以下內容：

（1）直接信用控制。是指中央銀行依據有關法令對商業銀行創造信用業務進行直接干預的各種措施的總稱。主要的干預措施有：

①利率控制。即規定存貸款利率或最高限額，如，規定存款最高利率，從而控制商業銀行的放款能力，限制貨幣供給量。這是最常用的直接信用控制工具。

②信用配額管理。即中央銀行根據金融市場的供求狀態及客觀經濟需要，對各個商業銀行的信用創造加以合理分配和限制等措施。信用配額管理是一種計劃控制手段，這是中國在計劃經濟時期和從計劃經濟時期向市場經濟轉軌初期主要採用的一種直接信用控制方式。

③直接干預。亦稱為直接行動，即中央銀行可以直接對商業銀行的信貸業務進行合理的干預。如，直接限制放款的額度，明確規定各家銀行的放款或投資的範圍等。

④流動性比率管理。指中央銀行為了限制商業銀行擴張信用，規定商業銀行流動資產對存款的比重，從而使商業銀行不能任意將流動性資產用於長期性商業貸款。

（2）間接信用控制。間接信用控制主要包括道義勸告和窗口指導兩種形式。

①道義勸告。即中央銀行利用自己在金融體系中的特殊地位和威望，通過對商業銀行及其他金融機構的勸告，以影響其放款數量和投資方向，從而達到控制和調節貨幣供給量的目的。由於道義勸告不具有強制性，因此其效果取決於商業銀行對中央銀行勸告的服從程度。

②窗口指導。這是來自日本銀行的做法。其內容是日本銀行根據經濟形勢的需要，規定金融機構按季度提出貸款增加額計劃，在金融緊縮期內設置貸款額增加的上限，並要求各金融機構遵照執行。

間接信用控制的優點是較為靈活，但其發揮作用的大小，取決於一國中央銀行在該國金融體系中的地位、威望以及是否擁有足夠的法律權利和手段。

（3）消費信用控制。消費信用控制是中央銀行對不動產以外的各種耐用消費品的銷售融資予以控制。主要包括：確定消費信貸購買各種耐用消費品時首期付款額、分期付款的最長期限以及適合於消費信貸的耐用消費品的種類等。

當中央銀行降低首期付款額、延長分期付款期限、放寬消費信貸的耐用消費品的種類時就等於擴大了最大放款額度，勢必增加社會對某些商品的需求。反之，就等於降低了最大放款額度，勢必減少社會對某些商品的需求。

（4）證券市場信用控制。證券市場信用控制，是指中央銀行對有價證券的交易

規定應支付的保證金限額，目的在於限制用借款購買有價證券的比重，它是對證券市場的貸款量實施控制的一項特殊措施。

（5）不動產信用控制。它是中央銀行對商業銀行或其他金融機構發放不動產貸款的額度和分期付款的期限等規定的各種限制性措施。主要包括：規定商業銀行不動產貸款的最高限額、最長期限、首次付款的最低金額等，其目的在於抑制房地產及其他不動產交易的過度投機，避免信用膨脹。

（6）優惠利率。優惠利率是指中央銀行對國家確定的重點發展部門、行業和產品規定較低的利率，以鼓勵其發展，從而有利於國民經濟產業結構和產品結構的調整和升級換代。實行優惠利率主要有兩種方式：一是中央銀行對這些需要重點扶持發展的行業、產品規定較低的貸款利率，由商業銀行執行；二是中央銀行對這些行業和企業的票據規定較低的再貼現率，引導商業銀行的資金投向和數量。優惠利率這種選擇性貨幣政策工具為較多的發展中國家所採用。

第三節　財政政策與貨幣政策的配合

　　財政政策與貨幣政策是政府進行國民經濟宏觀調控的兩大主要經濟政策，二者都是為了實現社會總需求和總供給能達到均衡這樣一個總目標，然而，由於二者存在著許多不同之處，因此，需將二者結合起來配套使用，使之產生一種合力，並最終達到最佳的宏觀經濟調控效果。

一、財政政策與貨幣政策配合的可能性和必要性

　　為了更有效地對國民經濟進行宏觀調控，有必要將財政政策與貨幣政策進行配合使用，而且這種配合既有可能，又有必要。

（一）財政政策與貨幣政策配合的可能性

　　財政政策和貨幣政策的內在聯繫使兩者的協調配合成為可能，這種聯繫主要表現在：

　　1. 政策實施的主體一致

　　從表面上看，財政政策的實施主體是財政部，貨幣政策的實施主體是中國人民銀行，但實際上財政部和中國人民銀行同屬於政府行政機關。因此，財政政策和貨幣政策實施的主體是一致的，即都是國家；既然實施主體是一致的，兩者的配合就是可能的，國家完全有能力使二者協調配合起來。

　　2. 兩者在宏觀調控中的作用一致

　　財政政策與貨幣政策的制定和實施都是為了實現社會總供給和總需求的平衡。國家財政收支規模的安排，對社會總供需的平衡具有直接的調節作用，而中央銀行

第十章　財政與金融的宏觀調控

貨幣發行量的多少和銀行信貸規模的大小，也同樣對社會總供需的平衡產生影響。

3. 兩者的作用機制都是通過調節企業、居民的投資活動和消費活動而達到政策目標

中央銀行的貨幣政策一般是通過商業銀行傳導到企業和居民，影響企業和居民的投資、消費行為，進而達到宏觀調控的目標；而財政政策主要是通過其政策工具直接影響企業和居民的投資、消費行為，最終達到宏觀調控的目標。

4. 財政與銀行之間存在著密切的資金往來關係

其主要表現在：財政性存款是銀行信貸資金的重要來源，而銀行向國家上繳稅收，又構成了財政資金的重要來源；國家發行債券會減少銀行信貸資金來源，進而影響到銀行的貨幣供給量。

（二）財政政策與貨幣政策配合的必要性

財政政策與貨幣政策的配合不僅有可能，而且有必要，主要體現在以下幾方面：

1. 兩者調控目標的側重點不同

財政政策調控是以促進經濟增長作為首選目標，調控目標的側重點是解決財政赤字和結構性平衡問題；而貨幣政策調控是以保持貨幣幣值穩定為首選目標，調控目標的側重點是調節貨幣供求總量，解決通貨膨脹和通貨緊縮的問題。

2. 兩者的調控手段不同

財政政策主要通過稅收、國債及財政支出等手段實現其目標；貨幣政策則主要通過法定存款準備金政策、再貼現政策及公開市場政策等手段來達到目標。

3. 兩者的時滯性不同

時滯性是指在制定、執行政策的過程中或者政策發揮作用的效果所出現的時間滯后的現象。一般來說，財政政策與貨幣政策的實施一般會產生五種時滯，它們依次為：認識時滯、行政時滯、決策時滯、執行時滯及效果時滯。由於認識時滯和行政時滯只涉及行政單位而不與立法機構發生關係。即是說，這兩種時滯只屬於研究過程，與決策單位沒有直接關係。因此，這兩種時滯可稱為內在時滯。內在時滯只涉及經濟問題的發現與對策研究，這對財政政策和貨幣政策來說，幾乎沒有什麼區別。然而就外在時滯來說，財政政策與貨幣政策的就有較為明顯的區別。一般情況下，財政政策與貨幣政策相比較財政政策的決策時滯較長，執行時滯長，效果時滯短；而貨幣政策的決策時滯短，執行時滯短，效果時滯長。因此，只有財政政策與貨幣政策相互配合，才能取長補短，取得優勢互補的效果。

4. 兩者的可控性不同

財政政策可以由政府通過直接控制來實現調節的目標。例如，要控制總需求可以減少國債發行量，同時縮減財政投資規模。但貨幣政策通常需要通過貨幣政策操作工具並經過中間目標的傳導過程才能實現其最終目標，在實施過程中，有可能出現偏離最終目標的情況。因此，政府只能通過中央銀行來間接控制和逐步實現貨幣政策的調節目標。

5. 兩者的透明度不同

財政政策的透明度高，財政的收入或支出、結餘或赤字都是公開的。貨幣政策的透明度低，除了法定存款準備率、利率、貼現率是公開的外，銀行信貸收支平衡的真實狀況卻難以從銀行信貸收支平衡表上反應出來。因為銀行貸款可以創造派生存款，整個銀行系統信貸投放的合理規模以及貨幣發行的合理界限等，均不能及時從數字上永遠是平衡的信貸收支平衡表中反應出來。

二、財政政策與貨幣政策在實踐中的配合形式

財政政策與貨幣政策既有配合的可能性，也有配合的必要性，那麼，它們之間採取什麼樣的方式進行配合呢？

同財政政策的分類一樣，根據貨幣政策在調節國民經濟總量方面的不同功能，可將其分為膨脹性貨幣政策、緊縮性貨幣政策和中性貨幣政策三種類型。其中，膨脹性貨幣政策是指貨幣供應量超過貨幣的實際需要量，其主要功能是刺激社會總需求的增長；緊縮性貨幣政策是指貨幣供應量小於貨幣的實際需要量，其主要功能是抑制社會總需求的增長；中性貨幣政策是指貨幣供應量大體上等於貨幣的實際需要量，即對社會總需求與總供給的對比狀況不產生影響。

國內外實踐經驗表明，財政政策與貨幣政策的配合主要包括四種形式。

（一）松的財政政策和松的貨幣政策的搭配，即「雙松」政策搭配

松的財政政策是通過減稅、擴大政府支出和國債發行規模等手段來增加社會總需求；松的貨幣政策是通過降低法定準備金率和再貼現率，在證券市場上買進有價證券等鬆動銀根的措施，促使利率下降，進而增加貨幣供給量，刺激投資和消費，增加社會總需求。「雙松」政策搭配，可以刺激經濟增長和發展，但易引發通貨膨脹，不利於經濟的穩定和人民生活水平的提高。因此，僅適合於社會總需求嚴重落後於總供給，即出現相當大的通貨緊縮，經濟走向低谷的時候使用。

（二）緊的財政政策和緊的貨幣政策的搭配，即「雙緊」政策搭配

緊的財政政策是通過增稅、削減政府支出和國債發行規模等手段，限制投資和消費，從而達到抑制社會總需求的目的；緊的貨幣政策是通過提高法定存款準備率和再貼現率，在證券市場上賣出有價證券等緊縮銀根措施，促使利率上升，以減少貨幣供給量，抑制社會總需求的快速增長。「雙緊」政策可以抑制通貨膨脹，遏止經濟的過熱狀態。但由於「雙緊」政策對社會經濟運行的調節是一種「急煞車」式的調節，可能阻礙供給的增加，造成經濟嚴重衰退，結果是「硬著陸」。

「雙松」和「雙緊」政策，都是在社會供求總量嚴重失衡的經濟條件下採取的對策，但它們卻不利於經濟的持續和穩定發展，會給經濟帶來大幅度的波動，給社會帶來極大的振蕩。因此，這兩種同向配合方式一般不宜過多、過長時間地採用。

（三）松的財政政策與緊的貨幣政策的搭配

松的財政政策在政府支出乘數的作用下，可以迅速、有效地擴張社會總需求，

第十章　財政與金融的宏觀調控

從而起到防止經濟衰退和蕭條的作用；緊的貨幣政策通過控制信用規模來控制貨幣供給量的增長，從而防止通貨膨脹。這種政策搭配效應是，在防止通貨膨脹的同時，使經濟保持適度的增長率。當經濟衰退、通貨膨脹時，銀行應抽緊銀根、回籠貨幣，即採用松的財政政策與緊的貨幣政策的搭配。但如果長期運用這種政策搭配方式，則會使政府財政赤字不斷擴大。

（四）緊的財政政策與松的貨幣政策的搭配

緊的財政政策可以在一定程度上防止總需求膨脹和經濟過熱；松的貨幣政策則可以使經濟保持一定的增長率。當銀行發行了過多貨幣、出現信用膨脹時，財政應緊縮開支，增加收入，爭取財政收支有結餘，即採用緊的財政政策與松的貨幣政策的搭配。這種政策搭配效應是，在保持一定經濟增長率的同時，盡可能地避免總需求和通貨膨脹。但如果長期運用執行松的貨幣政策，貨幣供給總量的總閘門處於相對松動的狀態，所以，極有可能導致通貨膨脹。

一般來說，政府採用更多的是松緊結合的政策搭配方式，因為在現實經濟運行過程中存在的情況往往是，出現了通貨膨脹但又不太嚴重或經濟增長較低但又不至於全面衰退。因而，政府可以採用松緊搭配的方式進行調節。當然，要使松緊搭配方式產生良好的效果，就一定要注意把握好松與緊的程度。

三、中國財政政策與貨幣政策配合方式的具體運用

中國在由計劃經濟向市場經濟轉軌的近二十年時間裡，積極運用財政政策與貨幣政策配合方式對宏觀經濟進行調節，並取得了較好的效果。

（一）1993—1997 年

為應對經濟過熱和通貨膨脹，實施了適度從緊的財政、貨幣政策，取得了顯著的反週期調節效果，既有效遏制了通貨膨脹，又促進了經濟適度增長，形成了「高增長、低通脹」的良好局面。

（二）1998—2004 年

針對亞洲金融危機爆發后國內經濟運行中出現的有效需求不足和通貨緊縮趨勢等問題，實施了積極的財政政策和穩健的貨幣政策，成功地應對了亞洲金融危機的衝擊。如，1998—2001 年，GDP 增長率分別為 7.8%、7.1%、8.0% 和 7.3%，CPI 分別為 -0.8%、-1.4%、0.4% 和 0.7%，經濟保持持續快速增長，通貨緊縮趨勢得到有效遏制。

（三）2005 年至 2008 年上半年

根據經濟社會發展面臨的新形勢，主要實施了以「控制赤字、調整結構、推進改革、增收節支」為主要內容的穩健財政政策，並與穩健的貨幣政策協調配合，經濟社會發展總體呈現出經濟增長速度較快、經濟效益較好、人民群眾得到較多實惠的良好局面。

(四) 2008 年下半年至今

2008 年下半年以來中國的財政政策和貨幣政策的配合主要分為三個階段：

第一階段：2008 年下半年至 2010 年上半年，為了應對世界金融危機帶來的影響，國家採用了積極的財政政策和適度寬鬆的貨幣政策。

第二階段：2010 年下半年至 2011 年，由於經濟危機時採取的適度寬鬆政策的影響，出現了較為嚴重的通貨膨脹，為了抑制通貨膨脹，國家採取了積極的財政政策和適度從緊的貨幣政策。

第三階段：2012 年上半年至今，國家通過財政政策和貨幣政策組合的方式選擇，物價保持平穩，2015 年，全國居民消費價格總水平比上年上漲 1.4%。為了進一步促進經濟的穩定增長，國家採取了積極的財政政策和適度寬鬆的貨幣政策。

總之，國家為了順應國際國內宏觀經濟形勢的需要，政府在獨立地運用財政政策和貨幣政策對中國經濟進行調控的方式上，已變得更加靈活和成熟。

本章小結

1. 宏觀調控是國家從整個社會利益出發，為了實現宏觀經濟總量的基本平衡和經濟結構的優化，採取各種手段對國民經濟整體活動所進行的總體調節和控制。宏觀調控理論是 20 世紀 30 年代后發展起來的。

2. 宏觀調控目標包括總目標和具體目標。宏觀調控的總目標是實現社會總需求和總供給的平衡；宏觀調控的具體目標主要包括經濟穩定增長、穩定物價、充分就業、國際收支平衡。宏觀調控的手段主要有計劃手段、經濟手段、法律手段和行政手段等。在市場經濟條件下，政府宏觀調控體現出兩大特點，即以市場自發調節為主，政府自覺調節為輔；以經濟手段和法律手段調節為主，行政手段調節為輔。

3. 財政政策是指一國政府在一定時期內，為實現一定的宏觀經濟目標而制定的指導財政分配活動和處理各種財政分配關係的基本準則。財政政策是由財政支出政策、稅收政策、預算政策、國債政策、支付轉移政策等構成的一個完整的政策體系。財政宏觀調控目標主要包括：經濟穩定增長、價格總水平的相對穩定、收入合理分配和資源優化配置。其中，經濟穩定增長是財政宏觀調控目標中的首選目標。財政宏觀調控的手段主要包括稅收、國債、財政支出等幾種形式。

4. 貨幣政策有廣義和狹義之分。廣義的貨幣政策是指政府、中央銀行和其他有關部門所有有關貨幣方面的規定和所採取的影響貨幣供給數量的一切措施。狹義的貨幣政策是指中央銀行為實現特定的宏觀經濟目標，運用各種貨幣政策工具調節和控制貨幣供給量所採取的方針和措施的總和。貨幣政策的內容主要包括：貨幣政策的目標和貨幣政策工具等。其中，貨幣政策的目標包括最終目標、仲介目標和操作目標三個方面的內容；貨幣政策工具包括一般性貨幣政策工具和選擇性貨幣政

第十章　財政與金融的宏觀調控

具。一般性貨幣政策工具包括法定存款準備金、再貼現和公開市場業務，這是世界各國普遍採用的貨幣政策工具，通常稱為貨幣政策中的「三大法寶」。

5. 財政政策與貨幣政策是政府進行國民經濟宏觀調控的兩大主要經濟政策。二者既相互聯繫又相互區別，因此必須將二者配合起來使用。財政政策與貨幣政策的配合主要包括松的財政政策和松的貨幣政策的搭配，即「雙松」政策搭配；緊的財政政策和緊的貨幣政策的搭配，即「雙緊」政策搭配；松的財政政策與緊的貨幣政策的搭配；緊的財政政策與松的貨幣政策的搭配四種形式。

复习思考題

1. 簡述市場經濟條件下宏觀調控的必要性。
2. 簡述宏觀調控的主要手段。
3. 簡述緊縮性財政政策。
4. 簡述擴張性財政政策。
5. 試述財政宏觀調控的主要手段。
6. 試述中央銀行是如何使用一般性性貨幣政策工具的。
7. 試述財政政策與貨幣政策配合的可能性和必要性。
8. 自2008年世界金融危機以來，中國採取了哪些主要的財政和金融措施對中國宏觀經濟進行調控？

國家圖書館出版品預行編目(CIP)資料

新編財政與金融(第四版) / 金淑彬、崔炳瑋 主編. -- 第四版.
-- 臺北市：崧燁文化，2018.08

　面；　公分

ISBN 978-957-681-587-4(平裝)

1.財政政策 2.財務金融

564.34　　　107014296

書　名：新編財政與金融(第四版)
作　者：金淑彬、崔炳瑋 主編
發行人：黃振庭
出版者：崧博出版事業有限公司
發行者：崧燁文化事業有限公司
E-mail：sonbookservice@gmail.com
粉絲頁　　　　　　網　址：
地　址：台北市中正區重慶南路一段六十一號八樓815室
8F.-815, No.61, Sec. 1, Chongqing S. Rd., Zhongzheng
Dist., Taipei City 100, Taiwan (R.O.C.)
電　話：(02)2370-3310　傳　真：(02) 2370-3210
總經銷：紅螞蟻圖書有限公司
地　址：台北市內湖區舊宗路二段121巷19號
電　話：02-2795-3656　　傳真：02-2795-4100　網址：
印　刷：京峯彩色印刷有限公司（京峰數位）

　　本書版權為西南財經大學出版社所有授權崧博出版事業有限公司獨家發行電子書繁體字版。若有其他相關權利及授權需求請與本公司聯繫。

定價：500 元

發行日期：2018 年 8 月第四版

◎ 本書以POD印製發行